Psicologia Aplicada à Administração

UMA ABORDAGEM INTERDISCIPLINAR

www.editorasaraiva.com.br

Maria Aparecida Ferreira de Aguiar

Psicologia Aplicada à Administração

UMA ABORDAGEM INTERDISCIPLINAR

Editora Saraiva

ISBN 978-85-02-05072-3
85-02-05072-9

CIP-BRASIL. CATALOGAÇÃO NA FONTE
SINDICATO NACIONAL DOS EDITORES DE LIVROS, RJ.

Aguiar, Maria Aparecida Ferreira de
 Psicologia aplicada à administração: uma abordagem multidisciplinar / Maria Aparecida Ferreira de Aguiar. - São Paulo : Saraiva, 2005.
 ISBN 978-85-02-05072-3
  85-02-05072-9
 1. Psicologia Industrial 2. Comportamento Organizacional I. Título.

05-0651

CDD-158.7
CDU-342(81)

Editora Saraiva

Rua Henrique Schaumann, 270
Pinheiros – São Paulo – SP – CEP: 05413-010
PABX (11) 3613-3000

SAC
0800-0117875
De 2ª a 6ª, das 8h30 às 19h30
www.editorasaraiva.com.br/contato

Copyright © Maria Aparecida Ferreira Aguiar
2005 Editora Saraiva
Todos os direitos reservados.

Diretora editorial	Flávia Alves Bravin
Gerente editorial	Rogério Eduardo Alves
Planejamento editorial	Rita de Cássia S. Puoço
Editores	Patricia Quero
Assistente editorial	Marcela Prada Neublum
Produtores editoriais	Alline Garcia Bullara
	Amanda Maria da Silva
	Daniela Nogueira Secondo
	Deborah Mattos
	Rosana Peroni Fazolari
	William Rezende Paiva
Comunicação e produção digital	Mauricio Scervianinas de França
	Nathalia Setrini Luiz
Suporte editorial	Juliana Bojczuk
Produção gráfica	Liliane Cristina Gomes

1ª edição
1ª tiragem: 2005
2ª tiragem: 2006
3ª tiragem: 2008
4ª tiragem: 2009
5ª tiragem: 2010
6ª tiragem: 2012
7ª tiragem: 2013
8ª tiragem: 2014
9ª tiragem: 2015

Arte e produção	Negrito Produção Editorial
Capa	Art & Estilo
Atualização da 9ª tiragem	ERJ Composição Editorial
Impressão e acabamento	Bartira Gráfica

Nenhuma parte desta publicação poderá ser reproduzida por qualquer meio ou forma sem a prévia autorização da Editora Saraiva. A violação dos direitos autorais é crime estabelecido na lei nº 9.610/98 e punido pelo artigo 184 do Código Penal.

353.316.001.009

Sobre a autora

Maria Aparecida Ferreira de Aguiar é graduada em Psicologia pela Pontifícia Universidade Católica de Minas Gerais. "Master of Arts" – (Psicologia) pela University of Michigan, Ann-Arbor usa, tendo a Psicologia Organizacional como sub-área.

Doutora em Psicologia pelo Instituto de Psicologia da Universidade de São Paulo, realizou estágios e pesquisas junto à organizações internacionais como: Institute Tavistock (Londres); Instituto di Ricerca Intervento sui Sistemí Organizativi (Milão); Laboratoire de Psicologie Sociale, Universidade (Paris v); Centre d'Estudes Industrialles (Strasbourg, França); Agence Nationale pour la Amelioration dês Conditions de Travail-ANACT (Paris); Institute European pous concepteers industrielles (Strasbourg); Institute of Work Psycology (Oslo); Swidish Center for Working Life (Estocolmo); Quality of Working Life Center – Institute of Industrial Relations, University of California; Swidish Council for Personnel Education (Estocolmo) e Institute of Quality of Life, University of Los Angeles, Califórnia.

Desenvolveu consultoria organizacional com atuação em empresas públicas e privadas de grande e médio porte e lecionou em instituições como University of Michigan, Ann Arbor, USA; Pontifícia Universidade Católica do Rio de Janeiro – PUC-RJ; Escola Brasileira de Administração Pública da Fundação Getulio Vargas – EBAP-RJ e Escola de Administração de Empresas da Fundação Getulio Vargas – FGV-EAESP.

É professora titular da Pontifícia Universidade Católica de São Paulo – PUC-SP, desenvolvendo atividades acadêmicas e de pesquisa junto ao Programa de Estudos de Pós-Graduação em Administração.

Nos últimos anos, desenvolveu estudos e pesquisas nas áreas de Modernização Organizacional com enfoque nos novos paradigmas de pensamentos integrando as abordagens teóricas do pensamento complexo (Morin), Teoria da Ação Comunicativa e Ética Discursiva (Habermas), Modernização Reflexiva (Giddens e Beck) e Desenvolvimento do Pensamento (Piaget).

Atualmente, desenvolve estudos acerca da Globalização como processo multidimensional e nas conseqüências que traz às organizações, aos indivíduos e à sociedade, bem como projeto de pesquisa interdisciplinar tendo como objeto as organizações internacionais e os blocos econômicos regionais, objetivando a compreensão do processo de re-organização da sociedade, das novas relações e solidariedades econômicas e sociais, além de suas conseqüências para o pensamento e gestão empresarial brasileiros.

Coordena, na puc-sp, o Núcleo de Estudos sobre Organizações no Contexto da Complexidade – neoccom, tendo como compromisso epistemológico o Paradigma do Pensamento Complexo e a abordagem interdisciplinar. Ministra também cursos e apresenta trabalhos em congressos nacionais e internacionais.

*Dedico este livro aos meus colegas e ex-alunos
que contribuíram para o seu aprimoramento.*

Prefácio

*P*sicologia Aplicada à Administração: Uma Abordagem Interdisciplinar tem como proposta repensar a organização a partir da psicologia, resgatando a pessoa humana e sua capacidade de vir a ser livre, de ser sujeito num mundo onde predominam as regras, as normas e as coerções, especialmente as psicológicas. Desenvolvi uma reflexão crítica, apoiando-me na Teoria Crítica e na Ética Discursiva, de Jurgen Habermas, e na Teoria do Desenvolvimento do Pensamento, de Jean Piaget.

O aluno, como sujeito de seu processo de aprendizagem, é colocado no centro da problematização da teoria e da prática. Parto do pressuposto de que ele, o aluno, tem a competência de vir a ser livre e de conquistar sua autonomia humana, desenvolver sua competência reflexiva, formar sua consciência crítica e consciência moral buscando a cidadania e os valores morais e éticos. Enfim, desenvolver o *eu-sujeito* no decorrer de seu processo de aprendizagem. Estes são desafios que se apresentam para o aluno e também para o professor como co-responsável nesta caminhada da busca da cidadania, pois os professores são aquelas e aqueles comprometidos com valores morais e éticos, que exigem deles competência e responsabilidade social como atores criadores das condições para o outro vir a *ser sujeito*.

Foi comprometida com esses pressupostos que introduzi os capítulos *Globalização: dimensão psicossociológica e a questão ética* e *Buscando um novo paradigma de pensamento: o pensamento complexo.*

No Capítulo 1, retomo as questões da modernidade e da modernização sem controle, que rompe com as bases institucionais da sociedade. É um processo que gera riscos, incertezas e provoca efeitos colaterais contraditórios e imprevisíveis nas diversas dimensões da vida das pessoas e da sociedade.

Essa modernização, também conceituada por Giddens e Beck como modernização reflexiva, tem como característica principal a reflexividade intensiva, isto é, o intenso e maciço processo de informações a que as pessoas, em todas as esferas da sociedade, estão submetidas, levando-as a abandonar valores morais e éticos, crenças, hábitos e costumes de forma inconsciente. É um processo de modernização que pode ter como conseqüência o autoconfronto e a autodestruição da sociedade, uma vez que as bases institucionais e os valores éticos foram abolidos.

Na sociedade de risco, com a quebra das bases institucionais, com a destruição da tradição, dos princípios morais e da ética nas relações individuais e institucionais, as pessoas estão expostas a riscos e são facilmente envolvidas e destruídas pelas ciladas do processo de globalização.

A destradicionalização da sociedade, proposta por Giddens, e a reflexividade social intensiva, proposta por Beck, são caminhos para a construção da nova modernidade que, em conseqüência do dinamismo da globalização, deverá estar permanentemente num processo de construção. É a *modernidade inacabada* de Habermas.

Na destradicionalização, o indivíduo repensa valores, crenças e hábitos de forma consciente e assume com responsabilidade as conseqüências de suas decisões tanto no plano individual como no social; na reflexividade social intensiva, ele atua na criação de espaço público para o debate das questões que envolvem o reordenamento da vida social, questões como a pobreza, o desemprego, a violência, a corrupção, a educação, entre outras. É sujeito e ator na construção da nova modernidade, tanto no processo de destradicionalização como no de reflexividade social intensiva; é o reconhecimento da individualidade e da exigência do *ser sujeito*.

A discussão da globalização, enquanto processo complexo que integra diferentes dimensões, tem como objetivo criar condições para a compreensão de suas implicações para os indivíduos, para as organizações e para a sociedade, bem como para compreender os desafios por ela apresentados.

No Capítulo 2 enfoco a busca da compreensão da realidade complexa, que exige uma aprendizagem de reflexão não podendo ter o paradigma do pensamento simples como base. Vivemos num mundo que cada dia se torna mais complexo e aprendemos a pensá-lo a partir do paradigma da simplicidade, do reducionismo. É necessário aprendermos a pensar a realidade complexa, pois o mundo globalizado é complexo, predominando as incertezas, os riscos e as mudanças rápidas.

No Capítulo 3 são apresentados, a partir da Teoria Crítica e da Teoria da Ética Discursiva, de Habermas, os fundamentos morais para o repensar as organizações, a Psicologia e sua aplicação na esfera das organizações e da sociedade, o processo de globalização e os fundamentos morais e suas distorções que permeiam a vida das organizações e da sociedade são também objeto de discussão. Os conceitos aí discutidos são retomados em diferentes capítulos.

No Capítulo 4 a administração como ciência social aplicada é analisada, considerando-se as questões ontológicas, epistemológicas, de natureza humana e o seu compromisso ideológico.

No Capítulo 5 a psicologia como ciência aplicada à administração é objeto de análise. Seu compromisso ético é posto em discussão.

No Capítulo 6 introduzimos a abordagem da psicodinâmica do trabalho desenvolvida por Christophe Dejours.

O Capítulo 7 que trabalha com o condicionamento do comportamento humano nas organizações, foi revisado e ampliado pela professora Edelvais Keller. Nesse capítulo foram introduzidas a apresentação e a discussão do Behaviorismo Radical, seus princípios e aplicações.

Nos capítulos seguintes são discutidas as principais teorias psicológicas e é amplamente problematizada sua aplicação ao contexto organizacional.

As questões e exercícios, cruzando teorias, problematizando sua aplicação prática e suas conseqüências, juntamente com a busca pelo aluno de alternativas de ação coerentes com o compromisso ético, fazem parte da pedagogia compromissada com a formação do *sujeito,* proposta pela autora.

Quero agradecer a todos os professores que, no decorrer das edições anteriores, enviaram suas críticas e sugestões, sem as quais não teria conseguido apresentar esta nova edição. Nesta revisão contei com a colaboração da Sabrina Aparecida Marrero de Morais, a quem agradeço de forma muito especial.

Não poderia deixar de agradecer à minha família, especialmente minhas irmãs Rosarita, Irene e Lourdes, às sobrinhas e sobrinhos, pelo apoio no difícil ano de 2003, quando lutei contra uma grave doença que me obrigou a postergar a edição deste livro. Agradeço seu apoio e sua presença, especialmente nos difíceis momentos de retomada da vida.

Agradeço ao professor Marcos Senna, coordenador da área de Administração Geral da puc-sp, pela sua compreensão e solidariedade, bem como a todos os colegas de trabalho, de modo especial a Rita Sorrentino, secretária da Pós de Administração da puc-sp. Um "Deus lhes pague" a todos, extensivos aos amigos Antonio Carlos Freddo e Esther Cabado Modia e à minha ex-orientanda de mestrado, professora Edelvais Keller.

A Autora

Sumário

1. Globalização: Dimensão Psicossociológica e Questão Ética 1
    Dimensão econômica 3
    Dimensão ecológica 4
    Dimensão técnica 4
    Tecnologia e controvérsias 4
    Tecnologia e conceito de espaço 5
    Tecnologia da informação e reflexividade intensiva 6
    Reflexividade intensiva e ação inconsciente 6
    Conhecimento científico disponibilizado e suas distorções 7
    Exclusão social 8
Conseqüências do processo de globalização 8
    Riscos e incertezas 8
    Conflitos sociais 9
Entendendo a modernização 9
    Modernização simples 9
    Sociedade de risco e modernização reflexiva 9
    Modernização simples e modernização reflexiva 10
    Teoria da modernidade reflexiva 11
Retomando a modernização 12
    A segunda modernidade 12
    Processo de destradicionalização 12
    Política de vida 13
    Política gerativa 13

Reflexões e considerações... 13
Ser inteligente 13
Responsabilidade e interdependência.. 14
Solidariedade 15
Solidariedade econômica 15
Solidariedade e exclusão social.. 15
Solidariedade, autonomia e interdependência.................................... 16
Resumo..17
Termos e conceitos importantes 18
Questões..19
Aplicação 20
Referências bibliográficas..20

2. Buscando um Novo Paradigma de Pensamento: O Pensamento Complexo 21

Componentes do sistema de representação mental 23
Paradigma 24
Paradigma e a forma de pensar 24
Paradigma da era moderna 25
O contexto e nossos esquemas pessoais..25
Os objetivos e as intenções 26
O pensamento simples 26
Princípios do pensamento simples: patologias do saber.................... 27
Conjunção do uno e do múltiplo 28
Redução 29
Características do pensamento simples 29
Contradições do pensamento simples: a ordem e a desordem 30
A autonomia humana... 31
Os indivíduos também se autoproduzem... 31
As forças da dependência humana e a capacidade de ter liberdade 31
Autonomia e sujeito 32
Organizações e autoprodução...32
A organização do conhecimento como fator de mudança de paradigma ... 33
Complexidade...34
Complexidade e suas formas.. 35
Princípios que ajudam a pensar a complexidade 36
As etapas da complexidade 38
Sistema e complexidade..38
Razão 39

  Racionalidade..39
  Racionalização..40
  As diferenças entre racionalização e racionalidade.....................40
  A dúvida e a razão...41
  Paradigma de pensamento e o desafio da complexidade............41
Resumo... 42
Termos e conceitos importantes 46
Questões 47
Aplicação 47
Referências bibliográficas... 48

3. A Questão Ética nas Organizações: A Ética Discursiva de Habermas 49
Teoria da ação comunicativa.. 51
  A Teoria da Ação Comunicativa e a linguagem 51
  Mundo vivido e ação comunicativa 52
  Processo argumentativo: discurso 53
A ética discursiva de Jürgen Habermas 55
  A Ética Discursiva e seus pressupostos essenciais........................ 55
  Ética Discursiva: universalização e comunicação.........................56
  Ética Discursiva e integridade do indivíduo.................................56
  Condições para a Ética Discursiva 57
  Descentramento..57
  Ética Discursiva e a neutralidade em Kant e Durkheim 58
  Ética Discursiva e natureza humana 59
  Condições essenciais da Ética Discursiva como processo de
    aprendizagem 59
  Ética Discursiva universal e dialógica..61
Kant e a razão prática 62
  Sistema de fins 64
Durkheim e a moralidade... 66
Julgamentos morais: Jean Piaget.. 69
Os fundamentos psicológicos da ética discursiva..........................73
  Cognitivismo, universalismo e formalismo 73
  Os estágios morais de Kohlberg..75
  Perspectivas sociais de Kohlberg 79
  Aquisição e desenvolvimento dos conceitos e das relações das pessoas
    segundo R. Selman... 80
  Perspectiva diferenciada e subjetiva..82

  Perspectiva auto-reflexiva na segunda pessoa e recíproca (7 a 12 anos aproximadamente) 82
  Perspectiva da terceira pessoa e mútua (de 10 a 15 anos aproximadamente) 83
A psicologia organizacional: suas propostas e a questão ética 84
  A razão instrumental 84
  Motivação e o processo de indução do indivíduo na organização 85
  As concepções morais universais e o desenvolvimento psicológico 88
  Seqüência cognitiva — Kohlberg 89
  O compromisso da psicologia aplicada à administração com a moralidade positivista de Durkheim 90
  A psicologia aplicada à administração e a Ética Discursiva 90
Resumo 93
Termos e conceitos importantes 99
Questões 103
Aplicação 104
Referências bibliográficas 105

4. Administração como Ciência Social Aplicada e as Questões Ontológicas, Epistemológicas e Ideológicas 107
  Sociedade 111
  Reprodução dos tipos de sociedade nas organizações 114
  Natureza humana 115
  Ideologia 120
  Administração 121
Resumo 123
Termos e conceitos importantes 126
Questões 128
Aplicação 129
Referências bibliográficas 130

5. Psicologia: Ciência ou Bom Senso? 131
  Provérbios e Psicologia 133
  As idéias e opiniões de pensadores e a Psicologia 134
  Bases científicas da compreensão do comportamento humano 134
  Definição e evolução da Psicologia como ciência 135
  Divergências na definição do comportamento humano 135
  Relação entre escolas, técnicas e métodos de comprovação de suas hipóteses 136

Influência dos resultados de observações e estudos científicos 137
Psicologia e demais ciências 137
Ciência 138
Etapas do método científico 138
Função das teorias psicológicas 139
A psicologia como ciência e o controle do comportamento humano 141
Psicologia e planejamento do comportamento 141
Ideologia e Psicologia 142
Resumo 143
Termos e conceitos importantes 143
Questões 144
Aplicação 145
Referências bibliográficas 146

6. Teoria Psicanalítica e sua Aplicação nas Organizações 149
Freud e o método científico 151
Conceitos principais 152
Subdivisões da personalidade 153
As qualidades mentais 156
Princípio do Prazer 158
Princípio da Realidade 158
Processo primário e processo secundário 158
Instintos 159
Desejos 159
Necessidade 160
Recalque 160
Sublimação 160
Repressão 161
Pulsões de morte 161
Pulsões de vida 161
Conflito psíquico 161
Identificação 162
Identificação com o agressor 162
A teoria psicanalítica e o comportamento humano na organização:
   contribuições e limitações 162
Teoria Psicanalítica na organização: a psicodinâmica do Trabalho 166
Teoria da psicopatologia do trabalho 166
Conceitos Básicos 167
Relação do indivíduo com a organização do trabalho 167

XVII

Estratégias de preservação da saúde mental 168
Relação entre organização da personalidade e organização do
    trabalho 168
A psicopatologia do trabalho: conclusões básicas 168
Tipos de organização e sofrimento no trabalho 169
Estratégias defensivas 169
Vida psíquica e saúde física 169
Sofrimento mental e suas conseqüências 170
Defesas contra o sofrimento 170
Alienação como fator de sofrimento 171
Psicodinâmica do trabalho e teoria psicanalítica 172
A epistemofilia 172
Ressonância simbólica, história singular e qualidade do trabalho 172
Condição de ressonância simbólica 173
Sublimação, reconhecimento e identidade 173
Sofrimento e motivação 174
Conseqüências da organização científica do trabalho sobre a
    saúde mental 174
Sofrimento criativo luta com o operatório 175
Conseqüências do sofrimento patogênico no ambiente 175
Incidência do sofrimento patogênico sobre a produtividade 175
Sofrimento humano nas organizações: do espaço de palavra ao
    espaço público 176
Espaço público como um recurso humano 176
Sofrimento humano e responsabilidade das organizações 177
Trabalho, sofrimento e sociedade 177
Considerações finais 178
Resumo 179
Termos e conceitos importantes 180
Questões 183
Aplicação 184
Referências bibliográficas 184

**7. O Condicionamento do Comportamento Humano nas
Organizações** 185
Origens do Behaviorismo 188
Princípios do Behaviorismo Metodológico 190
Comportamento respondente 190
Comportamento operante 191

Distinção entre comportamento respondente e comportamento
   operante 191
O processo de condicionamento respondente.. 191
O experimento de Pavlov 192
Fatores que influenciam o condicionamento respondente.................... 192
Condicionamento operante... 193
Reforço: definição e tipos 194
Reforço e privação 194
O processo de condicionamento operante 195
Dispositivos experimentais 195
Extinção... 197
Punição.. 197
O Behaviorismo Radical.. 197
Transposição do laboratório para a vida real 198
Por que um estímulo age como reforçador... 200
Fatores que interferem no resultado do condicionamento.................... 200
Significado do reforço nas organizações 201
Generalização e discriminação de estímulo 201
O Behaviorismo e a motivação 202
A aplicação da análise do comportamento nas organizações................203
Sentimentos e emoções.. 204
Percepção 205
A personalidade segundo o Behaviorismo 206
Tomada de decisões e o seu controle 206
Controle das variáveis experimentais na situação organizacional 207
Behaviorismo e o comportamento humano na organização 207
O manejo dos estímulos e dos reforços 208
Condicionamento humano nas organizações....................................... 209
O lado ético do reforçamento nas organizações 210
Sistemas de recompensa nas organizações 210
Limitações do condicionamento humano..211

Resumo.. 213
Termos e conceitos importantes 217
Questões 219
Referências bibliográficas... 220

8. Teoria de Campo e Comportamento Organizacional 221
Precursores da Teoria de Campo: Teoria Clássica da Gestalt................... 223
Gestalt 224

Insight 224
Isomorfismo 225
Figura-fundo 225
Conceito de aprendizagem segundo a teoria gestáltica 226
Desenvolvimento da Teoria de Campo 227
Elaboração e combinação de constructos 227
Teoria de Campo como método de análise 227
Objeto da Psicologia 228
Conceito de comportamento 228
Fenômenos psicológicos como realidades psicológicas 229
Conceitos de comportamento 230
Observação científica do comportamento 230
Comportamento como função da situação total 231
Espaço vital 231
Interação indivíduo–meio ambiente 231
Abordagem dinâmica. O indivíduo como sistema 233
Principais conceitos da Teoria de Campo. Espaço vital (*life space*) 233
Ambiente objetivo 234
Ambiente psicológico 234
Pessoa 234
Dimensão do espaço vital 235
Diferenciação no nível realidade-irrealidade 235
Presente psicológico. O comportamento como função do
    "campo presente" 236
Princípio da contemporaneidade 236
Tempo em Psicologia 237
Conceitos estruturais: região 239
Conceitos dinâmicos (hodologia) 240
Conceitos que tratam da mudança no ambiente psicológico 243
Tipos de aprendizagem 243
Nível de aspiração e aprendizagem 244
Mudanças induzidas socialmente 244
Lewin e a psicologia Social 245
Pesquisa-ação 246
Dinâmica de grupo 246
Teoria de campo e comportamento organizacional 247
Resumo 250
Termos e conceitos importantes 252
Questões 254

Aplicação 254
Referências bibliográficas 256

9. A Organização como Contexto Social e o Desenvolvimento Cognitivo 257
Desenvolvimento cognitivo 260
Período sensório-motor 260
Esquema e conceito prático 261
Características do período sensório-motor 261
Período pré-operatório ou desenvolvimento do pensamento simbólico ... 262
Nível operatório concreto e suas características 262
Reversibilidade 262
Operação mental 263
Nível operatório formal e suas características 263
Hereditariedade e meio ambiente 264
Background biológico do comportamento humano – hereditariedade 264
Transmissores da hereditariedade 264
Processo de maturação 265
Condições ambientais 265
Reflexos e instintos 265
A hereditariedade e as diferenças nos seres humanos 266
Jerkes e Klineberg e o estudo das condições ambientais 266
Margaret Mead e as influências culturais 266
Classes sociais e diferenças individuais 266
Determinismo hereditário 268
Meio psicológico 268
Sociedade e transmissão de padrões de comportamento 269
Cultura e desenvolvimento de características individuais 269
Percepção e cultura 269
Interação dos fatores hereditariedade e meio ambiente 270
Processo de interação entre os fatores hereditariedade e meio 271
A organização como meio social 271
Tipos de influência como meio social 271
A inteligência 272
QI 272
Contradições e dificuldades 274
Seleção de pessoal e os pressupostos dos testes psicológicos 275
Contradições e dilemas no uso dos testes psicológicos 276
Resumo 278

XXI

Termos e conceitos importantes 282
Questões 284
Aplicação 285
Referências bibliográficas 286

10. Personalidade e Falsa Consciência nas Organizações 289
Personalidade 291
Características da personalidade 292
Desenvolvimento e ajustamento da personalidade 292
Tipos ou dimensões de personalidade 294
Personalidade e organização 295
Avaliação da personalidade 297
Inventário de personalidade (entrevistas e questionários) 298
Avaliação psicológica na organização 299
Resumo 301
Termos e conceitos importantes 303
Questões 304
Aplicação 304
Referências bibliográficas 306

11. Processo Perceptivo e o Contexto Organizacional 309
Hipóteses sobre a percepção 311
Importância do contexto dos estímulos percebidos 312
Conceito ou categoria 313
A experiência passada e a percepção presente 314
A projeção e sua influência no processo de percepção 314
Contraste e percepção 314
Ampliação do limite de atenção 315
Constância 318
Constância e distorção visual 318
Motivação e sua influência na percepção 318
Decodificação 319
Percepção social 320
Interação social e percepção social 320
Problemas da pessoa que percebe e da que é percebida 321
Interação de fatores intra e extrapessoais no processo de percepção
 social 321
Processos cognitivos 324
O pensamento ou raciocínio 325

    Operações mentais 326
    Desenvolvimento cognitivo 326
    Solução de problemas..327
    Influência dos fatores individuais 328
    Criatividade 328
    Os processos cognitivos e o comportamento humano na organização 329
    Pressões grupais e percepção 330
    Divisão do trabalho e percepção 330
    Características individuais e percepção 330
    A organização, a maturidade psíquica e o desenvolvimento mental 331
    Organização como meio social e sua função 332
    Mecanismos de repressão 333
    Características da organização 333
    Conseqüências para o indivíduo 333
    Conseqüências para a organização 334
    Percepção e falsificação da consciência 334
    Mecanismo de facilitação 335
    Condições econômicas e desenvolvimento cognitivo 336
    Falsificação da percepção 336
Resumo 337
Termos e conceitos importantes 339
Aplicação 342
Questões 343
Referências bibliográficas 344

12. Motivação e a Organização 347
    A motivação como problema individual 350
    Comportamento motivado, comportamento não-motivado 351
    Motivação e hedonismo 351
    Os behavioristas e a motivação 352
    Os cognitivistas e a motivação 352
    Kurt Lewin...352
    A abordagem de Freud 353
    Freud e o inconsciente..353
    Teoria Psicanalítica e Determinismo Biológico 353
    Comportamento como forma de liberação de tensões.......... 353
    Comportamento direcionado 354
    Teoria da Motivação Humana de Maslow........................... 354
    Hierarquia das necessidades humanas 355

Predominância das necessidades fisiológicas...355
Necessidades de segurança..355
Necessidades de afiliação e amor..356
Necessidade de estima...356
Necessidade de auto-atualização..357
Necessidades estéticas..357
Falácias da abordagem da Teoria das Necessidades Humanas de Maslow 358
Necessidade de realização (*N-achievement*, Mcclelland) 359
Constelações de necessidades psicológicas.................................... 360
Necessidade psicológica predominante e integração na organização 360
Fatores higiênicos: fatores motivacionais (Herzberg)...............................361
Auto-realização e motivação 361
Condições higiênicas e satisfação no trabalho 362
Motivação e produtividade..362
Produtividade *versus* integração 362
Conformismo *versus* produtividade 363
Avaliação do grau de integração ou adesão ao sistema *versus* produtividade..364
Sistemas de incentivos e manipulação de comportamento na organização 364
Interação indivíduo–organização 364
Motivação e problemas emocionais 365
Problemas emocionais e autocracia 365
Graus diferentes das necessidades básicas...365
Diferença entre doença mental e problemas emocionais 366
Motivação e chefia — o papel do chefe 366
Reflexões e considerações..367
Resumo..369
Termos e conceitos importantes 370
Questões... 371
Aplicação 372
Referências bibliográficas.. 375

13. Liderança: Processos Grupais e o Comportamento Organizacional 377
Processos grupais e a organização..379
Dinâmica de Grupo 379
Orientações teóricas 380

SUMÁRIO

    Processos grupais: liderança 382
    Aceitação da liderança 383
    A liderança como característica de um indivíduo 384
    A liderança como propriedade de um grupo 385
    Poder social 388
    Efeitos de liderança 389
    Experimentos 390
    Diferenças entre as várias formas de liderança 392
    Estilo de liderança na organização 397
    A liderança na organização 400
    Definir liderança 401
Resumo 403
Termos e conceitos importantes 405
Aplicação 406
Questões 410
Trabalho de campo 411
Trabalho de pesquisa 412
Referências bibliográficas 412
Índice remissivo 415

1

Globalização: Dimensão Psicossociológica e Questão Ética

Ao terminar a leitura deste capítulo, você deverá ser capaz de compreender:
1. o processo de globalização e sua complexidade;
2. as conseqüências e as contradições do processo de globalização;
3. as questões éticas colocadas pelo processo de globalização;
4. a sociedade de risco;
5. os conceitos de modernidade e modernização;
6. modernização reflexiva e modernização simples.

A globalização como um processo não pode ser reduzida à dimensão econômica. Globalização "significa a experiência cotidiana da ação sem fronteiras nas dimensões da economia, da informação, da ecologia, da técnica, dos conflitos transculturais e da sociedade civil" (Beck, 1999, p. 46).

Assim entendida, a globalização transforma o cotidiano das nações, das organizações e das pessoas. Não há como negar sua realidade nem sua força e violência enquanto processo gerador de mudanças: o inesperado, o incerto e a ausência de controle e limites fazem dela, a globalização, uma geradora permanente de incertezas e de riscos.

Na globalização, como acentua Beck (1999), dinheiro, tecnologia, mercadorias, informações, bem como as pessoas ultrapassam as fronteiras como se elas não existissem. A separação dos continentes e das nações torna-se, assim, uma questão de aparência.

Dimensão econômica

Na esfera econômica, quantias incontroláveis de dinheiro mudam em segundos de um país para o outro, provocando instabilidade econômica de dimensão jamais imaginada. As quedas repentinas e bruscas das bolsas de valores ocorridas em vários países e centros econômicos, muitas vezes provocadas por percepções econômicas, políticas ou sociais nem sempre fundamentadas, são ingredientes explosivos desse processo. A transferência de negócios de um país para o outro, sem nenhum impedimento legal, tem sido uma prática comum em nível nacional, conhecida como "guerra fiscal".

As empresas abandonam países e/ou regiões nacionais instalando-se onde lhes são concedidos maiores benefícios fiscais e financeiros, aliados à existência de mão-de-obra mais barata. Nessa guerra desleal, o Estado-nação passa a financiar empresas multinacionais e/ou grupos econômicos. A aplicação do dinheiro do contribuinte é desvirtuada.

O chamado capital especulativo, que entra e sai dos países sem ao menos ter perdido a sua natureza virtual, se soma à conturbação econômica globalizada, e o mercado, por sua vez, continua sofrendo impactos e se modificando a partir das fusões e megafusões, como a AOL e a TIME Warner, maior negócio da história econômica mundial, considerada pela mídia como a inauguração na Internet de uma nova era do capitalismo. As privatizações, por outro lado, não perderam sua força, especialmente nas áreas financeiras e de prestação de serviços.

Dimensão ecológica

No mundo globalizado, as conseqüências do rápido avanço tecnológico criaram uma ameaça ambiental até então não vivenciada pela humanidade, gerada pelo próprio desenvolvimento tecnológico, portanto pela própria ação humana. Essa ameaça gera incerteza denominada por Giddens incerteza artificial. Por outro lado, o cenário de reflexividade social intensiva, cuja característica principal é a disseminação da informação, tornou essa ameaça ambiental um fato internacional e de acesso indiscriminado a todas as pessoas nas diferentes partes do mundo. Essa informação generalizada mobilizou a criação de organizações de defesa ambiental e de protestos.

Dimensão técnica

Na esfera da tecnologia o desenvolvimento se dá de forma e rapidez jamais alcançadas: diferentes áreas são atingidas pelo surgimento de novas tecnologias, tendo como marco de radicalização de mudança a tecnologia da informação, que provocou uma profunda revolução no cenário mundial, nas esferas social, econômica, industrial e política, bem como na vida das pessoas.

Tecnologia e controvérsias

A robótica permite a rapidez, a qualidade e a exatidão, trazendo contribuições importantes aos vários campos e setores: industrial, pesquisas espaciais e medicina, entre outros.

A tecnologia da informação é colocada ao alcance de todos, independentemente de onde se encontram. É o fenômeno da mundialização da informação. Por outro lado, tanto a robótica quanto a tecnologia da informação apresentam seu lado controverso. A robótica é responsável pelo desemprego artificial, ou seja, o desemprego criado pelo avanço tecnológico. As exigências de competitividade, envolvendo a melhoria de qualidade, custos e produtividade, são, em grande parte, fatores que levam à substituição do trabalho humano pela robótica.

É certo que, apesar da drástica redução de postos de trabalho, tanto a robotização quanto a informatização criaram novos postos de trabalho. Todavia, é importante ter presente que esses postos de trabalho impõem qualificação profissional, cujas exigências de conhecimento nem sempre podem ser alcançadas pelas pessoas. Entre o número de desempregados encontra-se um alto percentual de profissionais desqualificados, ou seja, pessoas que não possuem os conhecimentos necessários à realização das tarefas que integram os novos postos de trabalho.

A tecnologia dos alimentos é outra área que tem trazido controvérsias quanto às suas implicações e conseqüências.

Há estudos que põem sob suspeita os alimentos transgênicos, imputando-lhes efeitos negativos à saúde humana. Essa discussão tem atingido níveis de verdadeira guerra entre cientistas e grupos econômicos. No Brasil, a empresa norte-americana Monsanto é uma das protagonistas e briga pelo cultivo da soja transgênica. O duelo entre ela e os cientistas brasileiros mais se assemelha ao duelo travado entre Davi e Golias. É o poder econômico, com sua força, se sobrepondo ao compromisso ético do cientista com a sociedade brasileira.

Tecnologia e conceito de espaço

A tecnologia vem provocando mudanças radicais no conceito de espaço. As distâncias se encurtaram, as pessoas transitam livremente, atravessando continentes e países. O deslocamento intenso de grupos de pessoas de diferentes nacionalidades é um fenômeno do mundo globalizado. Isso facilita o contato com diferentes culturas, tradições, idiomas, hábitos, crenças religiosas e políticas. Hoje é possível morar em uma localidade (cidade, estado ou país) e trabalhar em outra, mesmo sendo em um país de dimensão continental como o Brasil. A intensificação do deslocamento das pessoas facilita também o tráfico de drogas, aumentando a violência e a corrupção.

Todavia, as dificuldades encontradas pelos governos locais para impedir o deslocamento de pessoas consideradas uma ameaça à comunidade, como traficantes, assassinos, terroristas, líderes e seguidores de seitas, tornaram-se maiores com o avanço tecnológico no setor de transportes. Pela mesma causa, os governos, inclusive dos países industrializados, encontram dificuldades no controle da imigração clandestina.

Tecnologia da informação e reflexividade intensiva

O desenvolvimento da tecnologia da informação e do transporte de massa "assassinaram", como afirma Beck (1999), a distância e mudaram o conceito de tempo. A informação de forma contínua e indiscriminada provoca conseqüências desestruturadoras tanto para os indivíduos como para a sociedade.

Nesse processo, as pessoas estão expostas a conhecimentos, crenças, hábitos, valores, tradições e culturas diferenciadas e são atingidas e contagiadas por eles.

A Internet e a televisão a cabo, somadas aos meios de comunicação escrita e falada, especialmente a telefonia celular, são os veículos que ampliaram o alcance da reflexividade intensiva como fenômeno da globalização. Por sua vez, é um processo sem fronteiras e sem controle. Valores contraditórios, crenças, ideologias diversas, hábitos e culturas diferentes são indiscriminadamente divulgados, inclusive a cultura da violência, a partir dos jogos virtuais e de filmes. Nova forma de organização familiar, de relacionamento sexual e questões do gênero se misturam a valores morais e éticos.

Reflexividade intensiva e ação inconsciente

A reflexividade intensiva, como acentuam Beck e Giddens (1997), é um processo desestruturante tanto para os indivíduos como para a sociedade, demolindo crenças e tradições e levando as pessoas a fazerem escolhas que apenas aparentemente foram decididas por elas.

A globalização é um fator de colonização dos indivíduos. Muda-se de crenças e de valores. Abandonam-se tradições sem uma tomada de consciência de suas conseqüências e até mesmo do que elas representam ou de seus pressupostos morais e éticos. Fazem-se, nessas situações, escolhas. Não se decide, não se é dono da própria história de vida. Alguém, que não se sabe quem é e que intenções tem, decidiu. As pessoas pensam que são livres, mas não o são. Foram escravizadas e colonizadas por entidades virtuais globalizadas e globalizantes.

A reflexividade intensiva atua no nível inconsciente dos indivíduos, o que explica sua ação desestruturante e sem controle. O abandono de valores morais, éticos e de tradições culturais se dá sem que seja percebido. Os apelos ao consumo, ao prazer, às aventuras e ao sucesso se fazem presentes e induzem mudanças de hábitos no vestuário, na alimentação, nas relações familiares e afetivas, nas crenças e credos religiosos. Na retaguarda dessas mudanças estão os grupos econômicos e a ideologia da dominação.

Conhecimento científico disponibilizado e suas distorções

Reflexividade social intensiva

Processo de mudança social que tem como estratégia a organização de grupos de discussão nos diferentes setores da sociedade (escolas, igrejas, associações profissionais, partidos políticos etc).

Esse processo possibilita mudança cultural e social consciente e planejada.

Procura anular os efeitos e as conseqüências da reflexividade intensiva.

A reflexividade intensiva, ou seja, o processo intensivo de informações que atuam sobre as pessoas é constituído por diferentes tipos de informações que não são somente negativas. Os conhecimentos científicos a que anteriormente somente especialistas tinham acesso, hoje, com o processo de globalização da informação, especialmente via Internet, estão disponíveis para todos.

A democratização do conhecimento, todavia, sofre falsificações em seu processo de universalização.

A proliferação de pseudociências e de teorias tidas como revolucionárias e capazes de conduzir ao êxito, ao sucesso e à felicidade intensificaram-se nestas últimas décadas, especialmente nas áreas das ciências humanas e da administração: as terapias de cunho espiritualista, os manuais de auto-ajuda e os credos que garantem o sucesso empresarial aos indivíduos são *best-sellers* que atraem seguidores e consumidores.

A fundamentação teórica e as pesquisas que dariam suporte a esses conhecimentos não são apresentadas porque não existem ou são frágeis.

A simplicidade dessas teorias e a praticidade de suas aplicações, bem como a sua proposta como processos de soluções de problemas contribuem para a sua aceitação.

Esses conhecimentos tomam o *status* de conhecimento científico quando na realidade não o são. Esse processo de aceitação sem conhecimento das bases científicas e de seus fundamentos teóricos contribui para a deformação do conhecimento e da própria forma de as pessoas pensarem.

Parte-se do pressuposto de que tudo que foi divulgado é científico. A velocidade com que novos conhecimentos são gerados e divulgados é também fator que induz à distorção do conhecimento. A compreensão dos fundamentos teóricos e das bases científicas exige tempo, pesquisa e trabalho reflexivo.

As explicações simples e a redução de fatores que envolvem um determinado fato e/ou problema são um conhecimento tentador, mas que bloqueia e distorce a aprendizagem do como pensar e da forma pela qual os indivíduos refletem.

É o que Morin (1990) denomina patologias do pensamento, aqui provocadas pelo reducionismo e pela simplificação.

Exclusão social

O processo de globalização é duplamente perverso às populações já excluídas. Provoca uma dupla e injusta exclusão de grande número de pessoas, especialmente em países emergentes. Essas pessoas são inicialmente excluídas dos benefícios gerados pela sociedade: não têm acesso à moradia, à saúde, à educação e ao trabalho.

Com a globalização essas pessoas são novamente excluídas por não apresentarem as condições educacionais e econômicas que lhes possibilitariam abrir as portas para a integração na sociedade como atores.

CONSEQÜÊNCIAS DO PROCESSO DE GLOBALIZAÇÃO

Riscos e incertezas

Na sociedade globalizada pós-industrial (Giddens, 1996), negociam-se os malefícios e não mais os benefícios. Essa mudança pode ser observada nas políticas de negociação sindical cujo problema central era o aumento salarial. Portanto, a redistribuição de riquezas, que era o foco inicial, é abandonada pela manutenção e aumento de postos de trabalho, que passam a ser a preocupação fundamental. Essas negociações vêm envolvendo inclusive a redução salarial.

No plano internacional, as negociações entre países também mostram esse deslocamento. A criação de mercados comuns regionais, como o Mercado Comum Europeu e o Mercosul, se caracterizam a estâncias de negociação de riscos e de proteção mútua.

Todavia, integrar os riscos e as incertezas no cotidiano exige a mudança de paradigma de pensamento (Morin, 1999; Giddens, 1996). Pensar o complexo pressupõe o abandono do pensamento reducionista e simplificador de causa-efeito. Giddens (1997), quando afirma que uma sociedade de reflexividade intensiva exige **pessoas inteligentes**, está colocando a questão da competência reflexiva e da maturidade emocional dos indivíduos como exigências fundamentais para a sobrevivência e autonomia não somente deles, mas das organizações e do país enquanto Estado-nação com identidade própria. Como ressaltam os autores, as pessoas com competência reflexiva e com consciência crítica serão capazes de escrever seu próprio destino. Em outras palavras, somente aquelas pessoas que apostarem no desenvolvimento de sua competência de pensar, de refletir, e em sua maturidade emocional serão capazes de, dentro desse emaranhado de informações e crenças distorcidas, realizar a grande aventura humana da cidadania, da autodeterminação e da liberdade, liberdade essa que é sinônimo de autonomia, de idéias e de sentimentos.

Na vida pessoal, a democracia dialógica trabalha com o ordenamento das relações por meio de diálogo e não por meio de poder arraigado.

Conflitos sociais

O desemprego no mundo globalizado tem assumido proporções alucinantes e está entre os problemas sociais mais graves.

O desemprego virtual, ocasionado pela substituição da mão-de-obra pela tecnologia, e o desemprego por falta de qualificação profissional se somam e contribuem para o aumento da violência, do tráfico de drogas, da corrupção e do contrabando.

ENTENDENDO A MODERNIZAÇÃO

Modernização simples

Nas palavras de Beck (1997), modernização simples significa primeiro a desincorporação e, segundo, a reincorporação das formas sociais tradicionais pelas formas sociais industriais. Na realidade, nesse processo de reincorporação, o paradigma de pensamento é mantido, bem como os postulados morais de natureza obrigatória. A modernização simples é o paradigma da sociedade moderna industrial.

Sociedade de risco e modernização reflexiva

Modernização reflexiva (Beck, 1997) é o processo de inovação autônoma que provoca a obsolescência da sociedade industrial e a emergência da sociedade de risco — riscos sociais, políticos, econômicos e individuais. Esses riscos tendem, cada vez mais, a ser incontrolados pela sociedade moderna industrial. Como acentua Beck (1997), os processos de modernização autônoma são cegos e surdos a seus próprios efeitos e avanços.

Produzem, de maneira latente e cumulativa, ameaças que questionam e destroem as bases da sociedade industrial.

Para esse autor, modernização reflexiva significa autoconfrontação com os efeitos da sociedade de risco, efeitos esses que não podem ser tratados e assimilados no sistema da sociedade industrial. Em outras palavras, a sociedade industrial não possui instrumentos, regras e mecanismos de ordem econômica, política, social e jurídica para resolvê-los e/ou impedir seu aparecimento.

Essa nova realidade, a sociedade de risco, é totalmente diferente daquela conhecida e vivenciada pelas pessoas. As pessoas saem da sociedade industrial para a turbulência da sociedade de risco total, tendo de conviver com amplos e variados riscos globais e pessoais diferentes e mutuamente contraditórios.

A ausência do respaldo que as pessoas esperavam encontrar nas instituições formais responsáveis pela manutenção da ordem social as leva a questioná-las. Esse descrédito poderá, na sociedade de risco, se tornar uma das ameaças latentes de autoconfronto e autodestruição da própria sociedade.

Modernização simples e modernização reflexiva

A modernização reflexiva é, pois, conseqüência da reflexividade intensiva. É o estabelecimento de uma nova realidade social e econômica que poderá gerar o caos.

Todavia, poderá, pelos seus riscos e ameaças, motivar pessoas a se organizarem em grupos e movimentos, para analisarem e buscarem soluções compatíveis com uma nova forma solidária e humana de organização da sociedade.

Para entender o processo de modernização no mundo globalizado, é importante fazer distinção entre modernização simples e modernização reflexiva. A modernização simples ou ortodoxa busca por intermédio do conhecimento o controle e a ordem, considera a realidade a partir de sua redução à causa-efeito, e introduz mecanismos de controle na tentativa de garantir a ordem alcançada. É uma estratégia em que se buscam soluções para problemas novos por meio de formas e técnicas antigas.

Beck quer dizer que na sociedade industrial, por ele entendida como era da modernidade, os valores da sociedade tradicional são mantidos, mas as formas pelas quais são explicitados são mudadas. Como exemplo pode-se citar a manutenção da dominação masculina na vida cotidiana e no trabalho: a mulher é integrada no mundo do trabalho nas fábricas e escritórios, mas permanece inferior ao homem.

Os salários das mulheres são inferiores aos dos homens, mesmo quando exercem as mesmas funções. É relevante acentuar o fato de que, ao ser incorporada ao mundo do trabalho na sociedade industrial, a mulher passou a realizar duas jornadas: a formal, nos escritórios e/ou fábricas, e a do trabalho doméstico.

Teoria da modernidade reflexiva

Entende Beck (1997) que o processo da globalização é o marco da segunda modernidade. As bases da sociedade industrial moderna, na medida em que a modernidade se desenvolve, vão sendo destruídas. Os efeitos colaterais da globalização não pensados, não conhecidos, mas externalizados, provocam mudanças. Os possíveis efeitos colaterais, como a escassez da água e a generalização da violência, podem ser objeto de reflexão e de reformulações. Assim, formas de relações sociais e de trabalho, de solidariedade, formas de relações de negócios e mecanismos de relações entre nações são introduzidos no decorrer desse processo de reconstrução da sociedade. Todavia, quando não o são, podem corroer as bases da modernidade e levar a sociedade a um colapso total e à auto-destruição. Porém, a ambivalência da modernidade pode conduzir à reflexão sobre a auto-dissolução e o auto-risco da sociedade industrial, mas não necessariamente. Em outras palavras, o processo de globalização e seus efeitos colaterais podem vir a ser objeto de análise e de discussões e, a partir destas, mudanças e correções podem ser introduzidas na sociedade. O risco (Beck, 1999) potencial e o poder de seus efeitos colaterais são fatores poderosos de motivação das pessoas e da sociedade, levando-as a ações.

> As mudanças decorrentes dos efeitos colaterais podem ocorrer de forma inconsciente, não planejada e não analisada. Assim sendo podem provocar, uma crise institucional fundamental e mais intensivamente profunda. Nesta crise todas as instituições fundamentais (como partidos políticos, sindicatos, mas também os princípios que garantem a responsabilidade no campo da ciência e do direito, as fronteiras nacionais, a ética da responsabilidade no individual, a ordem familiar nuclear e outros) perdem suas bases de legitimação histórica (Beck, 1997, p. 211-212).

O autor enfatiza o poder devastador da reflexividade intensiva e das suas conseqüências, entendida aquela como processo contínuo e sutil de confronto entre valores, crenças, hábitos, formas de ver e de viver já existentes e aqueles até então desconhecidos e/ou não aceitos. Esse confronto entre o "velho e o novo", entre o conhecido e o desconhecido, destrói as formas de ver e de viver existentes. Gera a instabilidade e as incertezas. Provoca mudanças que se dão sem análise de suas conseqüências e dos efeitos colaterais para as pessoas e para a sociedade e que ocorrem de forma inconsciente.

RETOMANDO A MODERNIZAÇÃO

A segunda modernidade

A globalização e seus efeitos colaterais marcam o surgimento da desordem, do caos e, contraditoriamente, também do progresso; a quebra de uma ordem estabelecida no mundo e com ela das bases institucionais que a garantiam.

A questão que se apresenta é: como, a partir da crescente desordem provocada pelo processo de globalização, buscar uma nova modernidade?

Giddens (1997) se apóia no resgate da individualidade da pessoa humana e na força do exercício da cidadania responsável. Para ele, não há alternativa para a sociedade humana neste novo milênio que obrigatoriamente não passe pelo resgate do ser humano, cidadão e cidadã reflexivos e emocionalmente competentes e responsáveis.

Processo de destradicionalização

A tradição é entendida como estrutura normativa de conteúdo moral obrigatório ou como conjunto de normas morais que devem ser seguidas e que não exige ser justificado porque contém sua própria verdade, uma verdade ritual afirmada como correta por todos que nela crêem.

No processo de destradicionalização, a tradição é questionada e reformulada. A competência de pensar e refletir, a consciência crítica e a capacidade de autocrítica de cada indivíduo são pressupostos do processo de destradicionalização.

As tradições deixam de ser as bases das ações do indivíduo. O dever é substituído pela responsabilidade assumida conscientemente por cada um.

Democracia dialógica

A democracia dialógica significa saber conviver com idéias que não são as suas. É respeito à integridade do outro. Tem como base a confiança ativa que é criada pelo diálogo. É um meio de ordenação das relações sociais no tempo e no espaço. Exige visibilidade e responsabilidade de ambos os lados.

A vida familiar é um exemplo em que a autonomia e a solidariedade devem estar presentes: a solidariedade ampliada exige confiança ativa, acompanhada de uma renovação da responsabilidade pessoal e social em relação aos outros. Confiança que tem de ser conquistada. Pressupõe autonomia. É uma fonte poderosa de solidariedade social, uma vez que a transigência é livremente oferecida em lugar de ser imposta.

Política de vida

A política de vida tem como ponto central a emancipação que significa liberdade, ou liberdade de diversos tipos: liberdade em relação ao controle autoritário da tradição, ao poder arbitrário e às coerções vindas da privação. Política emancipatória é uma política de estilo de vida. Está relacionada à maneira pela qual os indivíduos e a coletividade deveriam viver num mundo onde aquilo que costumava ser fixado pela natureza e/ou pela tradição está atualmente sujeito a decisões humanas.

Política gerativa

A política gerativa existe no espaço que liga o Estado à mobilização reflexiva na sociedade em geral. É uma política que busca permitir aos indivíduos e grupos fazer as coisas acontecer e não esperar que as coisas lhes aconteçam, no contexto e objetivos sociais totais. Depende da construção de confiança ativa nas instituições ou nas agências que a elas estão ligadas. É o principal meio de abordar com eficiência os problemas de pobreza e de exclusão social.

As organizações de auto-ajuda e movimentos sociais são também mobilizadores da democracia dialógica.

Reflexões e considerações

A globalização, em sua dinâmica, apresenta contradições. Atinge as pessoas e as organizações em todos os domínios da sociedade. Transforma a realidade dos países e da vida cotidiana das pessoas. Os antigos fundamentos nos quais a sociedade se apoiava perderam sua razão de ser. Diante dessa nova realidade, as pessoas terão de saber conviver em seu cotidiano com riscos e incertezas, tomar decisões individuais, em outras palavras, ser responsáveis por suas próprias vidas. Assim, o *ser inteligente* passa a ser uma exigência a todas as pessoas no mundo globalizado.

Ser inteligente

O deslocamento do cumprimento de normas e do seguimento da tradição pela ação consciente das pessoas traz a questão da individualidade, entendida como capacidade de se *fazer*, de se posicionar diante do mundo de forma autônoma. A liberdade interior do indivíduo, o vir a *ser sujeito*, está, entretanto, alicerçada na consciência crítica, na autocrítica e no desenvolvimento de um ego forte, que atue como um centro ativo e organizador das estâncias da personalidade, bem como na construção de um mapa cognitivo que facilite a compreensão da multidimensionalidade da vida global integrando as condições de ser inteligente.

Esses fatores são, portanto, exigências para um indivíduo ser considerado inteligente. Ser inteligente exige mais do que ter um QI elevado. Exige maturidade emocional, competência para perceber, analisar e compreender a si próprio e ao mundo.

No mundo globalizado, o conceito de pessoa inteligente significa dizer que ela é capaz de ver a complexidade do mundo, seus riscos, incertezas e possíveis efeitos colaterais e, a partir daí, tomar decisões de forma consciente e responsável em todas as instâncias da vida, nas relações afetivas, na escolha da profissão, no exercício de sua atividade profissional, nos estudos, na direção de um carro, no uso de bebidas alcoólicas e/ou de drogas.

Responsabilidade e interdependência

A responsabilidade social surge como conseqüência de o outro também ser sujeito e ter direito de vir a sê-lo. Individualidade não é individualismo, nem se confunde com egoísmo. O respeito à individualidade e à autonomia do indivíduo coloca para a sociedade como um todo a responsabilidade da construção de uma *nova* modernidade.

Todavia, repensar a realidade vai exigir uma mudança de paradigma de pensamento. A realidade atual, constituída por mudanças desordenadas, riscos e seus efeitos colaterais latentes, não se torna compreensível a partir do pensamento simples, linear e reducionista.

O resgate da individualidade e da competência reflexiva dos indivíduos, homens e mulheres, e a importância da cidadania e da autonomia humana são a pedra básica do processo de modernização (destradicionalização e reconstrução) da nova modernidade, que passa pela reordenação da vida coletiva e da vida individual. Essa reordenação pressupõe a individualidade, o *eu-sujeito* e a construção de novas bases de solidariedade social (Giddens, 1996).

Nesse processo, os indivíduos são atores e dependerá de cada um deles escrever a história de suas vidas, bem como marcar os rumos da sociedade. O resgate da individualidade do ser humano como responsável por sua história pessoal e pela construção da nova modernidade pressupõe consciência crítica, competência reflexiva, autocrítica, formação moral e ética nas relações com outros indivíduos. Apresenta como fundamento básico a responsabilidade de cada pessoa em seu *ser sujeito*, que envolve, entre outras coisas, a consciência e a responsabilidade pelas conseqüências de decisões de natureza pessoal e daquelas relativas ao outro.

E o *ser sujeito* é também exercer a cidadania, que lhe confere direitos e deveres. Dever de construir e preservar sua própria identidade, seu *eu-sujeito*, e colocá-lo no centro de seu mundo interior, integrando, nesse espaço, o *outro* que também é *sujeito*. Isso significa dizer que autonomia e interdependência não se excluem. A proposta da modernização reflexiva coloca o desafio ético de fazer da solidariedade (responsabilidade social) a norteadora do processo de modernização em todas as instâncias da sociedade.

Solidariedade

A solidariedade com o outro deverá se dar em diferentes instâncias da vida social: nas relações profissionais, nas empresas, nas escolas e universidades. A competência e a ética traduzem a solidariedade.

Solidariedade econômica

Na esfera econômica, as redes de empresas, especialmente entre as pequenas e médias, mostram como a solidariedade toma forma: empresas que corriam o risco de desaparecimento se unem para comprar matéria-prima, para exportar, para modernização tecnológica, especialmente a tecnologia da informação e da comunicação.

As agências de desenvolvimento econômico sustentado são também exemplos de solidariedade econômica. Essas agências, que são um tipo de organização não-governamental (Ong), congregam forças locais — como governo local, empresários, associações de classe — para juntas pensarem os problemas da região e buscarem suas soluções.

Solidariedade e exclusão social

Na esfera da exclusão social, a solidariedade se identifica inicialmente com o resgate da cidadania e da competência de vir a ser sujeito de cada pessoa. Criar a oportunidade do resgate do direito de escrever sua própria história de vida e de ser *sujeito* é a missão maior da solidariedade na esfera da exclusão social.

As ações de grupos, especialmente de trabalho voluntário cujo objetivo é o resgate da cidadania, exemplificam essa solidariedade. A profissionalização, a alfabetização, o apoio à criança e ao adolescente por meio de trabalhos na comunidade estão hoje presentes em várias regiões da periferia dos grandes centros urbanos. O dividir e o compartilhar com o outro o saber, as habilidades e as emoções são os pressupostos que dão vida e norteiam essa solidariedade. É a expressão da responsabilidade implícita no exercício da cidadania com o outro, que também tem o direito de vir a ser cidadão.

Em síntese, é por meio das ações de solidariedade que as pessoas vítimas da exclusão social encontram os caminhos do resgate de sua cidadania, de seu *vir a ser sujeito*.

Solidariedade, autonomia e interdependência

A solidariedade deve alcançar certo nível de autonomia e interdependência nas diversas esferas da vida social, inclusive na esfera econômica. É por meio do diálogo, ou do discurso como entendido por Habermas (1987), que a confiança ativa é construída e se torna a base da renovação de uma responsabilidade social em relação ao outro.

O próprio processo de destradicionalização cultural, numa realidade de reflexividade intensiva, depende da solidariedade. Pois a competência reflexiva, a formação da consciência crítica e a maturidade emocional (o estar de bem consigo mesmo), que são seus pressupostos essenciais, só poderão ser alcançadas pelas pessoas quando estiverem presentes a autonomia, a liberdade e a confiança ativa. O aprender a refletir, o ter autonomia para a problematização de valores, da tradição e de conhecimentos, bem como o compreender a realidade complexa passam obrigatoriamente pela família, pela escola, pelos grupos religiosos e pelas organizações de trabalho, e é aí que a solidariedade tem de ser vivenciada.

❖ RESUMO

O processo da globalização é analisado a partir de sua definição como uma mistura complexa de processos que destroem os fundamentos em que se apoiava a sociedade, provocando incertezas e riscos cujos efeitos latentes podem produzir conflitos sociais, como o autoconfronto e a autodestruição da sociedade.

É preciso repensar as relações no mundo globalizado dominado pelo neoliberalismo econômico.

A globalização, ao provocar o autoconfronto e a autodestruição, recoloca o problema da perda da razão de ser, do paradigma do pensamento até então dominante.

Repensar o paradigma de pensamento e abandonar a visão reducionista e simplificadora do mundo e do ser humano (teoria da causa-efeito, pensamento linear), bem como a ideologia do controle como base da modernidade têm sido apresentados como uma alternativa para o processo de modernização no contexto do mundo globalizado.

O processo da globalização é analisado a partir das dimensões econômica, técnica, ecológica e de conflitos sociais. As teorias da modernização reflexiva (Giddens e Lasch) e a teoria da modernidade reflexiva foram apresentadas e discutidas, bem como suas abordagens do processo de modernização, entendida como início da segunda modernidade.

A modernização no mundo globalizado pode tomar a forma consciente, pela qual as pessoas em todas as estâncias e níveis da sociedade são atores construtores de uma nova realidade. Todavia, a modernização pode se dar de forma inconsciente, não planejada e não desejada, o caminho do autoconfronto e da autodestruição. A maneira de ver a realidade e o ser humano e a forma de lidar com eles são a pedra básica que dará a fundamentação e direcionará pressupostos e caminhos da modernização reflexiva na construção da segunda modernidade (Giddens e Beck) ou na retomada da modernidade inacabada (Habermas).

A vivência da solidariedade social, sua concretização no cotidiano da vida das pessoas e nas várias dimensões da sociedade são apresentadas e discutidas.

❖ TERMOS E CONCEITOS IMPORTANTES

Globalização: Processo que produz relações e conexões entre grupos econômicos, países, grupos sociais e grupos culturais. Esses grupos podem ter diferentes objetivos políticos, econômicos e culturais. A globalização cria novos espaços transnacionais e sociais, que modificam as culturas, os valores locais e criam outras culturas no lugar da que existia.

Globalismo: Os governos são subordinados ao mercado mundial. As ações políticas dos governos locais são denominadas e definidas em função do mercado mundial. É a chamada ideologia do mercado mundial ou ideologia neoliberal. No globalismo, o processo de globalização é visto como sendo unicamente econômico. O estado ou o país deve ser dirigido como uma empresa. Há o imperialismo da economia e as empresas (grupos econômicos) impõem ao país as suas metas.

Globalidade: Significa a destruição da unidade do estado (país) e da sociedade nacional. A globalidade pode provocar novas relações de poder, novos conflitos e incompatibilidade entre os governos federal, estadual e municipal. Conflitos entre os poderes Legislativo, Executivo e Judiciário, entre outros, bem como conflitos entre atores como as unidades do Estado nacional, espaços e processos sociais, tanto no âmbito nacional como no internacional. Isso significa dizer que o poder do estado nacional, ou seja, o governo do país, perde força. Conflitos de interesses econômicos de poder, políticos, ideológicos, conflitos religiosos etc., quer no âmbito nacional como no internacional, surgem provocando mudanças na vida do país e na própria forma de organização da sociedade.

Globalidade: Não há países isolados. Os países não podem isolar-se uns dos outros, mesmo que pretendam fazê-lo.

Mundial: Significa diferença, diversidade.

Sociedade: Significa não-integração.

Sociedade mundial: Sociedades diferentes não-integradas. Não existe comando único.

Modernização simples (ortodoxa): Tipo de mudança que, na realidade, mantém a mesma situação, os mesmos valores, a mesma cultura. Substituem-se as formas sociais tradicionais pelas formas sociais industriais. Exemplo: A mulher adquire o direito ao trabalho, mas seu salário é inferior ao do homem, o que caracteriza a permanência da dominação masculina. As soluções propostas trazem uma cara nova, mas os seus fundamentos e os seus pressupostos valorativos permanecem tradicionais.

Modernização reflexiva: Possibilidade de uma autodestruição criativa para toda uma era (sociedade industrial). A criação de novas formas de organização social fundamentada em novos valores. Reflexividade não é sinônimo de capacidade de pensar. Reflexividade é o autoconfronto sutil e contínuo entre valores, crenças, hábitos, formas de organizar a sociedade, formas de ver e de viver diferentes e os já existentes. É o autoconfronto entre o "novo e o antigo", entre o "tradicional" e o denominado "moderno". Sua característica principal é a inconsciência, a ausência do conhecimento e da compreensão de suas conseqüências e de seus efeitos colaterais.

Reflexividade social intensiva: Processo de mudança social que tem como estratégia a organização de grupos de discussão nos diferentes setores da sociedade (escolas, igrejas, associações profissionais, partidos políticos etc.). Esse processo possibilita mudança cultural e social consciente e planejada. Procura acumular os efeitos e conseqüências da reflexividade intensiva. A reflexividade intensiva substitui o velho pelo novo de forma inconsciente.

❖ QUESTÕES

1. Explique por que o processo de globalização não pode ser analisado somente como um processo de globalização econômica.
2. Explique por que o processo de globalização é uma força desestruturante das pessoas, das organizações e da sociedade.
3. Explique por que, no mundo globalizado, *ser inteligente* passa a ser uma exigência.
4. Explique por que o indivíduo, como sujeito, é a base do processo de modernização reflexiva.
5. Analise as questões éticas apresentadas pelo processo de globalização.

❖ APLICAÇÃO

Trabalho de grupo
1. Identifique os efeitos colaterais da reflexividade intensiva no que diz respeito a valores, crenças e hábitos:
   a) na vida das pessoas;
   b) nas organizações.
2. Analise a proposta de modernização reflexiva e proponha estratégias de modernização.

❖ REFERÊNCIAS BIBLIOGRÁFICAS

Beck, Ulrich. *O que é globalização*. São Paulo: Paz e Terra, 1999.
_____. *Risk society. Towards a new modernity*. London: Sage Publications, 1992.
_____. A reinvenção da política: rumo a uma teoria da modernização reflexiva. In: Giddens. *A modernização reflexiva*. São Paulo: Unesp, 1997.
Bernstein, J. M. *Recovering ethical life*. London: Routledge, 1995.
Castells, Manuel. *A sociedade em rede*. São Paulo: Paz e Terra, 1999.
_____. *O poder da identidade*. São Paulo: Paz e Terra, 1999.
_____. *Fim de milênio*. São Paulo: Paz e Terra, 1999.
De Masi, Domenico. *A sociedade pós-industrial*. São Paulo: Senac, 1999.
Domenach, Jean Marie. *La responsabilité. Essai sur le fondement du civisme*. Paris: Hatier, 1994
Furtado, Celso. *O capitalismo global*. São Paulo: Rio de Janeiro, 1999.
Gentili, Pablo. *Globalização excludente*. Petrópolis: Vozes, 1999.
Giddens, Anthony. *As conseqüências da modernidade*. São Paulo: Unesp, 1991.
_____. *Habermas y la modernidad*. Madrid: Ed. Cátedra, 1991.
_____. *A terceira via*. Rio de Janeiro: Record, 1999.
_____. *Para além da esquerda e da direita*. São Paulo: Unesp, 1996.
_____. *Modernização reflexiva*. São Paulo: Unesp, 1997.
Habermas, J. *Teoria de la acción comunicativa: racionalidad y racionalización social*. Madrid: Taurus, 1987.
_____. *Teoria de la acción comunicativa*: crítica de la razón funcionalista. Madrid: Taurus, 1987.
_____. *Habermas*: escritos sobre moralidad y eticidad. Madrid: Ed. Paidós, 1991.
_____. *Consciência moral e agir comunicativo*. Rio de Janeiro: Tempo Brasileiro, 1989.
Lévy, Pierre. *A inteligência coletiva*. Por uma antropologia do ciberespaço. São Paulo: Loyola, 1994.
_____. *As tecnologias da inteligência*. O futuro do pensamento na era da informática. Rio de Janeiro: Editora 34, 1999.
Touraine, Alain. *Crítica da modernidade*. Petrópolis: Vozes, 1995.

2

Buscando um Novo Paradigma de Pensamento: O Pensamento Complexo

Ao terminar a leitura deste capítulo, você deverá ser capaz de compreender:
1. o que é um paradigma de pensamento;
2. as relações entre paradigma de pensamento e compreensão da realidade;
3. o paradigma do pensamento simples, suas características e patologias;
4. o que é autonomia e sujeito;
5. o paradigma do pensamento complexo e suas características;
6. o que se entende por complexidade nas organizações.

O grande desafio da humanidade na passagem do milênio é pensar a complexidade. As mudanças desordenadas, os riscos e as incertezas provocadas pelo processo de globalização caracterizam uma realidade complexa. Compreendê-la e lidar com ela exigem uma forma de pensar complexa. A teoria da complexidade desenvolvida por Edgar Morin possibilita esse conhecimento e é pela sua discussão que iniciaremos a caminhada na direção da compreensão da complexidade.

Todavia, para entender o pensamento complexo é necessário compreender a questão do ato de pensar. Pensar é uma atividade específica do ser cognitivo, o ser humano. Pensar é, pois, a ação mental de elaborar representações mentais, de organizá-las e de reorganizá-las, transformando-as em novas representações. A representação mental da realidade percebida não é uma cópia da realidade como tal. Os seres humanos selecionam aspectos dessa realidade quando formam uma representação mental e criam sua própria imagem da realidade.

Componentes do sistema de representação mental

A seletividade do que é percebido, a formação de diferentes sentimentos em relação à representação mental de dada realidade, bem como as diferentes formas de sua organização em nossa mente sofrem influências de diferentes fatores. Há fatores que influenciam a formação das representações mentais e sobre os quais podemos atuar, modificando-os, tornando, assim, nosso processo mental e nosso pensamento qualitativamente superiores. Esses componentes são: o paradigma, o contexto e nossos esquemas pessoais, valores individuais, objetivos e intenções.

Paradigma

Paradigma, como definido por Kuhun (1994), é uma estrutura imaginária, um modelo de pensamento próprio de cada época da história e produzido pela experiência de mundo, pela linguagem da época e imposto a todos os domínios do pensamento. Morin (1990), ao conceituar o paradigma de pensamento como **princípios supralógicos de organização de pensamento**, retoma o conceito anterior, explicando-o: para ele, esses princípios supralógicos são constituídos pelos pressupostos filosóficos acerca da realidade, ou seja, o que ela é e a forma de estudá-la. Como afirma o autor, esses princípios são ocultos e governam nossas visões das coisas e do mundo, sem que tenhamos consciência disso.

Na realidade, são crenças e conhecimentos que conduzem nosso pensamento, sem que saibamos que o fazem. Essas crenças e conhecimentos são produzidos e transmitidos em determinados períodos da história da humanidade. Cada momento histórico produz determinada *representação social*, isto é, uma visão geral do mundo que orienta todos os pensamentos e os discursos daquela época. Em outras palavras, a interpretação e a construção da realidade são baseadas nessa visão geral, nesse *paradigma*, nessa estrutura imaginária que dita a forma e a norma aceitável, viável de se pensar.

Assim, explica-se a importância da representação social ou paradigma de pensamento como um dos elementos básicos da formação do sistema de representação de cada indivíduo, mas isso não é suficiente para esclarecê-lo. O contexto socioeconômico e cultural no qual o indivíduo está inserido, seus valores, suas intenções e/ou objetivos completam e se somam na compreensão da formação da representação mental ou da criação pelo indivíduo de uma imagem mental de uma situação, coisa ou fenômeno.

Paradigma e a forma de pensar

O paradigma (Morin, 1990) estabelece a forma de pensar de certa época, influenciando os conhecimentos científicos pelas crenças vigentes ou existentes naquele dado momento. Com o desenvolvimento científico, somado às mudanças de crença, o paradigma de determinada época é modificado. Isso significa dizer que em cada época predomina determinado paradigma. Essas mudanças, esses avanços vão interagindo com o modo de pensar dominante e com a concepção da realidade. A estrutura do pensamento é redirecionada, as premissas são reavaliadas, e os conceitos e suas associações ou não-associações são revistos. Dessa forma, a idéia daquilo que é possível e do que não é possível se transforma. Passa-se a adotar uma nova visão geral, uma nova concepção da realidade, um novo paradigma.

Paradigma da era moderna

O paradigma cartesiano e a concepção de ciência desenvolvida por Newton foram predominantes na era industrial moderna. Isso significa dizer que esse paradigma de pensamento levava a considerar o mundo como um grande sistema mecânico acabado e previsível, independente do homem. A missão da ciência era descobrir o funcionamento desse sistema mecânico e dominá-lo. Tratava-se de um paradigma de pensamento que vê a realidade como estática. Portanto, como acentua Morin, é compreensível a predominância do paradigma linear (causa-efeito) como forma de pensamento dos indivíduos na era moderna.

No momento atual, a humanidade enfrenta um desafio de mudanças de paradigma de pensamento. Vivíamos num ambiente de causa e efeito, de explicações simples dos fenômenos e da ordem. Entretanto, a realidade atual não concebe mais um raciocínio linear para a compreensão dos acontecimentos. No mesmo palco atuam a ordem e a desordem, os conflitos estão cada vez mais inerentes ao nosso cotidiano, a instabilidade e a incerteza são figuras que agora fazem parte de nossa tomada de decisão. Nota-se assim que, apesar de vivermos num momento histórico diferente, temos ainda, como paradigma de pensamento, a realidade de outra época.

O contexto e nossos esquemas pessoais

O contexto no qual nós nos encontramos no momento, também chamado ecologia psicológica (Lewin, 1943), é constituído pelo nosso ambiente físico, sociocultural e intelectual. O contexto social e político no qual o indivíduo está inserido e o tipo de conhecimento que domina influenciam a forma pela qual o indivíduo percebe uma realidade e, portanto, a representação mental que dela constrói.

A área de conhecimento do indivíduo e a posição que ele ocupa influenciam a forma pela qual ele percebe o problema. Exemplos podem ser dados confirmando essas diferenças: o ministro da Fazenda, recentemente, quando questionado sobre o índice de 30% de pobreza no país, declarou que esse não era um índice tão dramático (visão estatística e econômica do fato). Por outro lado, os membros do Conselho Nacional dos Bispos do Brasil (CNBB) clamam por mudanças radicais na distribuição de renda, alegando que 30% da população vive com menos de um salário mínimo. Para estes, 30% significa que milhares de brasileiros sofrem o processo de exclusão da sociedade (visão social e ética do fato).

Os objetivos e as intenções

Objetivos e intenções do indivíduo constituem o terceiro componente do sistema de representação mental. As intenções do indivíduo são o motor da ação humana. O comprometimento que o indivíduo tem com aquilo que ele deseja alcançar e conseguir faz com que ele perceba a situação de uma forma influenciada por esse desejo. Portanto, quando se quer atingir algo ou se tem determinada intenção, esses fatores influenciam a formação da representação mental daquela coisa ou situação.

A universidade pode ser vista pelas pessoas comprometidas com a educação e a formação do ser humano como um local de formação de cidadãos e profissionais competentes. Já o empresário poderá ver a universidade como um local onde serão preparados profissionais capazes de exercer as funções técnicas de forma competente.

Portanto, esses três componentes: o paradigma, ou seja, os pressupostos supralógicos que fundamentam nosso pensamento sem que tenhamos consciência disso; o contexto, isto é, as condições econômicas, sociais, políticas e culturais nas quais o indivíduo está inserido, bem como seus conhecimentos e experiências, e a intenção (nível de aspiração e/ou objetivos, valores), ou seja, a ligação do indivíduo à realidade, em função do projeto que ele tem acerca daquela realidade, influenciam a formação das representações mentais do indivíduo, assim como o desenvolvimento de seu pensamento. O indivíduo tem, portanto, condições de modificar, de transformar, ou seja, de exercer sua própria influência sobre esses fatores e, ao fazê-lo, em contrapartida estará criando condições para uma elaboração mais complexa ou menos complexa de suas representações mentais e, em conseqüência, de sua competência de pensar.

O pensamento simples

Quando fazemos a opção pela busca de idéias claras e objetivas, não considerando, em nossa reflexão, as situações ou fatores que não temos condições de compreender naquele momento, como as contradições e as incertezas, estamos usando o pensamento simples ou linear. Esse tipo de pensamento é enganoso, uma vez que falsifica a realidade, pois, ao eliminar alguns de seus elementos, deturpa a própria realidade, levando-nos a conclusões e a decisões errôneas e inadequadas àquela situação. Algumas situações, todavia, apresentam características de simplicidade que possibilitam compreender e controlar elementos que as constituem. Porém, outras situações passam pelo processo de simplificação: a administração científica, por exemplo, utiliza pensamento simples numa situação complexa. A organização foi reduzida a um sistema fechado, em que a hierarquia de funções estabelece a ordem e mantém os controles rígidos do processo de trabalho, o qual também é simplificado por meio da racionalização e da divisão de tarefas.

O indivíduo, por sua vez, também passa pelo processo reducionista. É visto como uma máquina e um produto de forças externas. Os incentivos econômicos, aos quais responderia automática e mecanicamente, são considerados fatores condicionantes de seu comportamento. O comportamento humano é considerado uma resposta aos incentivos econômicos (recompensas materiais).

A Teoria da Inteligência Emocional (Goleman, 1995) é outro exemplo atual das armadilhas do pensamento simples: as emoções humanas são reduzidas a seus aspectos fisiológicos e todo comportamento emocional explicado a partir da fisiologia cerebral. A dimensão psicológica não é considerada.

Princípios do pensamento simples: patologias do saber

Inteligência cega

A inteligência torna-se cega quando o indivíduo é incapaz de adquirir um conhecimento mais verdadeiro e mais complexo da realidade. A realidade é recortada. E essa parte da realidade é tomada como sendo a realidade como um todo. Para Morin (1990), essa patologia do saber resulta do uso, pelos indivíduos, do paradigma da simplificação. Esse paradigma de pensamento é constituído pelo conjunto de três princípios de pensamento: a disjunção, a abstração e a redução.

Esses princípios, quando usados como lógica de reflexão, são processados da seguinte forma: ao abordar a realidade, o indivíduo elimina elementos dessa realidade, ignorando-os, e, em seguida, toma como realidade esta parte da mesma (redução) e elabora uma nova idéia acerca da realidade (abstração) a partir dos dois princípios anteriores (disjunção e redução).

Para tornar a idéia mais compreensível, tomemos o exemplo do ser humano como ser biopsicossocial já discutido anteriormente. Quando alguém diz que o comportamento do indivíduo é resultante do meio a que pertence ou que a liderança é uma característica hereditária, ou ainda que a inteligência é uma característica com a qual a pessoa nasce, está usando o paradigma da simplicidade.

Quando afirma que o comportamento é resultante do meio social, está reduzindo o ser humano a um ser social, desconsiderando o biológico, porque somente as forças sociais o influenciaram e determinaram seu comportamento. Por outro lado, quando afirma que a inteligência é uma característica hereditária, o reduz ao biológico. A partir dessa lógica reducionista, desconsiderou-se o ser humano como ser plural biopsicossocial, e a realidade, no caso o ser humano, foi reduzida. Abstraiu-se e elaborou-se um conceito de ser humano incompleto, recortado, simplificado. Em seguida, o indivíduo é reduzido a um desses elementos: é visto como um ser biológico ou psicológico ou social. Quando reduzido ao biológico, os outros dois elementos são ignorados. A abstração que permanece, a idéia de ser humano, privilegia uma parte, ignorando o todo, o conjunto de fatores (biológico, psicológico e social). A compreensão do ser humano fica simplificada. Eliminam-se fatores e não se considera a interdependência entre eles. A hiperespecialização é outro exemplo de reducionismo do paradigma de pensamento simplificador: recorta o real e define aquele recorte como sendo o próprio real. Na medicina, é comum o especialista se esquecer de ver a pessoa no seu todo, como ser complexo. Como exemplo, pode-se citar o especialista em gastroenterologia, que enfoca seu diagnóstico de úlcera gástrica nos sintomas físicos, ignorando os fatores psicológicos (emocionais) que possam ser causadores ou influenciadores da doença (como o *stress* de trabalho, depressões etc.).

Nas organizações, pode-se observar também o fenômeno do reducionismo do pensamento. É comum observar-se a tendência de compreender a organização a partir de um único fator: o especialista de marketing a entende como sendo a imagem que ela (organização) passa para o cliente; o setor financeiro tende a entender a organização exclusivamente a partir dos fatores financeiros, e assim por diante.

Conjunção do uno e do múltiplo

A incapacidade de conceber a conjunção do uno e do múltiplo é também uma característica do pensamento simplificador. Retomando o exemplo do ser humano e partindo do princípio de uma natureza humana (unidade) comum a todos os seres humanos, mas considerando que cada pessoa é diferente da outra, chegamos à conclusão de que a humanidade é constituída por indivíduos com uma natureza comum, apresentando, entretanto, características individuais (diversidade). A humanidade como unidade integra a diversidade de seus membros.

No pensamento simples, a unidade, ou seja, a natureza humana comum a todos os seres humanos, é desconsiderada no processo de disjunção. Esse pensamento considera a diversidade, ou seja, as características individuais ou de pessoas que pertencem ao mesmo grupo racial.

Essa disjunção tem conotações éticas e justifica o tratamento desigual entre pessoas de diferentes grupos raciais e/ou étnicos. As chamadas *limpezas étnicas* são ações consideradas justas em defesa da supremacia da raça. Kosovo, na Iugoslávia, é um exemplo recente dessa patologia de pensamento. Isso porque, se as pessoas não têm uma natureza humana comum, poderão existir indivíduos superiores a outros, justificando dar a eles tratamentos diferenciados.

Redução

Quando atua a redução, ignora-se a diversidade e busca-se um padrão único. Nas organizações, são comuns programas de mudança organizacional fundados pelo reducionismo. O objetivo é a redução das diversidades de crenças, valores e comportamentos dos indivíduos às crenças, valores e comportamentos estabelecidos pela organização (empresa). Procura-se criar padrões que devem ser adotados e seguidos por todos na organização.

A diversidade de crenças e valores é considerada um fator de desordem e de turbulência (caos) na organização, por isso deve ser eliminada, caracterizando assim o pensamento simples.

Ao estabelecer padrões de pensamento, de sentimentos e de comportamento, a organização impede que os indivíduos desenvolvam a competência de criar e inovar. Ela impede o desenvolvimento do conhecimento, reduzindo-o a padrões de conhecimento estabelecidos por uma pequena elite pensante. Em algumas situações, esse conhecimento, que na linguagem empresarial é denominado *capital intelectual*, não é criado na organização. É importado de modelos organizacionais criados e desenvolvidos em outras culturas e em outro cenário socioeconômico e político.

Características do pensamento simples

O paradigma da simplicidade *põe ordem no mundo e expulsa dele a desordem*. Como descreve Morin (1990), foi essa vontade de simplificação que levou o conhecimento científico a dedicar-se à missão de revelar a simplicidade escondida atrás da aparente multiplicidade e da aparente desordem dos fenômenos.

Buscava-se algo perfeito e eterno — o próprio universo. É importante, entretanto, ressaltar (Morin, 1990) que essa busca frenética e teimosa da grande lei que governava o universo levou os cientistas a descobrirem leis importantes, tais como a gravitação, o eletromagnetismo e as interações nucleares.

Procurou-se, então, encontrar a unidade básica da qual o universo estaria constituído: a molécula foi consagrada como essa unidade básica. Mais tarde, ela deixou de sê-lo, surgindo os átomos, uma vez que as moléculas eram compostas por eles.

Os cientistas continuaram buscando as leis científicas, ao mesmo tempo que tentavam descobrir como essas leis poderiam ser ligadas umas às outras, pois seu objetivo era encontrar uma lei única.

Conseguiram chegar aos átomos e, a partir deles, descobriram as partículas. E elas (as partículas) passaram a ser essa unidade primeira que explicaria a constituição do universo. Essa busca da simplicidade esbarrou, finalmente, na descoberta da constituição das partículas por *quartz*, os quais são uma entidade vaga, complexa e que não chega a isolar-se. A busca científica da simplicidade, das leis que regem os fenômenos e da ordem levou a descobertas científicas impossíveis de serem concebidas a partir do paradigma do pensamento simples (Morin, 1990).

O pensamento simples, fundamentando-se na busca da ordem, começou a demonstrar sua incompetência para explicar a própria ordem e desordem no universo.

Contradições do pensamento simples: a ordem e a desordem

As contradições começaram a surgir quando o segundo princípio da termodinâmica indicou que o universo tende para a entropia geral ou para a desordem total. Todavia, nesse mesmo universo, as coisas se organizam tornando-se mais complexas e se desenvolvem.

Morin (1990) discute a forma de solução dessa contradição por meio da separação entre a organização física (universo físico — moléculas, astros) e a organização vida. A organização física tenderia para o desaparecimento e a organização vida para o desenvolvimento. Entretanto, essa hipótese foi também contestada, como conclui: na organização vida há desordem e não somente ordem. Na evolução das espécies vegetais e animais, muitas delas desapareceram (desordem, degradação). Os seres humanos reproduzem novos seres humanos, mas envelhecem, degradam-se e morrem. A renovação da humanidade é paga com a morte de seus membros. Portanto, estão presentes aí tanto a ordem e o desenvolvimento quanto a desordem e a degradação.

No mundo físico, a teoria do *bigbang* apresenta a questão da organização do universo físico a partir de uma grande explosão. Mais uma vez a ordem é estabelecida a partir de uma grande desordem.

Daí chega-se a concluir que:
1. a dicotomia ordem/desordem não é verdadeira;
2. a ordem e a desordem sempre cooperam uma com a outra. Em certas situações, a ordem é precedida por uma grande desordem, pelo caos. A desordem contribui para o aumento da ordem;
3. a aceitação da complexidade é a aceitação de uma contradição impossível de ser ultrapassada.

A autonomia humana

A autonomia humana se caracteriza pela interação entre individualidade e dependência. Para se tornarem autônomos, independentes ou, em outras palavras, emancipados e cidadãos, os seres humanos dependem, antes de mais nada, da integridade de suas condições biológicas, mas também de uma cultura e de uma linguagem (idioma) com a qual se comunicam com os outros seres humanos e se formam como *humanos*. Portanto, cultura e linguagem são fatores essenciais para a formação do ser humano.

Os indivíduos também se autoproduzem

O ser humano nasce em dado contexto socioeconômico, político e cultural. As características desse contexto e as possibilidades que ele (o contexto) lhe oferece para acesso aos bens culturais, ao saber, ao conhecimento, à educação, à saúde e aos demais bens econômicos e sociais criam dependências à sua autonomia. Ao mesmo tempo, o ser humano não é um escravo dessa dependência. Ele é capaz de lutar e buscar meios e caminhos para se tornar autônomo porque tem a *capacidade* de ter liberdade. Essa capacidade é inerente à natureza humana. E é por isso que a história da humanidade nos traz exemplos de verdadeiros heróis da liberdade. Pessoas que venceram obstáculos de diferentes naturezas e se tornaram cidadãos conscientes, pessoas livres. Os ex-deserdados da cidadania, moradores das favelas e dos cortiços, os ex-alcoólatras e os ex-drogados são exemplos desse heroísmo humano.

As forças da dependência humana e a capacidade de ter liberdade

A força da dependência genética, cultural e socioeconômica, como vimos, não é um elemento determinante da história de vida do ser humano. Na realidade, somos possuídos por parte de nós mesmos, isto é, por nossa constituição genética, por nossos valores e crenças políticas e religiosas, por nossos conhecimentos. Mas nossa capacidade de ter liberdade se constitui como uma força poderosa, vigorosa, capaz de nos resgatar como seres livres e conscientes, desde que queiramos utilizá-la, como bem coloca Morin (1990).

A autonomia humana e o vir a ser sujeito exigem dos indivíduos uma dura batalha, um esforço permanente e progressivo, uma abertura e uma busca sincera e humilde de cada indivíduo.

As armadilhas do pensamento simples, da inteligência cega, do ceticismo reducionista, das verdades e certezas teóricas e ideológicas estão presentes e se apresentam como inimigos permanentes da capacidade de ter liberdade.

Autonomia e sujeito

Autonomia e sujeito estão diretamente relacionados: ser sujeito é ser autônomo. Mas o que é ser sujeito? *Ser sujeito é colocar-se no centro de seu próprio mundo de forma a poder tratar este mundo e a si mesmo e ocupar o lugar do "eu"* (Morin, 1990).

Ocupar o lugar do *eu* é ser capaz de compreender o mundo que o rodeia e a si próprio. É ser capaz de tomar decisões por si próprio, consciente de seus riscos e conseqüências. Isso significa dizer que o indivíduo tem a competência de crítica e autocrítica. A competência de crítica o leva a desenvolver um processo de reflexão crítica do mundo que o rodeia. A competência de autocrítica possibilita-lhe ver a si próprio, seus valores, suas crenças, seus sentimentos, pensamentos e ações. A autocrítica é um processo fundamental que permite a cada indivíduo alcançar sua autonomia e sua cidadania. Ser sujeito, portanto, envolve a responsabilidade e a consciência de si e do outro. Em outras palavras, significa colocar-se no centro do mundo como sujeito, reconhecendo que o *outro* também é sujeito. Essa competência de reconhecimento do *outro* como sujeito, com o direito de ter liberdade da mesma forma que para si próprio, introduz a questão da ética universal no que se refere ao princípio máximo do respeito à dignidade humana: nenhum indivíduo pode ser tratado como objeto ou instrumento para se atingir qualquer objetivo ou fim, por mais nobre que este pareça ser (Habermas, 1997).

Organizações e autoprodução

A organização é um exemplo de sistema que se autoproduz. Os objetivos por ela definidos e a serem alcançados levam-na a criar sua forma de organizar-se, suas funções, seus processos, suas estratégias. À medida que caminha para alcançar os objetivos, vai se tornando mais autônoma e, ao mesmo tempo, mais complexa. As pequenas empresas, no seu processo de desenvolvimento, caracterizam bem o fenômeno de auto-organização, seguido do processo de maior complexidade. A empresa, na medida em que produz alguma coisa, se auto-organiza e se torna mais complexa.

A organização do conhecimento como fator de mudança de paradigma

A organização do conhecimento pelo indivíduo, como acentua Morin, é um dos fatores que influenciam o processo de mudança de paradigma.

Como todo conhecimento opera pela seleção de dados significativos e rejeição de dados não-significativos, é fácil compreender que, quando alguém considera importantes determinados dados e outra pessoa considera importantes outros dados, as conclusões a que essas duas pessoas irão chegar acerca do mesmo fato, coisa ou situação serão diferentes.

Numa primeira etapa **haverá uma separação** na qual o indivíduo distingue os dados e **os une,** isto é, os associa e os identifica. Como segunda etapa **é estabelecida uma hierarquia de dados**, ou seja, os dados principais e os dados secundários são organizados numa ordem. Finalmente, a partir de um núcleo de noções mestras, **os dados são centralizados**.

Como exemplo dessas operações é dada a compreensão do *Arquipélago Gulag,* que descreve as atrocidades, o controle exercido sobre as pessoas e a proibição de pensar de forma diferente daquela estabelecida pelo governo comunista. Os membros do arquipélago Gulag que se atrevessem a pensar eram castigados, encarcerados e mortos.

Pessoas que leram a obra tiraram diferentes conclusões acerca dos fatos ali narrados. Para os adeptos do socialismo, *Gulag* não representava o verdadeiro socialismo. Era uma descrição exagerada do comunismo russo, além de entenderem ser um livro de propaganda do capitalismo contra o socialismo. Outros acreditavam encontrar em *Gulag* fatos reais, mas consideravam que esses fatos não representavam o sistema comunista, e sim um desvio cometido pelo comunismo russo.

Por outro lado, aqueles que não tinham um compromisso ideológico com o socialismo entenderam que os fatos narrados no *Arquipélago Gulag* retratavam as características autoritárias, desumanas e fascistas do comunismo.

Esse exemplo nos mostra que mesmo as operações que utilizam a lógica, ou seja, a seleção e a rejeição de dados significativos, a hierarquização desses dados e a centralização, sofrem também a influência ou, até certo ponto, são conduzidas pelo paradigma de pensamento de cada indivíduo.

Complexidade

Complexidade, como acentua Morin, pode ter duas abordagens que não se excluem. Na primeira, a complexidade é um tecido de elementos de natureza diferente que estão inseparavelmente associados, colocando aí a questão do uno e do múltiplo. Em outras palavras, os elementos são *unidades* específicas com qualidades e características próprias, e, ao formarem outra unidade, não são reduzidas a essa nova unidade. Grupos e equipes de trabalho são, também, exemplos: ao integrarem o grupo, os indivíduos não deixam de ser indivíduos. As redes de inteligência também caracterizam a complexidade, pois os indivíduos que a constituem permanecem com sua individualidade e não deixam de ser um *ser humano*. Ele não é reduzido a uma máquina que pensa ou a um *cérebro virtual*. Ele participa de um conjunto de pessoas que em dado momento, a partir de suas lógicas e conhecimentos, pensam determinada coisa.

Na segunda abordagem, a complexidade é o *conjunto de acontecimentos, ações, interações, retroações, determinações, acasos que constituem nosso mundo fenomenal* (Morin, 1990, p. 20). A complexidade aí se apresenta, como ressalta Morin, com os traços da desordem, da ambigüidade, da incerteza. Daí, afirma ele, a necessidade de pôr ordem nos fenômenos, ao rejeitar a desordem, de afastar o incerto, isto é, selecionar os elementos de ordem e de certeza, de retirar a ambigüidade, de clarificar, de distinguir, de hierarquizar.

Todavia, essa necessidade de *pôr ordem no mundo* pode levar à eliminação do que Morin denomina *complexus* e, com isso, deformar a própria realidade.

A dificuldade de lidar com a complexidade, como bem ressalta o autor, é que o pensamento complexo deve enfrentar a confusão, o jogo infinito das interações de fatores (que se influenciam mutuamente), além das incertezas e contradições.

No paradigma do pensamento complexo, como acentua Morin, o conflito, a contradição, a incerteza, o indeterminado não são elementos a serem eliminados por meio de explicações, mas, ao contrário, são elementos que devem fazer parte da concepção e percepção da realidade.

Assim, a complexidade se articula com os contrários, ao mesmo tempo que interage com o ausente. O complexo não é quantitativo. O argumento do pensamento complexo está nessa falta de certeza. É justamente na ausência de respostas corretas que se pode encontrar a dificuldade no entendimento do pensamento complexo, mas, para Morin (1996), a complexidade procura preencher o desvio e o vazio provocados pelos cortes entre disciplinas e tipos de conhecimento. E é aí que se encontra a diferença entre o computador e a mente humana: o ser humano é capaz de pensar a partir do incerto, do incompleto;

por outro lado, o computador obedece às ordens bem programadas e não trabalha com o incerto.

Complexidade e suas formas

A complexidade se apresenta de formas variadas, ou seja, ela apresenta uma série de percursos diferentes, que são, ao mesmo tempo, verdadeiros. Esses trajetos indicam a definição, o entendimento e a aplicação da complexidade. Para Morin, a complexidade pode estar ligada:

1) à desordem, ao caos, às incertezas, à impossibilidade de se estar seguro de tudo, de se poder formular uma lei que explica aquele fenômeno e/ou situação e, portanto, à impossibilidade de se estabelecer uma ordem absoluta. O *acaso* deixa de ser entendido apenas como um acontecimento inexplicavelmente espontâneo. A ausência de explicação do *acaso* é transferida da sua natureza para a nossa impossibilidade intelectual de entendê-lo naquele momento;

2) às contradições lógicas, ou seja, quando aparecem contradições num raciocínio, isso não significa um erro, mas que aquela realidade apresenta aspectos mais profundos que não podemos entender por meio da nossa lógica. Sabemos que há interação de fatores diferentes e que esse processo de interações que se influenciam tornam a compreensão da realidade um processo impossível de ser terminado. É uma compreensão inacabada, sempre possível de ser ampliada e aprofundada. É um saber parcial, nunca um saber total;

3) à complicação que faz parte da complexidade. A complicação, que é diferente de complexo, encontra-se em situações tais como: para se pesquisarem as diversas interações existentes em um ser vivo, é preciso estudá-lo morto. Já aquilo que é entendido como complicado pode revelar um falso entendimento. Na medida em que determinado fenômeno se apresenta por meio de uma quantidade expressiva de números, de intensos cálculos matemáticos, de interações de resultados ou até mesmo de grandeza física, pode-se denominar *complicado*, porém isso não significa dizer que seja complexo. Por exemplo, o entendimento de um submarino é complicado, já a compreensão dos sentimentos humanos ou de uma abelha é complexa;

4) à organização, que se apresenta como um problema lógico, na medida em que seu sistema é formado por lógicas diferentes. Nesse caso, o pensamento complexo ensina que não se deve impor ao múltiplo o uno, como também não se impõe ao uno o múltiplo. A complexidade das organizações sociais ou biológicas é expressa por sua capacidade de funcionar com três estruturas de poder simultaneamente: com a anarquia por meio das relações espontâ-

neas (acêntricas), com numerosos centros de poder (policêntricas) e com um único centro de poder (cêntricas). É interessante observar que as empresas, em pleno processo de globalização, portanto de complexidade, ainda não se deram conta da importância da coexistência de formas diferentes de ver e analisar situações e problemas. A organização que permite e respeita as diferentes lógicas de seus funcionários abre caminhos para uma melhor e mais ampla compreensão da realidade complexa, bem como permite a inovação e a criação na empresa. É certo que essas lógicas diferentes devem ser superadas por uma lógica superior, mas jamais rejeitadas. Elas devem contribuir para uma visão mais ampla e complexa do problema. Assim, a forma de ver um problema de qualidade do produto é diferente quando feita pelo engenheiro de produção, pelo especialista em marketing ou pelo operário da área de produção. Todavia, essas lógicas diferentes indicam ângulos diferentes de se observar um mesmo problema e contribuem para a compreensão mais ampla do problema;
5) à relação existente entre o observador e o observado. Dessa forma, ocorre uma interferência na interpretação e na compreensão do observador para com o observado. A representação mental do observador influencia e direciona as características e os *porquês* atribuídos ao observado. O pensamento complexo acentua a importância desse elo entre o observador, e o observado. Pela compreensão da lógica do observador chega-se a entender o porquê se chegou a determinada construção da realidade, o porquê daquela teoria.

Assim, no pensamento complexo, ressalta-se a importância de se conhecer a formação acadêmica, os compromissos ideológicos e os objetivos de quem elaborou a teoria como um elemento importante para a própria compreensão dela;
6) à localidade, à singularidade e à temporalidade. O paradigma do pensamento complexo não substitui esses termos pela universalização, mas opera a união deles na construção do pensamento. As recentes pesquisas mostram que a nossa galáxia tem uma história singular, assim como as espécies, do mesmo modo que os acontecimentos e as medidas existem em certo local, em certo tempo.

Princípios que ajudam a pensar a complexidade

Os três princípios propostos por Morin são: dialógico, recursão organizacional e hologramático.

O primeiro princípio é o dialógico, que possibilita a dualidade mantendo a unidade. Esse princípio zela por uma associação, união de lógicas diferentes ou complementares, desde que essa união não permita que a dualidade se desfaça em favor de uma unidade. A dialógica pressupõe que os contrários podem assumir um papel regulador e estimulador. Esse princípio quebra a dicotomia certo–errado, bom–mau: uma situação pode ter aspectos negativos, apresentando ao mesmo tempo aspectos positivos; as diferentes lógicas podem, apesar de contraditórias, dar contribuição para a compreensão de dada situação. Portanto, apesar de serem lógicas antagônicas, são também lógicas complementares.

Morin cita o exemplo da ordem e da desordem, que são dois inimigos: onde existe a desordem, não existirá a ordem. Todavia, em certos casos, a desordem colabora com a ordem e produz organização e complexidade. O tratamento psicanalítico é um exemplo dessa colaboração dos contrários: se não houver dúvidas, quebras de padrões de comportamento, de valores e de certezas, não haverá uma reestruturação da personalidade. Isto é, o indivíduo não alcançará um novo estágio de equilíbrio e de maturidade emocional. O mesmo pode ser observado na esfera de aquisição de conhecimentos e de formação da consciência crítica: enquanto a pessoa estiver presa a suas idéias e/ou conceitos pré-formados, ela não conseguirá atingir um novo patamar de conhecimento e de competência reflexiva. O romper com o pensamento simples vai exigir dela criar a desordem e entrar na esfera das incertezas e das dúvidas, da autocrítica e do *não saber*.

O segundo princípio é o da recursão organizacional. A organização recursiva é determinada quando a produção e o seu efeito são fundamentais para a sua própria formação. Assim, o processo recursivo é identificado quando o produto e o produtor formam uma relação recíproca. Morin cita o exemplo da reprodução do indivíduo. Nós, indivíduos, somos os produtos de um processo de reprodução que é anterior a nós. Mas, uma vez que somos produzidos, tornamo-nos os produtores do processo que vai continuar. Nota-se que esse princípio não possui um elo de ligação com o pensamento linear (causa e efeito), na medida em que o pensamento complexo se baseia numa visão circular aberta.

O terceiro princípio dita que a parte está no todo, como o todo está na parte. Num holograma físico, o ponto menor da imagem do holograma contém a quase totalidade da informação do objeto representado. A esse fenômeno chama-se de princípio hologramático. Por exemplo, cada célula do organismo contém a totalidade da informação genética desse organismo.

É interessante observar que esse princípio ressalta a importância do conhecimento das partes como forma de conhecimento do todo. As partes são indicadoras de características do todo e das possíveis influências que poderão exercer sobre ele e contribuem, assim, para sua compreensão. Da mesma forma, quando se conhece o todo, é possível tirar desse conhecimento elementos que ajudam a conhecer as partes. O estudo dos grupos é exemplo esclarecedor do princípio hologramático: as características de personalidade, os valores, a formação profissional, as condições econômicas são fatores individuais dos membros de um grupo. O conhecimento dessas características contribui para o conhecimento do grupo como um todo, uma vez que, por meio delas, pode-se inferir as características do grupo como tipos de ações, valores e outros. Por outro lado, quando se parte do grupo (o todo), o conhecimento de seus objetivos, do estilo de liderança predominante e das ações desenvolvidas por ele se constituem em elementos que contribuem para o conhecimento de seus membros (as partes).

As etapas da complexidade

Morin usa a constituição e o funcionamento de uma tapeçaria para explicar a complexidade e suas etapas como se segue:

> Consideremos uma tapeçaria contemporânea. Comporta fios de linho, de seda, de algodão, de lã, com cores variadas. Para conhecer esta tapeçaria, seria interessante conhecer as leis e as características destes tipos de fio. No entanto, a soma dos conhecimentos sobre cada um destes tipos de fio que entram na tapeçaria é insuficiente, não apenas para conhecer esta realidade nova que é o tecido (quer dizer, as qualidades e as propriedades próprias para esta textura), mas, além disso, é incapaz de nos ajudar a conhecer sua forma e sua configuração.
> **Primeira etapa da complexidade**: temos conhecimentos simples que não ajudam a conhecer as propriedades do conjunto. Uma constatação banal que tem conseqüências não-banais: a tapeçaria é mais que a soma dos fios que a constituem. Um todo é mais do que a soma das partes que o constituem.
> **Segunda etapa da complexidade**: o fato de que existe uma tapeçaria faz com que as qualidades deste ou daquele tipo de fio não possam todas exprimir-se plenamente. Estão inibidas ou virtualizadas. O todo é então menor que a soma das partes.
> **Terceira etapa**: isto apresenta dificuldades para o nosso entendimento e para a nossa estrutura mental. O todo é simultaneamente mais e menos que a soma das partes.
> Nesta tapeçaria, como na organização, os fios não estão dispostos ao acaso. Estão organizados em função da talagarça, de uma unidade sintética em que cada parte concorre para o conjunto. E a própria tapeçaria é um fenômeno perceptível e cognoscível, que não pode ser explicado por nenhuma lei simples (Morin, 1990, p. 123-124).

Sistema e complexidade

Morin faz a distinção entre sistemismo e complexidade. No sistemismo se concentra uma visão do sistema como um todo; na complexidade o todo e as partes são considerados, além das relações das partes entre si, de forma circular aberta, portanto, sofrendo influências externas. O sistemismo e o holismo, para

Morin, se situam no paradigma do pensamento simples: reduzem a realidade a uma visão única, o todo.

Segundo Morin (1990), a relação todo-parte compreende suas interações e sua organização. O todo não é constituído apenas pelas unidades, mas pelas interações mantidas. A organização, por sua vez, advém desse conjunto de interações. A organização produz entropia, que significa a degradação do sistema, ao mesmo tempo que produz a neguentropia, ou seja, a regeneração do sistema. A organização, então, ao mesmo tempo que procura deixar de ser uma organização, busca uma nova forma de organizar-se. A relação com o ambiente é a terceira característica. O ambiente oferece à organização outras organizações, como também os modelos potenciais por meio da informação.

É importante ressaltar aqui que, nessa abordagem do sistema, os riscos, as incertezas e as contradições não são ignoradas e/ou eliminadas. Procura-se estabelecer uma nova ordem a partir da compreensão da desordem, dos riscos e das incertezas, sabendo-se que essa ordem não é definitiva, é instável, uma vez que a realidade é complexa e a complexidade traz consigo as incertezas, os riscos e as contradições.

Razão

O que é a razão

A compreensão do pensamento complexo exige instrumentos de natureza racional. O conceito de razão é importante para sua compreensão. Razão significa observar e interpretar um fenômeno de forma coerente. A razão é inevitavelmente lógica. Razão corresponde a uma vontade de ter uma visão coerente dos fenômenos, das coisas e do universo. E é nessa lógica que se identifica uma distinção entre racionalidade e racionalização, como ressalta Morin. Ambas, racionalidade e racionalização, compõem o raciocínio e, apesar da mesma fonte, possuem características opostas.

Racionalidade

Racionalidade é um diálogo, um jogo envolvendo nosso entendimento do mundo real e a aplicação desse entendimento nesse mundo real. Na racionalidade, o ser humano desenvolve um sistema lógico para dialogar com o mundo real. Todavia, nem sempre esse modelo consegue compreender o mundo, ou seja, nossa lógica não consegue dialogar com a lógica do mundo real. Não que seja essa a sua finalidade, isto é, agrupar e reduzir o todo a um sistema lógico, mas a racionalidade tem como uma de suas características mestras procurar um diálogo, uma compreensão com as lógicas do mundo real, especialmente com as que não são as mesmas lógicas do indivíduo. Nessa relação da lógica e do diálogo entre o mundo real e a nossa criação, a questão que se coloca é: se o que penso não consegue interpretar a realidade, não haverá alguma coisa errada em minha forma de pensar?

A racionalidade não busca algo acabado, tem sempre dúvidas, incertezas. A racionalidade não tem a preocupação de encontrar uma realidade formalizada e finalizada. Mas a racionalidade nos remete sempre a buscar cada vez mais a compreensão da realidade.

Racionalização

Racionalização enquadra ação, idéia ou sentimento num sistema coerente (lógico) ou aceitável do ponto de vista moral. A racionalização baseia-se nas ideologias, nas religiões, na política etc. A racionalização leva a um entendimento simplista dos fenômenos. Anula as contradições, conflitos, incoerências referentes ao entendimento desse mesmo fenômeno. Os contrários são simplesmente ignorados, fechando-se a uma lógica já predeterminada.

Um exemplo dado por Morin é o da paranóia: a paranóia é uma forma clássica de racionalização, chamada de racionalização delirante. O paranóico vê as pessoas sempre com o pensamento de que querem destruí-lo. Ao observar as pessoas com esse olhar estranho, desperta nessas mesmas pessoas uma certa estranheza. Essa estranheza é sentida pelo paranóico e o leva a reconfirmar seu pensamento sobre a intenção das pessoas de destruí-lo, e assim sucessivamente.

Nesse exemplo, Morin chama a atenção para a linearidade e a simplicidade da lógica de pensamento da racionalização. Não ocorre um diálogo entre o mundo real e o mundo criado pelo indivíduo, agravando-se ainda mais com a ausência e a negação da interpretação *dos contrários*.

As diferenças entre racionalização e racionalidade

Racionalização é o contrário da racionalidade, na medida em que a racionalização não remete a uma interação de lógicas do mundo real com a nossa lógica. Ao contrário, a racionalização visa anular aquelas lógicas do mundo real contrárias à nossa lógica.

Encontra-se nessa diferença fundamental de conceituação entre racionalidade e racionalização, ou seja, em se incluir ou não a contradição na lógica do pensamento, a causa da dificuldade em se estabelecerem fronteiras entre racionalidade e racionalização. Essa dificuldade baseia-se em nossa tendência natural e inconsciente de banir ou minimizar o inesperado. Em virtude dessa tendência, fica ainda mais difícil estabelecer os limites de quando estamos agindo conforme nossa racionalidade ou nossa racionalização.

A dúvida e a razão

A questão da dúvida é importante, porque é essa curiosidade uma das alternativas de criar, inovar, mudar. Para Morin (1990), faz-se necessário destruir a deificação da razão. É ela nossa fonte de conhecimento seguro. Todavia, esse conhecimento precisa passar não só por uma crítica, mas também por uma autocrítica, ou seja, o indivíduo criticando a si mesmo, a razão olhando a própria razão. Essa suposição de Morin (1990) vem destruir a idéia de que "posso fazer uma crítica dos outros, mas não faço uma crítica das minhas idéias nem da minha lógica". A autocrítica rebate essa estratégia e alimenta a idéia de que a razão deve ser criticada pela própria razão.

Para Morin, o homem tem duas coisas que são incoerentes: a primeira, a incoerência total; a segunda, a coerência absoluta, considerada um delírio. Como remédio para essa última, há duas saídas: a racionalidade-autocrítica e a experiência.

Paradigma de pensamento e o desafio da complexidade

O processo intenso de globalização traz para a humanidade o grande desafio de mudanças de paradigma de pensamento. Vivia-se, como enfatiza Genelot (1992), num ambiente de causa e efeito, de explicações simples dos fenômenos e da ordem. Entretanto, a realidade atual não concebe mais um raciocínio linear para o entendimento dos acontecimentos. No mesmo palco atuam a ordem e a desordem, os conflitos estão cada vez mais inerentes ao nosso cotidiano, a instabilidade e a incerteza são figuras que agora fazem parte da nossa tomada de decisão. Nota-se assim, continua Genelot, que, apesar de vivermos num momento histórico diferente, ainda temos, como paradigma de pensamento, a realidade de outra época.

Na sociedade industrial moderna, o paradigma de pensamento predominante tem como pressuposto um ser humano unidimensional, despojado de sua individualidade e entendido como objeto, usado como instrumento para a realização de objetivos de outros e sujeito a controles de diferentes formas. Hoje, em plena sociedade de risco, com a crescente complexidade provocada pelo processo de globalização, o pensar a realidade por meio do pensamento complexo torna-se uma questão de sobrevivência para as pessoas, para as organizações e para o Estado-nação.

❖ RESUMO

Na virada do milênio, o grande desafio para a humanidade é pensar a complexidade, é ser capaz de refletir sobre uma realidade cada vez mais complexa, caracterizada por mudanças bruscas e inesperadas, riscos e incertezas provocados pela globalização que tomou conta do planeta.

Compreender essa realidade exige uma nova forma de pensamento e foi com esse objetivo que Edgard Morin desenvolveu a teoria da complexidade. Para compreender o pensamento complexo, é preciso, antes, compreender o ato de pensar, uma atividade específica do ser cognitivo, o ser humano.

Pensar é a ação mental de elaborar representações mentais, de organizá-las e reorganizá-las, transformando-as em novas representações. Essa representação mental da realidade percebida não é uma cópia fiel da realidade, já que os seres humanos, ao formar uma representação mental, selecionam aspectos dessa realidade, criando sua própria imagem a respeito dela, que não corresponde necessariamente à imagem que outro sujeito tem dela.

Diversos fatores influenciam esse processo de formação de representações mentais e sobre muitos deles podemos atuar, modificando-os, como o paradigma, o contexto, os esquemas pessoais, os objetivos e as intenções de cada um.

Paradigma (Kuhun, 1994) é uma estrutura imaginária, um modelo de pensamento próprio de cada época da história, imposto a todos os domínios do pensamento.

Para Morin, paradigma de pensamento são os princípios supralógicos de organização do pensamento, em cuja base se encontram crenças e conhecimentos próprios daquele momento histórico e que conduzem o pensamento na criação de uma representação social da realidade sem que o sujeito se dê conta.

Cada momento histórico produz uma determinada representação social da realidade, que é o paradigma de pensamento daquele momento. Mas, além disso, conforme mencionado, o contexto socioeconômico, político e cultural no qual o sujeito está inserido, seus esquemas pessoais, valores, intenções e objetivos também acabam interferindo na formação da sua representação mental da realidade.

Por um lado, o próprio indivíduo tem condições de exercer influência sobre esses fatores e modificá-los, alterando, assim, muitas vezes sem perceber, sua forma de representação mental da realidade. Por outro lado, à medida que avança o desenvolvimento científico e se alteram crenças e valores, o paradigma de pensamento de determinada época também se modifica, de tal forma que a estrutura do pensamento é redirecionada, as premissas são reavaliadas e os conceitos e suas associações ou não-associações são revistos. Dessa forma, surge uma nova concepção da realidade.

No mundo de hoje, o paradigma cartesiano de pensamento e a concepção de ciência desenvolvida por Newton, baseados em conceitos de causa e efeito e na suposição de que o mundo é um grande sistema mecânico, acabado e previsível, que funciona independentemente do homem, não conseguem dar conta da realidade tal como se apresenta, marcada pela desordem, pelas mudanças, pela instabilidade e pela incerteza. Vivemos num momento histórico em que um novo paradigma de pensamento está sendo gestado.

O paradigma de pensamento com o qual estamos acostumados é o do pensamento simples, que seleciona do real apenas fatores ou situações que o indivíduo consegue compreender e desconsidera aspectos contraditórios da realidade e que não se explicam por relações de causalidade. Ao operar dessa forma, esse paradigma acaba sendo falseador da realidade, pois, ao deixar de lado elementos do real que não se encaixam em sua lógica, deturpa-a, levando o indivíduo a conclusões errôneas e decisões inadequadas, dando origem ao que se convencionou chamar de patologias do saber, como a inteligência cega, a incapacidade de conciliar o uno e o múltiplo e o reducionismo.

Ao tentar pôr ordem no mundo e expulsar dele a desordem, o paradigma do pensamento simples buscava descobrir uma lei única que, perfeita e acabada, governasse o mundo eternamente. As pesquisas nesse sentido revelaram que essa lei não existe porque o universo, complexo, não pode ser reduzido a tal ponto, e demonstraram que o pensamento simples não tem competência para pensar o universo, uma vez que ordem e desordem são princípios fundantes dele (segundo princípio da termodinâmica). Descobriu-se que a ordem e a desordem sempre cooperam uma com a outra, de tal forma que, em alguma situações, a ordem é precedida por uma grande desordem e a desordem contribui para o aumento da ordem.

A autonomia humana se caracteriza pela interação entre individualidade e dependência. Para se tornarem autônomos, os seres humanos precisam ter suas condições biológicas em perfeito estado de funcionamento e, ao mesmo tempo, pertencer a uma cultura e dominar uma linguagem. Embora dependam do contexto socioeconômico, político e cultural no qual estão inseridos, não são escravos dele, da mesma forma que não são condicionados, em suas ações, por sua herança genética, visto que têm a capacidade de buscar caminhos e alternativas (capacidade de ser livre) que lhes possibilitem superar limites, obstáculos e adversidades e se tornar cidadãos conscientes, pessoas livres.

Ser sujeito é ser autônomo. Na base dessa afirmação, está a competência do sujeito de exercer crítica e autocrítica, a partir das quais ele desenvolve a consciência de si e do outro como sujeitos e, em conseqüência, a consciência de seus próprios direitos e dos direitos do outro.

A organização do conhecimento pelo indivíduo é um dos fatores que conduzem ao processo de mudança de paradigma, embora o conhecimento do indivíduo acerca da realidade seja sempre relativo, elaborado a partir de algum ou alguns pontos de vista, selecionados em função de características que lhe são próprias.

Para Morin, a complexidade pode ser abordada sob dois pontos de vista. No primeiro, pode ser vista como um tecido de elementos de natureza diferente que, embora inseparavelmente associados, guardam cada um a sua própria identidade. No segundo, a complexidade pode ser vista como o conjunto de acontecimentos, ações, interações, retroações, determinações, acasos que constituem o mundo fenomenal, caracterizando-se por traços de desordem, ambigüidade e incerteza.

Dadas essas características, é preciso criar-se um novo modelo de pensamento, que considere o conflito, a contradição, a incerteza, o indeterminado como elementos do real que não podem ser descartados, sob pena de se ter novamente uma concepção falseada da realidade.

Morin propõe três princípios que ajudam a pensar a complexidade: o dialógico, o da recursão organizacional e o hologramático.

Morin distingue também sistemismo e complexidade. O sistema é visto como um todo, situando-se, portanto, no paradigma do pensamento simples, na medida em que reduz a realidade a uma visão única, ao todo. Já a complexidade considera o todo e as partes, assim como as relações das partes entre si de forma circular aberta, isto é, sofrendo influências externas, do ambiente, sendo uma abordagem que não descarta nem elimina os riscos, as contradições e as incertezas.

O paradigma do pensamento complexo, para ser compreendido, precisa de instrumentos de natureza racional. Por isso, razão e racionalidade são conceitos importantes para a sua aplicação. Já o conceito de racionalização relaciona-se ao paradigma do pensamento simples, visto que opera com base na eliminação das contradições, conflitos e incoerências presentes nos fenômenos, amarrando-os numa lógica predeterminada, que não dialoga com a lógica (ou lógicas) do mundo real.

Para Morin, a dúvida é uma questão decisiva no processo de conhecimento porque é essa curiosidade que permite criar, inovar, mudar. O conhecimento, gerado a partir da razão, precisa passar por uma crítica, e o sujeito, por uma autocrítica, para que novas possibilidades e alternativas se abram.

Na sociedade industrial moderna, o paradigma de pensamento tem como pressuposto um ser humano unidimensional, despojado de sua individualidade e que, sendo objeto e não sujeito, é usado como instrumento para a realização de objetivos que não são os seus e submetido a controles e manipulações diversas. Na sociedade de risco, com a crescente complexidade provocada pela globalização em nível planetário, só é possível pensar a realidade a partir do pensamento complexo, que deve ter como pressuposto no mínimo outro tipo de ser humano, que se reconheça como sujeito e veja o outro também como sujeito, o que se coloca como uma questão crucial para o futuro das pessoas, das organizações e do Estado-nação.

❖ TERMOS E CONCEITOS IMPORTANTES

Complexidade
Paradigma de pensamento
Princípios supralógicos
Representação social
Representação mental
Componentes da representação mental
Pensamento simples
Patologias do saber
Inteligência cega
Característica do pensamento simplificador
Conjunção do uno e do múltiplo, disjunção, redução
Característica do pensamento simples
Contradições do pensamento simples (ordem e desordem)
Autonomia e sujeito
Sistemas que autoproduzem
Forças da dependência humana
Capacidade de liberdade
Autoprodução
Organização do conhecimento
Formas de complexidade
Complexo/complicado
Princípios da complexidade: repercusivo, dialógico e hologramático
Etapas da complexidade
Razão
Racionalidade
Racionalização
Conceitos
Ordem: tudo que é repetição, constância, invariância, tudo que pode ser colocado sob proteção de uma relação altamente provável, enquadrado sob a dependência de uma lei (Morin, 1990, p. 129).
Desordem: tudo que é irregularidade, desvio em relação a uma estrutura dada, aleatório, imprevisibilidade (Morin, 1990, p. 129).

❖ QUESTÕES

1. Explique por que e como a formação da representação mental pode ser modificada pela própria pessoa.
2. Identifique os princípios do pensamento simples.
3. Explique o que Morin entende por paradigma de pensamento.
4. Explique por que o paradigma do pensamento simples distorce a realidade.
5. Explique por que, no mundo globalizado, a mudança do paradigma de pensamento simples para o paradigma de pensamento complexo é uma exigência.
6. Explique por que as organizações têm necessidade de ordem e desordem.
7. Explique por que num mundo de ordem pura não haveria inovação, criação, evolução.

❖ APLICAÇÃO

1. a. Identifique um programa de treinamento a sua escolha.
   b. Identifique o paradigma de pensamento que o fundamenta.
   c. Explique por quê.
   d. Indique o tipo de modernização proposta pelo treinamento — modernização simples ou modernização reflexiva —, e justifique sua conclusão.

2. a. Analise o processo de implantação da ISO numa empresa.
   b. Identifique o paradigma de pensamento que o fundamenta.
   c. Analise as conseqüências para os indivíduos e para a organização quanto à:
      • autonomia do sujeito;
      • capacidade de pensar a complexidade;
      • capacidade de lidar com a complexidade (riscos e incertezas).

❖ REFERÊNCIAS BIBLIOGRÁFICAS

CARR, W.; KEMMIS, S. *Teoría crítica de la enseñaza*. Barcelona: Roca, 1988.

GENELOT, Dominique. *Manager dans la complexité*: réflexions à l'usage des dirigeants. Paris: Insep Éditions, 1992.

HABERMANS, Jürgen. *Teoria de la acción comunicativa*: complementos y estudios previos. 3. ed. Madrid: Ediciones Cátedra, 1997.

HESSEN, Johannes. *Teoria do conhecimento*. 8. ed. Coimbra: Armênio Amado Editora, 1987.

JAPIASSU, Hilton. *Interdisciplinaridade e patologia do saber*. Rio de Janeiro: Imago Editores, 1976.

_____. *Questões epistemológicas*. Rio de Janeiro: Imago Editores, 1981.

_____. *Introdução à epistemologia da psicologia*. 5. ed. São Paulo: Editora Letras & Letras, 1995.

KUHN, Thomas. *A estrutura das revoluções científicas*. 3. ed. São Paulo: Editora Perspectiva, 1994.

LEWIN, Kurt. *Ecologia psicológica em Teoria de Campo em ciências sociais*. São Paulo: Pioneira, 1943.

LÉVY, Pierre. *A inteligência coletiva*: por uma antropologia do ciberespaço. São Paulo: Edições Loyola, 1999.

MORIN, Edgar. *Introdução ao pensamento complexo*. 2 ed. Lisboa: Instituto Piaget, 1990.

_____. *Ciência com consciência*. Rio de Janeiro: Bertrand Brasil, 1996.

PIAGET, Jean. *Psicologia da inteligência*. 2. ed. Rio de Janeiro: Zahar, 1983.

3

A Questão Ética nas Organizações: A Ética Discursiva de Habermas

Ao terminar a leitura deste capítulo, você deverá ser capaz de compreender:
1. a Teoria da Ação Comunicativa (Habermas);
2. a Teoria da Ética Discursiva;
3. as relações e os distanciamentos entre a Ética Discursiva e a Filosofia de Kant;
4. os pontos comuns e os pontos divergentes entre a Sociologia positivista de Durkheim e a Ética Discursiva;
5. a Teoria de Desenvolvimento Psicogenético de Piaget e de Kohlberg como fundamentos científicos da Ética Discursiva;
6. e de rever atitudes e ações no âmbito da organização a partir da Ética Discursiva

TEORIA DA AÇÃO COMUNICATIVA

A Teoria da Ação Comunicativa é uma teoria comprometida com o interesse emancipatório do indivíduo.

Habermas propõe uma nova dimensão dos três mundos (sociedade): o mundo objetivo das coisas, o mundo social das normas e instituições e o mundo subjetivo das vivências e sentimentos.

Essa proposta situa três mundos numa nova totalidade, permeada por uma ação comunicativa capaz de coordenar as diferentes naturezas desses três mundos.

A Teoria da Ação Comunicativa e a linguagem

É a partir da totalidade construída pelos três mundos que, na Teoria da Ação Comunicativa, a linguagem, portanto, o ato da fala, a comunicação lingüística, se torna a base dessa teoria e de seu interesse emancipatório do indivíduo.

A estrutura da comunicação lingüística permite que a comunicação entre dois ou mais indivíduos, ou sobre pessoas, ou sobre coisas e/ou sobre processos, possibilite que seja estabelecido o sentido e possa explicitar os sentimentos e as emoções. Em outras palavras, ela estabelece o tipo de intersubjetividade em cujo contexto as coisas que são ditas se desenrolam.

A linguagem contém sentenças com conteúdo: prescritivo, constatativo e regulativo, sendo que nesse último o indivíduo se expressa, se expõe na frente do outro, se auto-representa, manifestando suas intenções particulares e vivências próprias subjetivas.

Habermas, a partir dos estudos lingüísticos de Austin, conclui que o indivíduo, enquanto exerce o ato de falar, é locutor e ao mesmo tempo ator. Ele transmite uma idéia e age ao mesmo tempo. O fato de que a ação está vinculada aos verbos que indicam ação, ou performáticos, que indicam uma atividade, gera um vínculo de comunicação e define a própria natureza dessa comunicação. Os verbos podem: a) afirmar, descrever, narrar, explicar; b) concordar, condenar, proibir; c) admitir, confessar, negar. Portanto, eles exprimem conteúdos relativos aos fatos ou explicitam por meio de normas o sentido da relação entre as pessoas que participam daquele ato de fala e, finalmente, explicitam os sentimentos que o interlocutor tem naquele momento, naquela dada relação.

Na Teoria da Ação Comunicativa, a partir de Austin, as características desses verbos envolvem pretensões de validade. Isso quer dizer que, quando o indivíduo está utilizando uma linguagem constatativa, ele está explicitamente dizendo que aquilo é verdade, que suas afirmações sobre fatos e acontecimentos são verdadeiras. Quando está usando enunciado regulativo, ele está alegando implicitamente que a norma proposta, enunciada verbalmente, é justa. E, finalmente, quando ele está no enunciado representativo, ele está alegando, sem nem mesmo explicitar verbalmente essas alegações, que a expressão de seus sentimentos é veraz. Na leitura de Rouanet, numa comunicação normal, essas três pretensões de validade se entrelaçam e se vinculam sempre aos três mundos (dos fatos, das normas, dos sentimentos). A coordenação, nesse tipo de comunicação, entre os indivíduos que dela participam está fundamentada na possibilidade de que cada um dos indivíduos possa justificar essas pretensões de validade por meio de provas e argumentos. Na relação habitual, no cotidiano, existe sempre a pretensão de validade, entretanto, elas não são contestadas ou não são questionadas de uma forma fundamental.

Mundo vivido e ação comunicativa

O mundo vivido é entendido por Habermas como o mundo onde as relações sociais espontâneas existem, onde não há questionamento das certezas dadas *a priori* e essas certezas não fazem parte de um processo de reflexão individual, e onde os vínculos existentes nunca foram postos em dúvida. O mundo vivido é constituído: a) pela cultura, que é o reservatório de saber da comunidade, as tradições, os papéis sociais, as crenças e os mitos; b) pela sociedade, que é constituída por instrumentos e mecanismos legítimos, pelos quais os membros regulam suas relações; e, finalmente, c) pela personalidade, que é um conjunto de características psicológicas e de competências que caracterizam a individualidade de cada pessoa. No contexto do mundo vivido, quando as pretensões de validade são postas em dúvida, a confiança poderá ser restabelecida na própria comunicação normal, quando o indivíduo provar, pela consistência entre suas palavras e seu comportamento, que não estava mentindo.

Processo argumentativo: discurso

Habermas, entretanto, afirma que, quando as proposições se pretendem verdadeiras ou as normas se pretendem justas, o processo de problematização, portanto de questionamento delas, exige um processo argumentativo que ele denomina discurso. No discurso teórico, o questionamento é referente à verdade sobre os fatos (ciências, conhecimentos do mundo objetivo etc.). Os participantes do discurso teórico assumem uma atitude de reflexão crítica e de investigação hipotética que deve ser imparcial. A argumentação discursiva tem como ponto de partida a suspensão radical da crença na realidade daquilo que havia sido afirmado. Busca-se, pelo processo de reflexão crítica, um consenso, resultante do processo de discussão, que pode levar à confirmação, mas também à negação dos fatos apresentados como verdadeiros. Nesse processo de discussão, a indução, enquanto instrumento do pensamento lógico, é o princípio denominado mediador por Habermas. É o pensamento indutivo que vai permitir a passagem do particular para o geral. Entretanto, na leitura de Rouanet, os fatos singulares que fazem parte de um sistema teórico aceito não podem ser usados para justificar essa transição do particular para o geral e, como conclui, não servem para realizar hipóteses científicas.

Discurso prático e o princípio universal da dignidade humana

No discurso prático, o objeto de questionamento e de problematização é a adequação e a legitimação das normas sociais. Nesse processo argumentativo, cada argumentação tem de ser justificada, cada julgamento defendido e reafirmada a validade das regras em questão. A validade de um novo sistema de normas é aceita e respeitada por todos, tendo em vista o princípio universal que é a dignidade humana.

Razão comunicativa como processo

A razão comunicativa se constitui socialmente nas interações espontâneas no interior da subjetividade, isto é, nas relações sociais, dentro de um contexto em que as bases das relações são o que os outros pensam e o que percebem, os padrões culturais existentes, as crenças, os fatos e os mitos, como percebidos por todos os envolvidos na relação interativa.

A racionalidade comunicativa é um procedimento argumentativo pelo qual dois ou mais sujeitos se põem de acordo sobre questões relacionadas com a justiça, a verdade e a veracidade. Todas as verdades anteriormente consideradas válidas podem ser questionadas.

Representa a possibilidade de estabelecer ou restabelecer uma base consensual para a interação, sem recorrer à força em nenhuma de suas formas, desde a violência aberta até a manipulação latente. Representa a possibilidade de chegar a um acordo mediante o uso da razão, sem violar a humanidade dos indivíduos envolvidos. Ela parte do pressuposto de que o homem é um ser racional finito, carente, com impulsos, desejos e interesses, isto é, com necessidades socialmente interpretadas. Essas necessidades são passíveis de serem satisfeitas consensualmente por um processo argumentativo capaz de levar em conta o indivíduo e sua identidade e, ao mesmo tempo, o interesse de todos os indivíduos.

Na ação comunicativa, os indivíduos envolvidos têm suas ações coordenadas em função do alcance da compreensão de um ponto comum. Não estão orientados para seu sucesso pessoal. Eles podem buscar a realização de seus objetivos pessoais a partir do pressuposto de que podem harmonizar seus planos de ação, tendo como base a definição comum e compartilhada da situação.

As negociações das definições de situações são um elemento essencial na ação comunitária.

A negociação de uma situação comum é, na Teoria da Ação Comunicativa, um componente essencial da tarefa interpretativa que a ação comunicativa requer.

Não é possível buscar interesses individuais dentro do respeito aos interesses dos demais indivíduos ou partes que constituem em dado momento uma interação, se não houver uma clara e objetiva definição da situação percebida em seus diferentes ângulos. Um exemplo dessa falta de definição de uma situação comum é a negociação salarial entre sindicatos de trabalhadores e federações das indústrias.

Parte-se, nesse tipo de interação, de uma visão unilateral da situação, o que impede o estabelecimento de uma relação dialógica, em que as partes buscam o entendimento num processo argumentativo baseado na justiça, na verdade e na veracidade. Essa relação é marcada pelo interesse individual, pela vitória do mais forte e pelo uso da ação estratégica em detrimento da razão comunicativa.

Concluindo, a razão comunicativa como um processo argumentativo se expressa mais claramente no discurso teórico e no prático, em que se busca a validação das normas justas e das proposições verdadeiras. No discurso, a problemática das normas ou das proposições requer o abandono do contexto interativo espontâneo (mundo vivido) e o ingresso num tipo de comunicação argumentativa que, como já vimos, Habermas denomina relação comunicativa e cujos fundamentos são a justiça, a verdade e a veracidade, em suma, a dignidade humana.

A ÉTICA DISCURSIVA DE JÜRGEN HABERMAS

A Ética Discursiva tem como conteúdo a defesa da integridade da pessoa humana, mantendo o imperativo categórico de Kant, mas colocando-o no contexto do grupo por meio do discurso prático, que orienta o julgamento moral da razão prática, tendo como exigência que o ser humano jamais deva ser visto ou usado como meio, mas somente como fim em si. A Ética Discursiva está centrada nos dois princípios que sempre constituíram o centro da questão da moralidade: a justiça e a solidariedade. A Ética Discursiva, em seu princípio universal, estabelece que somente podem pretender ter validade aquelas normas capazes de obter assentimento de todos os indivíduos envolvidos como participantes de um discurso prático. Uma norma ética é válida, justificada, quando puderem ser aceitas consensualmente, sem coação, todas as conseqüências que podem advir de sua observância. Essas conseqüências precisam ser antecipadas, analisadas e aceitas por todos que pautarem seu comportamento por ela.

A Ética Discursiva e seus pressupostos essenciais

A Ética Discursiva ultrapassa a ética kantiana na medida em que, para Kant, é o indivíduo que reflete, que analisa isoladamente, enquanto para Habermas é o indivíduo que, numa relação dialógica com outros indivíduos por meio de um processo argumentativo fundamentado na justiça, na verdade e na autenticidade, procura a norma que defenda a integridade e a invulnerabilidade da pessoa humana. A Ética Discursiva se orienta pelo enfoque processual. É mediante um procedimento argumentativo em que prevalece o melhor argumento, respeitados todos os demais à luz de sua maior coerência, justeza e adequação, que se alcança o consenso.

A justiça (justeza) se obtém, portanto, quando a busca da norma que defenda a integridade e a invulnerabilidade é revestida de reciprocidade e só se efetiva no grupo social, assegurando o bem-estar de todos. O respeito mútuo e o bem-estar de cada um, bem como a autonomia do sujeito dependem da realização, da liberdade e da solidariedade de todos em dado contexto grupal.

O caráter universal de uma norma ou princípio moral exige que o seu conteúdo possa ter validade geral, portanto, em diferentes grupos sociais e/ou culturais.

Ética Discursiva: universalização e comunicação

Na Ética Discursiva, a norma universal, que também será a máxima moral de cada um, é o resultado último de um longo processo argumentativo viabilizado pelo discurso prático. O princípio da universalização da Ética Discursiva não apela mais ao simples fato da razão, mas introduz os pressupostos gerais da comunicação humana.

No discurso prático, que é um processo argumentativo, se dá um questionamento das aspirações de validade embutidas na comunicação cotidiana. É um processo argumentativo que exige a argumentação e a justificação de cada ato da fala por parte dos interlocutores participantes da interação, em que se busca o entendimento. No discurso prático são questionadas a validade e a justeza das normas que regulamentam a vida social. O ponto de partida é sempre a situação concreta. Seu conteúdo é dado, pois, a partir de fora, pela vida concreta, não pelo filósofo nem pela razão inquiridora dos participantes. A ética do discurso prático é aberta; ela pressupõe conteúdos situacionais, normas, valores, instituições e sentimentos que passam a ser enfocados de um ponto de vista moral, formal, teórico e crítico.

Entretanto, essa interação dos indivíduos com outros não pode ser entendida como um processo de padronização social, de controle da razão e do pensamento, o que seria uma ação constrangedora da liberdade individual e de agressão à dignidade de cada indivíduo em particular. A invulnerabilidade da pessoa humana e sua dignidade não são reduzidas à defesa física do corpo; tem-se por fundamental a identidade individual. Essa identidade se caracteriza por sua extrema vulnerabilidade.

Ética Discursiva e integridade do indivíduo

Para Habermas, uma teoria moral que esteja comprometida com a invulnerabilidade humana tem de ter presente que o ser humano exige uma dupla garantia de integridade: por um lado, a intocabilidade e a dignidade de cada indivíduo em particular e, por outro, a garantia das condições sociais e das relações intersubjetivas (emoções, sentimentos, valores), por meio das quais os indivíduos se conservam como participantes autônomos de uma comunidade. É nesse sentido que o princípio da justiça, que postula o respeito, a liberdade e os mesmos direitos para todo indivíduo, bem como o princípio da solidariedade, que exige o bem da comunidade à qual o indivíduo pertence, e, finalmente, o princípio do bem comum, devem ser o corpo da ética.

É no discurso prático que a Ética Discursiva pode pôr em movimento um tipo de vontade racional capaz de garantir o interesse de todos os indivíduos particulares, especialmente o interesse na salvaguarda de sua dupla vulnerabilidade, garantido sem que se rompa o laço social que une objetivamente cada indivíduo humano com todos os outros.

Condições para a Ética Discursiva

Habermas reconhece que a Ética Discursiva depende de formas de vida correspondentes, necessita da competência comunicativa dos integrantes do grupo, de situações sociais ideais, livres de coerção e violência, e de um sistema lingüístico elaborado que permita pôr em prática o discurso (teórico e prático). É importante salientar que Habermas tem bastante claro que a Ética Discursiva necessita de certa concordância com determinadas práticas de socialização e educação, capazes de provocar a formação da consciência moral no nível pós-convencional, no estágio de princípios éticos universais, e o desenvolvimento das estruturas cognitivas no nível do operatório formal, em que o indivíduo alcança uma estrutura cognitiva que lhe permite o desenvolvimento do pensamento e da elaboração mental em nível de hipóteses e de relações hipotéticas.

Necessita, ainda, de instituições políticas e sociais nas quais estão incorporadas representações pós-convencionais do direito e da moral, ou seja, nas quais as decisões morais são geradas a partir dos direitos, valores e princípios que são ou poderiam ser aceitos por todas as pessoas que compõem uma sociedade que tem de ter práticas justas e benéficas.

Descentramento

Habermas considera o descentramento uma saída indireta para avaliar normas e ações problemáticas, retirando-as do contexto em que o conflito está sendo vivido, portanto, descontextualizando-as, a fim de submetê-las a uma avaliação hipotética, e, com isso, sustando temporariamente a pretensão de validade dos interesses concretos. A reintrodução nas formas de vida concreta de interesses e normas éticas, assim validadas pelo discurso prático, mas fora de seu contexto, tem de ser histórica portanto, é um processo de aprendizagem que deve envolver esforços coletivos, os diferentes setores da sociedade, família, escola, igreja, organizações produtivas, o Estado, bem como esforços coletivos das vítimas dos movimentos sociais e políticos. A Ética Discursiva não forma conteúdos específicos ou verdades morais novas.

Ela é um desafio a todos os indivíduos porque não pretende tirar de ninguém a responsabilidade da decisão prática, moral, diante de questões práticas do cotidiano da vida de todos nós. A formação da vontade ética no interior de um espaço racional é um dever ético e moral de todos nós. Exige um grande esforço. É uma esperança e uma utopia, especialmente quando deparamos com o caos e a ausência da justiça, da solidariedade e do respeito à dignidade humana em todos os setores da vida social em nosso mundo de hoje.

A Ética Discursiva parte do princípio de que o homem é um ser racional, mas também um ser social. Como ser racional e social, ele é dotado da capacidade de pensar, de sentir, de se comunicar pela linguagem; enquanto ser social e racional, ele é obrigado a satisfazer suas necessidades não só por uma ação instrumental e pela ação estratégica, mas por uma ação comunicativa, que tem como base fundamental a busca do entendimento por meio de um processo argumentativo fundamentado na justiça, na verdade e na veracidade. Em outros termos, fundamentado no respeito à dignidade humana. Na tradução de Rouanet, na Ética Discursiva o homem é um ser *plural*. Ele nasce numa comunidade lingüística e organiza as relações com seus semelhantes num contexto de mundo vivido, compartilhado intersubjetivamente.

Para Habermas, o livre desdobramento da personalidade de cada um depende da liberdade de todos os outros.

Ética Discursiva e a neutralidade em Kant e Durkheim

Rouanet, na análise da Ética Discursiva, ao fazer uma relação desta com a ética kantiana e com a sociologia de Durkheim, ressalta que na Ética Discursiva: (a) o indivíduo tem direitos complementares aos da comunidade; (b) as normas e instituições da comunidade são questionáveis. Elas devem, portanto, ser objeto de uma reflexão crítica; (c) a felicidade individual é diferenciada. Os indivíduos possuem uma identidade própria, que os discrimina dos demais indivíduos. Têm sentimentos, emoções e desejos próprios, individuais. Portanto, a felicidade é uma conquista individual e individualizada, pessoal. Ela, a felicidade, não pode ser padronizada nem, tampouco, a satisfação das necessidades. A auto-realização é um direito de cada indivíduo e, como tal, lhe pertencem as opções da busca de um projeto individual de vida.

A Ética Discursiva é bastante clara na denúncia de qualquer tentativa da sociedade, dos grupos ou das organizações de interferir nos valores individuais ou na tentativa de manipulação de sentimentos e desejos do indivíduo, portanto, a ética, porque estão interferindo na liberdade e na dignidade humana. A Teoria da Ação Comunicativa reconhece que o indivíduo só existe em interação. Mas a interação pressupõe o reconhecimento da dignidade e integridade de cada participante. O indivíduo não pode ser separado da sociedade, das relações com outros indivíduos, mas não pode ser confundido com a sociedade, com a organização ou com o grupo. Os valores padronizados, a cultura imposta compulsoriamente a partir de esferas superiores da sociedade ou das organizações são agressões aos direitos e à dignidade humana e, portanto, ações anti-éticas, imorais. A integridade e o reconhecimento da dignidade de cada participante é, para a Ética Discursiva, fundamento essencial. Cada indivíduo tem de ser reconhecido em sua individualidade única e insubstituível, portanto, como pessoa humana.

Ética Discursiva e natureza humana

A Ética Discursiva compreende o indivíduo como ser humano com dois atributos fundamentais: é um ser racional e um ser desejante. Como ser racional, é capaz de refletir, de pensar dialogicamente. Isso significa que, para a Ética Discursiva, existe o pressuposto de que a racionalidade exista como uma necessidade de justificar com argumentos as pretensões de validade propostas. Enquanto ser desejante, o indivíduo é um ser finito, que possui impulsos, desejos, interesses e sentimentos, e é um ser carente. Ele, para se realizar enquanto pessoa humana, obrigatoriamente passa por um processo de vida.

Ele não é determinado por sua genética nem condicionado pela sociedade. Ele não é, portanto, um fruto da hereditariedade nem uma resultante da sociedade. O indivíduo, enquanto ser racional, é pessoa humana, é autônomo e livre.

Condições essenciais da Ética Discursiva como processo de aprendizagem

Segundo Habermas, a autonomia e a liberdade do indivíduo estão vinculadas ao respeito e à observância, por todos os demais indivíduos, dos valores éticos universais, que são a justiça, a solidariedade e o bem comum, no contexto da Ética Discursiva.

Na fala de Habermas, para que o indivíduo possa atingir sua autonomia, seu desenvolvimento cognitivo e sua consciência moral, são necessárias a ele vivências e experiências adequadas ao desenvolvimento de cada etapa do seu processo psicogenético e de formação de consciência moral, como foi comprovado nos estudos de Piaget e Kohlberg. Essas condições essenciais ao processo que o indivíduo desenvolve são dadas ou negadas pelo meio social (sociedade, organizações, família, escola, trabalho, igreja etc.).

A imposição de regras rígidas de valores, a proibição do questionamento de normas, dos padrões de comportamento, das crenças, por meio de punições físicas ou sociais, são condições que negam o desenvolvimento da consciência moral do indivíduo.

Nesse contexto social autoritário, são utilizados mecanismos e instrumentos de sanções e punições que mantêm os indivíduos num estágio não-reflexivo. Essa proibição de refletir se refere ao conteúdo da veracidade dos fatos e das coisas, como também à moralidade deles.

A manipulação dos fatos e das situações apresentados sistematicamente distorcidos, o envolvimento emocional dos indivíduos, a adoção de metodologias de trabalho padronizadas, os modelos gestionários de mudança de cultura compulsória e a automação do trabalho são alguns dos fatores que impedem o desenvolvimento do processo cognitivo e da consciência moral pelo indivíduo.

Essas condições do meio social se relacionam à estrutura do desenvolvimento psicogenético de Piaget, denominada por ele pré-operatório, e da heteronomia moral ou do nível convencional de Kohlberg.

Isto significa que o indivíduo, nesse estágio psicogenético, é incapaz de desenvolver mentalmente operações, como levantamento de hipóteses, relacionamento de vários fatores entre si, de abstração e de criação de idéias novas, portanto, de criatividade. Do ponto de vista da moralidade, ele está preso ao seguimento de normas porque elas são impostas por uma autoridade externa, que ele julga legítima, bem como pelo medo da punição, caso venha a transgredi-la. Na ausência da autoridade, a norma é geralmente desrespeitada.

Kohlberg amplia esse estágio, colocando-o como característica do nível convencional, no qual o indivíduo se preocupa em respeitar, obedecer e cumprir as normas que o sistema espera dele, ele se preocupa com os demais e respeita a lealdade e a confiança entre colaboradores. O indivíduo, nesse nível de desenvolvimento, necessita considerar-se bom, ser considerado bom pelos outros; coloca-se no lugar do outro e acredita que os demais também se portarão bem.

O indivíduo só poderá ultrapassar essa fase de seu desenvolvimento psicogenético e de formação de sua consciência moral, se o meio social lhe possibilitar as condições para vivências e experiências de aprendizagem. A Ética Discursiva tem como base essencial criar as condições que possibilitem ao indivíduo a problematização, por meio do processo de argumentação dentro de um contexto não-coercitivo, em que o questionar e o argumentar não signifiquem ameaça de punição ou de privação de benefícios e de satisfação de prazeres. Essa relação dialógica dos indivíduos em seus diversos meios sociais (família, organizações, igreja, escola etc.) se diferencia radicalmente do que hoje se denomina *participação*. Na relação dialógica, a identidade do indivíduo é respeitada porque nesse processo de interação o que se busca é o entendimento por meio de um processo argumentativo, fundamentado na justiça, na verdade e na veracidade, e que objetiva um entendimento negociado sem coerção, tanto do tipo físico como do emocional. A relação dialógica tem, como já foi visto, por base essencial a definição de uma situação comum.

Na participação, a situação não é comum, ela tem facetas que não são mostradas e não são objeto de argumentação e de reflexão dos participantes.

Ela não está fundamentada na justiça, na verdade e na veracidade. Ela não é comum e objetiva interesses diferentes daqueles induzidos aos participantes. A participação, como mecanismo psicológico, atua no nível dos sentimentos, das emoções e dos desejos do indivíduo, manipulando e distorcendo sua realidade e levando-o a uma distorção sistemática da percepção de seu mundo interno e de sua realidade externa. Do ponto de vista da Ética Discursiva, os grupos participativos representam uma agressão à dignidade humana.

Ética Discursiva universal e dialógica

Para Habermas, a Ética Discursiva é uma ética universal porque ela se fundamenta numa natureza comum a todos os homens, que é a natureza racional. Essa fundamentação, portanto, supõe que as normas serão racionalmente validáveis, e essa validação deverá ser resultante de um processo argumentativo, de uma relação dialógica e, portanto, de um consenso negociado, de acordo com o critério da universalização (Princípio U), que Habermas define da seguinte forma:

> todas as normas válidas precisam atender à condição de que as conseqüências e efeitos colaterais que presumivelmente resultarão da observância geral dessas normas para a satisfação dos interesses de cada indivíduo possam ser aceitas não coercivamente por todos os indivíduos.

A Ética Discursiva é dialógica porque ela exige como pressuposto básico a relação comunicativa, que é um processo de argumentação fundamentado no respeito à dignidade humana e que se caracteriza como um processo de aprendizagem do indivíduo, e dos indivíduos, porque permite o questionamento, a reflexão, a análise a partir de uma situação comum, possibilitada a cada um dos indivíduos que esteja nessa relação, uma vez que esta se fundamenta na justiça, na verdade e na veracidade por parte das pessoas em interação nesse contexto. Como processo de aprendizagem, a Ética Discursiva não retira a responsabilidade individual de cada indivíduo; oferece, entretanto, a possibilidade de o indivíduo crescer, aprender e se desenvolver enquanto pessoa e alcançar a autodeterminação e a auto-realização.

Ele é capaz, com a ajuda do outro, pelo processo de aprendizagem (relação dialógica), de ser pessoa, de se emancipar, de atingir sua cidadania, ao mesmo tempo que esse processo de aprendizagem e de emancipação individual se torna uma alavanca de reconstrução moral e ética da sociedade.

Na leitura de Freitag, a Ética Discursiva é emancipatória porque é pela reflexão crítica que o sentido oculto de um texto distorcido ou de uma comunicação sistematicamente manipulada é revelado e esclarecido. Para Habermas, para a Ética Discursiva, essas distorções sistemáticas representam, na realidade, a dominação ou o poder camuflado. Os indivíduos, entretanto, quando conseguem tomar consciência dessa realidade, são capazes de se autodeterminar diante dela. Para Habermas, a Ética Discursiva tem dois compromissos importantes: com o homem racional e com a práxis como dialética emancipatória.

KANT E A RAZÃO PRÁTICA

Na leitura de Lacroix da teoria moral de Kant, o papel da metafísica dos costumes não é analisar a consciência comum, mas fundar juízos morais nessa consciência comum. E para ser aplicada ao homem em particular, a moral deve ser fundada universalmente para todo ser racional. Essa universalidade se centra no conceito essencial de que o homem é um ser racional em geral.

Todos os seres humanos são seres racionais com a mesma natureza.

Para assegurar o império soberano da lei moral universal sobre o homem em particular, Kant vai além das propriedades especiais da natureza humana, ele parte da essência racional do ser humano. E é o próprio ser humano que sugere, na perspectiva de Kant, esse conceito de ser racional. É, entretanto, sobre todo ser racional que reina uma metafísica dos costumes. Na realidade, a razão é tomada como a faculdade de produzir leis, de estabelecer uma legalidade: ela é legisladora *a priori*. Todo ser que tem essa faculdade é um ser racional. Na leitura de Lacroix, a necessidade da moral, assim como a necessidade da ciência, que existe no ser humano, está ligada à sua legalidade racional. Kant afirma que o ser humano é um cidadão de dois mundos: o mundo da natureza e o mundo da moral. É a idéia de necessidade do conhecimento (mundo natural) e a de obrigação na moralidade (mundo social).

Nos fundamentos da Metafísica dos Costumes e na Crítica da Razão Prática, Kant procura as estruturas essenciais da vida moral, que são: 1) a exigência da moralidade, que é uma característica da humanidade; 2) isolar, por meio de um método reflexivo (abstrato), os elementos simples *a priori,* que são as condições necessárias sem as quais nem mesmo se poderia falar da vida moral.

Ao analisar o juízo comum dos homens em matéria moral, Kant se certifica de sua presença em todas as consciências, porque a verdade moral é diretamente acessível a cada homem que a reconhece, desde que sua reflexão seja solicitada. A reflexão ética para Kant não substitui nunca a ação, mas permite compreendê-la melhor. Ele tem uma profunda confiança no juízo prático dos homens e afirma que, na existência, a lei moral apresenta-se como uma máxima e, na filosofia, como um imperativo: a representação de um princípio objetivo que obriga a vontade é uma máxima e a fórmula dessa máxima é um imperativo. A filosofia apenas formula o que a existência moral reconhece como uma ordem da consciência.

Na análise da consciência moral comum, Kant não toma por morais os dons da natureza, ou da fortuna, os talentos do espírito ou os seus sucessos, porque esses dons não determinam, por si próprios, o uso que deles faz a vontade. Nessa análise, Kant define o que, segundo ele, existe no mundo que possa ser absolutamente bom e de que se possa fazer sempre bom uso: a boa vontade, que é, para a consciência comum, a fórmula imediata do critério em nome do qual ela julga. A boa vontade enquanto vontade benfeitora, a vontade que faz o bem. Que é boa não por seus sucessos ou por seu êxito, mas por seu próprio querer, pela máxima que inspira sua ação. Portanto, por sua intenção.

Kant explica que a intenção que deve animar a boa vontade é o respeito do dever, o agir por dever e não apenas conforme o dever.

E dever, para Kant, decorre do imperativo categórico que se orienta segundo um valor básico inquestionável universal, que é a dignidade humana.

Enquanto o indivíduo está no nível da legalidade, ele cumpre a lei em função de um interesse particular ou de uma inclinação. Ele atua de acordo com a lei, pouco importando as intenções pelas quais o faz.

Quando o indivíduo se deixa guiar exclusivamente pelas inclinações naturais, ainda não se elevou ao plano da moralidade. O respeito, entretanto, que poderia ser, ele próprio, um sentimento, é entendido por Kant como um produto espontâneo da razão em nós. É o estimulador, o móbil da moralidade, não seu fundamento. O fundamento é um imperativo, ou seja, um princípio moral orientador que passa a ser uma lei, portanto, tem caráter de obrigatoriedade e é universal (é comum a todos os seres humanos). Este imperativo deve ser adotado por todas as pessoas. Tem caráter de absoluto e não pode ser questionável. O cumprimento do imperativo ou princípio moral, passa a ser exigido a todas as pessoas. Ele também parte do pressuposto de que cada pessoa possui uma vontade própria e que esta vontade é imperfeita e é exatamente por ser ela imperfeita que o imperativo se impõe como obrigatório exigindo que a pessoa, ao tomar suas decisões morais, adote como fundamento dessas decisões a regra definida pelo imperativo. É ele que estabelece a orientação moral às pessoas, garantindo assim uma compreensão geral, comum a todos do que é moral. O imperativo supõe uma vontade subjetivamente imperfeita, à qual é pedido que se decida com regras, não seguindo os impulsos da sensibilidade.

Os imperativos podem ser hipotéticos — regras e conselhos práticos para se atingir determinados fins, que estão relacionados à razão teórica pura.

O imperativo categórico está ligado à razão prática pura. É o instrumento do julgamento moral da razão, portanto, da moralidade. Não impõe um ato predefinido num objetivo anteriormente desejado. Não liga a vontade ao conteúdo, à matéria do ato. Ele prescreve que se atue pura e simplesmente de acordo com a lei. E a lei, por sua vez, tem como característica a universalidade. "Age unicamente segundo a máxima que faz com que possa querer ao mesmo tempo que ela seja uma lei universal."

Faz parte do imperativo categórico a exigência de que um ser humano jamais deve ser visto e usado como um meio, mas sim, exclusivamente, como um fim em si. Kant coloca como exigência fundamental que toda legislação decorrente da vontade legisladora dos homens precisa ter como finalidade o homem, a espécie humana enquanto tal. A dignidade humana é o valor básico inquestionável e de interesse geral.

Sistema de fins

Entretanto, Kant admite que no mundo social, no sistema de fins, existem duas categorias: o *preço* e a *dignidade*. Enquanto o preço representa um valor de interesses particulares, a dignidade representa um valor de interesse geral.

Há, segundo Kant, um interesse especulativo e um interesse prático da razão, que são princípios que contêm a condição sob a qual esse poder é posto pela razão em exercício.

A razão teórica pura (interesse especulativo), que é dada *a priori* ao indivíduo, não depende de experiência prévia; é o que permite ao sujeito elaborar o conhecimento do mundo da natureza. Do mundo determinado, das leis já estabelecidas que regem a natureza, a lei dos cosmos do mundo orgânico e inorgânico.

A razão teórica prática pura: também instrumento ou faculdade mental (da razão), que independe da experiência prévia do indivíduo. É dada *a priori*. Essa faculdade mental permite ou abre caminho para o conhecimento do mundo social, da sociedade, tem a ver com os seres racionais, como coisas em si. No sentido moral, esse interesse é essencialmente desinteressado, pois os seres humanos não podem ser, do ponto de vista ético, para Kant, tomados como meios para fins definidos.

Essa distinção se impunha a Kant na medida em que havia para ele uma diferença entre natureza da sociedade e natureza do mundo natural (natureza). No mundo social (a sociedade), a razão prática teria sua atuação fazendo as leis que regeriam o mundo social e os costumes. E o campo do indeterminado, em que o homem teria a liberdade e a vontade livre de fazê-lo, de mudá-lo. Para Kant, o social, onde atua a razão prática, é o reino do indeterminado, do possível, da liberdade. Na filosofia kantiana, a razão prática é complemento da razão teórica pura. No primeiro momento, na razão teórica pura, o homem tem a possibilidade de conhecer e desvendar um mundo que não depende de sua liberdade para definir sua finalidade. No segundo momento, na razão prática pura, o homem age sobre o mundo social. Tem a liberdade de definir sua finalidade e, conseqüentemente, tem também a liberdade de constituir o sistema dos fins. O mundo da natureza, onde atua a razão teórica pura, é o mundo do ser, cuja finalidade escapa à vontade humana. No segundo, o mundo social é onde atua a razão prática, é o mundo do dever ser ou dos fins; valem os julgamentos morais.

Como acentua Freitag, a questão da moralidade no kantismo somente surge em decorrência da indeterminação do dever ser (mundo social), em que os homens têm a liberdade de fazer valer suas vontades, fixar seus próprios objetivos ou fins. Os critérios do bem e do mal, do certo e do errado, do justo e do injusto, são critérios segundo os quais, no mundo social, as ações humanas são julgadas, uma vez que é nesse mundo que os homens podem fazer valer suas vontades, de forma livre e autônoma. É nesse mundo que a vontade legisladora do homem atua. O julgamento moral das ações humanas está diretamente ligado à sua liberdade, à sua vontade legisladora. Os critérios de julgamento encontram-se na razão prática pura por meio do *imperativo categórico*: *"Age de tal modo que a máxima de tua vontade possa sempre valer simultaneamente como princípio para uma legislação geral"* (Kant).

Para Kant, essa fórmula deve encerrar "o princípio de todos os deveres".

É necessário estabelecer quais são esses deveres. Da mesma forma que constituímos a natureza *exterior*, impondo a ela nossa forma de ordenação, o mesmo se passa no plano ético da moralidade.

A máxima de nossas ações universalizáveis deve poder constituir uma ordem moral, uma natureza ética.

Dessa lógica, Kant passa à segunda formulação do imperativo categórico: "Age como se a máxima da tua ação devesse pela tua vontade ser erigida em lei universal da natureza". No kantismo, não basta que a razão atue conformando-se com leis. Ela é faculdade de atingir fins, ela necessita ter um fim último, um valor absoluto, e impõe-se a todo ser racional. Kant identifica a natureza racional com a humanidade, com todos os seres humanos individualmente, e chega à formulação: "Age de tal maneira que trata a humanidade tão bem, na sua pessoa como na pessoa de qualquer outro, sempre ao mesmo tempo como um fim e nunca simplesmente como um meio".

O valor absoluto da pessoa é afirmado por Kant, que o deriva da própria razão. A noção de personalidade (identidade) toma uma importância básica, pois caracteriza o ser humano no que ele tem de pessoal e último. E que se apresenta numa estreita relação com a lei moral.

O respeito à dignidade humana não se limita à invulnerabilidade física, corporal, do sujeito, mas ao respeito e à integridade de sua identidade como pessoa humana, à sua personalidade, ao ser humano total.

Kant, entretanto, acredita que a lei não se impõe de fora nem de cima. É o próprio sujeito que promulga a legislação universal. Kant considera a vontade de todo ser racional uma vontade legisladora universal, que é a expressão da autonomia do sujeito, da sua vontade legisladora de estabelecer e concretizar fins no mundo social.

Nesse sentido, Kant, ao afirmar que a vontade de todo ser racional deve ser concebida como uma vontade legisladora universal, conclui que a expressão dessa vontade é também a expressão do próprio ego do indivíduo, enquanto pessoa humana, que nela se reencontra. É a partir da vontade legisladora universal que Kant estabelece o princípio fundamental da moralidade, que é o da autonomia.

O indivíduo é autônomo na obediência da lei pela relação que com ela estabeleceu: ele é seu autor. A faculdade de ser seu autor não destrói sua liberdade, mas o fato de obedecê-la é a expressão de sua própria manifestação (de vontade e liberdade).

A noção de autonomia é a única que pode definir o verdadeiro princípio da vida moral. A lei, ela própria, faz sentido e expressa os valores supremos com os quais se está comprometido. É uma adesão livre, racional, e que emerge da vontade racional de cada indivíduo particular.

Enquanto o indivíduo se ativer à observância e à obediência da lei moral sem fazer uma reflexão sobre ela, ele não atingiu sua autonomia moral, encontra-se no nível da heteronomia.

DURKHEIM E A MORALIDADE

Como desenvolve Freitag a partir das regras do método sociológico, Durkheim deixa explícito o deslocamento do foco de interesses do sujeito para a sociedade. Durkheim postula a objetividade dos fatos sociais. Isso quer dizer que os fatos devem ser encarados como coisas e independem da natureza e das consciências dos indivíduos. Os fatos existem por eles próprios. Ao mesmo tempo, dá aos fatos sociais um poder coercivo; eles exercem coercivamente autoridade e exigem obediência dos indivíduos.

Esses tipos de conduta ou de pensamento não são apenas exteriores ao indivíduo, são também dotados de um poder imperativo e coercivo, em virtude do qual se lhe impõem, quer queira, quer não.

Para Durkheim, a maioria das idéias do indivíduo não é elaborada por ele, mas vem de fora e, como tal, deve ser *penetrada* no indivíduo por um ato impositivo, autoritário, externo, portanto, mediante a coerção social.

Na mesma linha de pensamento, afirma que a educação consiste num esforço contínuo para impor às crianças maneiras de ver, de sentir e de agir, às quais elas não chegariam espontaneamente. Na seqüência de seu pensamento, ressalta que o fato social é reconhecível pelo poder de coerção externa que exerce sobre os indivíduos. Esse poder é reconhecível pela existência de alguma sanção determinada ou pela resistência que o fato opõe a qualquer empreendimento individual que procure violentá-lo.

As regras do método elaboradas pela ciência garantem a objetividade do conhecimento da natureza e da sociedade. A ciência é um fato social produzido pelo coletivo. O mundo natural e o social são, para Durkheim, coisa ou fato objetivo e a ciência tem a mesma realidade e objetividade do mundo natural e social. O método é a garantia do desenvolvimento do conhecimento.

As categorias do pensamento são desenvolvidas no interior da sociedade.

São categorias decorrentes das representações coletivas, ou seja, formas de viver, sentir, pensar são desenvolvidas pelo coletivo, no interior de um grupo, e, como acentua Freitag, remontam em sua origem às formas de vida religiosa, ao sagrado; encontram-se nessas representações coletivas a fonte e a essência da moral na sociedade. Essas maneiras de ser coletivas são impostas aos indivíduos pela sociedade.

Durkheim faz uma relação estreita entre a ciência e a moral; ambas têm uma natureza sagrada e, portanto, constituem a essência da sociedade. Nas palavras de Durkheim, a sociedade é uma realidade específica, mas não é um império em um império; faz parte da natureza, da qual é a mais alta manifestação. O reino social é o reino natural, que difere dos outros somente por sua maior complexidade.

Ao transformar a sociedade (e o coletivo) em sagrado, Durkheim a elege reveladora da verdade, guardiã da moral. Para ele, a opinião pública faz de suas origens uma autoridade moral, pela qual se impõe aos particulares.

Ela reprime todo ato que a ofende em função da legitimação que exerce sobre a conduta dos cidadãos e pelas penas especiais que tem a seu dispor.

O indivíduo isolado deve subordinar-se ao social porque é a sociedade a forma superior de aprimoramento por meio do coletivo.

Acredita que, quando as consciências individuais entram em relação íntima, agindo umas sobre as outras, resulta dessa relação uma vida psíquica de um novo gênero. Para ele, os sentimentos que nascem e se desenvolvem nos grupos são sentimentos de natureza mais intensa e cuja energia ultrapassa aquela dos sentimentos individuais. A vida torna-se qualitativamente diferente para aqueles que experimentam esses sentimentos coletivos.

Desinteressa-se de si mesmo, dá-se por inteiro aos objetivos comuns. Seus ideais são os da sociedade, pois ele é um ser social.

Para Durkheim, o coletivo é superior ao individual. É a sociedade que impulsiona o indivíduo ou o obriga a erguer-se acima de si mesmo, e é ela que dá a ele, indivíduo, os meios para consegui-lo.

Ao sacralizar a sociedade, considera-a um corpo onde vive uma alma, e essa alma é constituída pelos ideais coletivos que, por sua vez, são os motores ou as forças reais e ativas, por serem as forças morais. Coloca a sociedade como o ideal, que é impessoal e produto da razão coletiva. A sociedade é, na visão de Durkheim, a natureza elevada ao mais alto ponto de seu desenvolvimento e concentrando todas as suas energias para, de qualquer maneira, passá-la a si mesma. Ela é, nas palavras de Durkheim, a morada de uma vida moral interior.

A solidariedade é abordada por Durkheim em suas diferentes formas. A solidariedade mecânica se explicita na forma mais simples da divisão social do trabalho, especificamente a divisão de tarefas entre sexos e idade.

A solidariedade orgânica, por sua vez, surge nas sociedades complexas industrialmente mais desenvolvidas, nas quais existem os diferentes setores de produção e as várias atividades profissionais. Como afirma Freitag, à solidariedade mecânica corresponde a percepção heterônoma da lei, que se impõe com autoridade implacável ao indivíduo. As punições são impostas àqueles que transgridem as normas, de forma a explicitar e reafirmar diante do coletivo a validade da norma violada. Portanto, punir significa dar uma lição de moral aos demais membros do grupo. Sua função é manter a solidariedade mecânica do grupo.

Por outro lado, a solidariedade orgânica se vincula ao direito restitutivo e pressupõe, portanto, um contrato estabelecido entre as partes autônomas.

Ao contrário do que acontece na solidariedade mecânica, em que a transgressão da norma exige uma punição ao transgressor, na solidariedade orgânica a transgressão da norma exige a reposição dos danos causados ao parceiro do contrato. A punição é uma forma de lembrar obrigações e responsabilidades com o outro.

A questão da moralidade, na perspectiva de Durkheim, foge do âmbito da razão individual e é centrada na sociedade. O indivíduo, enquanto ser autônomo, desaparece. Ele é um produto da sociedade, à qual deve obediência e submissão. É a sociedade como a "morada de uma vida moral interior" e como

> possuidora de uma alma, que se constitui pelos ideais coletivos e, portanto, possuidora das forças morais que tem a função de moralizadora e de guardiã da moralidade. Ela tem o poder de julgar o certo e o errado, o bem e o mal. E é ela que tem, também, o poder de punir e de exercer coações sobre os indivíduos. É a grande ditadora da moral. Os indivíduos passam a ser os obedientes seguidores subjugados a essa poderosa entidade por meio da coerção das diferentes forças sociais e instâncias de poder.

JULGAMENTOS MORAIS: JEAN PIAGET

Piaget fundamentou empírica e experimentalmente o pensamento kantiano sobre a moralidade. Em seu livro *The moral judgement of the child*, Piaget dedica-se ao estudo dos julgamentos morais da criança, suas idéias e atitudes em relação às regras, à justiça e ao comportamento ético. Os conceitos morais são adquiridos pela criança no decorrer de seu desenvolvimento, por estágios.

O desenvolvimento dos julgamentos morais se processa conforme fatores internos — crescimento mental — e fatores externos — o meio social e a transmissão cultural. A participação e a interação da criança no meio social são fundamentais para o desenvolvimento de sua moralidade, que se inicia em seu nascimento.

Piaget é cauteloso em relação à maneira pela qual o termo estágio deve ser interpretado nesse estudo. Em suas investigações, ele mostra repetidas vezes que as diferenças individuais de julgamento moral são enormes em todos os níveis de idade estudados, que seus estágios se sobrepõem de tal maneira que podem ser redutíveis a estágios não-evolutivos. Sobre as noções verbalizadas sobre as regras, Piaget encontrou três estágios em experimentos envolvendo jogos infantis.

1º) No primeiro estágio, quanto à conformidade de comportamento diante das regras, Piaget observou que as regras não fazem parte, nessa fase, do espaço de vida das crianças.
2º) A criança considera as regras do jogo eternas e imutáveis, procedentes da atividade paterna ou divina; a criança geralmente resiste a sugestões de mudanças nas regras; as novas regras "não são justas", mesmo que as demais pessoas concordem em aceitá-las. Curiosamente, embora a criança considere as leis sagradas e invioláveis, constantemente ela transgride as regras em seu comportamento real (prática).

3º) Nesse estágio, por volta dos 10–11 anos de idade, a criança revela atitudes e crenças totalmente diferentes em relação às regras. As regras são questionadas, deixam de ser eternas e divinas, podem ser modificadas, dependendo da concordância de todos do grupo.

Em outra série de experimentos que trata das mudanças evolutivas que se verificam nas atitudes infantis diante de ações de natureza moral, e não mais simples obediência a regras de um jogo, observou-se que as diferenças individuais foram substanciais e freqüentes, as crianças mais novas tenderam a considerar mais imorais aqueles comportamentos que tinham conseqüências objetivas mais sérias, sem levar em conta os motivos e os antecedentes subjetivos do infrator. Por exemplo: uma criança que quebrou 15 xícaras num acidente que não pôde evitar, foi considerada "mais maldosa" do que a criança que propositadamente quebrou uma xícara, por maldade.

As crianças mais velhas mostraram-se mais propensas a levar em consideração os motivos que estão por trás do mau comportamento e a avaliar a responsabilidade moral de acordo com os motivos.

Outra série de pesquisas investigando idéias e atitudes infantis diante da mentira revelou resultados paralelos àqueles encontrados em relação ao comportamento desajeitado:

1º) As crianças mais novas definem uma mentira simplesmente como "palavras feias", ou seja, palavrões. Pouco depois, ela é definida como qualquer afirmação inverídica, haja ou não a intenção de enganar. Finalmente, ela se restringe exclusivamente às mentiras nas quais existe a intenção de mentir.
2º) As crianças mais novas consideram uma mentira dolosa na medida em que se desvia da verdade, independentemente da intenção de quem a diz. As crianças mais velhas tendem a avaliar a culpa de acordo com o motivo envolvido.
3º) As crianças menores julgam uma mentira que não convence (porque é inacreditável ou porque é muito grande) como "pior" do que uma que é bem-sucedida; para elas, a evidência da inverdade é que é reprovável. As crianças mais velhas consideram pior a mentira que consegue enganar.
4º) Uma falsidade não-intencional que tenha conseqüências objetivas graves é considerada pior pelas crianças mais novas do que uma mentira deliberada que não resulta em algo grave. Nesse caso, até as crianças mais velhas invertem a avaliação.
5º) As crianças mais novas geralmente dizem que uma mentira é algo condenável, porque se é punido por ela; as crianças mais velhas consideram a mentira

condenável em si mesma, seja seu autor punido ou não, porque ela viola a confiança mútua, deteriora as relações sociais etc.
6º) As crianças mais novas geralmente acreditam que a mentira de um adulto é pior do que a de um membro de seu grupo. As crianças mais velhas consideram ambas igualmente condenáveis.

A concepção infantil de justiça foi bastante pesquisada por Piaget. As idéias infantis a respeito de como vários tipos de delitos devem ser punidos (problema de justiça retributiva) são divididas em dois grupos de punição. O primeiro é o da punição expiatória.

A punição expiatória é o delito em que o malfeitor deve sofrer, expiar mediante uma punição que seja proporcionalmente dolorosa à gravidade da ofensa, mas não precisa ter qualquer relação com o crime cometido. O segundo grupo é o da punição pela reciprocidade, em que a ênfase não está tanto na punição severa para fins de expiação, mas na colocação do infrator a par, da maneira mais direta possível, da natureza e das conseqüências de sua violação das relações com outras pessoas, mediante a imposição de um castigo que tenha uma relação lógica com a ofensa. Por exemplo: uma criança, tendo sido solicitada a trazer para casa alimento para o jantar, deixa de fazê-lo. Bater no infrator, negar-lhe algum privilégio etc. seriam reações pertencentes à categoria da punição expiatória. Dar à criança menor quantidade de alimento do que o usual ou recusar a lhe fazer um favor seriam exemplos de punição por reciprocidade.

Piaget propôs infrações hipotéticas desse tipo e pediu que as crianças escolhessem, entre várias punições diferentes que lhes eram sugeridas, aquela que achassem melhor. As mais novas preferiram, geralmente, punições expiatórias, e as crianças mais velhas escolheram as punições de reciprocidade; também mostraram-se menos inclinadas a achar que a punição direta e severa em si, sem a explicação e a discussão dos motivos pelos quais o ato é considerado errado, seria uma maneira eficiente de impedir delitos futuros.

Piaget constatou que as crianças mais novas eram mais propensas que as mais velhas a acreditar naquilo que ele denomina justiça imanente, a noção de que a punição será feita pela própria natureza. A justiça distributiva refere-se a vários estudos de como distribuir as punições e as recompensas entre os membros de um grupo. Esses estudos foram divididos em três estágios gerais.

No primeiro (antes dos 7–8 anos de idade), a criança tende a considerar como *lícita* ou *justa* qualquer recompensa ou punição que a autoridade decida aplicar, mesmo naqueles casos em que um mesmo crime é punido desigualmente, ou em que indivíduos são favorecidos com privilégios especiais e assim por diante.

No segundo estágio (de 7–8 até 11–12 anos), a criança revela-se igualitário-fanática: todos devem ser tratados igualmente, quaisquer que sejam as circunstâncias.

No terceiro estágio (de 11–12 anos em diante), a criança equilibra igualdade e eqüidade — uma espécie de igualitarismo relativista, no qual a igualdade estrita eventualmente pode ser rompida, em nome de uma justiça superior.

Resumindo, a teoria sobre o desenvolvimento do julgamento moral indica que há três tipos de moralidade na infância. No nascimento e nos primeiros meses de vida, o bebê é amoral, não possui consciência moral e não tem nenhuma noção de regras nem de justiça.

A segunda evolução se dá no período que Piaget denomina moralidade de repressão. A criança (parte mais fraca) se adapta às proibições e sanções vindas do adulto, transformando-as em verdades morais absolutas, indiscutíveis e sagradas. A criança encara a infração em termos mais objetivos do que subjetivos, assimila o que lhe é falado e não consegue entender o espírito da lei, sendo incapaz de encarar as ações morais de acordo com os motivos interiores do autor ou do significado interpessoal-social do próprio ato, como rompimento da confiança mútua, de solidariedade entre os membros de um grupo. Na moralidade de repressão ou heteronomia moral, apenas as conseqüências explícitas são levadas em conta na avaliação dos atos reprováveis moralmente. As intenções e os motivos presentes na infração não são considerados pela criança; a justiça se reduz ao que a autoridade manda, independe de sua vontade; há punição sempre que se transgride uma regra.

Com o decorrer do desenvolvimento, a moralidade repressiva é parcialmente substituída por uma moralidade de cooperação ou estágio de autonomia, quando o adolescente toma consciência da necessidade de obedecer regras voluntariamente. Ele passa a compreender o peso e a importância dos motivos em suas ações e nas do outro e as implicações sociais do comportamento anti-social.

O adolescente começa a conceber a ação moral como um bem autônomo, reconhece a validade da regra, consideradas as relações sociais entre companheiros baseadas no respeito mútuo (reciprocidade), na cooperação e na solidariedade.

As regras se tornam convenções aceitas, racionais, deixam de ser arbitrárias e intocáveis, e são seguidas mesmo quando não estão sendo vigiadas e controladas pela autoridade.

As ações infratoras são julgadas nas suas intenções e conseqüências, o conceito de justiça é colocado num contexto social e considerado em termos de igualdade e eqüidade (reconhecer os direitos de cada um). As punições são empregadas de acordo com a gravidade do delito, havendo também a reparação da parte prejudicada.

Na moralidade de cooperação, o indivíduo pondera os atos segundo seus princípios, formando seu julgamento, que pode diferir da opinião ou pressão do grupo.

As regras são aceitas por ele, mas sua consciência pode também ser geradora de regras; ou, ainda, as regras não são mais verdades absolutas, elas podem ser modificadas e adaptadas de acordo com as inclinações do grupo no qual ele interage.

Concluímos destacando duas idéias centrais apresentadas por Piaget nesse estágio, que mostram:

1. a importância do diálogo cooperativo e da compreensão da regra pela argumentação no meio social;
2. a partir da argumentação, da discussão e da reciprocidade, de consenso do grupo, uma regra tradicionalmente praticada e que fere os valores do meio social pode tornar-se uma regra ideal.

OS FUNDAMENTOS PSICOLÓGICOS DA ÉTICA DISCURSIVA

Para Kohlberg, o desenvolvimento moral dos indivíduos se dá orientado por princípios. Esses princípios morais são específicos a cada estágio moral e determinam o comportamento moral.

Kohlberg, como acentua Habermas, tenta aclarar o conceito do que é moral a partir dos aspectos considerados por todas as éticas cognitivistas fundamentadas na tradição kantiana.

Na Teoria da Ética Discursiva de Habermas, existe um princípio moral fundamentado pela ética do discurso, que é assim conceituado:

"Toda norma válida tem que preencher a condição de que as conseqüências e efeitos colaterais (que previsivelmente resultam de sua observância *universal*, para a satisfação dos interesses de todo indivíduo) possam ser aceitas sem coação por todos que sofrem ou sofrerão, de alguma forma, as conseqüências de sua aplicação.

Tanto Kohlberg como a Teoria da Ética Discursiva partem das suposições básicas de ordem cognitivista, universalista e formalista.

Cognitivismo, universalismo e formalismo

O cognitivismo postula que os indivíduos podem chegar ao conhecimento e à compreensão de máximas morais universais, as quais fundamentarão suas ações práticas. Essa competência é comum a todo ser humano porque somente ele tem a capacidade de pensar, refletir, compreender e se comunicar pela linguagem com outros seres humanos. É responsável por seus atos e capaz de tomar decisões de forma consciente, bem como conduzir sua própria vida com liberdade.

As máximas morais universais caracterizam o conjunto de normas que, por sua vez, estão fundamentadas em princípios universais ou *razões*, como a natureza humana comum a todos os seres humanos, a dignidade e os direitos humanos.

Ao postular princípios universais e conjuntos de normas universais, tanto Kohlberg como Habermas consideram o formalismo, o universalismo e o cognitivismo princípios filosóficos básicos de suas teorias.

Na teoria de Kohlberg é mostrada a presença de *razões* ou *princípios* que são comuns aos diferentes estágios de desenvolvimento moral e são essas *razões* que são as bases para a pessoa resolver os problemas de natureza moral.

Kohlberg, ao identificar a presença de razões próprias em cada estágio, nega o relativismo ético. As razões não são explicitadas em normas com conteúdos próprios, mas estão presentes razões morais próprias a cada estágio de desenvolvimento moral. Não há normas específicas, mas razões que fundamentam as decisões.

O relativismo ético, ao contrário, parte do pressuposto de que o que é ético para uma pessoa e/ou para uma cultura e sociedade pode não ser ético para outras. A definição do que é moral e ético dependerá, segundo o relativismo ético, dos interesses e objetivos de cada pessoa, bem como das crenças, tradições, costumes e hábitos de uma sociedade específica. A ética capitalista é um bom exemplo desse relativismo: no capitalismo, o objetivo fundamental é o lucro nos negócios e o enriquecimento de grupos e pessoas. Estabelecido o objetivo, todas as ações que possibilitam o seu alcance passam a ser consideradas moralmente aceitas e, portanto éticas.

No mundo dos negócios, o relativismo ético cada vez mais é justificado. Exemplos podem ser citados como a falsificação de balanços contábeis em poderosas empresas americanas, o que ocasionou prejuízos a acionistas, trazendo turbulência ao mercado. Em 2004, o escândalo da Parmalat italiana, envolvendo seu presidente e familiares, abalou a economia italiana, atingindo economias de outros países, inclusive a brasileira: o setor pecuário leiteiro, especialmente cooperativas de pequenos produtores de leite, foi duramente atingido pela repentina interrupção de pagamentos de seus produtos pela Parmalat e pela baixa do preço do produto no mercado brasileiro.

Na esfera política, a ausência dos princípios morais universais não é privilégio dos países em desenvolvimento: nos Estados Unidos da América do Norte, o presidente do país usou dados falsificados do serviço secreto (CIA) acerca da existência de armas de destruição em massa no Iraque, manipulou a opinião pública, conseguindo o apoio da população para efetuar a invasão daquele país. A questão da ética na política tem sido abordada por filósofos, juristas e cientistas sociais.

Roberto Romano (*Folha de S.Paulo*, 27 fev. 2004) tem dado contribuição importante à controvertida discussão da ética na política.

Faz o autor a distinção entre honestidade como virtude válida para todos os homens, virtude da qual não se pode prescindir na análise do bom profissional, seja ele qual for, inclusive do político, e a honestidade específica de todos os profissionais, unida à conduta correta de uma pessoa no exercício da sua profissão.

Romano segue sua argumentação mostrando que é possível reconhecer os profissionais honestos, separando-os dos desonestos. No seu exemplo, cita o médico e o político como profissionais. Segundo o autor, desprovido de honestidade é o médico que prescreve remédios inúteis para obter vantagens da indústria farmacêutica ou que realiza uma cirurgia com plena consciência de seu risco de eficácia. Existem, conclui, médicos competentes e médicos desonestos.

No que se refere ao político, ao homem público, não é apenas o notório larápio que é desonesto, mas o que trata só de obter vantagens para o seu agrupamento (partido, grupos de apoio etc.). A liderança, afirma Romano, que opera tendo em vista os seus fins como permanência no poder, imposição de ideologia, vantagens pessoais, entre outros, sem respeito pela totalidade de um país, é corrupta e fonte de corrupção. O político corrompido age tendo como pressuposto moral "o que é bom para nós, ou seja, o grupo e/ou o partido a que pertence. Não considera o país, suas necessidades, e abusa da competência de pensar e refletir dos cidadãos.

No Brasil, assistimos assustador abandono de princípios morais universais por partidos políticos que, ao alcançarem o poder, abandonam o discurso ético e se lançam em barganhas e negociatas políticas na Câmara e no Senado. Adotam o corporativismo como critério para nomeações na esfera pública e esquecem promessas de campanha, dando continuidade ao modelo econômico combatido por eles. Fatos como negociação de propinas para financiamento de campanhas políticas por membros da cúpula do governo são denunciados pela mídia e confirmados pelos envolvidos fazendo parte da *ética comprometida* com a manutenção do poder e da dominação política e ideológica.

Como se pode concluir,

> no relativismo ético a validez de juízos morais está alicerçada em padrões de racionalidade ou de valor da cultura ou da forma de vida à qual pertença em cada caso o sujeito que julga (Habermas, 1989, p. 149).

Os estágios morais de Kohlberg

Ordem I — Ordem pré-convencional

Estágio 1 — A etapa do castigo e da obediência.
Conteúdo — O justo é a obediência cega às normas e à autoridade, evitar o castigo e não causar dano material.

1. O justo é evitar a quebra de normas, obedecer por obedecer e não causar danos materiais às pessoas ou coisas.
2. A razão para se fazer o justo é evitar o castigo e o poder superior das autoridades.

Estágio 2 — O estágio do propósito e o intercâmbio instrumental individual (relativista instrumental).

1. O justo é seguir as normas quando estejam de acordo com o interesse imediato de alguém. O justo é atuar em prol dos interesses e necessidades próprios e deixar que os demais façam o mesmo. O justo é também o que é eqüitativo, ou seja, um intercâmbio, um trato, um acordo igual.
2. O motivo para se fazer o justo é satisfazer as necessidades e interesses próprios em um mundo onde há que se reconhecer que os demais também têm seus interesses.

Ordem II — Ordem convencional

Estágio 3 — O estágio das expectativas, relações e conformidade interpessoais mútuas.
Conteúdo — O justo é realizar uma boa função, preocupar-se pelos demais e por seus sentimentos, respeitar a lealdade e a confiança entre colaboradores e sentir-se interessado por cumprir as normas e o que se espera.

1. O justo é viver de acordo com o que se espera das pessoas próximas em geral, das pessoas consigo mesmas, na condição de filho, irmã, amigos etc. *Ser bom* é importante e significa que se tem bons motivos e que se está preocupado com os demais. Também significa manter as relações mútuas, manter a confiança, a lealdade, o respeito e a gratidão.
2. As razões para se fazer o justo são que se necessita ser bom, considerar-se bom e ser considerado bom pelos outros; preocupar-se pelos demais, colocar-se no lugar do outro e acreditar que os demais também se portarão bem.

Estágio 4 — O estágio do sistema social e da manutenção da consciência.

Conteúdo — O justo é cumprir com o próprio dever na sociedade, manter a ordem social e contribuir para o bem-estar da sociedade ou do grupo.

1. O justo é cumprir os deveres que cada um aceitou. As leis devem ser cumpridas, exceto nos casos extremos, em que colidem com outros deveres e direitos socialmente determinados. O justo é contribuir também com a sociedade, com o grupo ou com a instituição.
2. A razão para se fazer o justo é manter o funcionamento das instituições em seu conjunto, o auto-respeito ou a consciência ao cumprir as obrigações que a própria pessoa aceitou ou as suas consequências. Que aconteceria se todos o fizessem?

Ordem III — Ordem pós-convencional e de princípios

As decisões morais são geradas a partir dos direitos, valores e princípios que são ou poderiam ser aceitos por todas as pessoas que compõem uma sociedade que tem de ter práticas justas e benéficas.

Estágio 5 — O estágio dos direitos prévios e do contrato social ou da utilidade.

Conteúdo — O justo é proteger os direitos, valores e pactos legais fundamentais de uma sociedade, inclusive quando entram em choque com as normas e leis concretas do grupo.

1. O justo é estar consciente de que o indivíduo possui uma diversidade de valores e opiniões e que a maior parte dos valores e normas tem relação com o grupo social de que o indivíduo faz parte. Não obstante, devem-se respeitar essas normas de *relação* no interesse da imparcialidade e pelo fato de que constituem o pacto social. Entretanto, alguns valores e direitos que não são de relação, como a vida e a liberdade, devem-se respeitar em qualquer sociedade, com independência da opinião da maioria.
2. A razão para se fazer o justo, em geral, é sentir-se obrigado a obedecer a lei porque a pessoa estabeleceu um pacto social para fazer e cumprir as leis, pelo bem de todos e também para proteger os próprios direitos, assim como os direitos de todos. A família, a amizade, a confiança e as obrigações do trabalho são também obrigações e contratos que se aceitam livremente e que supõem respeito pelos direitos dos demais. O indivíduo está interessado em que as leis e os deveres se baseiem no cálculo racional de utilidade geral: "a máxima felicidade para o maior número".

Estágio 6 — O estágio dos princípios éticos universais.

Conteúdo — Esse estágio supõe que haveria um guia por parte de uns princípios éticos universais que toda a humanidade deveria seguir.

1. O estágio 6 sobre a idéia de justiça guia-se por princípios éticos universais. As leis concretas ou os acordos sociais são válidos habitualmente, porque se baseiam em tais princípios. Quando as leis violam tais princípios, a pessoa atua de acordo com o princípio. Os princípios são os princípios universais da justiça: a igualdade de direitos humanos e o respeito pela dignidade dos seres humanos enquanto indivíduos. Estes não são unicamente valores que se reconhecem, mas princípios que se utilizam para gerar decisões concretas.
2. A razão para se fazer o justo é que a pessoa racional vê a validade dos princípios e se compromete com eles.

Kohlberg entende a passagem de um estágio para outro como uma aprendizagem.

O desenvolvimento moral se dá como um processo e é caracterizado pela mudança de juízos morais da pessoa. Essas mudanças são conseqüências da organização e transformação da estrutura cognitiva já existente, ou seja, a forma, por sua vez, marca a passagem de uma estrutura cognitiva à outra.

O desenvolvimento moral depende, em parte, do crescimento cognitivo, do aprender a pensar e da forma pela qual uma pessoa organiza sua mente, relacionando idéias e refletindo sobre elas. Os juízos morais de cada pessoa vão depender em parte da sua estrutura cognitiva.

Kohlberg afirma que uma pessoa, quando consegue alcançar um novo estágio moral, é capaz de resolver melhor problemas de natureza moral do que o fazia anteriormente.

Ao fazer revisão de seus juízos morais, a pessoa em crescimento compreende o seu próprio desenvolvimento moral como um aprendizado. Ela deve poder explicar até que ponto estavam errados os juízos morais que anteriormente considerava corretos.

Essa mudança de juízos morais, como já mencionado, depende do desenvolvimento das estruturas cognitivas que dão condições para esse julgar moral. Todavia, esse é um trabalho pessoal individual, que depende de cada pessoa. A forma pela qual ela enfrenta problemas e conflitos de natureza moral é uma decisão somente sua.

A reorganização criativa de conhecimento ou inventário cognitivo pré-existente é constituída pela pessoa pressionada interiormente por problemas e conflitos que aparecem insistentemente.

Essa não é uma tarefa fácil e tranqüila. Ao questionar e abandonar os padrões morais tradicionais que lhes haviam sido transmitidos, os adolescentes devem reconstruir conceitos morais fundamentais a partir de padrões tradicionais que não mais aceitam porque não encontram justificativas para eles. Quando não conseguem reconstruir seus conceitos morais fundamentais, os adolescentes encontram-se numa total desorientação moral. Esse problema pode perdurar pela vida da pessoa adulta e explicar a violência e ações desonestas presentes nas diferentes esferas da vida social, como na família, na escola, na política, nos negócios e até mesmo nas igrejas.

Habermas, ao analisar os estudos de Kohlberg, mostra que a Ética Discursiva se identifica com o conceito construtivista da aprendizagem, na medida em que entende a formação da vontade discursiva (da argumentação em geral) como a forma reflexiva da ação comunicativa e exige uma mudança de atitude para a transição da ação ao discurso.

A argumentação, como acentua Habermas, se preocupa e questiona as pretensões de validade que se colocam de maneira inconsciente em quem atua na práxis comunicativa cotidiana. Nesse sentido, os participantes na argumentação adotam uma posição hipotética com relação às pretensões controvertidas da validade.

Assim, por exemplo, deixam de resolver o problema da validade de uma norma controvertida no discurso prático, posto que é na competência entre proponente e oponente que esta tem de demonstrar se merece ser reconhecida como válida ou não.

Perspectivas sociais de Kohlberg

Habermas, em *Consciência moral e agir comunicativo*, mostra que Kohlberg justifica a lógica evolutiva dos seis estágios de desenvolvimento do julgamento moral por meio da correlação com as correspondentes perspectivas sociomorais.

Estágios

1. Este estágio adota um ponto de vista egocêntrico. O indivíduo não considera os interesses dos demais nem reconhece que estes diferem entre si, e também não sabe relacionar dois pontos de vista. Os atos são julgados em função das conseqüências materiais em primeiro lugar, e não em função dos interesses psicológicos dos demais. A perspectiva de autoridade se confunde com a de si próprio.
2. Estágio de perspectiva individualista concreta. O indivíduo separa os interesses e pontos de vista próprios dos da autoridade e dos outros. O indivíduo

sabe que todo mundo tem interesses pessoais individuais a serem satisfeitos e que estes entram em conflito, de maneira que o justo é relativo. A pessoa integra ou relaciona interesses individuais em conflito com os outros, por meio de intercâmbios instrumentais de serviços, pela necessidade instrumental e do bem-estar do outro, e pela justiça de dar a cada um o mesmo.

3. Estágio de perspectiva da pessoa em relação a outras pessoas. A pessoa conhece seus sentimentos, acordos e expectativas compartilhadas e que têm prioridade sobre os interesses individuais. O indivíduo relaciona pontos de vista, colocando-se no lugar do outro. O indivíduo não conhece uma perspectiva sistêmica generalizada.
4. Este estágio diferencia o ponto de vista social dos acordos e motivos interpessoais. O indivíduo adota o ponto de vista do sistema, que define as regras e as normas. As relações individuais são consideradas em função do lugar no sistema.
5. Este estágio adota a perspectiva do prioritário em face da sociedade; a pessoa é racional, conhecedora dos valores e direitos prioritários à lealdade e aos pactos sociais. O indivíduo integra perspectivas mediante mecanismos formais de acordo, pacto, imparcialidade objetiva e procedimento legal. O indivíduo leva em consideração o ponto de vista moral e o jurídico, reconhece que entram em conflito e lhe parece difícil reconciliá-los.
6. Estágio que toma a perspectiva de um ponto de vista moral, em que se originam e derivam os acordos sociais. A perspectiva é a de que qualquer ser racional reconhece a natureza da moral ou a premissa moral fundamental do respeito devido a outras pessoas, em sua condição de fins e não de meios.

Aquisição e desenvolvimento dos conceitos e das relações das pessoas segundo R. Selman

Segundo Habermas, Selman contribui para a teoria de Kohlberg com sua pesquisa de adoção de perspectivas de ação, em que caracteriza três ordens de desenvolvimento.

Ordem 1: Adoção de perspectiva diferenciada e subjetiva (de 5 a 9 anos de idade, aproximadamente)

Conceitos de pessoas: diferenciados. O avanço conceitual decisivo é a diferenciação clara das características físicas e psicológicas das pessoas. Diferenciam-se os atos intencionais dos não-intencionais e se cria uma consciência nova de que cada pessoa tem uma vida psicológica subjetiva e única. Considera-se que o pensamento, a opinião e os estados emocionais de cada pessoa formam um todo unitário, mas não estão misturados.

Conceitos de relações: subjetivos. Diferenciam-se claramente as perspectivas subjetivas do eu e do outro e se reconhecem como potencialmente diferentes. Entretanto, a criança acredita ainda que o estado subjetivo do outro pode ser compreendido mediante a simples observação física. A relação de perspectiva se concebe em termos unilaterais e semelhantes, em termos da perspectiva de um ator ou do impacto sobre ele; por exemplo, a criança crê que um presente faz feliz uma pessoa.

Nessa etapa, os indivíduos são vistos como respondendo à ação com ação semelhante; por exemplo, a criança em quem se bate, bate de volta.

Ordem 2: Adoção de perspectiva auto-reflexiva na segunda pessoa e recíproca (de 7 a 12 anos de idade)

Conceito de pessoas: auto-reflexivo na segunda pessoa. A evolução conceptual consiste na crescente habilidade da criança para deslocar-se de si mesma mentalmente e adotar uma perspectiva auto-reflexiva ou na segunda pessoa — sobre seus próprios pensamentos e ações, bem como sobre a percepção de que os outros podem fazer o mesmo. Os pensamentos ou sentimentos das pessoas são vistos como potencialmente múltiplos, por exemplo, curiosos, assustados e felizes; mas ainda como grupos de aspectos mutuamente isolados e seqüenciais ou ponderados, por exemplo, muito curiosos e felizes e um pouco amedrontados. O indivíduo interpreta a si e aos outros como capazes de fazer coisas que não têm a intenção ou não querem fazer.

Conceitos de relações: recíprocas. A criança reconhece a singularidade do conjunto ordenado de valores e objetivos de cada pessoa. Uma nova reciprocidade nos dois sentidos é o que caracteriza essa ordem. É uma reciprocidade de pensamentos e sentimentos e não apenas de ações. A criança consegue colocar-se no lugar do outro e percebe que o outro pode fazer o mesmo.

No aspecto lógico-mecânico, a criança percebe agora a possibilidade do regresso infinito na adoção de perspectiva, por exemplo, "eu sei que ela sabe que eu sei que ela sabe" etc. A criança também percebe que pode iludir os outros quanto a seus estados internos, o que estabelece limites de exatidão para a adoção da perspectiva interna de outrem. A reciprocidade nos dois sentidos desse nível tem principalmente o resultado prático da distensão, em que ambas as partes ficam satisfeitas, porém com certo isolamento; duas pessoas vendo a si mesmas e a outra, mas não o sistema de relações entre elas.

Ordem 3: Adoção da perspectiva da terceira pessoa e mútua (de 10 a 15 anos de idade)

Conceito de pessoas: terceira pessoa. O adolescente percebe as pessoas como sistemas de atitudes e valores razoavelmente consistentes a longo prazo.

O avanço conceptual crítico centraliza-se na habilidade de assumir uma verdadeira perspectiva da terceira pessoa, de sair não apenas de sua própria perspectiva imediata, mas fora de si próprio como um sistema, na totalidade.

Nesse nível são geradas as noções de *ego observador*, em que o adolescente percebe a si próprio e percebe as outras pessoas como vendo a si próprias, ao mesmo tempo como atores e como objetos, simultaneamente atuando e refletindo sobre os efeitos da ação sobre si próprios, refletindo sobre si próprios em interações com o si próprio.

Conceitos de relações: mútuos. A perspectiva da terceira pessoa amplia a evolução do adolescente, permitindo mais do que assumir a perspectiva de outrem sobre si próprio; a verdadeira perspectiva da terceira pessoa sobre as relações inclui e coordena simultaneamente as perspectivas de si próprio e do(s) outro(s) e, assim, o sistema ou situação e todas as partes são vistos da perspectiva da terceira pessoa ou do outro generalizado. Os indivíduos vêem a necessidade de coordenar perspectivas recíprocas e acreditam que a satisfação social, a compreensão ou a resolução devem ser mútuas e coordenadas para serem genuínas e eficazes. As relações são vistas como sistemas em funcionamento, nos quais os pensamentos e as experiências são mutuamente compartilhados.

Perspectiva diferenciada e subjetiva

Na faixa etária de 5 a 9 anos, o processo de aquisição da linguagem está concluído. A criança que já consegue falar, já aprendeu a conversar com o outro numa intenção comunicativa. Ela passa a dominar uma relação eu-tu recíproca entre falantes e ouvintes, tão logo consegue distinguir entre dizer e fazer. Essa reciprocidade entre as perspectivas do falante e do ouvinte, que se refere ao que é dito, não se estende à reciprocidade das orientações das ações. A criança distingue entre as perspectivas de ação dos diferentes participantes da interação, mas ainda é incapaz, ao avaliar as ações dos outros, de conservar o seu próprio ponto de vista e, ao mesmo tempo, colocar-se na situação do outro; não consegue também avaliar suas próprias ações do ponto de vista dos outros. A criança já diferencia o mundo externo e o mundo interno, mas faltam os conceitos básicos sociocognitivos perfeitamente definidos para o mundo normativo que Kohlberg postula para o estágio convencional das perspectivas sociais.

Perspectiva auto-reflexiva na segunda pessoa e recíproca (7 a 12 anos, aproximadamente)

A criança, nessa fase, emprega corretamente frases exprimindo enunciados, solicitações, desejos e intenções. Ela ainda não associa nenhum sentido claro às frases normativas. O primeiro passo para a coordenação dos planos de ação dos diferentes participantes da interação, com base numa definição coletiva da situação, consiste em estender a relação recíproca falante–ouvinte à relação entre os atores, que interpretam a situação de ação que compartilham à luz de seus respectivos planos e a partir de diferentes perspectivas.

Com a transição para o segundo estágio, a criança aprende a vincular de maneira reversível as orientações de ação do falante e do ouvinte. Ela pode se colocar na perspectiva de ação do outro e sabe que o outro também pode se colocar em sua perspectiva de ação; a pessoa pode assumir, em face da própria orientação de ação, a respectiva atitude do outro. Desse modo, os papéis *comunicativos* da primeira e da segunda pessoa tornam-se eficazes para a coordenação da ação.

Perspectiva da terceira pessoa e mútua (de 10 a 15 anos, aproximadamente)

A estrutura de perspectivas modifica-se novamente na passagem para o terceiro estágio, com o surgimento da perspectiva do observador no domínio da interação. No início dessa fase, as crianças já fazem há muito tempo o uso correto dos pronomes da terceira pessoa, na medida em que se entendem sobre outras pessoas, seus discursos, relações de posse etc.

Elas já conseguem também assumir uma posição objetiva sobre as coisas e os eventos perceptíveis e manipuláveis.

Nessa perspectiva, os adolescentes aprendem a voltar-se, a partir da perspectiva do observador, para a relação interpessoal, que estabelece uma atitude performativa com o participante da interação. Com essa atitude, eles se ligam à atitude neutra de uma pessoa presente, mas não envolvida, que assiste ao processo de interação no papel de ouvinte ou de espectador. Assim, a reciprocidade das orientações da ação (do estágio anterior) pode ser *objetualizada* e trazida à consciência em seu contexto sistêmico.

O sistema das perspectivas de ação atualiza o sistema das perspectivas do falante, baseado na gramática dos pronomes pessoais e possibilitando um nível novo de organização do diálogo. Essa estrutura mostra que o inter-relacionamento recíproco das orientações de ação da primeira e da segunda pessoa pode ser entendido enquanto tal a partir da perspectiva de uma terceira pessoa. A interação reestruturada nesse sentido possibilita aos envolvidos não só assumir reciprocamente suas perspectivas de ação, mas também trocar as perspectivas de participante pela perspectiva do observador e transformá-las uma na outra.

Nessa perspectiva é que se completa a construção do *mundo social*, iniciada no estágio anterior.

A PSICOLOGIA ORGANIZACIONAL: SUAS PROPOSTAS E A QUESTÃO ÉTICA

A razão instrumental

A psicologia organizacional, em seu processo de desenvolvimento histórico enquanto ciência aplicada, tem se dedicado à adequação dos indivíduos membros das organizações aos fins por elas definidos. Isso caracteriza uma razão instrumental, identificada pela utilização dos indivíduos (pessoa humana) como meio para se atingirem fins determinados pela organização.

A psicologia organizacional usa técnicas e instrumentos que atuam desde a seleção, a partir de critérios *a priori* definidos pela organização, como característica de personalidade, valores e sentimentos. Na realidade, o objetivo da área de seleção é atender à demanda da organização, admitindo indivíduos que se moldem a ela e que se integrem à sua filosofia (da organização) sem questionamentos. Esse processo de adequação exige um trabalho com os indivíduos no nível psicológico, que aqui se entende como uma tentativa de mudança de valores, de aceitação dos objetivos da organização e da sua filosofia, como sendo a parte de prazer e a própria razão de ser do indivíduo. Ele precisa acreditar que a sua realização pessoal está intimamente relacionada à satisfação das necessidades da organização. É necessário, dentro dessa perspectiva da psicologia aplicada à administração (organizacional), que o indivíduo desloque a satisfação dos seus desejos para a realização dos objetivos da organização, se dê conta dessa distorção que ele próprio está efetuando. Na verdade, o trabalho externo no nível psicológico induz o indivíduo a distorcer a realidade externa, portanto, aquilo que a organização é, aquilo que ela lhe pode oferecer, está bloqueando também o conhecimento de sua própria realidade interna. De certa forma, ao se adequar aos valores da organização, à sua filosofia, assumindo crenças e mitos que lhe são passados, ele está se negando a pensar.

O processo de integração usado por ocasião da admissão do indivíduo na organização é uma etapa do processo de aculturação organizacional, como já descrito.

Motivação e o processo de indução do indivíduo na organização

Os padrões organizacionais de motivação são também instrumentos psicológicos que buscam tornar um indivíduo um meio para a busca dos fins definidos pela organização. Eles têm a característica de induzir o indivíduo a adotar padrões de comportamento individuais exigidos para se atingir a eficiência e o funcionamento da organização. Para Katz e Kahn, esses comportamentos devem incluir a pertinência e a permanência no sistema, o comportamento dependente, que significa o exercício de um papel no sistema, e um comportamento inovador e espontâneo; segundo eles, é explicitado um padrão de comportamento que exige do indivíduo um desempenho além daquele que está definido no papel. Para cada padrão de comportamento na organização, são propostas técnicas e instrumentos psicológicos específicos. Identificam quatro padrões necessários ao funcionamento e à eficiência da organização, o que caracteriza seu caráter instrumental. O indivíduo é usado como meio para que se atinjam os fins da organização (definidos por ela).

Padrão A

O padrão A, denominado submissão legal, tem como objetivo garantir a aceitação das prescrições do papel e do controle organizacional à base de sua legitimidade. As regras são obedecidas porque são reconhecidas como vindas de fontes legítimas de autoridade e porque sua obediência pode ser forçada por meio de sanções legais.

As fontes desse padrão são a força externa, que pode ser mobilizada para a completa obediência, e a aceitação internalizada da autoridade legítima. Essa abordagem é limitada e incapaz de motivar as pessoas a qualquer outro comportamento além do compromisso rotineiro na execução dos papéis.

O indivíduo deve conformar-se às regras de seu grupo ou será punido por não fazê-lo.

Padrão B

No padrão B, usam-se recompensas ou satisfações instrumentais para introduzir os comportamentos necessários. Por meio desse padrão, tenta-se recompensar os comportamentos desejados, esperando-se que, à medida que as recompensas aumentem, as motivações também aumentem. A característica desse padrão é a transformação das ações em instrumentos para o alcance de recompensas específicas.

As principais recompensas usadas no padrão B são:

- recompensas individuais, tais como: incentivos em pagamentos e promoções individuais;
- recompensas do sistema decorrentes da pertinência a ele e da antigüidade;
- identificação instrumental com líderes organizacionais, pela qual os seguidores são motivados a assegurar a aprovação dos líderes;
- associação com membros da organização, para garantir a aprovação social do próprio grupo.

Nesse padrão, mais uma vez fica explicitada a proposta do uso da psicologia como um instrumento de indução dos indivíduos a se comportarem e a pensarem da forma definida pela organização. Portanto, caracteriza uma ação instrumental, que transforma os indivíduos em meios para se atingirem fins predefinidos.

Padrão C

No padrão C, ou padrão internalizado de autodeterminação e de auto-expressão, as satisfações decorrem da realização e da expressão de habilidades e talentos. Auto-expressão e autodeterminação são as bases para a identificação com o trabalho, porque as satisfações derivam diretamente da execução do papel.

O padrão motivacional de auto-expressão é o padrão mais eficiente para levar a um bom desempenho do papel, em termos tanto de quantidade quanto de qualidade. As gratificações do indivíduo decorrem da realização de seu trabalho, da expressão de suas habilidades e do exercício de suas próprias decisões.

Para que o padrão C seja eficiente, é necessário que o trabalho apresente suficiente complexidade e desafio, que as habilidades do indivíduo sejam adequadas e que ele tenha suficiente responsabilidade e autonomia no trabalho.

Esse padrão motivacional leva à alta produtividade, ao aumento das atividades cooperativas, à maior satisfação com o trabalho e, conseqüentemente, com a organização.

Padrão D

Katz e Kahn afirmam que o padrão D, ou internalização dos valores da organização, leva à incorporação dos objetivos e subjetivos organizacionais, enquanto reflete valores próprios dos membros da organização. O padrão de motivação, associado à expressão dos valores e à auto-identificação, tem grande potencialidade para a internalização dos objetivos do sistema e, conseqüentemente, para a ativação de comportamentos não prescritos pelos papéis. A participação em decisões a respeito dos objetivos setoriais, a contribuição para o desempenho da organização e a participação nas recompensas (poder e dinheiro) provocam o aumento da produtividade dos indivíduos e aumentam o seu comportamento espontâneo e inovador na organização. Katz e Kahn salientam o uso da liderança como um ato de influência que o indivíduo exerce sobre os outros na organização. Para eles, as influências ocasionais, pelo fato de que os indivíduos membros da organização estão também vinculados a outras organizações sociais, como família, igreja, escola, sindicato etc., são prejudiciais à organização, e os instrumentos psicológicos devem ser atenuantes do que eles chamam de disfunções dos níveis motivacionais e das atitudes dos indivíduos diante da organização. Os líderes denominados por eles como carismáticos são importantes porque possibilitam uma ligação emocional desses líderes com os demais membros da organização.

O padrão C, ou seja, o padrão internalizado de auto-expressão e autodeterminação, na realidade tem como proposta um envolvimento do indivíduo com o trabalho, que passa a ser a fonte de sua realização pessoal e sua própria felicidade, a razão de ser de sua vida. Fica explícito o deslocamento de desejos individuais para a satisfação das necessidades da organização.

No padrão D, internalização dos valores da organização, a proposta é transformar os valores individuais em valores organizacionais. É uma busca de mudança da identidade do indivíduo em função da identidade da organização. Surge aí o homem organizacional. É a despersonalização do indivíduo enquanto pessoa. Reconhece-se a natureza complexa do processo psicológico do ser humano. E por essa razão são introduzidos processos psicológicos mais adequados a um controle comportamental mais eficiente, mais duradouro, em que não se questiona o problema ético de agressão à identidade individual. Procura-se o aumento da produtividade pela manipulação psicológica, desde o processo seletivo, passando pelos processos de integração, avaliação de desempenho, treinamento, até os padrões organizacionais de motivação, em que a participação é uma forma de controle e de internalização de valores organizacionais e de comprometimento com os objetivos definidos pela organização. Os seres humanos passam a ser indivíduos meios para se atingirem fins e, como meios, exige-se, nessa perspectiva da organização, que eles sofram um processo de despersonalização.

A psicologia aplicada à administração tem se colocado como instrumento nesse processo, comprometido com a dominação e com o controle dos seres humanos. Os instrumentos psicológicos se fundamentam tanto na corrente behaviorista quanto na corrente cognitivista. As formas do exercício de dominação se diferenciam: uns usam a força do condicionamento, do reforço, do estímulo-resposta, outros usam a força do envolvimento emocional, do grupo com força de padronização, bem como a internalização de valores e a participação como mecanismo de compromisso emocional e de falsificação de percepção e de consciência.

As concepções morais universais e o desenvolvimento psicológico

Habermas, ao buscar nas teorias psicológicas apoio para a confirmação científica da Teoria da Ética Discursiva, buscava a solução da questão levantada pelo fato de que outras culturas dispõem de outras concepções morais.

Essa é uma questão levantada pela perspectiva relativista da ética moral. O relativismo ético postula que os conceitos éticos não são universais, que cada sociedade e/ou grupo social tem critérios de juízo moral próprios, válidos exclusivamente para aquele momento e para aquele grupo. Essa é uma abordagem utilitarista e momentânea do juízo moral.

Habermas busca apoio nos estudos de Kohlberg, que encontram a consonância entre a teoria normativa (filosofia moral) e a teoria psicológica, especialmente no que diz respeito:

a) ao cognitivismo, isto é, o indivíduo é um ser racional com liberdade e vontade livre;
b) ao processo de aprendizagem e formação da consciência moral;
c) à universalidade das concepções morais e de sua ligação direta, na forma pela qual são expressas, bem como em seu conteúdo, aos estágios de desenvolvimento cognitivo, em qualquer sociedade e cultura em que o indivíduo vive.

Esses estudos confirmam ainda que:

a) existem concepções morais universais;
b) essas concepções morais estão ao mesmo tempo diretamente ligadas, em sua forma e em seu conteúdo, aos estágios de desenvolvimento cognitivo do indivíduo, independentemente da cultura onde ele vive;
c) os estágios de desenvolvimento cognitivo do indivíduo são invariantes para o ser racional (indivíduo) e obedecem a uma seqüência cognitiva definida;
d) nem todos os indivíduos alcançam os estágios de desenvolvimento cognitivo superior, apesar de terem as faculdades mentais e a estrutura genética adequadas. O pleno desenvolvimento cognitivo e a formação da consciência moral dependem de um processo de aprendizagem, de vivências e experiências do indivíduo no meio social;

e) a formação da consciência moral depois do esforço individual é um processo de aprendizagem. Não é dada. É constituída pela pessoa;
f) muitas pessoas alcançam o estágio cognitivo superior, ou seja, operatório formal. Todavia, deformam sua consciência moral e abandonam os princípios morais universais.

Seqüência cognitiva — Kohlberg

A seqüência cognitiva definida por Kohlberg, na leitura de Habermas, apresenta três ordens ou níveis. Cada uma delas possui dois estágios de evolução:

I. Ordem pré-convencional. Nesse nível, a criança obedece às regras culturais como verdades absolutas (bom e mau, correto e incorreto), julga os acontecimentos por suas conseqüências físicas.
Estágio 1 — castigo e obediência.
Estágio 2 — relativista instrumental.
II. Ordem convencional. Nesse nível, a criança valoriza os demais (grupo familiar, meio social), respeita a lealdade e a confiança entre colaboradores. O indivíduo cumpre normas e se preocupa em ter um comportamento esperado pelos outros.
Estágio 3 — concordância interpessoal e orientação para ser *bonzinho*.
Estágio 4 — orientação da *lei e da ordem*, estágio do sistema social e da manutenção da consciência.
III. Ordem pós-convencional e de princípios (autonomia)
Estágio 5 — dos direitos prévios, orientação legalista regida pelo contrato social ou pela utilidade.
Estágio 6 — orientada pelos princípios éticos universais.

Habermas chega, assim, às provas científicas necessárias à confirmação da Teoria da Ética Discursiva pelos estudos de Kohlberg, porque esses estudos partiram diretamente das premissas teóricas da Ética Discursiva e as confirmaram empiricamente. O que Habermas enfatiza é que a psicologia do desenvolvimento e a da consciência moral (Piaget e Kohlberg) confirmam sua Teoria da Ética Discursiva no que diz respeito tanto ao conteúdo moral, quanto ao processo de aprendizagem moral. Por outro lado, a Ética Discursiva complementa a teoria de Kohlberg quando introduz a ação comunicativa e a relação comunicativa como elementos essenciais da própria ética.

A suposição básica de ordem cognitivista, universalista e formalista, para Habermas, deriva do princípio moral universal que é o fundamento da ética do discurso assim definido por ele:

Princípio U —

> Toda norma válida tem de preencher a condição de que as conseqüências e efeitos colaterais, que presumivelmente resultem de sua observância universal para a satisfação dos interesses de todo indivíduo, possam ser aceitos sem coação por todos aqueles atingidos pela norma (concernidos).

O compromisso da psicologia aplicada à administração com a oralidade positivista de Durkheim

Ao analisar os instrumentos usados pela psicologia aplicada à administração e suas propostas básicas, pode-se concluir que ela está fundamentada e comprometida com a moralidade positivista de Durkheim. A transformação do indivíduo num ser obediente, que deve adequar-se e respeitar as normas estabelecidas pela sociedade (aqui entendidas as organizações como representantes da sociedade), é o princípio básico que rege a moralidade positivista de Durkheim. A individualidade deve ser cerceada, como também devem ser punidos os atos de desobediência às normas estabelecidas por um poder legitimado pela sociedade. Não há espaço para questionamentos.

A maturidade moral se reduz à capacidade de obedecer. A sociedade assume o papel sagrado do qual emanam as normas, os direitos e deveres e até mesmo em que se definem as formas de viver e de ser feliz. A sociedade é a definidora dos atos morais dos indivíduos e, ao mesmo tempo, se transforma na instância que controla o respeito a eles, punindo aqueles que porventura venham a transgredi-los. Usa mecanismos e instrumentos, desde a força pela punição física até os instrumentos psicológicos claramente explicitados na psicologia aplicada à administração.

A psicologia aplicada à administração e a Ética Discursiva

A Ética Discursiva parte do fundamento essencial de que o indivíduo é um ser racional, com uma identidade única, capaz de se autodeterminar e de fazer julgamentos morais independentes de sanções externas, porque estão calcados na dignidade humana e na solidariedade como valores universais. Entretanto, o indivíduo atinge sua consciência moral num nível de maturidade plena por meio de um processo de aprendizagem. Esse processo exige que ele tenha possibilidade de vivências e experiências no meio social.

O meio social tem, portanto, a função de permitir ou de barrar o desenvolvimento cognitivo e a formação da consciência moral do indivíduo. A psicologia aplicada à administração, enquanto comprometida com a moralidade positivista de Durkheim, barra essas condições essenciais ao pleno desenvolvimento cognitivo e da consciência moral do indivíduo.

Da análise da psicologia aplicada à administração pode-se concluir que o princípio universal que diz: "Toda norma válida tem de preencher a condição de que as conseqüências e efeitos colaterais, que previsivelmente resultem de sua observância universal para a satisfação dos interesses de todo indivíduo, possam ser aceitos sem coação por todos os que serão atingidos por essa norma", não é seu fundamento, uma vez que nas organizações os processos são de indução e de manipulação. O indivíduo não se apercebe das conseqüências para ele da aceitação daquelas normas e padrões que lhe são impostos. Ele não teve a liberdade de aceitá-los ou não, porque lhe foi negada a possibilidade de tomar consciência do que eles efetivamente são e propõem.

O processo de coerção se dá e está presente quando se trabalha no nível psicológico do indivíduo, induzindo-o a uma falsificação da consciência, ao deslocamento de desejos e necessidades e a se tornar um mentiroso para si mesmo e para os demais indivíduos.

Outro aspecto ético importante que a psicologia aplicada à administração na atualidade não respeita é o da inviolabilidade da identidade; a dignidade humana deve ser respeitada em sua invulnerabilidade física, bem como em sua identidade enquanto pessoa humana.

O fato de o indivíduo pertencer a uma comunidade organizacional e, enquanto indivíduo, participar de um processo de interação social, que é a organização, pressupõe o reconhecimento da dignidade e da integridade de cada participante dessa interação. Nesse processo comunicativo, cada indivíduo aspira a ser reconhecido como individualidade única e insubstituível. O homem, enquanto indivíduo, tem direitos que não podem ser cancelados pelos direitos da organização. A psicologia, enquanto usada como um instrumento de manipulação do indivíduo e de transformação desse indivíduo em meio para se atingirem os fins da organização, está não só agredindo a identidade individual, mas também usurpando ao indivíduo seu direito de individualidade única e insubstituível. Está considerando a organização como uma entidade sagrada, com direito a estabelecer todas as noções morais e todos os critérios de julgamento moral.

A Ética Discursiva, a partir do reconhecimento da dignidade e da integridade de cada indivíduo e de seus direitos individuais, considera, como respeito à dignidade humana, o direito de cada indivíduo à auto-realização, que é estritamente individual. Qualquer esforço para interferir nessa área, ou seja, para definir e padronizar desejos e sentimentos, bem como sua satisfação, tem caráter repressivo e dogmático. A felicidade não pode ser deduzida de nenhum padrão cultural ou psicológico.

Na organização, o que ocorre é a tentativa de induzir o indivíduo a assumir uma auto-realização e a se sentir feliz a partir daquilo que a organização define. Essa definição tem por base a necessidade e os objetivos da organização. A Ética Discursiva parte do princípio de que compete ao meio social, e no caso entenda-se a organização, o dever ético de delimitar o espaço dentro do qual podem ser efetivados os projetos de auto-realização de indivíduos e de grupos de indivíduos, ressaltando que esses projetos não podem violar os elementos universais de moralidade contidos no princípio da universalização, como a igualdade de direitos de todos os homens. Os homens não podem ser tratados como meios e sim como fins. A violência, a intolerância, a opressão e mesmo o desrespeito aos esforços de auto-realização, tentados por outros grupos de indivíduos, estão entre os atos considerados na Ética Discursiva como imorais. A ética, ou a moral do discurso, não oferece conteúdos específicos ou verdades morais novas. Ela é um desafio porque não tira de ninguém a necessidade de decisão prática e moral. Cada um de nós tem de formar a própria vontade ética, enquanto ser racional e ao mesmo tempo plural, num processo de interação com outros indivíduos.

A Ética Discursiva é uma proposta de esperança. Esperança no respeito à dignidade humana, na emancipação e na cidadania de todos os indivíduos, numa vida melhor, fundamentada no ser humano como ser racional, e num processo comunicativo livre de coações e de distorções de qualquer espécie, apoiado no princípio moral da dignidade humana e dos direitos iguais de todo indivíduo enquanto ser humano.

Cabe a nós, enquanto psicólogos, administradores ou profissionais que atuam no âmbito das organizações na perspectiva moral e ética, repensar nossa atuação a partir do princípio universal de respeito à dignidade humana e dos direitos iguais de todos os indivíduos.

❖ RESUMO

Teoria de Ação Comunicativa

Habermas, na Ação Comunicativa, dimensiona os três mundos em uma nova totalidade:
— o dos objetos;
— o das normas;
— o das vivências subjetivas.
Se aos três mundos correspondem formas diferentes de ação
— instrumental,
— normativa,
— reflexiva,
a ação comunicativa é capaz de abranger os três mundos, anteriormente isolados em esferas de ação estanques.

Para pensar essa nova totalidade, Habermas propõe uma mudança de paradigma:

1. mudar da filosofia da consciência para a teoria da interação;
2. mudar da razão reflexiva para a razão comunicativa;
3. resgatar a validade da teoria cognitiva da razão, sem incorrer nas limitações impostas por Kant.

A razão comunicativa é essencialmente dialógica, substituindo o conceito monológico da razão pura de Kant. Ela não se assenta no sujeito epistêmico, mas pressupõe indivíduos em interação, numa situação dialógica ideal. Na razão comunicativa, a linguagem é elemento constitutivo. É base de todo processo interativo, abrangendo as práticas comunicativas dos três mundos: dos objetos, das regras, do sujeito. Por meio da linguagem, torna-se possível:

A) questionar a verdade dos fatos do mundo objetivo — verdade;
B) a correção ou justeza das normas (do mundo social) — justiça;
C) a veracidade do interlocutor (mundo subjetivo) — veracidade.

Habermas coloca no discurso o questionamento das aspirações de validade contidas na comunicação cotidiana.

É um processo argumentativo acompanhado do esforço de restabelecer um uso *sui generis* da linguagem, que exige argumentação e justificação de cada ato da fala por parte dos interlocutores participantes da interação.

No discurso teórico, são problematizadas e revistas as afirmações feitas sobre os fatos. É reassegurado verbalmente nosso saber sobre o mundo dos objetos. É redefinida a verdade até então vigente e aceita no grupo.

No discurso prático, são postas em xeque a validade e a justeza das normas sociais que regulamentam a vida social. Nesse processo argumentativo, em que cada afirmação precisa ser justificada, cada julgamento defendido e a validade das regras em questão reafirmada, prevalece unicamente o critério do melhor argumento, capaz de obter a aprovação dos membros do grupo.

Tanto no discurso teórico como no discurso prático, pressupõe-se que os interlocutores sejam competentes e verazes, atuando em situações dialógicas ideais, livres de coação, ou seja, fundamentados na justiça, na verdade e na veracidade.

A comunicação voltada ao entendimento tem como meta a obtenção de um consenso ou acordo.

A fala consensual é tomada como base para a análise da fala orientada ao entendimento e parte daí para a análise dos modos derivativos (estratégicos) e defeituosos (deformados) da fala.

A ação comunicativa inclui a ação não-verbal, com a finalidade de fornecer uma base adequada para a investigação social. Representa a possibilidade de estabelecer ou restabelecer uma base consensual para a interação, sem recorrer à força em nenhuma de suas formas, da violência aberta à manipulação latente. Representa a possibilidade de chegar a um acordo mediante o uso da razão, sem violar a humanidade dos indivíduos envolvidos. Ela parte do pressuposto de que o homem é um ser racional e também um ser finito, carente, com impulsos, desejos e interesses, isto é, com necessidades socialmente interpretadas, passíveis de serem satisfeitas consensualmente por um processo argumentativo capaz de levar em conta o indivíduo e sua identidade e, ao mesmo tempo, o interesse de todos os indivíduos.

Entende-se por era da modernidade aquelas sociedades contemporâneas que admitem a institucionalização e a autonomização de esferas (mundo cultural) que têm como função central a reflexão crítica e o questionamento permanente, por parte de todos os membros da sociedade, dos processos de transformação como um todo e das instituições societárias

(Estado, economia, igreja, escola etc.). Na modernidade, o culto da razão comunicativa (calcada no diálogo da argumentação em contextos interativos e livres de coação) no interior do mundo vivido, como conceituado por Habermas, passa a ser uma das suas características essenciais. A razão comunicativa pressupõe, como essencial, a fundamentação dos indivíduos que nela se engajam na justiça, na verdade e veracidade. O mundo vivido seria, dessa forma, esfera da sociedade, na qual a experiência comum de todos os atores se desenrola por meio da língua, das tradições e da cultura partilhada por eles. Portanto, parte da vida social onde se reflete o óbvio, do que sempre foi inquestionado. O seu reconhecimento é uma característica da modernidade. É pela ação comunicativa, calcada na razão comunicativa, que o questionamento dessas certezas, do que sempre foi tomado como *dado*, como verdades *a priori* estabelecidas, passa a ser desenvolvido.

Na modernidade, com a diferenciação entre mundo do sistema e mundo vivido, as suas contradições e patologias são expressadas.

O mundo do sistema é a esfera da sociedade que se constitui pelo Estado (poder) e pela economia (dinheiro). Nessa esfera da sociedade, a razão instrumental, calcada na consecução de fins (eficácia, dominação da natureza e dos indivíduos), transforma os indivíduos e a natureza em meios e os usa, dominando-os. É a racionalidade instrumental que rege as ações. Nessa esfera da sociedade, regida pela racionalidade instrumental, as ações são também instrumentais e expulsam a razão comunicativa, impedindo a ação comunicativa, a argumentação de todos aqueles que serão atingidos pelas ações instrumentais. Nessa esfera, predominam as decisões técnicas, a racionalização, o autoritarismo, a dominação. É a esfera da modernização e não da modernidade, que, para Habermas, se situa no mundo vivido, na esfera cultural. Portanto, modernização e modernidade não podem ser contraditórias e impeditivas. O que se dá na sociedade contemporânea é a colonização, a influência da modernização, regida pela razão instrumental, na modernidade cultural.

Há uma proposta de teoria da modernidade voltada para a prática, cuja luta traz a característica pacífica, calcada no processo argumentativo e em busca da concretização dos valores que embasam a Ética Discursiva em todos os campos e em todos os níveis da sociedade. É uma modernidade que traz, no bojo do seu próprio processo, a facilitação dos processos de auto-esclarecimento de sujeitos e grupos em busca de orientações para as suas ações. Como Habermas conclui, "esta teoria da modernidade precisa ser continuada e não apenas no sistema das ciências, mas na formação discursiva das vontades e auto-reflexão daqueles que buscam orientação para suas ações".

A Ética Discursiva de Habermas

A Ética Discursiva está fundamentada no imperativo categórico de Kant, que norteia o julgamento moral da razão prática, pelo qual o ser humano jamais deve ser visto ou usado como meio, mas somente como fim em si. Portanto, o conteúdo da Ética Discursiva consiste na defesa da integridade da pessoa humana. Dois princípios que constituem o centro da questão da moralidade são, para a Ética Discursiva, pilares importantes: a justiça e a solidariedade. A justiça se obtém no processo argumentativo que defende a integridade e a invulnerabilidade humana; a solidariedade, revestida de reciprocidade, assegura o bem-estar de todos. Sobre a validade da norma, a Ética Discursiva considera que somente têm validade as normas capazes de obter a concordância e o assentimento de todos os indivíduos envolvidos no discurso prático. A norma ética é aquela na qual todos os indivíduos atingidos por ela aceitam consensualmente, sem coação, todas as conseqüências decorrentes do seu cumprimento. Para Kant, o indivíduo reflete e analisa isoladamente, estabelecendo seus juízos. Habermas difere dessa postura, enfatizando que é por meio do processo argumentativo, fundamentado na justiça, na verdade e na autenticidade, que o indivíduo, numa relação dialógica com outros indivíduos, encontra as diretivas, a norma que defende a integridade e a invulnerabilidade humana.

A Ética Discursiva afirma que essa norma é alcançada por meio do procedimento argumentativo, em que prevalece o melhor argumento, respeitando-se os princípios éticos. Um princípio moral com caráter universal de norma, para ter validade geral, precisa ser aceito como válido em diferentes culturas e grupos sociais. A norma universal, que é também a máxima moral de cada um, é o resultado de um demorado, analítico e reflexivo processo argumentativo viabilizado pelo discurso prático. O discurso prático é um processo argumentativo que busca o entendimento, em que são questionadas a validade e a justeza das normas que regulamentam a vida social.

O conteúdo do discurso prático é caracterizado por situações concretas. No discurso prático, a interação dos indivíduos com outros não é uma padronização social, de controle da razão e do pensamento, ou uma censura da expressão em que as liberdades individuais são cerceadas. Para Habermas, o discurso prático respeita a individualidade e a autonomia das pessoas participantes de uma comunidade. É nesse sentido que o princípio de justiça, que postula o respeito à liberdade e os mesmos direitos para todos, e o principio da solidariedade, que exige o bem da comunidade em que o indivíduo está interagindo, e, por último, o princípio do bem comum constituem o cerne da ética. É por meio do discurso prático que a Ética Discursiva põe em ação uma vontade racional que garante o interesse de todos os indivíduos particulares, principalmente salvaguardando a dupla vulnerabilidade dos indivíduos, sem que haja a quebra da harmonia social entre eles. Habermas sabe que a Ética Discursiva, para ser colocada em prática, depende de formas de vida correspondentes, necessita da competência comunicativa dos integrantes do grupo, de situações dialógicas ideais e de um sistema lingüístico elaborado.

A Ética Discursiva precisa de certa concordância com determinadas práticas de socialização e educação em que haja as condições necessárias para se possibilitar aos indivíduos o desenvolvimento cognitivo e a formação da consciência moral em seus estágios superiores. Necessita, ainda, de instituições políticas e sociais em que as decisões morais sejam geradas a partir dos direitos, valores e princípios, que podem ser aceitos por todas as pessoas da sociedade onde as práticas são justas e honestas. Para avaliar normas e ações problemáticas conflitantes, Habermas apresenta como solução indireta a retirada do problema do contexto em que ele está sendo vivido, para que possa ser avaliado hipoteticamente. A reintrodução nas formas de vida concreta, de interesses e normas éticas, validadas pelo discurso prático nas formas de seu contexto, tem de ser histórica, um processo de aprendizagem que envolva esforços coletivos dos diferentes segmentos da sociedade.

A Ética Discursiva não contém verdades morais novas. Porém, enfatiza a responsabilidade de cada um na decisão prática, moral, das questões cotidianas das pessoas. É um dever ético e moral de cada um a formação da vontade ética no espaço racional. Cada indivíduo tem de se esforçar na prática desses princípios, ter esperança, mesmo vivendo em uma sociedade tão desigual, injusta e sem solidariedade.

A moral em Kant

Fundamentação filosófica — Kant postula a existência de faculdades da razão que independem da experiência prévia do indivíduo, faculdades essas denominadas razão teórica pura e razão prática pura. A *razão teórica pura* é a que permite ao indivíduo o conhecimento do reino da natureza. A *razão prática pura* complementa a razão teórica pura e possibilita descobrir as leis do mundo social, caracterizado pela liberdade, pelo possível e pela indeterminação. Segundo Kant, os indivíduos definem a finalidade do mundo social. Ela é definida pela vontade dos homens. É o mundo dos fins e dos julgamentos morais. O indeterminismo postulado por Kant é decorrente das ações dos homens, ações justas, julgadas por critérios do bem e do mal, do certo e do errado, no âmbito do mundo social. Esses critérios de julgamento presentes na razão prática decorrem do imperativo categórico que a orienta. A moralidade no mundo social é exigida do sujeito, de sua capacidade de autodeterminação, que se expressa pela vontade legisladora de estabelecer e concretizar fins do mundo social, que só podem ser alcançados por certos meios. Entretanto, o imperativo que orienta o julgamento moral da razão prática tem como exigência que o ser humano jamais seja visto ou usado como meio, mas somente como fim em si. A legislação elaborada pela razão prática tem de levar em conta a dignidade humana, que é um valor interior e universal. Para Kant, seguir as prescrições de uma lei universal é um ato de respeito à espécie humana, e deve ser seguida porque é a expressão da vontade legisladora. Seguir essa lei é um dever.

A lei é um princípio objetivo, que prescreve um comportamento que todo ser racional deve seguir. Os imperativos expressam a necessidade de agir segundo certas regras. Os imperativos categóricos têm valor moral e, enquanto tal, norteiam a conduta dos indivíduos. No mundo social, existem duas categorias de valores que Kant identifica como preço e dignidade. O preço explicita um valor exterior, de interesses particulares. A dignidade representa um valor interior, de interesse geral. É esse valor universal, a dignidade humana, que deve ser respeitado pela vontade legisladora do homem. Os interesses particulares não podem se sobrepor no mundo social, nem mesmo justificar e orientar as ações humanas.

❖ TERMOS E CONCEITOS IMPORTANTES

Ação comunicativa: os indivíduos envolvidos coordenam seus atos, a fim de atingir a compreensão. Não estão orientados para seu sucesso pessoal. Eles podem harmonizar seus planos de ação em bases de definições de situações comuns. A negociação das definições de situação é elemento fundamental, requerido pela ação comunitária.

Argumento: constitui uma manifestação ou comportamento racional que é criticável, portanto corrigível, podendo ser melhorado sempre que se descobrem erros.

Autonomia: princípio geral da ética pelo qual o indivíduo se expressa livremente em sua capacidade de autodeterminação, em sua vontade legisladora de estabelecer e concretizar fins do mundo social.

Descentramento: é uma conseqüência necessária do próprio processo comunicativo, que comporta pretensões de validade cuja problematização requer a entrada no discurso. A argumentação moral suspende a validade dos contextos espontâneos da ação e submete à crítica o sistema normativo. As instituições do senso comum são desativadas. As evidências comunitárias são postas entre parênteses. O que era questionado se torna hipotético, as certezas culturais se tornam problemáticas.

Dever: necessidade de uma ação por respeito à lei. Seguir uma lei por dever significa seguir a instrução racional do imperativo categórico (Kant).

Discurso prático: o objeto do questionamento é a adequação e a legitimação das normas sociais em um contexto concreto.

Discurso ou relação dialógica: processo argumentativo, de problematização, fundamentado nos critérios de verdade, justiça e veracidade. Parte-se da suspensão radical da validade daquilo que havia sido afirmado e busca-se um entendimento. A razão comunicativa se expressa no discurso. É um processo de aprendizagem.

Discurso teórico: o questionamento se refere aos fatos, à ciência, ao conhecimento do mundo objetivo.

Ética Discursiva: da qual podem desdobrar-se os projetos de auto-realização de indivíduos e grupos de indivíduos, projetos que não podem violar os elementos universais de moralidade contidos no princípio da universalização: igualdade de direitos de todos os seres humanos. Excluem-se os projetos de auto-realização que violem o princípio kantiano de tratar os seres humanos como fins e não como meios. A violência, a intolerância, a opressão e mesmo o desrespeito a esforços de auto-realização tentados por outros são tidos como não-éticos.

Faculdades da razão: Kant postula a existência de faculdades da razão que independem da experiência prévia do indivíduo, faculdades essas denominadas razão teórica pura e razão prática pura.

Felicidade como direito da pessoa humana: direito de auto-realização segundo seu próprio estilo e sua própria concepção de felicidade. As concepções de felicidade variam de indivíduo para indivíduo.

Heteronomia: é o contrário de autodeterminação e está ligada à natureza e às leis que a regem, representa o espaço do determinado, aquilo que é imposto e que deve ser obedecido (Kant).

Imperativo: necessidade de agir segundo certas regras (Kant).

Imperativo categórico: é a máxima de Kant que diz: "age de tal modo que a máxima de tua vontade possa sempre simultaneamente transformar-se em lei universal". Os imperativos expressam a necessidade de agir segundo certas regras. Os imperativos categóricos têm valor moral e, enquanto tal, norteiam a conduta dos indivíduos. A lei é um princípio objetivo, que prescreve um comportamento que todo ser racional deve seguir (Kant).

Imperativos hipotéticos: podem ser técnicos ou pragmáticos. Os imperativos técnicos (ou problemáticos) são os que formulam as regras da ação para lidar com as coisas. Os imperativos pragmáticos (ou assertórios) são os que formulam as regras de ação para lidar com o bem-estar. Encontram-se fora do âmbito da moralidade.

Legislação e razão prática: a legislação elaborada pela razão prática tem de levar em conta a dignidade humana, que é um valor interior e universal. Seguir as prescrições de uma lei universal, para Kant, é um ato de respeito à espécie humana e expressão da vontade legisladora do homem. Seguir essa lei é um dever e uma lei.

Liberdade: existência de um espaço indeterminado, dentro do qual a vontade consegue exprimir-se perseguindo fins prefixados, com meios livremente relacionados (Kant).

Máxima: é um princípio subjetivo que contém a regra prática que a razão determina, de acordo com as condições do sujeito (Kant).

Moralidade: vem do latim *morale* (filosofia). Conjunto de regras de conduta consideradas válidas de modo absoluto, para qualquer tempo ou lugar, para grupo ou pessoa determinada. Parte de questões elementares: Como devo agir? Como orientar esta minha ação com os outros atores com quem me confronto? Quais os critérios que orientam minha ação? Qual a relação de minha ação com a ação dos outros? Qual a relação de minha moralidade com as normas sociais já determinadas pela sociedade?

Moralidade (Kant): a moralidade no mundo social é exigida em decorrência da indeterminação e autonomia do sujeito, de sua capacidade de autodeterminação, que se expressa pela vontade legisladora de estabelecer e concretizar fins do mundo social, que só podem ser alcançados por certos meios. Entretanto, o imperativo que orienta o julgamento moral da razão prática tem como exigência que o ser humano jamais seja visto ou usado como meio, mas somente como um fim em si.

Mundo vivido: mundo intersubjetivo em que as relações sociais espontâneas existem, em que não há questionamento das certezas dadas *a priori*, no qual essas certezas não fazem parte de um processo de reflexão individual e os vínculos existentes nunca foram postos em dúvida. É constituído pela cultura, pela sociedade e pela personalidade.

Negociação-consenso: ponto comum alcançado por meio da relação dialógica (discurso), pelo processo argumentativo, sem qualquer espécie de coação (interna ou externa) sobre os indivíduos em interação. Pressupõe o respeito à dignidade.

Princípio universal: regra de argumentação do discurso prático, assim formulada: "Uma norma ética é válida, justificada, quando puderem ser aceitas consensualmente, sem coação, todas as consequências que advirão para os interesses concretos dos indivíduos que pautarem seu comportamento por ela" (Habermas).

Processo argumentativo: quando se dá na relação comunicativa, é um processo de aprendizagem consciente, que garante a continuidade do desenvolvimento cognitivo, o qual jamais pode ser concluído definitivamente.

Razão comunicativa: expressa-se mais claramente no discurso-validade das normas justas e na validade discursiva das proposições verdadeiras, pelo processo discursivo e problematizador. A problematização requer o abandono do contexto interativo espontâneo e o ingresso num tipo de comunicação: a relação comunicativa, que é argumentativa. É aí que surge o discurso.

Razão comunicativa ou razão dialógica (Habermas): é entendida como a lógica que fundamenta a tomada de decisões baseadas na comunicação e na livre expressão dos indivíduos que dela participam. Chega-se a um ponto comum sem coerção, pois pressupõe que todos os participantes estão comprometidos com a busca da verdade.

Razão prática pura: complementa a razão teórica pura e possibilita descobrir as leis do mundo social, caracterizado pela liberdade, pelo possível e pela indeterminação. Segundo Kant, os indivíduos definem a finalidade do mundo social. É o mundo regido pelo dever ser. É o mundo dos fins e dos julgamentos morais.

Razão teórica pura: é a que permite ao indivíduo o conhecimento do reino da natureza.

Sistema: é constituído pela esfera política (poder) e pela esfera econômica (dinheiro). A integração sistêmica é produzida pelos modos estratégicos de ordenar as conseqüências da ação.

Ser racional: o indivíduo é um ser racional porque tem faculdades mentais (ou da razão) que lhe possibilitam refletir sobre si mesmo e sobre o mundo externo. É livre e tem uma vontade legisladora. É capaz de formar sua consciência moral autônoma, seu conceito de felicidade e a maneira de obtê-la. Possui a linguagem como meio de comunicação.

Ser plural (social): o indivíduo está inserido no mundo vivido, das relações intersubjetivas, e por meio da linguagem entra em relação interativa com os demais indivíduos. É por meio do processo interativo consciente que desenvolve seu processo de desenvolvimento cognitivo e de formação da consciência moral. Esse processo interativo não pode anular sua integridade de indivíduo, sua personalidade e seus direitos individuais de pessoa humana.

Vontade: faculdade de autodeterminação das próprias ações, segundo certas leis preconcebidas. O exercício da vontade pressupõe, por sua vez, a liberdade (Kant).

Valores: no mundo social, existem duas categorias de valores, as quais Kant identifica como preço e dignidade. O preço explicita um valor exterior de interesse particular. A dignidade representa um valor interior de interesse geral. E esse valor universal, a dignidade humana, é que deve ser respeitado pela vontade legisladora do homem.

❖ QUESTÕES

1. O que se entende por ética?
2. Por que Habermas, na Ética Discursiva, não abandona o conceito de indivíduo e de dignidade humana, mas o insere no contexto social, num processo de interação?
3. Qual é a relação do princípio universal de Habermas com a justiça e a solidariedade?
4. Explique por que, na Ética Discursiva, a sociedade e as normas morais preestabelecidas são objeto de validação pelos indivíduos que serão atingidos por elas.
5. O que é discurso ou relação dialógica?
6. Explique os conflitos entre moral e ação política partidária.
   Tome como pontos de referência:
   ética do discurso;
   juízo moral;
   relação dialógica;
   princípios morais universais;
   relativismo ético.
7. Identifique ações de pessoas públicas que caracterizam a distorção da consciência moral.
   Use conceitos de:
   a) desenvolvimento de estágios morais;
   b) princípios morais universais;
   c) ética universal;
   d) relativismo ético.
8. Explique por que a administração e a psicologia aplicada à administração estão comprometidas com a moralidade positivista de Durkheim.
9. Piaget e Kohlberg, nos seus estudos de desenvolvimento psicogenético do indivíduo, concluem que esse desenvolvimento (cognitivo e da formação da consciência moral) é um processo que exige experiência e vivência do indivíduo no meio social. Explique de que forma o meio pode se tornar uma barreira a essa aprendizagem do indivíduo.
10. Na organização, de que forma a Ética Discursiva poderá nortear a ação dos indivíduos?

11. De que forma a Ética Discursiva poderá nortear as relações entre a organização e os seus membros, tendo em vista a dignidade humana e a sobrevivência lucrativa da organização?

❖ APLICAÇÃO

Exercício I
Por que a manipulação de sentimentos, emoções e/ou de fatos, nas diversas situações da vida da sociedade, objetivando atingir determinados fins, fere a moralidade e a ética (nas organizações, nas campanhas políticas, na administração pública, nas igrejas etc.)?
Use os conceitos de:
A. princípios morais universais (Kant, Habermas e Kohlberg);
B. relação dialógica ou ação comunicativa;
C. ética discursiva.

Exercício II
Explique por que a manipulação pública fere a moralidade, não importando as razões que a justificaram?
Use os conceitos de:
A. princípios morais universais (Kant);
B. ética discursiva (Habermas);
C. estágios de desenvolvimento moral (Kohlberg).

Exercício III
1. Analise o T.Q.C. enquanto ferramenta gerencial:
   a) enquanto processo de indução de auto-realização do indivíduo; (pré-operatório);
   b) enquanto condicionador do raciocínio mental (pensamento concreto-linear e pré-operatório).
2. Tome como base para essa análise:
   a) a Teoria do Desenvolvimento Psicogenético de Piaget;
   b) a Ética Discursiva.
3. Apresente uma nova proposta ética (discursiva) para T.Q.C.
4. Explique as formas (técnicas) que serão adotadas.

Exercício IV

Faça uma análise das técnicas de mudança cultural compulsória. Explique por que não é ética.

Exercício V

Explique por que o modelo participativo de administração se torna uma agressão à identidade do indivíduo a partir da Ética Discursiva.

❖ REFERÊNCIAS BIBLIOGRÁFICAS

BERNSTEIN, Richard J. *Habermas and modernity*. Cambridge: Great Britain Polity Press, 1988.
DURKHEIM, Émile. Objeto e método. In: *Sociologia*. São Paulo: Ática, 1969.
_____. Divisão do trabalho e suicídio. In: *Sociologia*. São Paulo: Ática, 1969.
_____. *Religião e conhecimento em sociologia*. São Paulo: Ática, 1969.
FREITAG, Barbara. A questão da moralidade da razão prática de Kant à ética discursiva de Habermas. *Tempo social*, Rev. Sociologia, USP, v. 112, p. 7-44, 2º semestre 1989.
_____. *A teoria crítica: ontem e hoje*. São Paulo: Brasiliense, 1988.
HABERMAS, Jürgen. *The theory of communicative action*. Boston: Beacon Press, 1984. v. 1.
_____. *Teoría de la acción comunicativa*. Madri: Taurus, 1988. v. 2.
_____. *O discurso filosófico da modernidade*. Lisboa, 1990.
HORKHEIMER, Max. *Eclipse da razão*. Rio de Janeiro: Editorial Labor do Brasil, 1976.
KATZ, D; KAHN, Robert. *Psicologia social das organizações*. São Paulo: Atlas, 1978.
LACROIX, Jean. *Kant e kantismo*. Porto: Ed. Res, 1979.
MCCARTHY, Thomas. *La teoria crítica de Jürgen Habermas*. Madrid: Tecnos, 1987.
PIAGET, Jean. *Psicologia da inteligência*. Rio de Janeiro: Fundo de Cultura, 1956.
RICHMOND, P. G. *Piaget:* teoria e prática. São Paulo: Ibrasa, 1987.
ROUANET, Sérgio Paulo. *A razão cativa*. São Paulo: Brasiliense, 1987.
_____. Ética iluminista e ética discursiva. In: *Jürgen Habermas: 60 anos*. Rio de Janeiro: Tempo Brasileiro, 1989.
SIEBENEICHLER, Flávio Beno. *Jürgen Habermas:* razão comunicativa e emancipação. Rio de Janeiro: Tempo Brasileiro, 1990.
VANCOURT, Raymond. *Kant*. São Paulo: Martins Fontes, 1967.

4

Administração como Ciência Social Aplicada e as Questões Ontológicas, Epistemológicas e Ideológicas

> Ao terminar a leitura deste capítulo, você deverá ser capaz de compreender:
> 1. a administração como ciência aplicada;
> 2. os pressupostos ideológicos da administração;
> 3. a organização como microunidade da sociedade.

A psicologia aplicada à administração, para ser compreendida, pressupõe uma discussão mais ampla, em que os conceitos gerais de psicologia, de administração, de organização, de sociedade e de natureza humana deverão ser esclarecidos, bem como seus pressupostos ideológicos, suas inter-relações e suas decorrências.

A psicologia, como ciência que tem como objetivo o estudo do ser humano, quando aplicada à administração, para ser entendida, deverá considerar o seu objetivo, ou seja, o estudo dos seres humanos no contexto da organização. Suas relações entre si e suas interações com esse cenário estruturado por valores, culturas, objetivos, hierarquia de poder, funções, processos organizacionais e tecnologia.

É fácil compreender que não se pode aplicar determinado conhecimento psicológico, determinada teoria e até mesmo técnicas psicológicas na administração, sem um comprometimento ideológico. Em outros termos, sem antes se ter respondido às questões fundamentais referentes à natureza humana, ao tipo de sociedade que se postula, ao que são as organizações e a qual seu papel na sociedade e, finalmente, ao que é administração.

Entretanto, se essa questão é de fácil compreensão, ela não tem sido levantada, e muito menos compreendida, na administração. Observa-se um *simplismo* teórico, um comprometimento tácito com o *status quo*, perpetuado por uma abordagem tecnicista e utilitarista da administração que, ao se propor ser uma ciência social, se preocupa antes com *o quê* e *como fazer*, em vez de com os *porquês*, seus pressupostos teóricos e ideológicos e suas conseqüências.

Um exemplo do que foi dito são os modismos predominantes em dados momentos, com o uso de teorias e técnicas da administração sem a análise dos seus pressupostos filosóficos, epistemológicos, da natureza humana e da ideologia acerca da sociedade proposta.

No uso dessas técnicas e modelos gerenciais que "entram na moda", limita-se a adequá-los à realidade local, sem se perguntar quais serão suas prováveis conseqüências a médio e longo prazo, tanto para a empresa como para os indivíduos e para a sociedade. Isso significa dizer que o aumento da produtividade e a redução de custos observados em um primeiro momento podem encobrir danos futuros à sociedade como um todo, inclusive para a própria empresa, no que se refere à rentabilidade e à melhoria da qualidade de seus produtos e serviços.

Houve a fase do modelo japonês de administração, do controle total da qualidade, dos círculos de controle de qualidade, da reengenharia, entre outros modismos.

Cultura corporativa, gestão do conhecimento tomam, entre outros, o lugar dos modelos anteriores. São entendidos como soluções para os problemas das organizações, que vivem sob as pressões constantes das mudanças rápidas provocadas pelo processo de globalização. Adota-se, por exemplo, a gestão do conhecimento fundamentando-se no resgate do conhecimento como valor da sobrevivência para as organizações. Todavia, não é questionado o conceito de conhecimento. O que se entende por conhecimento? Como o conhecimento é adquirido e/ou criado? Como é transmitido? Essas questões, quando respondidas, vão levar a outras questões importantes acerca de quem gera o conhecimento, ou seja, os seres humanos, os membros da organização. Como são entendidos? Como seres condicionados, que aprendem a partir de recompensas e punições? Ou pela cognição, que se reduz às conexões da rede neural, e/ou pela imitação social, como propõe a Teoria da Cognição (Capítulo 9) e da Cognição Social. Ou pela competência de aprender, refletir, compreender e executar operações mentais cada vez mais elaboradas e complexas. Reconhecidos desta forma como seres capazes de dar significados às coisas, construir seu mundo interior, desenvolver suas competências de análise crítica, de conhecer-se e conhecer criticamente o mundo. Em síntese, serem sujeitos, como propõem Jean Piaget (Capítulo 3) e Edgar Morin (Capítulo 2).

Quando técnicas de gestão se fundamentam em pressupostos comportamentalistas de controles pelo condicionamento e/ou pela aprendizagem cognitiva social, trazem como conseqüência a redução da capacidade criativa e inovadora do indivíduo sobre o qual se impôs essas técnicas e processos de gestão.

É um paradoxo que, sem dúvida, torna a administração uma área de conhecimento conservadora, superficial e *a priori* comprometida ideologicamente com o *status quo*. Não se propõe questionar as teorias e seus pressupostos básicos, o que limita ou mesmo impede o desenvolvimento e a geração de novas técnicas nessa área da atuação humana.

É fato corrente na administração, quer nos currículos acadêmicos, quer na ação profissional, a mudança de rótulos e a permanência do mesmo conteúdo. *Maquia-se* o produto, sem, contudo, mudar seu conteúdo básico.

A superficialidade no tratar o conhecimento científico na administração leva-a a um reducionismo, maléfico aos indivíduos, às organizações e à sociedade. Isso possibilita os modismos, mediante a importação de teorias e de técnicas desenvolvidas em outros contextos. Seus pressupostos básicos e as conseqüências socioeconômicas e políticas e suas implicações em contextos diferenciados não são caracterizados e tampouco analisados.

Sociedade

A ideologia da sociedade é um *princípio maior* que justifica e orienta a forma pela qual a sociedade se organiza e funciona: quem decide o quê, quem participa nesse processo de decisão, quem controla, quem usufrui os bens econômicos e socioculturais produzidos na e pela sociedade. Portanto, a ideologia da sociedade como parte dessa questão maior se insere na discussão da natureza humana: o que são os indivíduos membros da sociedade? É fácil compreender que dessa questão serão deduzidas questões como a definição das relações dos indivíduos membros da sociedade com a própria sociedade, das relações com suas microunidades (as organizações, entre elas as empresas), individualmente e em grupos (sindicatos, família, agremiações, igreja etc.).

O tipo de sociedade e o pressuposto da natureza humana predominante são questões que se sobrepõem e que, na realidade, somente poderão ser compreendidas numa abordagem conjunta. Para que possamos entender a ideologia de uma sociedade, o que justifica a forma pela qual ela se organiza e funciona, necessitamos responder o que é o ser humano em sua essência para essa sociedade. Do ponto de vista da natureza humana, o indivíduo poderá ser compreendido como: ser condicionado, ser inteligente e ser inteligente e livre.

Como ser condicionado, é resultante do meio externo, dos condicionamentos socioeconômicos e culturais e, portanto, comportar-se-á em função de estímulos externos e condicionamentos de natureza externa (Behaviorismo ou comportamentalismo).

Como ser inteligente, é pensante; portanto, desenvolve um processo cognitivo: percebe, armazena as informações, organiza-as e trabalha sobre elas em diferentes níveis de reflexão, o que o caracteriza como ser inteligente. Não se elimina aqui a possibilidade de fazê-lo pensar, sentir e agir como a sociedade bem desejar.

Os mecanismos de atuação da sociedade são apropriados ao processo cognitivo dos indivíduos como seres "pensantes" (internalização de valores, controle, seleção e direcionamento de informações, controle do desenvolvimento do processo cognitivo por meio do cerceamento de condições externas necessárias ao seu desenvolvimento), tais como informações, acesso à educação e à cultura, condições econômicas que possibilitem o desenvolvimento físico e psicológico etc.

Como proposta radical, o ser humano é entendido como um ser inteligente, pensante e livre, isto é, um ser com vocação para a liberdade, aqui entendida como consciência crítica, o que quer dizer conhecimento de si próprio e da realidade que o cerca. Esse conhecimento crítico é resultante de um processo contínuo, que envolve fatores internos e externos em interação. Isso nos leva a concluir que a sociedade, e especialmente suas microunidades, as organizações (entre elas as empresas), poderão criar condições para a libertação dos seres humanos ou impedi-la, dependendo do tipo de sociedade (ideologia) e do próprio pressuposto de natureza humana por elas definidos e adotados.

Entendida a questão da essência da natureza humana, faz-se necessário voltarmos ao tipo de sociedade, ideologicamente falando.

Numa primeira caracterização, encontra-se a sociedade fundamentada nos pressupostos sociológicos originários do positivismo (Comte e Durkheim).

Parte-se do princípio de que, em determinada sociedade, deveria sempre existir uma elite pensante, que definisse o que a grande massa deveria não só fazer, mas também pensar e sentir. Isso acarreta implicações reais profundas em todos os níveis da sociedade, na forma pela qual ela está organizada e também na forma pela qual funciona.

A elite pensante, seja ela de natureza religiosa, científica, militar, tecnocrata, política, econômica ou industrial, domina a sociedade. Essa elite define as relações entre os vários estratos da sociedade, quer no que tange às relações de poder, quer no que se refere às relações econômicas. Em outras palavras, o que cada grupo social deverá dar e/ou receber da sociedade mais ampla, ou seja, quem gera as riquezas e quem contribui com o quê para a manutenção da ordem estabelecida por essa elite.

Estabelece-se uma hierarquia de poder, na qual a *elite* define as regras do jogo. Para que essas regras sejam obedecidas, alguns pressupostos fundamentais são definidos e estratégias sociopolíticas desenvolvidas, entre elas a *conscientização* das massas, que assumem valores e crenças comuns, de acordo com os interesses superiores.

Essa sociedade está fundamentada na ordem e no progresso, que garantirão a manutenção e a preservação do *status quo* estabelecido pela autoridade superior. A elite é mantida por meio do consenso e da solidariedade social. A ruptura dessa ordem é vista como o caos ou o suicídio coletivo, em que todos serão destruídos. Para que a manutenção da ordem e do *status quo* seja garantida, é necessário que todos os membros sintam e pensem de acordo com normas e padrões comuns, estabelecidos pela sociedade (pela elite dominante).

Em uma hierarquia social definida, cada grupo, na sociedade, deverá cumprir seu papel para se atingirem a ordem e o progresso prometidos.

Apelos e determinações são emitidos pelas autoridades superiores, no sentido de manter a massa pacificamente cordata.

O consenso e a solidariedade entre os vários grupos sociais são elementos fundamentais. A doutrinação das massas, a padronização dos valores e os apelos à ordem e à estabilidade, quer pacíficos, quer repressivos, são as estratégias adotadas para a manutenção desse tipo de sociedade. No que diz respeito à natureza humana, é fácil deduzir-se que se parte do pressuposto de que os seres humanos, enquanto seres inteligentes, devem exercitar suas faculdades mentais, desde que estejam em sintonia com o pensamento, com os valores e com os padrões e normas estabelecidos pela sociedade.

Em contrapartida, o tipo de sociedade que denominamos *humanista radical* tem como característica básica o pluralismo, que se concretiza por meio do jogo de forças dos vários grupos sociais estabelecidos.

O poder é resultante de um intercâmbio de forças socioeconômicas e políticas. As relações econômicas resultam desse intercâmbio, de uma negociação permanente em que capital e trabalho, num jogo interdependente, buscam novos patamares de relacionamento, repensando a sociedade, o acesso aos bens econômicos e socioculturais e o próprio poder político, centrado na premissa básica de que os indivíduos são seres inteligentes e com vocação para a liberdade (consciência crítica). É o exercício dessa liberdade responsável que constrói uma nova sociedade.

A sociedade como um todo é chamada a construir esta nova realidade.

Não há *consenso* no sentido de acomodação ou adesão manipulada a uma realidade socioeconômica, mas a um processo contínuo de aprendizagem–ação (reflexão, consciência crítica) implantado na sociedade, na família, na escola, nas fábricas, nas igrejas, nos partidos políticos, nos sindicatos etc.

A ordem socioeconômica é resultante dessa aprendizagem social, sem a qual a sociedade se estratifica e se imobiliza. A geração, o acesso e o controle dos bens econômicos, culturais e sociais são resultantes de um processo de negociação da sociedade e, conseqüentemente, sua distribuição se torna mais eqüitativa e mais justa. É uma sociedade centrada na pessoa humana como ser inteligente e livre e, conseqüentemente, no respeito à sua dignidade, às suas necessidades e aos seus direitos, especialmente no mais fundamental deles que é tornar-se ser humano em plenitude, em sua totalidade: o desenvolvimento de seu potencial e sua plena realização como ser humano.

Reprodução dos tipos de sociedade nas organizações

Nas organizações inspiradas nos pressupostos sociológicos positivistas, há uma hierarquia bem definida em que a estrutura de poder também é piramidal, localizando-se este no topo da pirâmide. Os níveis intermediários e interiores representam a grande massa de executores. A empresa apresenta-se como a *protetora*, sem a qual os indivíduos não poderão sobreviver, mantendo-os produtivos por meio de mecanismos de manutenção, como internalização dos valores da organização ("vestir a camisa da empresa") por seus membros, padronização de sentimentos e pensamentos, incentivos econômicos e emocionais como instrumentos de adesão a seus valores e objetivos.

Nas organizações baseadas nos pressupostos do humanismo radical (pluralistas), a determinação de poder é mais horizontalizada. As relações entre o capital e o trabalho são negociadas; seus representantes têm acesso à informação e exercem o poder de pressão por meio de canais constituídos formal e informalmente (comissões de fábrica, grupos de representantes do trabalho, sindicatos, partidos políticos etc.). Existem interações entre as forças econômicas e políticas e dessas interações surgem e se desenvolvem novos mecanismos de tomada de decisões até atingir o consenso. A sobrevivência da organização-empresa depende do intercâmbio das forças do capital e do trabalho. Essas mudanças ocorrem na medida em que um processo de aprendizagem se inicia, tendo em vista o desenvolvimento da consciência crítica e da auto-educação dos membros da organização.

A manipulação perde seu lugar como mecanismo de compromisso da força de trabalho e é substituída pelo acesso às informações técnicas, econômicas e políticas. A análise crítica e a reflexão são os suportes dessa aprendizagem e do estabelecimento de novos patamares em que os objetivos mútuos são respeitados. A autonomia e a responsabilidade são fatores básicos, criando-se condições para um intercâmbio indivíduo/organização no qual ambos se vêem como elementos necessários e complementares, a empresa como geradora das condições de trabalho e os indivíduos-membros como elementos-chave do processo produtivo.

A padronização de valores e sentimentos nesse contexto se torna obsoleta, pois leva à imobilidade mental, sociocultural, tecnológica e econômica, deteriora as relações e a responsabilidade das partes envolvidas no processo produtivo, abre brechas para diferentes formas de manipulação política, impede a consciência crítica e o desenvolvimento tecnológico da empresa e sua eficácia (produtividade, qualidade de seus produtos, inovações).

A sobrevivência da organização-empresa dependerá do jogo de forças internas estabelecidas num processo de aprendizagem–ação, no qual será desenvolvido, concomitantemente à consciência crítica, um pacto de responsabilidade mútua entre capital e trabalho. Os problemas da empresa (produtividade, lucratividade, qualidade) e os problemas do trabalho (maior eqüidade na distribuição dos bens econômicos produzidos, participação no poder, desenvolvimento sociocultural etc.) passam a ser objeto de contínua negociação e de responsabilidade conjunta.

Enquanto nesse tipo de organização há divergência ideológica, no primeiro a manutenção dos valores da organização e o treinamento tomam as formas de processos de cooptação ou manipulação dos indivíduos em função dos objetivos da organização. Uma pedagogia de padronização de sentimentos, de pensamentos e de características individuais tem como objetivo a indiferenciação dos membros da organização.

As necessidades individuais dos membros das organizações são fundamentadas na ideologia das organizações e não neles próprios como seres humanos, com características diferentes, desejos, emoções, necessidades físicas, econômicas e sociais específicas e diferenciadas.

Já na organização autoritária, fundamentada na sociedade da "ordem e do progresso", não há divergência de valores, de interesses e de necessidades.

O capital estipula as necessidades da sociedade e dos indivíduos, membros da organização. A forma de fazê-los acomodarem-se aos desejos da organização baseia-se na manipulação de suas angústias reprimidas, na padronização dos sentimentos e valores, sendo que essa padronização se inicia no próprio processo de admissão do indivíduo, mediante a aplicação de avaliações psicológicas — os chamados testes psicológicos —, e atualmente até mesmo de grafologia, mapa astrológico, biorritmo, fugindo, assim, do convencional na área da psicologia científica.

O treinamento por meio de programas de formação gerencial, usando técnicas de dinâmica de grupo, treinamento de lideranças, jogos simulados, *workshops*, além de técnicas de administração participativa e de administração japonesa, entre elas o CCQ e o TCQ, procura o controle dos indivíduos, especialmente no que diz respeito a seus valores, pensamentos e sentimentos.

Natureza humana

No que concerne à natureza humana, existem os seguintes pressupostos:

- seres condicionados (determinismo–Behaviorismo) — os seres humanos e

seu comportamento são determinados pelo meio externo, isto é, pelas condições socioeconômicas do contexto em que se encontram;
- seres inteligentes — significa que os indivíduos são seres pensantes: percebem, memorizam, raciocinam, abstraem. Há um crescimento e um desenvolvimento mental. Possuem valores, sentimentos, emoções, desejos e necessidades que, entretanto, podem ser conduzidos e direcionados pelas organizações e pela sociedade;
- seres inteligentes e livres — o indivíduo é um ser inteligente, o que significa que é capaz de pensar e, ao mesmo tempo, ter vocação para a liberdade. Essa vocação para a liberdade significa a capacidade de desenvolver sua consciência crítica, ver a si mesmo e ao mundo que o rodeia criticamente. Isso lhe dará a liberdade interior capaz de torná-lo mais consciente de si mesmo em seus valores, em suas ações, em suas opções e em seus compromissos ideológicos. Portanto, a liberdade quanto a si mesmo e à sociedade.

Em função desses pressupostos acerca da natureza humana, a organização poderá adotar políticas fundamentadas em:

A — Determinismo sociológico

Significa que os indivíduos deverão submeter-se aos objetivos, valores e metas da organização. A organização usará condicionamentos como recompensas salariais, incentivos emocionais, internalização de valores organizacionais pelos treinamentos, *conscientização* de seus membros por meio da internalização de valores, levando-os a se comprometerem com ela, pensando, sentindo e agindo da forma que ela deseja, sem contestações ("vestir a camisa da empresa").

É uma estratégia fundamentada na manutenção da ordem estabelecida pela padronização de valores, crenças, sentimentos e necessidades. Ficam, assim, garantidos os objetivos maiores da organização (lucros, manutenção do poder, conservação das regalias estabelecidas, sejam elas econômicas, políticas, socioculturais ou educacionais). Os indivíduos perdem sua identidade e se massificam, quer na família, nos partidos políticos, nas fábricas, nas organizações públicas, nas organizações religiosas, nos sindicatos etc., dando a uma *elite* reduzida o direito de decidir e de pensar por eles, inclusive sobre o que *pensar*, o que *sentir* e como viver.

A administração será constituída por técnicas e estratégias fundamentadas no pressuposto de que a natureza humana é condicionada.

Os indivíduos deverão moldar-se à organização. Pouco ou quase nada deles se solicita quanto a suas mentes e seus valores.

B — O homem organizacional

A idéia central é a de que o indivíduo é um ser inteligente, cuja inteligência deverá ser colocada a serviço da organização, sendo que tal organização definirá as características de seus membros: características físicas, psicológicas, culturais, sociopolíticas e religiosas.

Ela assume um papel de mãe, protetora e controladora, exigindo de seus membros um compromisso de lealdade para com seus objetivos, mesmo e especialmente quando não se participou de sua definição, tampouco se usufrui dos benefícios gerados por sua *colaboração*.

A organização dá-se o direito de exigir de seus membros (funcionários pertencentes a todos os níveis hierárquicos) que assumam os valores definidos por ela, bem como tenham sentimentos coerentes com aqueles desejados por ela. Da mesma forma, exige um pensamento único. O *credo* da organização define em que se deve fundamentar o pensamento de seus membros, dá a dimensão do compromisso que ela, organização, exige deles.

Entretanto, para manter esse *homem organizacional* nos padrões desejados, a organização lança mão de técnicas diferenciadas. Tais técnicas e estratégias visam padronizar e controlar valores, sentimentos, pensamentos, desejos e necessidades individuais. É a forma de controlar criando o *consenso* e a indiferenciação. É a *massificação*, a *padronização* dos indivíduos, membros da organização.

Essa proposta, hoje, surge mascarada na administração denominada participativa, nos trabalhos de grupos e na ideologia da Teoria Z e da Qualidade Total.

Na proposta do *homem organizacional*, inicialmente os executivos e os níveis gerenciais eram objeto do processo de *conscientização organizacional* ("vestir a camisa da empresa"). Hoje, entretanto, com a influência da administração japonesa, o operário também é objeto desse processo manipulatório.

Os Grupos Participativos, os Círculos de Controle de Qualidade (CCQ) e toda a filosofia do Controle Total de Qualidade (CTQ) mostram como o operário, o trabalhador da linha de produção, é emocional e intelectualmente envolvido e controlado pela organização: seminários, grupos de discussão, incentivos emocionais e sociais são usados ao lado das estratégias e técnicas punitivas para aqueles *rebeldes* que não aderem aos apelos e indicadores de conduta adotados pela organização. Sabe-se de empresas no Brasil que dispensaram todos os operários que questionavam um programa de formação de líderes de CCQ.

Os supervisores de primeira linha, aqueles que são diretamente superiores aos operários numa fábrica, têm sido, no momento, o alvo preferido da organização nesse processo.

Eles são os *amortecedores* do impacto das reivindicações sindicais e/ou das comissões de fábrica feitas pelos operários.

Existem empresas de consultoria especializadas no *treinamento* por meio da *conscientização* dos supervisores de primeira linha, atuando no mercado e apresentando, segundo eles, resultados positivos e altamente *promissores* para as empresas.

Em resumo, as políticas organizacionais baseadas no *homem organizacional* buscam a padronização dos valores dos membros da organização, bem como do que pensam, como pensam, o que sentem e como vivem, não só na organização, mas também na família, no sindicato, na igreja, nos partidos políticos etc. A sociedade será definida e orientada pelas organizações. Elas passarão a dirigir seu destino. O que pensar, o que falar, como viver, o que sentir, que prazer obter e quando serão opções não mais dos indivíduos, mas das organizações. Para manter esse poder de decisão e de controle sobre os indivíduos, as organizações adotam técnicas e estratégias fundamentadas nas ciências sociais e humanas, usando, portanto, os conhecimentos científicos desenvolvidos por essas ciências.

As políticas organizacionais que se baseiam na proposta do *homem organizacional* trazem conseqüências como:

a) padronização de valores e de pensamentos dos membros da organização;
b) uso contínuo de técnicas e estratégias para a manutenção dessa padronização (treinamento, incentivos sociais, envolvimento emocional etc.);
c) limitação do nível de criatividade e de inovação dos membros da organização;
d) aumento do nível de insatisfação e de frustração dos membros da organização, com efeitos a médio e longo prazos sobre a lucratividade da empresa, sobre seu processo de desenvolvimento organizacional (gerencial, tecnológico e de produção) e sobre as relações homem-trabalho (passividade, conflito, rotatividade da mão-de-obra, especialmente de alto nível, ausência de autodeterminação do trabalhador e responsabilidade *controlada*, autodeterminação e liberdade responsável, controle do prazer individual).

C — A abordagem da "co-responsabilidade" e autodeterminação

A idéia central está alicerçada na firme convicção da essência da natureza humana: o ser humano é inteligente e livre. A inteligência está ligada à capacidade que o sujeito tem de perceber a ocorrência de eventos no mundo vivido e suas inter-relações e de refletir sobre tais ocorrências, podendo chegar a uma conclusão. A liberdade se refere à capacidade de visão crítica desse sujeito que o conduz à tomada de consciência de si mesmo, de seu valor e de sua posição dentro da situação em que se encontra, nas organizações e na sociedade. A situação na organização se limita basicamente à situação de trabalho. É nesse contexto que todas as suas relações se dão, enquanto realiza uma atividade ou tarefa; portanto, trabalho.

Enquanto ator desse processo de transformação produtiva, o indivíduo tem um valor que se traduz na importância daquilo que realiza para atingir os objetivos da organização, os objetivos da sociedade e seus próprios objetivos, como indivíduo, dentro do direito de ter uma vivência diferenciada, no que se refere a seus sentimentos, desejos, emoções, pensamentos e a seu próprio prazer.

Isso significa que cada indivíduo se diferencia dos demais indivíduos-membros da organização enquanto pessoa e que tem consciência de si mesmo, de seu valor, de sua dignidade, de seus direitos, de sua responsabilidade e de seus deveres, estes últimos assumidos consciente e livremente.

Para que isso possa efetuar-se, é necessário que se estabeleça uma interação com a organização e com a sociedade. Interação essa que se fundamenta na capacidade de comunicação livre de distorções com seus semelhantes, tendo, entretanto, a interação comunicativa como base para sua real efetivação a veracidade, a autenticidade e a justiça. Isso quer dizer que a organização, de um lado, e os indivíduos, de outro, não tentarão relacionar-se na expectativa de levar vantagens um sobre o outro, mas, antes, buscar um *consenso* em que ambas as partes, portanto, capital e trabalho, abram o jogo de seus interesses, necessidades e demandas. Nesse *abrir o jogo* é que se estabelecem novos critérios de relacionamento e de comunicação. Como vimos, são os critérios de respeito mútuo que exigem um compromisso com a verdade, com o bem comum, e que requerem autenticidade da parte daqueles que se encontram nesse processo interativo.

O consenso que se busca não é aquele em que existe uma barganha do tipo "concorde comigo que será beneficiado", que pode ser explicitada ou sutilmente induzir o indivíduo a um processo de manipulação, o qual é desenvolvido por meio de mecanismos organizacionais, como o treinamento, os incentivos sociais e econômicos adotados pelas organizações.

O consenso que aqui se propõe é aquele em que as partes (capital e trabalho), representadas dentro da organização pelos atores sociais, chegam a partir de um debate em que apresentam seus argumentos e contra-argumentos. É nesse processo de argumentação e contra-argumentação que o capital e o trabalho se dão conta de que há uma interdependência e de que nela não há lugar para vantagens unilaterais, ou seja, para a exploração e para a dominação.

Para que o processo de comunicação interativa seja iniciado nas organizações, na sociedade em que vivemos, é necessária uma mudança radical por parte das organizações, aqui entendidas como representantes do capital. Sem que haja capacidade e condições para o desenvolvimento da comunicação interativa por parte dos membros da organização, ela jamais se iniciará.

Essas condições, entretanto, exigirão a transformação dos processos, sistemas e estratégias organizacionais hoje em uso nas organizações, como a manipulação dos indivíduos pelo treinamento, pelo sistema de incentivos, pela estratégia da filosofia da *empresa-mãe*, entre outros.

A autodeterminação e a co-responsabilidade são utopias que serão concretizadas somente por meio de um processo de mudanças *corajosas* e de luta dos atores sociais envolvidos no processo. Essas lutas nem sempre tomam a forma de grandes mudanças, nem são explicitadas e concretizadas no dia-a-dia da vida da organização, e poderão muitas vezes passar despercebidas pelos locutores sociais, representantes da dominação.

As brechas que poderão ser abertas pelos locutores na organização (diretores, gerentes e supervisores) e até mesmo por atores (os responsáveis pelo recrutamento e seleção, pela execução do treinamento, pelo levantamento de necessidades de treinamento, pela definição de tarefas, entre outros) poderão ser o início do processo de interação comunicativa na organização.

À medida que se muda o conteúdo do treinamento, de padronização ou especializante para um conteúdo aberto e crítico, quando se permite ao trabalhador tomar conhecimento do processo produtivo e gerencial da organização ou mesmo quando o processo de seleção não parte da premissa da padronização das características individuais, do *homem acabado*, pelo uso de testes psicológicos, se está, na realidade, abrindo *brechas* e criando condições para o estabelecimento de uma interação comunicativa, pois se está, na verdade, permitindo aos indivíduos-membros da organização condições para a busca da autenticidade, da veracidade e do desenvolvimento de sua consciência crítica, condições sem as quais não haverá parceria para a comunicação.

Ideologia

Define-se ideologia (Chauí, 1984)

> como um conjunto lógico, sistemático e coerente de representações (idéias e valores) e de normas ou regras (de conduta) que indicam e prescrevem aos membros da sociedade o que devem e como devem pensar, valorizar, sentir e fazer. Ela é, portanto, um corpo explicativo (representações) e prático (normas, regras e preceitos) de caráter prescritivo, normativo, regulador, cuja função é dar aos membros de uma sociedade dividida em classes uma explicação das diferenças sociais, políticas e culturais, sem jamais atribuir tais diferenças à divisão da sociedade em classes, a partir das divisões na esfera da produção. Pelo contrário, a função da ideologia é apagar diferenças como as de classes e fornecer aos membros da sociedade o sentimento da identidade social, encontrando certos referenciais identificadores de todos e para todos, como, por exemplo, a Humanidade, a Liberdade, a Igualdade, a Nação ou o Estado.

Podemos ainda chamar de ideologia a relação imaginária dos indivíduos com suas reais condições de existência, que na organização se torna uma *falsa consciência*, pela imposição, de forma sutil e perversa, por essa organização, de seu sistema de valores, tradições, padrões, regras, normas, procedimentos etc., que, na realidade, traduzem a ideologia da organização.

A administração, dentro do sistema capitalista, está fundamentada na ideologia capitalista. O que significa isso? Significa que a sociedade está centrada ou baseada numa relação capital x trabalho em que o capital domina o trabalho, estabelecendo as regras do jogo nessa relação.

Nas organizações observa-se sua tradução em termos técnicos e comportamentais, o que, na realidade, nada mais é que o processo de administrar, caracterizando, assim, o comprometimento ideológico da administração.

Assim sendo, os valores da organização influenciam diretamente a definição dos níveis hierárquicos e da estrutura de poder, da divisão do trabalho, da opção tecnológica, a definição de atividades, das políticas e sistemas de pessoal, gerencial, das normas e dos controles, das relações de trabalho, das relações sindicais e dos sistemas de incentivos.

Administração

A administração pode ser entendida como o conjunto integrado e coerente de conhecimentos científicos das diferentes áreas do conhecimento humano aplicado às organizações, de forma a levá-las a garantir sua sobrevivência, eficiência e eficácia.

Para atingir seus propósitos, a administração utiliza-se de conhecimentos integrados para propor técnicas, estratégias e ações para as organizações, capazes de levá-las a atingir seus objetivos e metas, estabelecendo, ao mesmo tempo, relações com seus membros e com a sociedade.

No entanto, é necessário ressaltar tendências divergentes com relação à administração:

1º Administração voltada essencialmente ao aspecto técnico e utilitarista, caracterizada por uma visão gerencial em que o conhecimento científico é traduzido em termos tecnológicos, dando origem aos *executivos* e técnicos, cuja competência é avaliada pela capacidade de aplicação de fórmulas e técnicas nas diversas áreas da Administração, como Planejamento, Finanças, Marketing, Recursos Humanos, Organização, Produção etc.
2º Administração fundamentada em estudos e conhecimentos científicos originários das diferentes áreas do conhecimento humano: Economia, Psicologia,

Sociologia, Antropologia, Filosofia, Ciências Sociais, Informática, Matemática e outros. Caracteriza-se pela integração desses conhecimentos e por sua vinculação aos diferentes tipos de sociedade e de abordagens acerca da natureza humana. Portanto, parte do pressuposto de que a Administração está fundamentada numa teoria social e, em conseqüência, é ideologicamente comprometida.

3º A Administração, por outro lado, poderá ser vista como um processo de interação comunicativa livre de distorções, em que os parceiros, representantes do capital e do trabalho, buscam a satisfação de suas necessidades e a realização de seus objetivos de forma negociada, tendo os seguintes requisitos: veracidade, autenticidade e justiça, que se baseiam nas exigências de:
  a) verdade, que se refere à existência concreta de algo (recursos financeiros, lucro obtido, estoque etc.);
  b) legitimidade, isto é, o que é apropriado ao contexto, já que as mesmas palavras significam diferentes coisas em diferentes situações;
  c) sinceridade, que diz respeito ao que o locutor quer dizer realmente, é aquilo que está sendo dito;
  d) compreensibilidade (ou clareza), isto é, o que está sendo dito tem significado claro e coerente.

As metas, os objetivos, a definição das tarefas e sua divisão, os procedimentos, os sistemas gerencial, de produção e de comercialização, as políticas, assim como aquelas referentes às relações de trabalho (salário, condições de trabalho, benefícios, obrigações e responsabilidades etc.), são estabelecidos nesse processo de discussão e negociação e resultam dele, desde que os requisitos de veracidade, autenticidade e justiça sejam respeitados.

A Administração, nessa perspectiva, é tomada como processo e, como tal, é dinâmica, sofre mudanças e pressupõe conflitos, forças antagônicas, ao mesmo tempo que persegue um aperfeiçoamento compromissado com a interação comunicativa.

Para que a Administração possa chegar até aqui, ela deve estar centrada na crença do indivíduo como um ser inteligente e com vocação para a liberdade, o que dá o *passaporte* para a autodeterminação responsável. O indivíduo tem o direito de ser *ele* em seus desejos, sentimentos, na busca do prazer, na liberdade de pensamento.

Em função de sua autodeterminação e de sua liberdade é que o sujeito assumirá, nas organizações e na sociedade, a responsabilidade na parceria da construção de uma sociedade mais justa e eqüitativa.

❖ RESUMO

A Psicologia, como ciência do comportamento humano, quando aplicada à administração, envolve um comprometimento ideológico que irá responder pelos conceitos básicos referentes à natureza humana, ao tipo de sociedade e ao papel da organização na sociedade.

A ideologia da sociedade justifica a forma pela qual ela se organiza e funciona, inserindo também a discussão sobre a natureza humana.

Existem três vertentes na abordagem da essência da natureza humana:

- ser condicionado — comportar-se em função de estímulos externos, condicionamentos socioeconômicos ou culturais;
- ser inteligente — o ser humano concebido como um ser pensante, desenvolvendo um processo cognitivo. No entanto, não se elimina a possibilidade de fazê-lo pensar, sentir e agir como a sociedade deseja;
- ser inteligente e livre — com vocação para a liberdade, desenvolve a sua consciência crítica, resultante de um processo contínuo entre fatores internos e externos em interação.

Tipos de sociedade

Positivista liberal (Comte e Durkheim): existência de uma elite pensante que define as atribuições para a grande massa, dominando a sociedade. A sociedade está fundamentada na ordem e no progresso, que garantirão a manutenção e a preservação do *status quo* estabelecido por meio da autoridade superior. A elite é mantida pelo consenso e pela solidariedade social. Estrutura de poder piramidal.

Humanista radical: caracteriza-se pelo pluralismo, que se concretiza por meio de um jogo de forças dos vários grupos sociais (capital e trabalho).

As relações econômicas e de poder resultam da interação das forças socioeconômicas e políticas. Parte-se da premissa básica de que os indivíduos são seres inteligentes e livres, o que implicará uma aprendizagem-ação (reflexão e consciência crítica) que conduzirá ao estabelecimento de uma ordem socioeconômica que possibilitará uma distribuição mais eqüitativa de bens econômicos.

A autodeterminação responsável está alicerçada na convicção de que o ser humano é, em sua essência, inteligente e livre.

A inteligência lhe dá a capacidade de perceber o mundo que o rodeia, elaborar inter-relações dos diferentes fatos e situações, refletir sobre eles criticamente. Essa competência crítica é o elemento fundamental do que se está chamando de liberdade, entendida como a consciência crítica que o indivíduo tem de si mesmo, de sua realidade interna e externa. Ele reconhece seu valor e seu direito de ter uma vivência diferenciada. Portanto, seus sentimentos, desejos, pensamentos, emoções e seu próprio prazer são diferenciados daqueles da organização. A autodeterminação e a responsabilidade individual são elementos resultantes do processo que se estabelece na interação do indivíduo com a organização e com a sociedade, quando a interação comunicativa, com base na veracidade, autenticidade e justiça, é estabelecida.

O consenso alcançado no decorrer do processo de comunicação interativa se distingue do consenso obtido pela manipulação de sentimentos, valores, pensamentos, desejos e do próprio prazer do indivíduo, alcançado por meio de mecanismos organizacionais. O consenso aqui definido é alcançado mediante a problematização das normas da instituição social e de sua legitimidade.

Essa problematização é explicitada a partir do debate em que argumentos e contra-argumentos são apresentados, sempre obedecidas as condições de veracidade, autenticidade e justiça. Estabelece-se uma interdependência entre a organização e seus membros no que se refere às necessidades da organização (inclusive sua sobrevivência, lucratividade) e às necessidades dos indivíduos e seus membros. A interação comunicativa pressupõe um abandono, por parte dos parceiros (os atores e locutores sociais), da busca de vantagens unilaterais, portanto, da exploração e da dominação.

As mudanças exigidas para a existência da comunicação interativa incluem a transformação dos processos, sistemas e estratégias organizacionais usados pelas organizações, tais como conscientização dos indivíduos (filosofia da empresa), manipulação pelo treinamento, incentivos e outros.

As reformas radicais tomam a forma de pequenas mudanças efetuadas no processo administrativo, pelos locutores, na organização (como diretores, gerentes, supervisores); elas poderão ser a mudança nos processos e conteúdos de treinamento, de seleção, de organização e de gerenciamento do processo produtivo. Nesse processo, criam-se as condições para o estabelecimento da comunicação interativa, dando-se oportunidade para os indivíduos-membros da organização tornarem-se *parceiros*, inversamente à sua posição de objetos ou simples atores de um jogo de poder em que o mais forte exerce a dominação por meio de seus representantes.

A ideologia foi definida como um conjunto lógico, sistemático e coerente de representações (idéias e valores) e de normas ou regras (de conduta) que indicam e prescrevem aos membros da sociedade o que devem e como devem pensar, valorizar, sentir e fazer (Chauí).

A ideologia tem, portanto, a função de dar aos membros da sociedade e/ou das organizações uma explicação das diferenças sociais, políticas e culturais, sem atribuir tais diferenças à divisão da sociedade em classes. Por outro lado, a ideologia pode ser ainda considerada aquela relação que os indivíduos criam, ou imaginam (fantasiam), com suas condições concretas de existência. Na organização, à medida que os indivíduos passam a pensar, sentir e agir de acordo com aquilo que a organização deseja e induz ("vestir a camisa da empresa"), a ideologia toma a forma de *falsa consciência*.

Mostrou-se que toda sociedade tem uma ideologia, bem como as organizações. A ideologia predominante na sociedade é traduzida nas organizações por meio de valores, normas e procedimentos. A Administração, na sociedade capitalista, está fundamentada na ideologia capitalista, ou seja, o capital predomina sobre o trabalho, e suas relações (capital x trabalho) se fundamentam na exploração do trabalho, na geração da mais-valia. A Administração não é ideologicamente neutra. Os valores que a norteiam estão diretamente vinculados à sua ideologia e são explicitados na divisão hierárquica, na natureza e na forma de realização das tarefas, em seus objetivos (da organização), na distribuição de poder interno (quem decide o quê), na definição tecnológica (que tipo de tecnologia adota), nas políticas e sistemas gerenciais de recursos humanos, de relações de trabalho, sindicais, nos sistemas de incentivos adotados, bem como nas políticas referentes ao mercado, à sociedade e aos concorrentes.

A Administração foi conceituada como um conjunto integrado e coerente de conhecimentos científicos, originários de diferentes áreas do conhecimento humano.

Entretanto, há tendências divergentes quanto ao conceito de Administração e quanto aos objetivos, à função e à forma pela qual deve ser exercida e ensinada.

A Administração comprometida com os aspectos técnicos, caracterizada por sua função gerencial, considera as teorias do ponto de vista de sua funcionalidade. Conhecê-las e aplicá-las é o fundamento básico do administrador de alto nível. Não há questionamentos, especialmente de seus pressupostos ideológicos. É a preponderância do prático, da cópia, do pouco criativo, dos modelos importados do mundo das organizações.

Mostrou-se que a Administração, para ser um instrumento de desenvolvimento socioeconômico e industrial, deverá sofrer mudanças radicais, não só na forma como é exercida, mas especialmente no que ela é, no conteúdo e em seus pressupostos ideológicos, especialmente no que se refere à natureza da sociedade e à essência da natureza humana.

❖ TERMOS E CONCEITOS IMPORTANTES

Epistemologia: o termo significa *estudo da ciência* (do grego *episthme* = conhecimento, ciência, e *logo* V = estudo, discurso). É usada em dois sentidos: para indicar o estudo da origem e do valor do conhecimento humano em geral (e nesse sentido é sinônimo de gnosiologia ou crítica), ou para significar o estudo das ciências (físicas e humanas), dos princípios sobre os quais se fundam, dos critérios de verificação e de verdade, do valor dos sistemas científicos. Pode-se dividi-la em dois sentidos básicos:
a) a crítica do conhecimento científico: exame dos princípios, das hipóteses e das conclusões das diferentes ciências, tendo em vista determinar seu alcance e seu valor objetivo;
b) a filosofia da ciência (empirismo, racionalismo, etc.), é a história do desenvolvimento científico (www.suigeneris.pro.br/epistemologia.htm).

Ontologia: o estudo do ser e da existência, bem como de suas categorias básicas, em que um ser é tudo aquilo que se pode dizer que *é*, nos vários sentidos da palavra *ser* (www.cscience.org/~lode/ReflexaoComputacional/ RCOOSV.pdf).

Ideologia: é um conjunto lógico, sistemático e coerente de representações (idéias e valores) e de normas ou regras (de conduta) que prescrevem aos membros da sociedade o que devem e como devem fazer, pensar, agir e sentir, sendo, portanto, um corpo explicativo.

Missão da organização: compromisso social ligado à produção, qualidade, atividade sociopolítica dentro da sociedade. Natureza da relação que mantemos com os membros e com a sociedade.

Natureza humana voluntarista: ser inteligente e livre. O ser humano é entendido como um ser inteligente (pensante) e livre, isto é, um ser com vocação para a liberdade — consciência crítica, com conhecimento de si mesmo e da realidade que o cerca.

Natureza humana determinista: ser condicionado e ser inteligente. O ser humano, sob o aspecto determinista, poderá ser um ser condicionado ou um ser inteligente:

• ser condicionado: resultante do meio externo, dos condicionamentos socioeconômicos e culturais, comportar-se-á em função de estímulos externos (Behaviorismo ou comportamentalismo);

• ser inteligente: os indivíduos são seres pensantes. Percebem, memorizam, raciocinam, abstraem. Há um crescimento e um desenvolvimento mental. Possuem valores, sentimentos e emoções, desejos e necessidades que, entretanto, podem ser conduzidos e direcionados pelas organizações e pela sociedade mais ampla.

Sociedade de acordo com seus pressupostos ideológicos: pressupostos sociológicos originários do positivismo. Parte-se do princípio de que em dada sociedade deveria sempre existir uma elite pensante, que definisse o que a grande massa deve fazer e sentir.

Pressupostos sociológicos originários do Humanismo Radical: têm como característica básica o pluralismo, que se concretiza por meio de um jogo de forças dos vários grupos sociais. O poder é resultante de um intercâmbio de forças socioeconômicas e políticas.

Administração:

a) conjunto integrado e coerente de conhecimentos científicos das diferentes áreas do conhecimento humano aplicados às organizações, de forma a levá-las a garantir sua sobrevivência, eficiência e eficácia em sintonia com a autodeterminação de seus membros. Administração como ciência aplicada: é ideologicamente comprometida com uma teoria social (sociedade, sua organização e funcionamento, com uma proposta de natureza humana condicionada, inteligente, ou inteligente e livre);

b) como conjunto de técnicas, visando alcançar os objetivos, é caracterizada pela visão gerencial. O que importa é a aplicação de técnicas e o conhecimento de teorias. Não há questionamento das últimas teorias. Não se preocupa com o conhecimento científico que fundamentou as técnicas, tampouco com os pressupostos ideológicos (tipo ou natureza da sociedade e essência da natureza humana).

É a Administração de orientação americana a mais solicitada pelas grandes organizações, especialmente as multinacionais, e é essa a abordagem predominante nas universidades e escolas de maior conceito no Brasil;

c) como processo de interação comunicativa, é livre de distorções (manipulações) e os parceiros, representantes do capital e do trabalho, buscam a satisfação de suas necessidades e a realização de seus objetivos de forma negociada, tendo os seguintes requisitos: veracidade, autenticidade e justiça normativa (visão ideológica).

❖ QUESTÕES

1. Por que a organização é ideologicamente comprometida? Explique e dê exemplos.
2. Por que a Administração é ideologicamente comprometida?
3. De que forma esse compromisso ideológico da Administração se explicita? Dê exemplos.
4. Em que aspectos ou fatores organizacionais pode-se identificar a ideologia dominante numa organização?
5. Quais as conseqüências, para a organização, da adoção da Administração fundamentada no determinismo como pressuposto da natureza humana?
6. Quais as conseqüências, para a organização, da adoção da Administração fundamentada no voluntarismo como pressuposto da natureza humana?
7. Quais as conseqüências, para o indivíduo, da adoção da Administração fundamentada no determinismo como pressuposto da natureza humana?
8. Quais as conseqüências, para o indivíduo, da adoção da Administração fundamentada no voluntarismo como pressuposto da natureza humana?

9. Quais as conseqüências, para a sociedade, da adoção da Administração fundamentada no determinismo como pressuposto da natureza humana?
10. Quais as conseqüências, para a sociedade, da adoção da Administração fundamentada no voluntarismo como pressuposto da natureza humana?
11. Por que a Administração fundamentada nos pressupostos deterministas tem como estratégia básica a padronização do comportamento dos membros da organização?
12. Como a concepção do ser humano como inteligente e livre poderá contribuir para a eficácia e a eficiência da organização? O que deve ser modificado nas atuais propostas das teorias administrativas?
13. Como pode ser entendida a "missão" da organização?
14. O que se entende por consenso na Administração co-responsável?
15. Quais as condições para que possa ser alcançada?
16. Qual a diferença entre o consenso usado pelas organizações e aquele proposto como um dos elementos do processo de reforma radical e de autodeterminação dos membros da organização?
17. O que é a reforma radical? Como ela pode ser implementada?
18. O que é interação comunicativa?
19. Qual a diferença entre interação comunicativa e processo de conscientização adotado na abordagem do homem organizacional? Explique por quê.

❖ APLICAÇÃO

1. Identifique a ideologia dominante nas empresas, no que se refere ao tipo de sociedade por elas proposto.
2. Identifique o que a empresa compreende por essência da natureza humana.
3. Explicite essa identificação por meio de normas, controles, políticas de recursos humanos, políticas de relações trabalhistas, tecnologias adotadas (processo produtivo), treinamentos, técnicas e estratégias para os níveis gerenciais.

❖ REFERÊNCIAS BIBLIOGRÁFICAS

BRAVERMAN, Harry. *Trabalho e capital monopolista*. Rio de Janeiro: Zahar, 1981.
BURREL, Gibson; MORGAN, Garret. *Sociological paradigms and organizational analysis*. Londres: Heinemann, 1979.
CHAUÍ, Marilena. *O que é ideologia*. São Paulo: Brasiliense, 1984.
COMTE, A. *Sociologia*. 7. ed. São Paulo: Ática, 1978.
DURKHEIM, Émile. *Sociologia*. São Paulo: Ática, 1981.
FREITAG, Barbara. *A teoria crítica ontem e hoje*. Rio de Janeiro: Brasiliense, 1986.
GORIZ, André. *Crítica da divisão do trabalho*. São Paulo: Martins Fontes, 1980.
HABERMAS, Jürgen. *Sociologia*. São Paulo: Ática, 1980.
KATZ, D.; KAHN, Robert. *Psicologia social das organizações*. São Paulo: Atlas, 1984. Caps. 7 e 12, p. 65-68.
LAPASSADE, G. *Grupos, organizações e instituições*. Rio de Janeiro: Francisco Alves, 1974. Caps. 3 e 4.
MARX, Karl. *O capital*. Rio de Janeiro: Civilização Brasileira, 1979. Cap. 5, v. l.
_____. *Manuscritos economicos y filosóficos*. Madrid: Alianza Editorial, 1985.
PAGÉS, Max et al. *O poder das organizações*. São Paulo: Atlas, 1987.

5

Psicologia: Ciência ou Bom Senso?

Ao terminar a leitura deste capítulo, você deverá ser capaz de compreender:
1. a psicologia como ciência;
2. o objeto da psicologia;
3. o dilema ético do uso da psicologia na organização.

Apreocupação de conhecer o comportamento humano tem sido uma constante desde os primórdios da humanidade. A análise da evolução dessa preocupação mostra diferentes tentativas, cada uma delas baseada nas crenças e nos conhecimentos da cultura em que se inspira. A crença de que o caráter da criança seria determinado pela posição dos astros no momento de seu nascimento fundamenta-se na astrologia. Essa crença, apesar de milenar, ainda persiste em determinados grupos culturais. A semelhança física dos indivíduos com os animais sugere outra explicação do comportamento humano. À medida que os indivíduos apresentam certas semelhanças físicas com os animais, também apresentam semelhanças com o comportamento desses animais: a agressividade do leão, a lealdade do cão, a mansidão do carneiro, a sagacidade do gato etc.

Provérbios e Psicologia

As crenças populares constituem também outras formas de explicação do comportamento. Essas crenças são transmitidas de geração a geração por meio dos provérbios. Estes, por sua vez, pressupõem hipóteses básicas que são tomadas como postulados científicos e que passam a orientar as ações humanas e o relacionamento social. Quando se afirma "o líder nasce feito" e "faça trabalho de branco", há um pressuposto básico de que a hereditariedade genética é o fator determinante do comportamento humano. Por outro lado, provérbios como "as roupas fazem o homem" e "diga-me com quem andas e dir-te-ei quem és" têm como princípio básico a predominância dos fatores ambientais. Os provérbios "nunca é tarde para aprender" e "não se ensina truque novo a cachorro velho" mostram crenças e posições diferentes quanto à aprendizagem humana. De um lado, surge a crença de que os seres humanos têm capacidade de aprender durante toda a sua vida; de outro, afirma-se que há uma limitação com a idade cronológica.

As idéias e opiniões de pensadores e a Psicologia

Observa-se, ainda, que muitas vezes se confunde a Psicologia com as idéias e opiniões de escritores e pensadores acerca dos sentimentos e da realidade psicológica dos seres humanos. Na realidade, como mostram McKeachie e Doyle (1972), trata-se de especulações, de reflexões pessoais. São, portanto, proposições subjetivas, definidas de acordo com um ângulo particular, que não podem, conseqüentemente, ser confundidas com postulados científicos.

Ao comparar as idéias e as reflexões de pensadores com provérbios e crenças populares, observa-se que as primeiras trazem uma lógica maior, são fruto de observações pessoais e de reflexões, enquanto os provérbios e as crenças populares carecem de qualquer preocupação reflexiva. Falta, entretanto, nas idéias e reflexões dos pensadores, a identificação das leis e dos princípios básicos que determinam os processos psicológicos e dirigem o comportamento humano.

Bases científicas da compreensão do comportamento humano

A correta compreensão das diferenças individuais, dos grupos, das comunidades e das organizações como entidades psicossociais pode levar à compreensão e a predições razoáveis do comportamento individual, do grupo, da organização e da comunidade. No decorrer do desenvolvimento da psicologia, muitos cientistas buscaram, e ainda buscam, aplicar o método científico ao estudo dos fenômenos psicológicos, na tentativa de conhecer as leis e os princípios que os regem. Freud (1895-1935) utilizou a observação e a análise de conteúdo dos relatos de seus pacientes. Thorndike (1911-1932) observou animais no processo de aprendizagem (abertura de caixas para obter alimentos). Kurt Lewin (1926-1946) observou grupos (observação de processos grupais, como liderança, coesão, formação de normas, definição de objetivos etc.), estudou a natureza e a origem das forças grupais e introduziu a pesquisa-ação como uma forma de investigação e de intervenção nos fenômenos de mudança social, isto é, dos valores do grupo e/ou da sociedade e suas estruturas e conseqüentes mudanças. Miller e Dollard (teoria do estímulo–resposta) estudaram a personalidade dentro da abordagem S-R (estímulo-resposta) e realizaram investigações que ilustram e testam a posição teórica que adotaram. Piaget (1920-1980), psicólogo suíço, epistemólogo e filósofo, dedicou 60 anos de sua vida ao estudo do desenvolvimento da inteligência humana e ao desenvolvimento dos diferentes tipos de pensamento. É conhecido como psicólogo infantil por ter desenvolvido suas pesquisas com crianças.

Definição e evolução da Psicologia como ciência

A palavra *Psicologia* tem sua origem em duas palavras gregas: *psyche,* que significa **alma**, e *logos,* que significa **discurso.**

A Psicologia, em seus primórdios, era considerada uma área de estudo da Filosofia denominada Filosofia Mental. A mente era um dos tópicos estudados por essa área. Entretanto, com o tempo, os filósofos passaram a traduzir o termo *psyche* por **mente** e a psicologia passou a ser **ciência da mente**. O estudo da mente encontrou grandes dificuldades. Não se conseguiu chegar a uma conceituação aceita por todos. Sua própria natureza é controvertida. Sua investigação mobiliza as camadas mais profundas do inconsciente, sendo, portanto, ameaçadora para o próprio investigador. Por essa razão, o estudo da mente deu origem a superstições e preconceitos, alguns deles ainda existentes. O psicólogo é considerado um adivinho, com poderes especiais para identificar problemas, sentimentos, reações psicológicas e emoções dos demais seres humanos, assim como para interferir em suas mentes. A psicologia confunde-se com as chamadas *ciências ocultas*.

A Psicologia, entretanto, somente conseguiu integrar-se às Ciências Sociais à medida que seu objeto foi definido como o comportamento observável dos seres vivos (humano e animal). Porém, as diversas teorias psicológicas têm entendido esse objeto de formas diferentes, por terem partido de compreensões ou paradigmas de pensamento diferentes acerca do que é o ser humano.

Divergências na definição do comportamento humano

Para os behavioristas (comportamentalistas), o comportamento humano compreende apenas as reações observáveis de forma direta. Os cognitivistas (entre eles, Freud e Kurt Lewin) conceituam o comportamento observável de forma mais ampla, ou seja, consideram-no como sendo todas as reações do organismo, inclusive as inferidas de outros comportamentos. Os processos psicológicos não passíveis de observação direta integram igualmente esse conceito de comportamento. Exemplos deles são os processos perceptivos, a memória, a cognição, o raciocínio, os motivos, os sentimentos etc. Para essas teorias, todos os processos psicológicos são comportamentos observáveis e, portanto, são objeto das ciências psicológicas.

Essas divergências caracterizam a influência do paradigma de pensamento (Khun,1994) seguido pelos psicólogos pertencentes às diversas correntes psicológicas. Isso significa dizer que cada pesquisador parte de valores e de pressupostos filosóficos que orientam sua concepção do ser humano, ou seja, o que ele é, bem como a forma pela qual o comportamento humano deverá ser estudado. Assim, pode-se observar que os fundadores e os seguidores da corrente behaviorista (comportamentalista) partiram do pressuposto materialista do ser humano; para eles, o indivíduo é uma entidade biológica, constituído por um conjunto de órgãos interligados sob o comando do cérebro. O comportamento humano é explicado pelas conexões cada vez mais elaboradas da rede de neurônios e isso se dá em contextos ambientais específicos. O ser humano é reduzido ao sistema fisiológico e o estudo do comportamento humano deve ser objetivo, estudando-se as leis do comportamento humano e animal da mesma forma que são estudadas as leis de um comportamento qualquer físico e químico (Guillaume, 1942). O paradigma de pensamento dominante é a concepção materialista do ser humano e a idéia de cientificidade, tendo como exigência básica a relação causa–efeito (mecanicismo cartesiano), a observação direta e a quantificação.

Já os cognitivistas têm como paradigma de pensamento o ser humano como um ser biopsicossocial. Partem do pressuposto de que o ser humano é um ser cognitivo, dotado de desejos, emoções, linguagem e capacidade de interação e comunicação; pressupõem a existência da mente humana.

Todavia algumas correntes cognitivistas reduzem o ser humano a um elemento específico e tentam explicar e controlar o comportamento humano a partir desse elemento. A corrente denominada *humanista* tem como pressuposto básico a natureza socioemocional do ser humano. Abordam o estudo e o controle do comportamento humano a partir da identificação dos fatores emocionais e da satisfação das necessidades emocionais do ser humano.

Relação entre escolas, técnicas e métodos de comprovação de suas hipóteses

A influência positivista se faz presente na discussão do caráter científico da observação indireta. Os cientistas de orientação positivista enfatizam a aplicação rigorosa de um conjunto de normas e procedimentos defendidos por eles como método científico no estudo dos fenômenos psicológicos. Tentam adaptar o fenômeno em estudo ao método adotado nas ciências físicas.

Influência dos resultados de observações e estudos científicos

À medida que o campo da Psicologia foi-se ampliando em função de estudos e observações científicas realizados, foi surgindo uma preocupação maior dos psicólogos em adotar métodos e técnicas mais adequados ao fenômeno em estudo, sem, contudo, abandonar os requisitos básicos do método científico, isto é, a objetivação das observações. Os estudos e experimentos com grupos possibilitaram sua identificação como entidades psicossociais com características próprias, cujo comportamento se distingue do comportamento dos indivíduos que os constituem. Os postulados e as exigências básicas do estudo científico têm sido mantidos; o método e as técnicas, entretanto, são adaptados ao fenômeno em estudo, ou seja, ao comportamento grupal. A Psicologia Social e a Psicologia Organizacional vêm se desenvolvendo da mesma forma. A organização e os grupos, tomados como entidades psicossociais, com características próprias, têm sido objeto de pesquisas e de estudos científicos nos últimos anos. A representação social, seu processo de formação, suas influências nos demais processos psicológicos, bem como no sentir e no agir do indivíduo têm sido amplamente estudados.

A mudança social, abordada como um fenômeno comportamental, tem sido também objeto de estudo científico por parte dos psicólogos. A investigação desse fenômeno por meio da pesquisa-ação é outro exemplo da diversidade e da adaptabilidade do método científico aos diferentes fenômenos psicossociológicos.

Como se pode concluir, a Psicologia vem adotando o método científico de formas diversas, respeitando não somente a orientação teórica daquele que realiza o estudo científico, mas também a natureza do fenômeno em estudo.

Psicologia e demais ciências

No momento em que a Psicologia definiu seus objetivos como a descrição, a explicação e a predição do comportamento, conseguiu-se, no decorrer de seu desenvolvimento, especialmente com a crescente contribuição de conhecimentos obtidos por meio de estudos, experimentos e pesquisas, ampliar e compreender melhor a complexidade desses objetivos. Cada vez mais tem sido abandonada a hipótese de causa única na formação do comportamento humano. O desenvolvimento científico de áreas do conhecimento como Sociologia, Antropologia, Biologia, Ciências Políticas e Economia trouxe uma contribuição muito importante para o estudo do comportamento. A integração dos conhecimentos de outras áreas do conhecimento humano tem possibilitado a identificação de fatores que influenciam o comportamento. É impossível explicar o comportamento por meio de uma causa única. Como mostra a Figura 5.1, o comportamento humano é uma resultante de fatores psicológicos e não-psicológicos, tais como fatores biológicos, antropológicos, sociológicos, econômicos, psicológicos e políticos. Esses fatores interagem, mantendo uma dinâmica responsável pela formação e pelo desenvolvimento das características e processos psicológicos e, conseqüentemente, pela mudança do comportamento. Os fenômenos psicológicos não são estáticos e não podem ser explicados, como muitos tentam fazê-lo, pela abordagem linear causa–efeito.

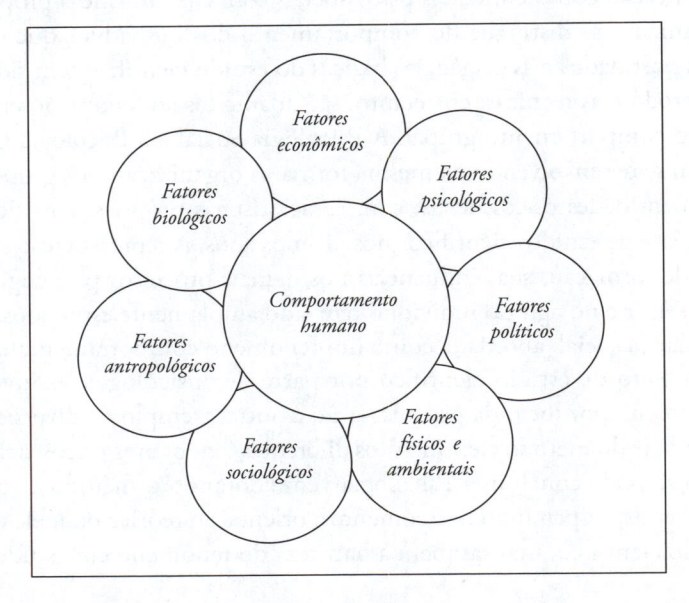

Figura 5.1 – Complexidade e comportamento humano.

Ciência

Para compreender a Psicologia como ciência, é importante ter presente o que se entende por ciência e a forma pela qual a ciência é feita. Por ciência, entende-se aqui a forma rigorosa do saber humano, isto é, o conjunto de conhecimentos precisos e metodicamente ordenados com relação a determinado domínio do saber. Para fazer ciência, são necessários:

a) o método científico, isto é, o conjunto de etapas, ordenadamente dispostas, a serem vencidas na investigação da busca das verdades. O método inclui técnicas, que são os modos de fazer de forma mais perfeita algum tipo de atividade. O método é científico na medida em que garante a exatidão dos conhecimentos adquiridos, assim como o desenvolvimento desses conhecimentos; diferentes métodos podem ser científicos. O método científico, por si só, não garante o desenvolvimento científico, mesmo porque o próprio método deverá ser inovado e reformulado quando o objeto do estudo científico for diferente;

b) capacidade mental do cientista para realizar operações mentais de transformação dos dados coletados;

c) consciência clara do paradigma de pensamento adotado, o qual direcionará a reflexão científica;

d) uma verdade científica, que é feita de certas idéias *verificadas*. No mundo plural em que vivemos, não existe mais uma verdade, mas verdades, e toda verdade é uma procura da verdade. As verdades científicas são temporais e serão sempre ultrapassadas quando novos estudos científicos alcançarem novas verdades.

Etapas do método científico

O método científico tem sido definido como um conjunto de proposições explícitas, atitudes e normas, de acordo com as quais o investigador ou pesquisador:

a) coleta dados por meio de observações sistemáticas;
b) avalia os dados obtidos;
c) analisa e infere conclusões;
d) divulga os resultados, as conclusões e suas interpretações;
e) apresenta os resultados de forma a possibilitar a repetição da pesquisa ou do estudo;
f) integra esses resultados aos obtidos por diferentes pesquisadores, reformula ou inova os conhecimentos anteriores e realiza novos estudos a partir dos resultados alcançados nas diferentes áreas do conhecimento;
g) generaliza os conhecimentos alcançados, isto é, conclui leis gerais universalmente válidas para todos os casos da mesma espécie ou levanta novas hipóteses a serem pesquisadas.

No entanto, é a própria concepção de método científico, enquanto método, que se modifica; não são somente as técnicas utilizadas em sua aplicação que variam de uma ciência para outra, mas o próprio método.

Dentro de uma visão cartesiana, o método reduz-se a um conjunto de regras e por si só garante a obtenção dos resultados desejados. Há, portanto, vários modos — uns corretos, outros não — de atingir o conhecimento científico.

Nesse sentido, identifica-se como técnica supostamente válida para a utilização dos mais diversos domínios da ciência. Não se discute se os padrões aceitos e estabelecidos do método científico permitem o conhecimento mais perfeito do fenômeno em estudo. Isto é, até que ponto permitem que o fenômeno em estudo surja com maior pureza, ao mesmo tempo que possibilitam a realização das operações mentais, as *transformações* que caracterizam o trabalho científico, como acentua Míriam Cardoso (1972). O método, afirma ela, só é científico na medida em que a validade de seu emprego para o problema em estudo apresentar o caráter de novidade essencial para o desenvolvimento científico. Exige-se, portanto, a reflexão sobre o método, questionando seus próprios fundamentos. Essa reflexão é fundamental ao exercício da ciência, entendida como a forma rigorosa do saber humano. Fazer ciência exige, como acentua Cardoso (1972), a renovação permanente da teoria, do método, da técnica e do objeto.

O método científico foi adotado em Psicologia como forma de investigar com maior segurança as causas do comportamento e as relações entre dois ou mais processos comportamentais. É, portanto, um meio e não um fim em si mesmo.

Função das teorias psicológicas

As teorias científicas são enunciados universais, fórmulas simbólicas ou esquemas simbólicos, são representações lingüísticas, segundo Popper (1972). Para esse autor, as teorias são redes, lançadas para capturar aquilo que se denomina como *mundo*, para racionalizá-lo, explicá-lo, dominá-lo. A observação, o estudo científico, se faz à luz de teorias. Uma teoria é, pois, um conjunto de enunciados relativos a determinada realidade ou fenômeno, que permite testar sua veracidade por meio da pesquisa empírica.

Como enunciados (teóricos), as teorias são elaboradas a partir da idéia ou da concepção que dado cientista tem acerca do fenômeno em estudo. Piaget, por exemplo, ao desenvolver postulados teóricos acerca do desenvolvimento cognitivo da criança, verificou na realidade empírica, mediante a observação científica, se esses postulados explicavam o processo cognitivo do ser humano. E foi a partir dessas verificações científicas que corrigiu e reformulou sua teoria, dando a ela maior credibilidade científica. Piaget, porém, partiu de um paradigma de pensamento que influenciou a elaboração dos postulados teóricos e o método de pesquisa por ele adotado. A visão da essência de seu objeto de pesquisa, o ser humano como ser biopsicossocial, o levou a *olhá-lo* de forma integrada e considerar, em seu método de pesquisa, as relações causais como um processo de interação de fatores.

Todavia, as teorias psicológicas nem sempre foram formuladas obedecendo ao rigor científico, e muitas delas, hoje largamente difundidas, nem sequer foram objeto de verificação científica. A teoria das necessidades humanas de Maslow, a teoria da inteligência emocional e a teoria da *learning organization* são alguns exemplos.

Nesse sentido, nem todas as teorias psicológicas apresentam o mesmo grau de objetividade e de valor científico. A validade científica das teorias psicológicas pode ser identificada por meio de critérios como: capacidade de explicar fatos psicológicos, possibilidade de revelar relações não conhecidas entre conceitos e fatos observados e capacidade de levantar hipóteses e sugestões de explicação do comportamento passíveis de verificação posterior por meio de novos estudos. As teorias psicológicas não são definitivas. Os conhecimentos adquiridos por meio de novas pesquisas e de novos estudos são integrados às teorias, levando-as, assim, à reformulação e à atualização.

Entretanto, considerações de ordem ética constituem obstáculos à observação e à descrição dos fatos psicológicos, bem como à sua divulgação. É importante ressaltar as limitações determinadas pelos direitos humanos, entre eles o direito à privacidade e à integridade física e moral. Essas circunstâncias impedem, em Psicologia, a realização de muitos estudos possíveis em outras áreas do conhecimento humano.

A Psicologia como ciência e o controle do comportamento humano

Ao se desenvolver como ciência, a Psicologia trouxe, ao lado de conhecimentos de grande importância para a compreensão do comportamento humano, problemas éticos e de valores.

Kelman, já em 1968, mostrava que as pesquisas e os estudos científicos desenvolvidos nas diferentes áreas da Psicologia levavam a um conhecimento cada vez mais objetivo e sistemático, o que, em conseqüência, possibilitava o controle e a manipulação do comportamento humano. Esses problemas deveriam, segundo ele, preocupar não só os psicólogos, como também aqueles que fazem uso dos conhecimentos de natureza psicológica no exercício de diferentes funções, especialmente dentro das organizações. Pesquisadores como Max Pagés (1990), Dejours (1994), Chanlat (1990), Akatouf (1993) e Aguiar (1998) denunciaram a crescente e inescrupulosa utilização de conhecimentos científicos das diferentes áreas das ciências humanas como instrumentos poderosos de controle dos seres humanos, especialmente pelas organizações.

A atitude do cientista do comportamento diante dos problemas éticos que lhe são apresentados, quer em sua atividade de pesquisa, quer na atividade de agente de intervenção, vai depender de seus valores, de suas crenças na natureza humana e nos direitos humanos. Ruch e Zimbardo, ao discutirem a compreensão das relações causais entre os fatos psicológicos, a identificação dos processos psicológicos envolvidos em determinado comportamento e a identificação da maneira pela qual esses processos se desenvolvem, mostraram desde 1971 que esses fatores abriam caminho para duas importantes possibilidades. Em primeiro lugar, a possibilidade de identificar situações necessárias para a ocorrência de diferentes fatos e, portanto, de prever esses fatos. Em segundo lugar, a possibilidade de interferir no próprio comportamento, ativando ou mesmo provocando o processo que levaria a um comportamento desejado. De fato, à medida que se possa caracterizar comportamentos, explicar seus conteúdos e descrever as situações e condições nas quais eles tendem a ocorrer, criam-se condições para um maior controle do comportamento humano. Esse controle toma a forma de intervenções na maneira de sentir, de pensar e de agir das pessoas, e constitui um caminho pelo qual se poderia chegar ao planejamento das ações e dos sentimentos dos outros seres humanos.

Psicologia e planejamento do comportamento

Os autores mostram que, a esse respeito, podem ser observadas duas posições antagônicas, tanto entre os cientistas do comportamento, como entre aqueles que se utilizam dos conhecimentos científicos da Psicologia. A primeira posição baseia-se na crença de que a liberdade e a autodeterminação do ser humano são inerentes à sua natureza e constituem, portanto, um direito inalienável de cada indivíduo. A segunda posição parte do pressuposto de que outros podem e devem decidir sobre o que é melhor para o indivíduo. Assim, evidencia-se, nessa segunda posição, que não só seria possível, como também recomendável, planejar comportamentos de terceiros, condicionando seu desenvolvimento em determinada direção. Essa posição leva ao uso de estímulos externos, de influências não identificadas conscientemente pelos indivíduos. Dessa forma, o indivíduo é tomado como mero objeto de influência, manipulado de acordo com objetivos traçados pelo agente de intervenção, por fim reduzido a um passivo seguidor de um plano comportamental elaborado e executado sem seu conhecimento.

Ideologia e Psicologia

A Psicologia, como acentuam Kelman (1968) e Ruch e Zimbardo (1971), pode ser utilizada como um instrumento de libertação do ser humano. Pode ser utilizada para ajudá-lo a libertar-se quer das barreiras internas, quer das externas, que impedem seu crescimento e desenvolvimento. Mas também pode ser usada como um instrumento para conduzir o indivíduo de acordo com os interesses de outros, seja da sociedade em sentido mais amplo, seja das organizações, seja de grupos ideológicos. Aqui, o dilema ético apresenta-se em dois níveis. Primeiro, ao definir como seu objetivo o conhecimento científico do comportamento, a Psicologia poderá, fatalmente, envolver o controle e a manipulação do comportamento humano, apresentando um problema ético para aqueles que acreditam na liberdade e na autodeterminação dos indivíduos como seres humanos. O segundo dilema reside na direção a ser dada ao comportamento — e aqui o problema ético é ainda mais grave. Em outras palavras: quem deve manipular e controlar o comportamento humano? Quais os objetivos dessa manipulação e desse controle? Quem, e a título de quê, estará autorizado a exercer tais funções?

Essas são perguntas que ainda não encontraram respostas definitivas. Mesmo assim, o que resulta claro de uma reflexão sobre essas questões é que a prevenção das nefastas conseqüências de um uso equivocado dos instrumentos psicológicos é tarefa não apenas dos agentes, mas também dos *objetos* desses usos: à medida que os indivíduos se tornarem conscientes das forças que influenciam seu comportamento, terão condições objetivas de se contrapor a influências e manipulações, tornando-se mais livres e responsáveis por suas próprias ações. O conhecimento científico da psicologia pode, em síntese, ser usado para libertar ou escravizar, para formar os indivíduos como seres atuantes ou como seguidores passivos.

❖ RESUMO

O objeto da Psicologia foi definido como o comportamento observável dos seres vivos (animal e humano), e somente após esta definição a Psicologia conseguiu integrar-se às Ciências Sociais. As divergências na conceituação do objeto da Psicologia foram discutidas, mostrando-se os pressupostos básicos das diferentes abordagens. Os objetivos da Psicologia foram definidos como sendo os de descrever, explicar e predizer o comportamento. A integração das informações das demais áreas do conhecimento humano à Psicologia foi mostrada como uma das características do desenvolvimento da Psicologia como ciência. Ao mesmo tempo, discutiram-se os problemas éticos apresentados pelo desenvolvimento da Psicologia como ciência, o qual possibilita cada vez mais o controle e o planejamento do comportamento humano.

O conceito de método científico e o objeto da Psicologia foram analisados, enfatizando-se a natureza do fenômeno em estudo, que exige flexibilidade científica e diferentes métodos e técnicas de estudo. As diferentes funções da Psicologia foram discutidas. Salientou-se a importância do paradigma de pensamento e do sistema de valores do cientista na própria definição da Psicologia, bem como em sua aplicação.

❖ TERMOS E CONCEITOS IMPORTANTES

Behaviorismo: escola psicológica que limita o comportamento às ações diretamente observáveis dos seres vivos (humano e animal).
Cognitivismo: escola psicológica que considera os fatores internos (consciência–inconsciência) como objeto da Psicologia.
Comportamento humano: resulta da interação de fatores ambientais e genéticos.
Ideologia: conjunto de crenças ou sistemas de valores aceitos por um indivíduo, pelos grupos ou pela sociedade.
Método científico: instrumento utilizado pela ciência na sondagem da realidade. Instrumento formado por um conjunto de procedimentos, mediante os quais os problemas científicos são formulados e as hipóteses científicas são examinadas.

Objetivos da Psicologia: descrever, explicar e predizer comportamentos.
Objeto da Psicologia: comportamento observável nos seres vivos (animal e humano).
Pesquisa-ação: processo em que o cientista social estuda o processo social, ao mesmo tempo que participa na intervenção da realidade.
Psicologia: ciência do comportamento dos seres vivos (humano e animal).
Ciência: forma rigorosa do saber humano. Resulta da investigação sistemática e das operações e transformações mentais que o cientista realiza com os dados observados. A ciência não é verdade acabada. Poderá ser desenvolvida ou modificada por novas descobertas científicas.

❖ QUESTÕES

1. Explique a diferença entre Psicologia como ciência e bom senso.
2. Qual o objeto de estudo da Psicologia?
3. Explique a diferença entre comportamento observável diretamente e comportamento inferido por meio de outros comportamentos. Quais os sistemas de valores que embasam essas definições?
4. Explique por que a compreensão e o conhecimento objetivo dos processos psicológicos envolvidos em determinado comportamento permitem o exercício de uma maior influência na mudança do comportamento.
5. Explique por que a manipulação do comportamento humano é um problema ético.
6. Explique por que o comportamento humano na organização não pode ser explicado somente por meio de fatores psicológicos.
7. Quais as características de um método científico?
8. O que é método?
9. O que é científico?
10. O que é ciência?

❖ APLICAÇÃO

Exemplos de observações científicas na Psicologia

1. Experiência do psicólogo social Salomon Asch

Asch estudou a influência das normas grupais sobre o comportamento de seus membros. A hipótese levantada por esse pesquisador era de que as percepções dos indivíduos são modificadas em função dos padrões de perceptibilidade do grupo.

Experimento

Organizou-se um grupo de seis indivíduos do sexo masculino, de idade e conhecimentos acadêmicos semelhantes. Os indivíduos deviam emitir opiniões sobre o tamanho de linhas que lhes eram apresentadas, duas a duas, em cartões individuais. Os participantes do experimento, com exceção de um, foram orientados para dar respostas erradas, ou seja, para afirmar que as linhas eram iguais, quando na realidade eram diferentes, e vice-versa. O indivíduo que não havia recebido essa orientação passou por um processo de influência grupal: no final de algumas exposições dos cartões, passou a duvidar das próprias afirmativas e começou a dar respostas iguais às do grupo, ou seja, erradas. Esse experimento possibilitou que se inferisse a influência das forças grupais no comportamento de seus membros.

Trabalho de grupo
1. Pesquise na Internet e em diferentes organizações (públicas, privadas, nacionais e multinacionais) os objetivos da aplicação dos conhecimentos psicológicos, assim como as formas de sua aplicação (seleção psicológica, treinamento etc.).
2. Analise o sistema de valores que os fundamentam.

❖ REFERÊNCIAS BIBLIOGRÁFICAS

ARENDT, Hannah. *A condição humana*. Rio de Janeiro: Editora Forense Universitária, 1999.
ARNÁIZ, Graciano González R. *50 E. Lévinas:* humanismo e ética. Madrid: Editoral Cincel, 1992.
CARDOSO, Míriam L. O mito do método. In: Seminário de método e estatística, 1972, Rio de Janeiro, PUC, Coordenadoria de Ensino de Estatística, 1972.
_____. *La construcción de conocimientos:* questiones de teoría y método. México: Ediciones Era, 1977.
CASTELLS, Manoel. *Epistemologia e ciências sociais*. Porto: Edições Res, 1976.
CHANLAT, Jean François. *O indivíduo na organização*. São Paulo: Atlas, 1992. v. 1, 2 e 3.
CASTRO, Cláudio M. *Prática da pesquisa*. São Paulo: McGraw-Hill, 1979.
DEMO, Pedro. *Metodologia científica em ciências sociais*. São Paulo: Atlas, 1995.
GALLIANO, Guilherme A. *O método científico,* teoria e prática. São Paulo: Harper and Row, 1979.
GEISER, Robert L. *Modificação do comportamento e sociedade controlada*. Rio de Janeiro: Zahar Editores, 1978.
GREIMAS, A. J.; LANDOWSKI, E. *Análise do discurso em ciências sociais*. São Paulo: Editora Global Universitária, 1986.
GOLDMANN, Lucien. *Ciências humanas e filosofia*. Difusão Européia do Livro, 1967.
INGRAN, David. *Habermas e a dialética da razão*. Brasília: Editora Universidade de Brasília, 1994.
JAPIASSU, Hilton. *Introdução à epistemologia da psicologia*. São Paulo: Ed. Letras & Letras, 1995.
_____. *Questões epistemológicas*. Rio de Janeiro: Imago, 1981.
_____. *Introdução ao pensamento epistemológico*. Rio de Janeiro: Livraria Francisco Alves, 1977.
KELMAN, Herbert. *A time to speak of human values and social research*. São Francisco: Jossey-Bass, 1968.
KERLINGER, F. *Foundations of behavioral research*. 2nd. ed. New York: Harper and Row, 1976.
LAPASSADE, George. *Grupos, organizações e instituições*. Rio de Janeiro: Livraria Francisco Alves, 1977.
MARX; HILLIR. *Sistemas e teorias em psicologia*. São Paulo: Cultrix, 1974.
MORIN, Edgar. *Ciência com consciência*. Rio de Janeiro: Bertrand-Brasil, 1996.
_____. *Introdução ao pensamento complexo*. Lisboa: Instituto Piaget, 1990.
_____. *O Método I:* A natureza da NATUREZA. Portugal: Publicações Europa-América, 1977.
_____. *O Método II:* A vida da VIDA. Portugal: Publicações Europa-América, 1980.
_____. *O Método III:* O conhecimento do CONHECIMENTO. Portugal: Publicações Europa-América, 1986.
_____. *O Método IV:* As idéias: A sua natureza, vida, habitat e organização. Portugal: Publicações Europa-América, 1991.
MCKEACHIE, Wilbert J.; DOYLE, C. *Psychology*. New York: Addison-Wesley, 1972. Cap. 1.
PAGÉS, Max. *O poder das organizações*. São Paulo: Ed. Atlas, 1987.
PIAGET, Jean. *Psicologia da inteligência*. 2. ed. Rio de janeiro: Zahar Editores, 1983.
_____. *Psicologia e epistemologia*. Portugal: Publicações Dom Quixote, 1991.

_____. *Epistemologia genética*. São Paulo: Martins Fontes, 1990.

QUIVY, Raymond; CAMPENHOUDT, LucVan. *Manual de investigação em Ciências Sociais*. Lisboa: Gradiva Publicações, 1998.

RUCH, L. Floyd; ZIMBARDO, G. Philip. *Psychology and life*. 8th. ed. New York: Scott Foreman and Company, 1971.

SKINNER, B. F. *O mito da liberdade*. Rio de Janeiro: Bloch Editores, 1977.

_____. *Walden II* — uma sociedade do futuro. São Paulo: EPU, 1978.

VAN DALLEN. *Understanding educational research*. 3rd. ed. New York: McGraw-Hill.

6

Teoria Psicanalítica e Sua Aplicação nas Organizações

Ao terminar a leitura deste capítulo, você deverá ser capaz de:
1. identificar os pressupostos básicos da teoria psicanalítica;
2. conhecer os conceitos principais da teoria psicanalítica;
3. compreender o processo de falsificação de consciência;
4. compreender a distinção entre desejos e necessidades;
5. compreender o mecanismo de defesa psicológica (interna);
6. compreender o processo de repressão (externa);
7. compreender a psicodinâmica do trabalho;
8. compreender o sofrimento humano no trabalho.

A teoria psicanalítica teve como fundador Freud, nascido em 1856, na Áustria. Freud formou-se em medicina. Seu interesse inicial foi o estudo dos distúrbios mentais, sua compreensão e seu tratamento. Entretanto, ele não seguiu o caminho rígido e oficialmente traçado pelas ciências médicas da época, fundamentadas basicamente na biologia, na histologia e na filosofia. Na verdade, vários dos conceitos que ele adotou foram considerados, na época, *acientíficos*, *metafísicos* e *mentalísticos*.

Freud e o método científico

Freud estudou os aspectos irracionais da vida humana. Sua primeira grande contribuição à psicologia foi a introdução do método científico na área da irracionalidade. Ser científico, segundo Freud, não significa necessariamente escolher um fenômeno racional como objeto de estudo, mas aplicar o método científico ao estudo dos fenômenos, independentemente de os fenômenos estudados serem considerados racionais ou irracionais. Com isso, Freud integrava à psicologia o estudo dos processos mentais. O próprio Freud enfrentou o desafio representado pelo novo tipo de estudo científico por ele proposto, e sua continuidade tem sido garantida por cientistas do comportamento em diferentes universidades e centros de pesquisas psicológicas.

Freud desenvolveu a teoria geral da dinâmica da personalidade, o estudo da natureza humana no decorrer das várias faixas de idade e a teoria do impacto da sociedade, da cultura e da religião sobre a personalidade. A psicanálise desenvolveu-se inicialmente como uma técnica psicoterapêutica, para depois transformar-se em uma teoria psicológica que abrange quase toda a área das personalidades normal e anormal, englobando os campos da antropologia, da sociologia, da história e das artes.

Conceitos principais

Os conceitos principais da teoria psicanalítica são os de energia, libido, e deslocamento e pulsão; as subdivisões da personalidade (*id*, *ego* e *superego*); as qualidades mentais (consciente, pré-consciente e inconsciente); os instintos; as defesas do ego e a formação das características individuais.

Energia

A energia mental é algo que pode ser transformado, dirigido, acumulado, preservado, descarregado e dissipado, mas não pode ser totalmente destruído. Há diferentes tipos de energias mentais, mas todas apresentam a mesma natureza e os mesmos impulsos instintivos inatos.

Libido

É a energia que constitui o substrato das transformações da pulsão sexual. Essas transformações podem ser quanto ao objeto (deslocamento dos investimentos), quanto ao alvo (que pode ser o mecanismo de sublimação) e quanto à fonte (diversidade das zonas erógenas).

Deslocamento

É o mecanismo de defesa caracterizado pela transferência de emoções ou fantasias do objeto a que estariam originalmente associados para um substituto, ou seja, transferência da libido de uma forma de expressão para outra.

Pulsão

As pressões são forças que atuam na vida mental. Uma vez em interação, elas inibem ou favorecem o desenvolvimento umas das outras. É um processo dinâmico, que consiste em uma pressão ou força (carga energética, fator de motricidade) que faz tender o organismo para um alvo. Para Freud, a pulsão nasce de uma tensão corporal e visa suprimir essa tensão.

A pulsão é definida por meio de quatro elementos: o *impulso*, que é a magnitude da pulsão; a *fonte*, que é o órgão do qual ela emana; o *fim*, que consiste na descarga do impulso que traz satisfação, e o *objeto*, por meio do qual a satisfação pode ser obtida.

Subdivisões da personalidade

Id

O *id* é a parte mais obscura, inacessível e desorganizada da personalidade e o mais primitivo e mais velho dos sistemas mentais. Ele constitui o pólo pulsional da personalidade; seus conteúdos, expressão psíquica das pulsões, são inconscientes, em parte hereditários e inatos, em parte recalcados e adquiridos. O *id* contém apenas idéias de gratificações imediatas, os desejos, em que investe toda sua energia. Limita-se à procura da satisfação dos desejos.

O *id* ignora a realidade objetiva; sua realidade é subjetiva e autística. Não possui valores, ética ou moral. Os conteúdos do *id* são permanentes, não se modificam com o passar do tempo; nada nele é passado ou esquecido; para ele, as leis da lógica e da razão não existem. Dentro do *id* podem coexistir desejos contraditórios, sem que um negue o outro. Sua energia é mais fluida que a das outras regiões da personalidade. A função do *id* é a busca do prazer. O processo psíquico por ele usado é o primário, ou seja, a descarga da tensão tão logo esta o atinja. O *id* possui os dois tipos de pulsões — pulsões de vida e pulsões de morte — e é nesse sentido que é concebido como *o grande reservatório* da libido e, igualmente, da energia pulsional.

Ego

É a parte organizada da personalidade. É o executivo, envolvendo todas as funções denominadas especificamente psicológicas: percepção, aprendizagem, memória e raciocínio. O ego está numa relação de dependência em relação às reivindicações do *id*, bem como dos imperativos do superego, e às exigências da realidade. Embora se situe como mediador encarregado aos interesses da totalidade da pessoa, sua autonomia é totalmente relativa.

Quando relacionado ao que Freud denominou, no aparelho psíquico, de pré-consciente, o ego é mais vasto que essa instância, na medida em que suas operações defensivas são em grande parte conscientes. Para Freud, o "ego tem prazer na defesa", "em todas as ocasiões verdadeiramente sérias ele volta atrás, reencontra seus objetivos e prossegue sua resistência". O ego é descrito por

Freud como uma organização de representações caracterizada por vários elementos: facilitação das vias associativas interiores a esse grupo de representações, investimento constante por uma energia de origem endógena, isto é, pulsional, distensão entre uma parte permanente e uma parte variável. É a permanência no ego de um nível de energia interna que permite (ao ego) inibir os processos primários, não só aqueles que levam à alucinação, mas ainda os que seriam suscetíveis de desprazer provocado pelo dispêndio total da defesa.

O ego não é concebido como uma única instância personificada no interior do psiquismo. Certas partes dele podem separar-se, a instância crítica ou consciência moral; uma parte do ego põe-se diante da outra, julga-a de forma crítica. A consciência é, para Freud, o núcleo do ego e as funções que pertencem ao pré-consciente são englobadas no ego. O ego é, portanto, em grande parte, inconsciente. Esse algo inconsciente encontrado no ego se comporta como o recalcado, aquilo que produz efeitos poderosos sem se tornar consciente e que necessita, para se tornar consciente, de um trabalho especial.

O ego, para Freud, exerce várias funções no psiquismo: controle da motilidade e da percepção, prova de realidade, antecipação, ordenação temporal dos processos mentais, pensamento racional e também preterição, racionalização, defesa compulsiva contra as reivindicações pulsionais (oposição às pulsões e satisfação das pulsões, *insight* e racionalização, conhecimento objetivo e deformação sistemática, resistência e resolução das resistências etc.).

O ego surge, essencialmente, como o mediador que tenta ter em conta exigências contraditórias e por isso mesmo encontra-se ameaçado por diferentes perigos: do mundo exterior, da libido, do *id* e da severidade do superego. O ego tenta tornar o *id* dócil ao mundo, e este, graças à ação muscular, conforme ao desejo do *id*.

A primeira função do ego, portanto, é proteger a vida do indivíduo contra os perigos que surgem no mundo externo. No entanto, sua mais elevada realização é o controle do ambiente. Com a ajuda da percepção e da memória, pensando, julgando e utilizando canais motores de excitações que atingem o ego, este é capaz de inibir descargas. Assim, pode-se dizer que o ego controla o caminho de acesso à faculdade de mover-se, ou seja, à motilidade. A função de autopreservação do ego requer que ele tenha controle sobre as demandas dos instintos do *id*, desde que a imediata gratificação dos instintos ponha em risco a vida da pessoa. É o ego que decide se um instinto poderá ser satisfeito ou não. Se a decisão é afirmativa, o ego determina igualmente o tempo e as demais circunstâncias para sua satisfação. Se a decisão é negativa, o ego tem a função de suprir as excitações instintivas ou de conduzi-las para outros canais. Em síntese, a função do ego, em uma pessoa normal, bem adaptada, é dirigir a personalidade. As forças oriundas do *id*, do superego e do mundo externo, que atuam sobre o ego, são por ele sintetizadas em uma harmoniosa unidade, sob a inteligente e benevolente jurisdição do Princípio da Realidade.

Sob o controle do ego, que passa a substituir o Princípio de Prazer, o Princípio da Realidade tem por finalidade inibir a descarga da excitação até que seja encontrado o objeto apropriado ou as condições ambientais adequadas para a satisfação da necessidade. O Princípio da Realidade serve ao Princípio do Prazer, à medida que adia uma gratificação imediata, que poderia ocasionar sofrimento, em benefício de uma gratificação futura, em que o risco de sofrimento estaria consideravelmente reduzido.

Superego

Representa a moralidade, reflete os padrões da sociedade em que a criança é educada e é a última subdivisão da personalidade a ser formada. O superego luta pela perfeição: é o ego ideal. O ego ideal estabelece os padrões da conduta ética, enquanto a consciência age na função de um juiz, que impõe punições para as infrações dos padrões estabelecidos.

As funções do superego são, para Freud, a consciência moral, a auto-observação e a formação de ideais. O superego é uma instância que se separou do ego e que parece dominá-lo. Em sua função crítica, opõe-se ao ego, julga-o de forma crítica. No sentido lato, Freud dá ao superego a dupla função de interdição e de ideal.

A formação do superego, para Freud, é decorrente do declínio do complexo de Édipo. A criança renuncia a seus desejos edipianos na impossibilidade de satisfazê-los e transforma esse investimento nos pais com os pais. Para Freud, embora a formação do superego seja iniciada pela renúncia aos desejos edipianos amorosos e hostis, o superego é enriquecido pelas contribuições posteriores sociais e culturais (educação, religião, moralidade).

O superego da criança não é uma cópia do superego dos pais, mas se forma à imagem do superego dos pais. Isso significa que existe toda uma relação e uma dinâmica própria da criança, ao perceber e vivenciar o superego dos pais, e é aí que se verifica o que há de particular e de diferenciado em cada indivíduo.

O superego comporta-se em relação ao ego do mesmo modo que os pais se comportam em relação à criança. Quando o ego quebra uma regra do superego, este pune o ego, fazendo com que se sinta culpado. O superego retira sua aprovação, como os pais retiram seu amor; comanda, corrige e julga o ego; presta-lhe favores quando este lhos solicita. O ego se enche de orgulho quando alcança os padrões do superego. A consciência tem a função específica de manter o ego sob vigilância, a fim de observar se este alcança as exigências do superego.

A função mais geral do superego é limitar as gratificações instintivas, não de acordo com o Princípio da Realidade, que orienta o controle do ego sobre os impulsos, mas de acordo com o perfeccionismo e os inacessíveis padrões impostos pelos pais, ou melhor, pelo superego dos pais.

A limitação da gratificação instintiva decorre do fato de que o exercício mais comum da autoridade dos pais é dirigido para a supressão ou regulamentação dos impulsos sexuais ou agressivos. Tal supressão ou regulamentação atende a regras imperativas. As regras do superego são também imperativas.

Ao conceituar *id*, ego e superego, Freud também define suas funções, que podem ser resumidamente explicitadas como: ego é o agente de defesa, superego é o sistema de interdições e *id* é o pólo pulsional.

Ao dividir a personalidade em três unidades — *id*, ego e superego —, Freud não estabeleceu fronteiras rígidas entre elas, porque, para ele, a personalidade total de uma pessoa normal seria justa quando trabalhada como uma unidade, e não como três sistemas separados e em oposição.

As qualidades mentais

O conteúdo da mente pode ter uma das três qualidades: consciente, pré-consciente ou inconsciente. Somente os conteúdos que resultam dos processos do ego podem ser conscientes, mas nem tudo que o ego produz é consciente. Na maioria das vezes, as realizações do ego são pré-conscientes.

Consciente (psicológico)

É a qualidade momentânea que caracteriza as percepções externas e internas do meio do conjunto dos fenômenos psíquicos. Do ponto de vista tópico (localização), o sistema percepção–consciência está situado na periferia do aparelho psíquico, recebendo ao mesmo tempo as informações do mundo exterior e as do interior, isto é, as sensações que se inscrevem na série desprazer–prazer e as revivescências mnésicas. Muitas vezes Freud liga a função percepção-consciência ao sistema pré-consciente, então designado como sistema pré-consciente–consciente.

Do ponto de vista funcional, o sistema percepção-consciência opõe-se aos sistemas de traços mnésicos, que são o inconsciente e o pré-consciente: nele não se inscreve qualquer tipo durável de excitações. Do ponto de vista econômico, caracteriza-se pelo fato de dispor de uma energia livremente móvel, suscetível de sobreinvestir este ou aquele elemento (mecanismos da atenção).

A consciência desempenha um papel importante na dinâmica do conflito (evitação consciente do desagradável, regulação mais discriminadora do Princípio do Prazer) e do tratamento (função e limite da tomada de consciência), mas não pode ser definida como um dos pólos em jogo no conflito defensivo.

Pré-consciente

É um sistema do aparelho psíquico nitidamente distinto do sistema inconsciente; qualifica as operações desse sistema pré-consciente. Os conteúdos não estão presentes no campo atual da consciência e, portanto, são inconscientes no sentido *descritivo* do termo, mas distinguem-se dos conteúdos do sistema inconsciente, à medida que permanecem de direito acessíveis à consciência (conhecimentos e recordações não atualizados, por exemplo). O sistema pré-consciente rege-se pelo processo secundário. Está separado do sistema inconsciente pela censura, que não permite que os conteúdos e os processos inconscientes passem para o pré-consciente sem sofrer transformações.

O pré-consciente é sobretudo utilizado como adjetivo, para qualificar o que escapa à consciência atual sem ser inconsciente no sentido estrito. Do ponto de vista sistemático, qualifica conteúdos e processos ligados ao ego quanto ao essencial e também ao superego.

Inconsciente

É um sistema definido por Freud como presente no aparelho psíquico. É constituído por conteúdos recalcados, aos quais foi recusado o acesso ao sistema pré-consciente–consciente pela ação do recalcamento.

As características essenciais do inconsciente são: a) seus *conteúdos* são *representantes* das pulsões; b) esses *conteúdos* são regidos pelos mecanismos específicos do processo primário, nomeadamente a condensação e o deslocamento, portanto, é estruturado por elementos formais, existindo uma ordem inconsciente; c) fortemente investidos pela energia pulsional, os *conteúdos* procuram retornar à consciência e à ação (retorno do recalcado), mas não podem ter acesso ao sistema pré-consciente–consciente senão nas formações de compromisso, depois de terem sido submetidos às deformações da censura; d) são, mais especialmente, certos desejos da infância que conhecem uma fixação no inconsciente.

O inconsciente tem uma organização própria, em que existem pensamentos caracterizados pela fantasia, e pode-se dizer que ele se expressa na fala, por meio dos atos falhos, ou nos sonhos. O discurso, portanto, nesse sentido, assemelha-se ao consciente, em que existem o pensamento e a fala.

Lacan enfatiza a visão do inconsciente como uma estrutura simbólica, mostrando as relações entre elementos formais. Produz a partir daí um sentido;

portanto, a forma aparece como uma expressão exterior e não como uma determinante. O sonho representa os pensamentos e os desejos, embora não seja o elemento que os causa.

Finalizando, o inconsciente é determinado processo operatório que transforma certos conteúdos; logo, o importante é saber qual é a forma pela qual se modificam. O inconsciente não é nem ser nem não-ser, mas é algo não-realizado. É inacessível à contradição, à localização espaço-temporal como a função do tempo. Freud assegura que no inconsciente existe pensamento, que é inconsciente, que se revela como ausente.

Princípio do Prazer

O indivíduo obedece ao princípio fundamental de seu funcionamento, isto é, buscar o prazer e evitar o desprazer. Na medida em que o desprazer está ligado ao aumento das quantidades de excitação e o prazer à sua redução, o princípio do prazer é um princípio econômico.

As pulsões, de início, só procurariam descarregar-se, satisfazer-se, pelos caminhos mais curtos. Progressivamente, fariam a aprendizagem da realidade (Princípio da Realidade), que, segundo Freud, é a única que permitirá às pulsões atingirem, por meio dos desvios e dos adiamentos necessários, a satisfação almejada.

Princípio da Realidade

Segundo Freud, é um dos dois princípios que regem o funcionamento mental. Ele está ligado ao Princípio do Prazer modificado. Essa modificação se dá à medida que ele consegue impor-se como princípio regulador. Nesse processo, a procura da satisfação não se efetua pelos caminhos mais curtos, mas adia seu resultado em função das condições impostas pelo mundo exterior, ou busca desvios para a concretização do prazer (Laplanche, p. 470).

Processo primário e processo secundário

Freud define os dois modos do aparelho psíquico como processo primário e processo secundário.

O processo primário caracteriza o sistema inconsciente e o processo secundário caracteriza o sistema pré-consciente-consciente.

No que diz respeito às características econômico-dinâmicas, Freud mostra que, no processo primário, a energia psíquica é liberada livremente. Ela passa de uma representação para outra sem nenhuma barreira, por meio dos mecanismos de deslocamento e de condensação. Entretanto, no processo secundário, a energia está ligada, antes de se escoar, a uma representação e de forma controlada.

As representações são investidas de uma maneira mais estável e a satisfação é adiada, permitindo, assim, experiências mentais que põem à prova os diferentes caminhos da satisfação.

Instintos

Um instinto é a representação mental, no *id*, de uma fonte somática interior de estimulação. Um estímulo que surge de um processo de excitação em um órgão ou tecido corporal é denominado necessidade. O objetivo do instinto é abolir a tensão causada pela necessidade (*need*). Se consegue atingir o objetivo, o indivíduo experimenta prazer.

Os instintos são, em geral, a soma da energia que dirige os processos psicológicos. Para Freud, os instintos são conservadores por natureza. O número dos instintos observáveis é indeterminado, mas sabe-se que pertencem a dois grupos específicos: instintos de vida e instintos de morte. Os instintos de sobrevivência têm por objetivo a autopreservação do indivíduo, e os instintos sexuais, a preservação da espécie. Os instintos mais conhecidos são os sexuais, cuja característica principal, segundo Freud, é o surgimento em diferentes regiões do corpo. Os instintos sexuais são muito flexíveis. Podem mudar muito facilmente seus objetivos e objetos. Surgem em regiões específicas do corpo durante o desenvolvimento da criança. Durante os primeiros cinco anos de vida, esse desenvolvimento é caracterizado pelas fases oral, anal e fálica. Depois dessa última fase, a criança atinge a latência e prossegue o desenvolvimento final de sua personalidade, que consiste na organização de todas as funções sexuais a serviço da reprodução.

Freud julga que muito de nossa herança cultural mais valorizada foi adquirida à custa da repressão e da inibição dos instintos sexuais. A energia originariamente destinada à satisfação sexual é, uma vez reprimida, levada a procurar outros canais. O amor é um desses canais. Todas as manifestações de amor — amor entre pais e filhos, amor à humanidade, ou a dedicação a objetos ou idéias abstratas — são expressões do mesmo instinto básico: o instinto sexual.

Desejos

A tradição filosófica fez seus mais sérios esforços no sentido de demonstrar que o homem é um ser racional, ser de pensamento. Mas as produções culturais que saem de suas mãos sugerem, ao contrário, que o homem é um ser de desejo. Desejo é sintoma de privação, de ausência. Desejo pertence aos seres que se sentem privados, que não encontram prazer naquilo que o espaço e o tempo presente lhes oferecem. O desejo que pode parecer a busca de um objeto é, na verdade, a busca de uma falta, o que caracteriza a marcha prospectiva ao infinito do desejo. Não há satisfação que não abra irremediavelmente o campo de uma insatisfação e é aí que se encontra o momento do prazer, que nunca é definitivo, já que reabre o circuito.

Lacan enfatiza que não se deve entender o desejo como um desarranjo do instinto, mas como uma particular subversão por meio de sua articulação no nível do simbólico, isto é, no nível da fantasia, o que constitui a dimensão do desejo como estando em outro nível diferente daquele em que se encontra a necessidade, que está no plano do instinto. (Exemplo: desejo edipiano, o menino deseja substituir o pai junto à mãe.)

Necessidade

Nasce de um estado de tensão interna, encontra sua satisfação pela ação específica, que fornece o objeto adequado (alimentação, por exemplo); o desejo está indissoluvelmente ligado a traços de memória e encontra sua realização na reprodução fantasiosa das percepções que passaram a ser sinais dessa satisfação. O desejo não pode ser reduzido à necessidade, porque não é fundamentalmente uma relação com o objeto real, mas depende da fantasia, que é individual e não controlável externamente.

Recalque

No sentido próprio: operação pela qual o indivíduo procura repelir ou manter no inconsciente representações (pensamentos, imagens, recordações) ligadas a uma pulsão. O recalcamento produz-se nos casos em que a satisfação de uma pulsão — suscetível de proporcionar por si mesmo satisfação — ameaçaria provocar desprazer relativamente a outras exigências. Pode ser considerado um processo psíquico universal, na medida em que estaria na origem da constituição do inconsciente como domínio separado do resto do psiquismo.

Sublimação

Processo postulado por Freud para explicar atividades humanas sem qualquer relação aparente com a sexualidade, mas que encontrariam seu elemento propulsor na força da pulsão sexual. Freud descreveu como atividade de sublimação principalmente a atividade artística e a investigação intelectual. Diz-se que a pulsão, é sublimada à medida que é derivada para um novo alvo sexual ou que visa objetos socialmente valorizados.

Repressão

A repressão é, possivelmente, o primeiro mecanismo que o ego utiliza na defesa contra o *id*. Esse mecanismo frustrará a liberação de energia instintiva, criando um bloqueio ao instinto, de modo que ele não pode tornar-se consciente ou expressar-se em forma de comportamento aberto. Essa repressão age diretamente sobre os propósitos do instinto.

Pulsões de morte

O quadro da última teoria freudiana das pulsões designa uma categoria fundamental de pulsões que se contrapõem às pulsões, de vida e que tendem à redução completa das tensões, isto é, tendem a reconduzir o ser vivo ao estado anorgânico. Voltadas inicialmente para o interior e tendentes à autodestruição, as pulsões de morte seriam secundariamente dirigidas para o exterior, manifestando-se, então, sob a forma da pulsão agressiva ou destrutiva.

Pulsões de vida

Grande categoria de pulsões que Freud contrapõe, em sua última teoria, às pulsões de morte. Elas tendem a construir unidades cada vez maiores e a mantê-las. As pulsões de vida, também designadas pelo termo Eros, abrangem não apenas as pulsões sexuais propriamente ditas, mas ainda as pulsões de autoconservação.

Conflito psíquico

Em psicanálise, fala-se de conflito quando, no indivíduo, se opõem exigências internas contrárias. O conflito pode ser manifesto (entre um desejo e uma exigência moral, por exemplo, ou entre dois sentimentos contraditórios) ou latente, podendo este exprimir-se de forma deformada no conflito manifesto e traduzir-se na formação de sintomas, desordens do comportamento, perturbações do caráter etc. A psicanálise considera o conflito entre o desejo e a defesa, o conflito entre os diferentes sistemas ou instâncias, os conflitos entre as pulsões e, por fim, o conflito edipiano, em que não apenas se defrontam desejos contrários, mas em que estes enfrentam a interdição.

Identificação

Processo psicológico pelo qual o indivíduo assimila um aspecto, uma propriedade, um atributo do outro e se transforma, total ou parcialmente, segundo o modelo dessa pessoa. A personalidade constitui-se e diferencia-se por uma série de identificações.

Identificação com o agressor

Mecanismos de defesa (do ego): o indivíduo, confrontado com um perigo exterior (representado tipicamente por uma crítica emanada de uma autoridade), identifica-se com seu agressor, assumindo por sua própria conta ou adotando certos símbolos de poder que o designam. Segundo Anna Freud, esse mecanismo seria predominante na construção da fase preliminar do superego, pois a agressão mantém-se então dirigida para o exterior e não se voltou ainda contra o indivíduo sob a forma de autocrítica.

A teoria psicanalítica e o comportamento humano na organização: contribuições e limitações

A empresa cria necessidades, padroniza-as e tenta satisfazê-las no nível do simbólico, explora as carências sociais e emocionais do trabalhador. As técnicas de gerência participativa caracterizam essas estratégias manipulativas, mediante seus programas de incentivos, como festas de confraternização com a presença de diretores e presidentes, viagens com permanência em hotéis de 4 e 5 estrelas, convenções em centros de alto nível, coquetéis, envolvimento das famílias nessas ocasiões etc., visando um pseudo-*status*, ou seja, um acesso momentâneo a uma posição de igualdade na estrutura de poder e nas relações sociais na empresa, que na realidade não existem e nem se pretende que existam.

Esse processo psicológico poderá trazer, no primeiro momento, uma aparente satisfação de frustrações e carências dos trabalhadores. Entretanto, a médio e longo prazos, essa farsa vai sendo denunciada no cotidiano pelos próprios indivíduos. Essa denúncia vivenciada por eles gera profundas frustrações, que poderão ser explicitadas de diferentes formas, como: desinteresse pelo trabalho, baixa produtividade com desestimulação, o que representa a apatia psicológica, e também, por outro lado, pode provocar reações altamente agressivas, à medida que esses membros da organização se apercebem de que foram traídos em seus sentimentos e em suas necessidades psicológicas e sociais.

As greves selvagens, os roubos de peças, os incêndios de fábricas, a manutenção dos membros das diretorias das organizações como reféns, as invasões e ocupações de fábricas e depósitos não são, como se quer ver, uma ação exclusiva dos sindicatos. Mesmo um sindicato de grande influência sobre a classe trabalhadora jamais conseguiria tais tipos de ações grevistas, se não houvesse uma profunda frustração e raiva contidas, que encontram, nesse dado momento, uma forma de explicitação concreta.

Diretamente relacionada às manipulações das necessidades individuais dos membros das organizações, como já vimos, padronizadas pelas empresas, encontra-se a confusão entre desejos e necessidades nas técnicas e formas de gerenciamento participativo do trabalho. Essa confusão é a causadora dos insucessos de muitos programas de recursos humanos.

Os desejos individuais e indestrutíveis estão no nível do inconsciente. Tentar substituir os desejos dos indivíduos e satisfazê-los de acordo com as necessidades das organizações são uma tentativa impraticável. Pode-se impedir os indivíduos, portanto os membros pertencentes aos diferentes níveis hierárquicos das organizações, de terem acesso a seus desejos por meio de barreiras e constrangimentos externos, mas isso provocará um processo de efervescência e frustração, que poderá explodir em reações de apatia ou agressividade. Jamais se poderão padronizar desejos, pois estes são individuais e inconscientes.

Quanto às necessidades individuais, a tentativa de padronizá-las é uma estratégia das organizações para, ao indiferenciar os indivíduos, tranformá-los em tipos padronizados, em vez de identificá-los como pessoas. Essa padronização, por um lado, facilita o controle, mas, por outro, diminui e impede o desenvolvimento mental, o desenvolvimento da consciência crítica (individual) e a responsabilidade do indivíduo com ele próprio, com a sociedade e com seu trabalho na organização. Portanto, é uma "faca de dois gumes": ela cria seguidores obedientes e conformados, mas impede o desenvolvimento efetivo da produtividade, a melhoria da qualidade dos produtos e o desenvolvimento socioeconômico, político e cultural da sociedade e dos próprios indivíduos. E, mais grave, gera frustrações e conflitos, que podem ser externados na autodestruição e/ou na concreta destruição do objeto causador das frustrações.

Quando se aborda a teoria psicanalítica nas organizações em uma perspectiva de adequação do indivíduo a seu meio ambiente (psicologia do ego, da linha psicanalítica americana), várias técnicas têm sido desenvolvidas nas empresas, como, por exemplo, a psicanálise transacional, que visa a melhoria das relações interpessoais e a conseqüente adequação dos indivíduos à organização.

Quando a teoria psicanalítica é abordada a partir da perspectiva freudiana ortodoxa e/ou lacaniana, a aplicação às organizações é revertida. Essa abordagem aponta na direção da essência na natureza psicológica do ser humano, de seus componentes, dinâmica, distúrbios e conseqüências. Ela dá subsídios para a compreensão de conflitos intra e interpessoais, entre eles o conflito capital x trabalho, denuncia os sistemas, processos e técnicas *participativas* de gerência como instrumentos de manipulação e geradores de frustrações e conflitos nas organizações.

Rouanet dá uma contribuição à compreensão de como ocorre a relação entre as organizações e os indivíduos, a repreensão externa oriunda da empresa e a defesa interna dos indivíduos, que levam ao bloqueio e a uma falsificação da consciência tanto no nível da percepção como no do pensamento.

A repressão externa condiciona as estruturas da ação do indivíduo, pois, se ele se manifesta de maneira autêntica e com autonomia, fica exposto às sanções do sistema.

Para que o indivíduo não seja movido em suas ações por suas pulsões internas e pela busca da realização de seus desejos próprios, o que contrariaria os objetivos das organizações e o levaria ao desprazer (por correr o risco de sofrer sanções de diferentes tipos por parte das organizações), o indivíduo cria defesas internas que o levam à fuga, impedindo a percepção objetiva dos fatos e das situações, bem como dos próprios sentimentos e desejos, ao mesmo tempo que distorce a capacidade de pensar objetiva e amadurecidamente, assim como leva à deturpação do conteúdo do pensamento. Portanto, há uma falsificação da percepção do pensamento e, como conseqüência, da consciência, o que caracteriza o processo de defesa interna, mantendo o indivíduo no nível de infantilismo psíquico. Ele mente para si mesmo e para os outros.

Por outro lado, a repressão externa gera um mecanismo de defesa que transforma o ego, ou a parte consciente da personalidade, em uma consciência autoritária e rígida a serviço dos objetivos, dos valores e das crenças das organizações.

O ego assim deformado deixa de ser aquele integrador do superego e do *id* de cada indivíduo. O desequilíbrio entre os desejos e os valores individuais, bem como a condução de sua vida de forma consciente e socialmente equilibrada desaparece, impedindo assim a realização do indivíduo enquanto pessoa e impedindo que ele atinja sua maturidade psicológica, sua consciência crítica e sua autonomia, o que lhe possibilitaria satisfazer seus desejos, traçando sua própria trajetória de vida com auto-realização e prazer.

Como acentua Rouanet, o indivíduo deixa de perceber uma parte da realidade exterior e uma parte de seu mundo psíquico e está sujeito à proibição de pensar.

Nas organizações, especialmente naquelas chamadas modernas, os processos de mudança da cultura e as estratégias e técnicas de controle de qualidade total ou de qualidade de gerenciamento explicitam um processo repressivo que, na realidade, procura impor o comportamento desejado pela empresa.

Essa repressão se concretiza submetendo o indivíduo aos riscos de não poder ascender a postos mais elevados, de não receber aumentos salariais espontâneos, de ver diminuído seu *status* e até mesmo de perder o emprego.

Essas ameaças repressivas levam os indivíduos-membros da organização a utilizarem o mecanismo de defesa correspondente ao infantilismo do psiquismo humano. O infantilismo funciona sobre o modelo da fuga, que leva o indivíduo a fugir ao desprazer e aciona dispositivos inibidores, que tornam invisíveis as representações associadas aos impulsos vetados. É aí que se dá a correlação entre a repressão oriunda da organização e a defesa interna dos indivíduos — "Eu não vejo e não penso para não sofrer. Eu minto para mim mesmo".

Há uma fuga diante da percepção e do pensamento. Limita-se a liberdade no plano da ação, bem como a consciência no plano do conhecimento.

A falsificação da consciência torna-se uma realidade proposta e perseguida pelas organizações, porque o indivíduo que é expropriado de parte de sua vida psíquica torna-se um instrumento dócil e fácil de ser conduzido. Ele assume valores, crenças e até mesmo uma *conduta ética* alicerçada em uma percepção falsificada pela organização.

A falsa consciência, como bem conclui Rouanet, é um mecanismo de proteção não só da sociedade, mas também de grupos que derivam sua dominação da impossibilidade de deixar que outros indivíduos pensem a própria situação de forma totalizante.

A expressão freudiana "onde havia o *id* que passe a haver o ego" nos leva a repensar a modernização das organizações pela utilização de modelos e técnicas de mudança de cultura compulsória, presentes na administração participativa, nas técnicas de controle total da qualidade, quer da produção quer gerencial, que, na realidade, representam processos de repressão e de falsificação da percepção e do pensamento de seus membros.

Fazer com que o ego assuma o lugar do *id* significa abrir espaço para a auto-responsabilidade dos membros da organização, o que, certamente, não poderá ser feito por meio da violência interna e externa, mas por um processo que possibilite um consenso negociado, bem como uma co-responsabilidade. Isso significa uma mudança na relação da organização com o indivíduo enquanto ser desejante, que necessita de espaço para sua relação pessoal.

TEORIA PSICANALÍTICA NA ORGANIZAÇÃO: A PSICODINÂMICA DO TRABALHO

Teoria da psicopatologia do trabalho

Dejours é psiquiatra e psicanalista. Nasceu na França em 1949. É doutor em medicina do trabalho e em psiquiatria e tem como orientação teórica a teoria psicanalítica de Freud.

Ele desenvolveu a Teoria da Psicodinâmica do Trabalho, cuja hipótese central é que a relação homem x trabalho é de sofrimento e doença, embora o trabalho possa também ser fonte de prazer e saúde.

Observou as perturbações psíquicas ocasionadas pelo trabalho, pesquisadas a partir dos anos 1950. Desenvolveu várias pesquisas, como a neurose das telefonistas e dos mecanógrafos (1963), os problemas psicopatológicos surgidos nos mecânicos de estrada de ferro (1971), entre outros.

A grande contribuição de Dejours foi introduzir a dimensão psicológica no estudo das relações do ser humano com a organização do trabalho e identificar a presença do homem concreto, vivo, sensível, reativo e sofredor, animado por uma subjetividade, no contexto da organização.

Até então, a psicopatologia do trabalho dependia de modelos médicos clássicos. Esses trabalhos deram importantes contribuições, colocando em evidência doenças causadas por reflexos involuntários ligados ao esforço repetitivo sob pressão de tempo. São exemplos o pó de carvão que causa a silicose dos mineiros, os vapores de chumbo que desencadeiam o saturnismo nos fundidores e tipógrafos, e as luzes dos faróis de estradas de ferro que provocam movimentos involuntários nos sinaleiros.

Dejours desenvolveu a Psicodinâmica do Trabalho a partir da indagação de como os trabalhadores, em sua maioria, conseguem, apesar dos constrangimentos, preservar o equilíbrio psíquico e manter-se na normalidade. Estudou a estratégia usada pelos trabalhadores, que permitia que a normalidade aparecesse como um equilíbrio precário (equilíbrio psíquico) entre constrangimentos do trabalho desestabilizante ou patogênico e defesas psíquicas. O equilíbrio seria o resultado de uma regulação que requer estratégias defensivas especiais elaboradas pelos trabalhadores.

Chegou à conclusão de que o equilíbrio, a estabilidade e a normalidade são, antes de tudo, uma luta do indivíduo contra a doença mental. A normalidade conservada à força é permeada pelo sofrimento. O sofrimento é, então, espaço de luta entre a sanidade e a loucura (*border line*). Quando surge a loucura, o sujeito é acometido de delírio, depressão, fobia, inibição, excitação, que se originam mais da organização da personalidade, da história e do passado de cada indivíduo (predisposição), do que da situação de trabalho, sendo esta apenas desencadeadora da doença.

CONCEITOS BÁSICOS

Relação do indivíduo com a organização do trabalho

Na abordagem da relação do sofrimento humano com a organização do trabalho, Dejours analisou o sofrimento do indivíduo no trabalho em duas dimensões: diacrônica e sincrônica.

A dimensão diacrônica é o sofrimento singular herdado da história psíquica de cada indivíduo, seu passado, sua memória e sua personalidade.

A dimensão sincrônica é o sofrimento atual, surgido do reencontro do sujeito com a situação de trabalho (o contexto material, social e histórico das relações de trabalho). Na luta contra o sofrimento, o indivíduo elabora soluções favoráveis à produção da saúde, é o denominado sofrimento criativo. Nessa luta, o sujeito pode chegar a soluções desfavoráveis tanto à produção (queda, desperdício, defeito), quanto à saúde (doenças psicossomáticas). Dejours chama essas soluções desfavoráveis de sofrimento patogênico e afirma que o sofrimento no trabalho não se restringe ao interior da fábrica, ele atravessa essas paredes e acompanha o homem, interferindo e influenciando a vida doméstica e social.

Ao analisar a relação do indivíduo com a organização do trabalho, a preocupação da Psicodinâmica do Trabalho foi compreender a forma pela qual o equilíbrio mental do indivíduo é ameaçado e quais as conseqüências para sua saúde mental. Esses estudos mostraram que as pressões que põem em o equilíbrio psíquico e a saúde mental derivam da organização do trabalho e dos constrangimentos perigosos para a saúde não apenas da mente, mas também do corpo (somática). Entendem-se como elementos das condições de trabalho:

a) condições físicas: barulho, temperatura, vibração e irradiações ionizantes;
b) condições químicas: poeiras e vapores;
c) condições biológicas: vírus, bactérias e fungos.

A organização do trabalho é a divisão das tarefas envolvendo a hierarquia no local de trabalho.

Estratégias de preservação da saúde mental

Para estudar as relações do homem com a organização do trabalho, Dejours situa o indivíduo no contexto do trabalho e procura compreender o imaginário da pessoa, seu mundo interior com suas fantasias e seus desejos, e a realidade produzida na situação de trabalho.

Em sua relação com a organização do trabalho, para preservar a saúde mental e aliviar o sofrimento, o homem lança mão do funcionamento psíquico, isto é, das estratégias defensivas.

Essas estratégias envolvem dois tipos de defesa:

1) as defesas coletivas e as ideologias defensivas de profissão, que são construídas pelo coletivo, por meio das quais todos os trabalhadores marcados pelas pressões organizacionais desenvolvem comportamentos estereotipados e/ou alienados;
2) as defesas individuais, nas quais, para defender-se da doença mental provocada pelas pressões organizacionais, o aparelho psíquico produz sintomas que são jogados para o corpo, gerando as doenças psicossomáticas e o *stress*. Sintetizando, as defesas individuais, entre elas a repressão, atuam na própria fonte da pulsão e presidem o surgimento de doenças não só da mente, mas também do corpo (a doença psicossomática), em resposta às pressões organizacionais.

Relação entre organização da personalidade e organização do trabalho

Ao estudar a relação entre a incidência do passado do sujeito sobre a sua conduta atual no trabalho, a Psicodinâmica do Trabalho ressalta a influência do passado em algumas situações de trabalho, gerando o sofrimento patológico.

A psicopatologia do trabalho: conclusões básicas

As pressões organizacionais não geram apenas a doença mental, geram também as doenças psicossomáticas, que são doenças físicas resultantes da pressão mental transferida para o corpo, provocando, entre outras doenças, a gastrite, a úlcera e o *stress*. Não é apenas o psiquismo que sofre danos resultantes da defesa que o indivíduo aciona diante das pressões organizacionais, é também o corpo físico.

Dejours parte da hipótese de que a organização do trabalho exerce sobre o homem uma ação específica, cujo impacto é o aparelho psíquico. Em certas condições, emerge um sofrimento que pode ser atribuído ao choque entre uma história individual portadora de projetos, de esperança e de desejos, e uma organização do trabalho que os ignora. Esse sofrimento, de natureza mental, começa quando o homem, no trabalho, já não pode fazer nenhuma modificação em sua tarefa no sentido de torná-la mais adequada a suas necessidades fisiológicas e a seus desejos psicológicos. É nesse momento que ocorre o bloqueio da relação homem–trabalho.

Tipos de organização e sofrimento no trabalho

A forma da qual se reveste o sofrimento varia com o tipo de organização do trabalho. O trabalho repetitivo cria a insatisfação, cujas conseqüências não se limitam a um desgosto particular. Ela é, de certa forma, uma porta de entrada para a doença e uma encruzilhada que se abre para as descompensações mentais ou doenças somáticas, em virtude de regras que foram, em grande parte, impostas.

Estratégias defensivas

Contra a angústia do trabalho, como a insatisfação, os operários elaboram estratégias defensivas, de maneira que o sofrimento não seja imediatamente identificável. Assim, disfarçado e mascarado, o sofrimento só pode ser revelado pela retirada da capa própria de cada profissão, que constitui, de certa forma, sua sintomatologia. O sofrimento do trabalhador dá lugar a uma semiologia chamada de *ideologia defensiva da profissão*. Isso nada mais é que o resultado da *repressão pulsional*, pela qual, para proteger sua saúde mental, o trabalhador, principalmente em tarefas repetitivas de determinadas profissões, transfere os sintomas para o corpo, provocando o que normalmente se chama de LER (Lesão por Esforço Repetitivo), específica em cada profissão, ou o *stress*, que apresenta características diferenciadas em diferentes profissões.

Vida psíquica e saúde física

A vida psíquica e a saúde física são patamares de integração do funcionamento dos diferentes órgãos do corpo humano. Sua desestruturação repercute sobre a saúde física e sobre a saúde mental. Mas a relação entre organização do trabalho e aparelho mental pode ser favorável, em vez de conflituosa, gerando resistência contra a fadiga e a doença. Uma boa adequação é possível. Quando isso acontece, pelo menos uma das condições seguintes é realizada:

a) exigências intelectuais, motoras ou psicossensoriais da tarefa estão de acordo com as necessidades do trabalhador e, assim, o exercício da tarefa está na origem de uma descarga e de um prazer;
b) o conteúdo do trabalho é fonte de uma satisfação sublimatória, situação rara encontrada em profissionais que têm satisfação em executar sua tarefa espontaneamente. O indivíduo pode ser criativo e livre, porém, responsável, disciplinado e organizado; são trabalhos que o indivíduo escolhe deliberadamente ou conquista. O sofrimento existe, mas o prazer do trabalho permite melhor defesa; exemplos dessa satisfação sublimatória podem ser observados entre os artistas, pilotos de caça e pesquisadores, entre outros.

Toda tarefa é suscetível de servir para alguns como suporte no processo de sublimação.

Sofrimento mental e suas conseqüências

Dejours afirma que o sofrimento mental não pode ser considerado apenas uma conseqüência deplorável; em certos casos, ele se revela propício à manutenção da produtividade. Não tanto o sofrimento em si, mas os mecanismos de defesa empregados contra ele. O sofrimento pode, em certas condições, tornar-se instrumento de exploração e rendimento. A ansiedade das telefonistas, por exemplo, contribui para a aceleração das cadências. Mesmo nas tarefas mais desqualificadas, a exploração passa pela profundeza do aparelho mental.

Parece que a exploração do corpo passa necessariamente por uma neutralização prévia do aparelho mental por meio da organização do trabalho, que desapropria o corpo de sua personalidade. Esse processo pode ter efeitos duráveis ou reversíveis, de acordo com a *carga psíquica* de trabalho. Assim, essa carga psíquica não seria apenas um efeito acessório do trabalho, mas resultaria de uma etapa que dependeria da submissão do corpo e isso asseguraria a organização do trabalho.

Defesas contra o sofrimento

A Psicodinâmica do Trabalho mostra que, contra o sofrimento, a ansiedade e a insatisfação, os indivíduos constroem sistemas defensivos. Essas defesas ocultam o sofrimento, fazendo com que a dor gerada pelo sofrimento permaneça desconhecida. Dessa forma, o sofrimento é vivenciado, mas não é reconhecido; é o saber–vivência, que se opõe ao saber–poder: o sofrimento não pode ser aliviado porque a dor permanece desconhecida não apenas pelos trabalhadores, mas também para seus observadores. A defesa oculta a dor para aliviar o sofrimento, e não há como aliviá-lo sem conhecer seu conteúdo.

Alienação como fator de sofrimento

Dejours retoma o conceito de alienação no sentido em que Marx o compreendia, isto é, a tolerância graduada, segundo os trabalhadores, de uma organização do trabalho que vai contra seus desejos, suas necessidades e sua saúde. Alienação é entendida, também, no sentido psiquiátrico, ou seja, como substituição da vontade própria do sujeito pela do objeto. Nesse último caso, trata-se de uma alienação que passa pelas ideologias defensivas, fazendo com que o trabalhador acabe por confundir seus desejos próprios com os impostos pela organização. Nesse momento, ele está substituindo sua natureza de liberdade de escolha pela submissão inconsciente.

O esforço despendido para tolerar essa agressão gera a fadiga, o esgotamento do corpo; por isso, a alienação é mais fácil de ser obtida quando o operário está cansado. A alienação é a habitação do corpo do outro. A organização do trabalho aparece como veículo da vontade do outro, e o operário se sente habitado pelo estranho. A alienação é uma verdade clínica que, no caso do trabalho, toma a forma de um conflito em que o desejo do trabalhador se entrega à imposição da autoridade patronal.

Para Dejours, a luta por novas relações sociais deve passar obrigatoriamente pelo processo de desalienação, voltando à origem da defesa que provoca o ocultamento da dor gerada pelo sofrimento na relação de trabalho. Admite que a análise da exploração não exclui a da vivência do trabalhador. Sugere que se considere a vivência do indivíduo na organização como o lugar privilegiado do drama em que se atualiza o conflito entre o trabalho e o poder.

Ele ressalta a função mascaradora dos sistemas defensivos contra o sofrimento e a modalidade particular de só existir na vivência coletiva do trabalho e de dissolver-se assim que haja interesse pela vivência individual.

Para Dejours, o recurso da palavra é a única forma de se estudar a relação psíquica do indivíduo com o trabalho. É por meio do discurso na organização que se lê e se entende o sofrimento do indivíduo. Partindo dessa leitura, é possível perceber as estratégias defensivas que os funcionários utilizam coletivamente. Essa é a diferença do espaço público da empresa para a psicanálise. A psicanálise ouve o indivíduo particularmente; na empresa, a estratégia é coletiva.

Os programas de qualidade tentam destruir esses esquemas defensivos como se fossem boicotes à produtividade e ao compromisso com a organização. Quando tenta padronizar os comportamentos e as formas de sentir e pensar de seus funcionários, a empresa está destruindo esquemas defensivos. Esses esquemas defensivos, como foi visto, são muito importantes para os indivíduos dentro da organização, uma vez que são mecanismos utilizados por eles para se protegerem psiquicamente.

Psicodinâmica do trabalho e teoria psicanalítica

A Psicanálise entende que os traços mais estáveis da personalidade enraízam-se na infância e nas experiências precoces. Na teoria psicanalítica, a organização mental passa por etapas, cada uma delas marcada pelas relações da criança com os pais. Cristalizam-se aí formas que definem as linhas da personalidade. Esse processo envolve obstáculos e incidentes até que se estabilize, em suas forças e fragilidades, seu *eu adulto*.

A epistemofilia

Os obstáculos no desenvolvimento psicoafetivo da criança darão lugar ao ponto crítico da relação psíquica do adulto com o trabalho.

A criança angustia-se com a angústia dos pais e faz disso seu próprio sofrimento. É na impossibilidade de uma solução que se cristaliza uma zona de fragilidade psíquica (que retorna posteriormente na fase da fala).

A criança, mais tarde, na idade da fala, quer compreender uma incógnita e penetra na experiência da angústia e do abandono, isto é, da rejeição dos pais. As preocupações dos pais tornam-se um enigma para a criança, que carrega esse fardo ao longo da vida. Esse enigma estará na origem da curiosidade jamais satisfeita, no desejo de saber as preocupações paternas. A partir daí, a criança vai desenvolvendo teorias sucessivas e a criança da *infância* ocupará lugar no psiquismo do futuro adulto.

O jogo: a criança, muito cedo, põe em cena o teatro, envolvendo seu sofrimento, e convidando os pais a representá-lo nesse teatro imaginário, humorístico e menos ameaçador (o espaço lúdico). O teatro do trabalho é a transposição do teatro infantil para a organização; os parceiros, agora, são companheiros de trabalho. É nesse novo cenário que ocorre a repetição, com a possibilidade de simbolização.

Ressonância simbólica, história singular e qualidade do trabalho

Quando existe a ressonância simbólica entre o teatro do trabalho e o teatro do sofrimento psíquico, o sujeito aborda a situação concreta sem ter de deixar sua história, seu passado e sua memória "no armário". Ele, por meio do trabalho, pode satisfazer sua curiosidade, perseguir seu questionamento interior e traçar sua história. Pela intermediação do trabalho, o sujeito engaja-se nas relações sociais, para onde transfere as questões herdadas de seu passado e de sua história afetiva.

A ressonância simbólica aparece, então, como uma condição necessária à articulação bem-sucedida da dicotomia singular com a sincronia coletiva. Esse ponto é essencial porque, em relação à produção e à qualidade do trabalho, a ressonância simbólica permite fazer o trabalho beneficiar-se de uma força extraordinária, que é a mobilização dos processos psíquicos assíduos do inconsciente. A ressonância simbólica é uma condição de reconciliação entre o inconsciente e os objetivos da produção.

Condição de ressonância simbólica

A escolha da profissão é a condição primeira da ressonância simbólica. Esta depende do sujeito e não do trabalho. Resta avaliar as condições reais de trabalho porque, entre profissão e função, aparecem numa organização diferenças relevantes. O trabalho requer elaboração e essa atividade substitui o lugar do jogo (o teatro); na sublimação, ocorre a mudança de parceiros do espaço privado (os pais) para o espaço social (os trabalhadores). O indivíduo não pode escapar do desejo de conhecer o julgamento dos outros e, nesse momento, ele se expõe ao público e à crítica (o espaço social), para aceitação, rejeição ou reconhecimento.

Sublimação, reconhecimento e identidade

Quando o sujeito se submete à crítica, solicita julgamento e espera reconhecimento. Esse reconhecimento é a retribuição fundamental da sublimação, que tem importante papel na conquista da identidade. Esses itens culminam na saúde mental.

Embora o processo originado na criança seja referente ao sofrimento, mesmo experimentado por ele, o sujeito pode, graças à dissonância simbólica, (é quando o indivíduo não encontra no trabalho as possibilidades de vivenciar as suas necessidades psíquicas inconscientes, como é o caso da ressonância simbólica), encontrar no trabalho a ocasião de retornar para onde havia deixado, lá na infância, as questões sem respostas que produzem na organização de sua personalidade uma brecha, a zona de fragilidade de seu equilíbrio psíquico e de sua saúde mental e somática. Mesmo com o reconhecimento, essa satisfação tem curta duração e o sofrimento ressurge.

Muitas pessoas só conseguem salvar seu equilíbrio psíquico e obter satisfação afetiva por meio do trabalho, de forma que o trabalho e a sublimação aparecem como operadores da saúde mental. Nem sempre o sujeito encontra nas organizações condições favoráveis para beneficiar-se do trabalho, dominando seu sofrimento e transformando-o em criatividade. O sofrimento patogênico e a entrada em círculo vicioso, que desestabilizam o indivíduo, são conseqüências da falta de condições oferecidas pelo trabalho ao indivíduo para realizar a sublimação.

Sofrimento e motivação

A Psicopatologia do Trabalho dá ao sofrimento um papel central, fazendo dele um instrumento de compreensão no domínio da subjetividade, das condutas e da produção.

Como acentua Dejours, muitos estudos têm sido orientados no sentido de fazer desaparecer o sofrimento, visando a saúde dos trabalhadores e/ou a eficácia das empresas. Todavia, o sofrimento não pode ser banido da vida humana, e, se isso fosse possível, a realidade traria outras formas de diversidade.

Embora, afirma o autor, o homem não goste do sofrimento, este o desafia e ele está sempre buscando possibilidades de jogar com o sofrimento e descobrir formas criativas e úteis de lhe dar significado, adquirindo, assim, reconhecimento e identidade. A cada sofrimento enfrentado e suplantado, o indivíduo se reconstrói, se reestrutura, o que, para Freud, é o trabalho da pulsão. Assim, a produção prazerosa do trabalho nada mais é que a sublimação derivada do sofrimento (diferente do masoquismo).

Quando o homem busca o trabalho desafiador (sofrimento) e o supera (prazer), adquire reconhecimento e identidade (sublimação) e dá sentido à existência. Ele elimina a repetição, desata o nó, elabora, reestrutura e começa tudo de novo. O desafio mental e a elaboração reconciliam a saúde mental e o trabalho. A motivação aqui é a dinâmica do sofrimento, o desafio vai gerar produção criativa que, por sua vez, gera reconhecimento e saúde mental. O efeito patogênico do trabalho seria a desmotivação, que necessita de outra análise. O problema psicopatológico vem das pressões psíquicas pela concepção e execução do trabalho.

Conseqüências da organização científica do trabalho sobre a saúde mental

A organização científica do trabalho separa corpo e pensamento, a concepção fica separada da execução, o cognitivo e o afetivo ficam do lado do corpo e não do pensamento. Nas tarefas de manutenção, nas repetitivas formas do processamento de informação, a sublimação dispõe de pequeno espaço.

Sofrimento criativo luta com o operatório

O trabalhador luta contra a atividade de pensar espontânea para não desorganizar sua cadência e não gerar erros (atos falhos). A única forma de paralisar o pensamento é engajar-se freneticamente na aceleração do ritmo do trabalho até ocupar todo o seu espaço de consciência e chegar à fadiga, paralisando o funcionamento psíquico. É a repressão pulsional. Esse processo é auto-acelerado, é penoso e doloroso e não se mantém por si mesmo, nem se estabiliza.

Os trabalhadores, para não interromper a repressão pulsional e ter de iniciá-la no dia seguinte, impõem-se uma carga de atividade doméstica, recorrendo a tarefas suplementares e mantendo o ritmo sem ruptura. Isso gera um embrutecimento, um torpor psíquico em que se sentem inertes e sem reação, e no limite desse processo ocorre o embotamento próximo da inércia psíquica. Na clínica psicopatológica, isso é denominado depressão essencial do pensamento operatório ou alexitimia, e é associado a doenças somáticas crônicas. Isso justifica a depressão, acompanhada de doenças somáticas. Assim, o ponto final do sofrimento psíquico ocasionado pelas tarefas anti-sublimatórias manifesta-se em doença física e não mental.

Conseqüências do sofrimento patogênico no ambiente

A repressão do funcionamento psíquico reflete-se em toda a vida do sujeito, interferindo em suas relações familiares e sociais. Para não suspender a repressão, ele não desempenha seus papéis afetivos, familiares e sociais; desligado de tudo, ele se isola, se afasta do cônjuge e dos filhos, que, nesse momento, estão voltados para a atividade lúdica, coisa insuportável para o pai, que se torna agressivo. Isso leva o filho a exercitar a retração e a imobilidade, o sofrimento psíquico infantil, gerando a paralisia psíquica precoce. Retorna-se aqui à angústia dos pais e ao sofrimento da criança, o círculo vicioso: esse pai foi aquela criança que será o pai do futuro e tudo se repete pelas gerações.

Incidência do sofrimento patogênico sobre a produtividade

As conseqüências do sofrimento patogênico sobre a produtividade foram estudadas em uma central nuclear onde haviam sido observados o individualismo e o desengajamento subjetivo. Havia uma desmotivação generalizada, ameaçando a qualidade e a segurança das instalações nucleares. A pesquisa psicopatológica incluiu vários recursos, como sessões de discussões coletivas diante dos pesquisadores. Nessas sessões, foram apresentados os problemas observados e os trabalhadores tentaram encontrar soluções práticas para seus problemas organizacionais.

Por meio da fala eles se surpreenderam com as formulações sobre as quais até então nunca haviam parado para pensar. Verbalizando as estratégias defensivas contra o sofrimento que provocavam a desorganização da cooperação, os funcionários perceberam a possibilidade de transformar a subversão do sofrimento em criatividade. As dificuldades técnicas foram reveladas pela fala e as trocas intersubjetivas abriram espaço para a competência. As pressões psíquicas foram justificadas pelas arbitragens e concluíram que o risco era parte integrante da carga de trabalho.

Sofrimento humano nas organizações: do espaço de palavra ao espaço público

As condições concretas da sublimação ocorrem graças à reconstituição de um espaço de palavra e da discussão coletiva necessária para a pesquisa em Psicopatologia do Trabalho, por meio da qual pode emergir uma inteligibilidade dos comportamentos organizacionais. É por meio do espaço de trabalho que surge o conhecimento sobre o trabalho real, até então parcialmente oculto pelo sofrimento e pelas defesas contra o sofrimento. O sofrimento corresponde ao risco moral da fraude (defesa contra esse sofrimento) pela estratégia do segredo.

Quando o espaço da palavra é constituído, modificam-se as condutas e as relações tornam-se transparentes. A demonstração pública possibilita aos indivíduos verem-se e se deixarem ver, conhecerem-se e se deixarem conhecer como parte da organização. A discussão substitui o conflito, restabelece a confiança e a solidariedade. O espaço de palavra não é apenas para arbitragens, é também para o processo de reconhecimento coletivo, oposto ao individualismo. Esse enfoque da transformação do sofrimento em criatividade ocorre por meio do espaço público, no qual entra em cena a palavra. A relação de confiança permite que o outro se desnude.

Espaço público como um recurso humano

A Psicopatologia do Trabalho ressalta a importância do espaço público como fator capaz de reconstituir as condutas individuais e mobilizar a criatividade investida no trabalho. Ele é fator fundamental na resolução do conflito entre organização e mente humana, entre organização e sofrimento humano no trabalho.

Dois pontos são assinalados: a sublimação, que está na origem da criatividade, e a construção do espaço público que mobiliza responsabilidade, qualidade e administração participativa envolvendo administradores, gerência, direção e trabalhadores de base. É no espaço público que eles explicitam suas estratégias defensivas contra o sofrimento.

Conclui-se, então, que o processo que permite transformar o sofrimento em criatividade é a ressonância simbólica, de uma parte, e o espaço público, de outra. A realização da sublimação não é uma garantia absoluta de saúde mental e física. As condições organizacionais devem propiciar a criatividade para o sujeito que tem interesse em fazer de seu trabalho um teatro de luta, bem como um espaço para a negociação de seu sofrimento e conquista de sua identidade. Dejours conclui que o sofrimento ocasionado pelo trabalho poderá ser um fator de equilíbrio psíquico e de saúde mental para o indivíduo exatamente pelo prazer que a sublimação lhe possibilita.

Sofrimento humano e responsabilidade das organizações

Dejours faz um elo entre qualidade, segurança, saúde e prazer no trabalho. Para ele, esses são elementos indissociáveis. A segurança depende da boa vontade dos funcionários, que vão interessar-se individual e coletivamente para garantir o bom funcionamento da organização. A administração tem a responsabilidade social de manter o espaço público para que funcionários, operários, gerentes e executivos possam se *confrontar* e, assim, garantir a própria saúde mental e física, bem como a segurança da organização e o equilíbrio da sociedade como um todo.

Trabalho, sofrimento e sociedade

A luta psíquica indissociável do sofrimento no trabalho não envolve apenas os membros de uma organização, mas todas as pessoas a eles relacionadas afetivamente, família e sociedade. O espaço organizacional não se restringe a seu espaço interno e sim a toda a população que o circunda. Os métodos organizacionais e administrativos de uma organização determinam não só a saúde mental da geração presente, mas também das gerações futuras, pois o sofrimento no trabalho dos pais vai determinar a saúde psíquica dos filhos e esta se refletirá na próxima geração.

Os métodos e processos da administração dispõem de um poder sobre o destino do sofrimento das pessoas que pode ser criativo ou patogênico, e, conseqüentemente, dispõem de um poder sobre o destino da comunidade, pois terão responsabilidade sobre a incidência da violência, da indiferença ou do dinamismo de sua população. Como conclui Dejours, a saúde mental é uma responsabilidade organizacional.

Considerações finais

A relação conflituosa entre a organização do trabalho e o aparelho mental *deve* ser resolvida quando estão em jogo a felicidade das pessoas, a produtividade e a motivação para o trabalho. Na verdade, a relação conflituosa entre a organização do trabalho e o aparelho mental *precisa* ser resolvida quando estão em jogo não só a felicidade das pessoas, mas também a produtividade e a motivação no trabalho. A organização tem de estar resolvendo esses problemas e criando melhores condições de trabalho para que esse conflito seja solucionado. Isso vai ocorrer por meio da relação do indivíduo com um trabalho mais intelectual e menos repetitivo, contando com um espaço para maior criatividade, com mais liberdade para inovar. Não é enriquecimento de tarefa, é ambiente com melhores condições básicas para que o indivíduo possa exercer a sublimação por intermédio de seu trabalho.

A modificação das relações do indivíduo com a organização do trabalho envolve mudanças estruturais e de processos organizacionais. Exige a criação de espaço público e uma relação dialógica da direção com os membros da organização.

A diferença entre sublimação e motivação é estabelecida quando a empresa proporciona condições adequadas de trabalho para que o indivíduo desenvolva um processo construtivo de trabalho, não se alienando nem se frustrando. O indivíduo vai efetuar a adequada sublimação do trabalho, criando possibilidades de realização dos desejos individuais.

Para que isso seja possível, o indivíduo experiencia o simbólico que herda de sua infância e vivencia o jogo, trazendo para a vida adulta essas simbolizações. A empresa precisa fazer essa leitura, observando no trabalho a possibilidade de modificar a estrutura organizacional. É importante observar que o alvo da mudança não é o indivíduo, mas as estruturas políticas e os processos organizacionais. Tem-se aqui a mudança de paradigma do pensamento da administração. Dessa forma, o indivíduo atinge seus objetivos de satisfação e até mesmo de felicidade por meio de sua realização no trabalho e, em conseqüência dessa realização, ele (ser inteligente e livre) realiza os objetivos da organização. A sublimação no trabalho vai ocorrer quando a organização oferecer espaço para que o *teatro psíquico* seja transformado em teatro do trabalho, abrindo, assim, caminho para a sublimação de desejos. É aí que a motivação, a responsabilidade individual e a felicidade vão ser encontradas.

Essa motivação difere, em sua essência e em seus processos, da motivação baseada em benefícios e na tentativa de satisfação de necessidades humanas.

❖ RESUMO

Freud, ao aplicar métodos científicos na área da irracionalidade, lançou os fundamentos da teoria psicanalítica. Nessa linha, ele desenvolveu a teoria geral da dinâmica da personalidade, o estudo da natureza humana no decorrer das várias faixas de idade e a teoria do impacto da sociedade, da cultura e da religião sobre a personalidade. Como conseqüência, a Psicanálise transformou-se de técnica terapêutica em teoria psicológica.

Os conceitos principais da teoria psicanalítica são os de energia, libido e pulsão; as subdivisões da personalidade (*id*, ego e superego); as qualidades mentais (consciente, pré-consciente e inconsciente); os instintos; as defesas do ego e a formação das características individuais. Quanto às subdivisões da personalidade, o ego pode ser considerado organizador de defesa, o superego é o sistema de interdições, e o *id*, o pólo pulsional.

Em relação às qualidades mentais, a consciência recebe as informações do mundo exterior e interior; o sistema pré-consciente conjuga os conteúdos que escapam à consciência atual, mas que não são inconscientes no sentido estrito. O inconsciente, por sua vez, é constituído por conteúdos recalcados.

A aplicação da teoria psicanalítica no âmbito organizacional pressupõe a compreensão do que sejam desejos e necessidades. Além disso, deve ser considerada a perspectiva sob a qual as organizações abordam essa teoria. Assim, ao ter como objetivo a adequação do indivíduo a seu meio ambiente, várias técnicas têm sido desenvolvidas nas empresas. Quando a teoria psicanalítica é compreendida em sua origem, tem-se uma aplicação totalmente diferenciada, que se volta para a verdadeira essência psicológica do ser humano e das conseqüências de ignorar-se esse fato.

A teoria psicanalítica traz sua contribuição à compreensão do comportamento dos indivíduos nas organizações, possibilitando a compreensão do desenvolvimento mental do indivíduo enquanto ser desejante, único e individualizado.

Possibilita a identificação de mecanismos exteriores de repressão adotados pelas organizações, que, por sua vez, provocam mecanismos internos de defesa psicológica, explicando, assim, o processo de dominação e de falsificação da consciência. A teoria psicanalítica contribui, ainda, para o conhecimento da perversidade das organizações, ao usarem a sedução (manipulação) e, com ela, a introjeção pelo indivíduo de um ego desejado e delineado pela organização, o qual se torna autoritário e inflexível, ocasionando a distorção das percepções e do pensamento num processo de falsificação da consciência, em que o indivíduo pensa que sente, deseja, se realiza e é feliz, mas, na realidade, não pensa, não sente e não se realiza, seguindo, antes o que a organização objetiva para ele enquanto pensamento, sentimentos e realização de desejos. Ele vive uma farsa, mente para si mesmo e perpetua essa farsa enquanto membro da organização, junto aos demais membros, reproduzindo sua mentira.

❖ TERMOS E CONCEITOS IMPORTANTES

Econômico: qualifica tudo o que se refere à hipótese segundo a qual os processos psíquicos consistem na circulação e repartição de uma energia qualificável (energia pulsional), isto é, suscetível de aumento ou diminuição.

Tópico: teoria ou ponto de vista que supõe uma diferenciação do aparelho psíquico. Fala-se corretamente de duas tópicas freudianas: a primeira é aquela em que a distinção principal é feita entre inconsciente, pré-consciente e consciente, e a segunda, a que distingue três instâncias — *id*, ego e superego.

Dinâmico: qualifica uma perspectiva que considera os fenômenos psíquicos como resultantes do conflito e da composição de forças que exercem certa pressão, forças que são, em última análise, de origem pulsional.

Simbólico: termo introduzido por J. Lacan, que distingue, no campo da Psicanálise, três registros essenciais: o simbólico, o imaginário e o real. O simbólico designa a ordem de fenômenos de que trata a Psicanálise, na medida em que são estruturados como uma linguagem. Esse termo refere-se também à idéia de que a eficácia do tratamento tem seu elemento propulsor real no caráter fundamental da palavra.

Libido: energia postulada por Freud como substrato das transformações da pulsão sexual quanto ao objeto (deslocamento dos investimentos), quanto ao alvo (sublimação, por exemplo) e quanto à formação da excitação sexual (diversidade das zonas erógenas).

Pulsão: processo dinâmico que consiste numa pressão ou força que faz o organismo tender a um alvo. São forças que atuam na vida mental; em interação, inibem ou favorecem o desenvolvimento das outras forças.

Condensação: um dos modos essenciais de funcionamento dos processos inconscientes, em que uma representação única representa, por si só várias cadeias associativas, em cuja interseção se encontra.

Id: pólo pulsional da personalidade, cujo conteúdo é inconsciente, podendo ser hereditário ou recalcado e adquirido.

Consciente: qualidade mental; envolve somente os conteúdos que resultam dos processos do ego e que estão sob seu domínio.

Defesa do ego: utilização pelo ego de vários subsistemas para evitar o perigo quando, soa o alarme da ansiedade. Procura diferentes meios de ação, inclusive recorrendo à memória, onde estão armazenados vários meios já usados anteriormente.

Ego: parte organizada da personalidade; envolve todas as funções denominadas psicológicas: percepção, aprendizagem, memória e raciocínio. É uma parte do *id* que se desenvolveu por meio do contato com o meio externo, permitindo-lhe agir como intermediário entre o *id* e o mundo externo. Sua maior responsabilidade é conduzir transações com o mundo externo. Instância que Freud, em sua segunda teoria do aparelho psíquico, distingue do *id* e do superego.

Do ponto de vista tópico, o ego está numa relação de dependência quanto às reivindicações do *id*, bem como quanto aos imperativos do superego e às exigências da realidade. Embora se situe como mediador, encarregado dos interesses da totalidade da pessoa, sua autonomia é apenas relativa.

Do ponto de vista dinâmico, o ego representa, eminentemente, no conflito neurótico, o pólo defensivo da personalidade; põe em jogo uma série de mecanismos de defesa, estes motivados pela percepção de um afeto desagradável (sinal de angústia).

Do ponto de vista econômico, o ego surge como um fator de ligação dos processos psíquicos; mas, nas operações defensivas, as tentativas de ligação da energia pulsional são contaminadas pelas características que especificam o processo primário: assumem um aspecto compulsivo, repetitivo.

A teoria psicanalítica procura explicar a gênese do ego em dois registros relativamente heterogêneos, quer vendo nele um aparelho adaptativo, diferenciado a partir do *id* em contato com a realidade exterior, quer definindo-o como o produto de intensificações que levam à formação, no seio da pessoa, de um objeto de amor investido pelo *id*.

Relativamente à primeira teoria do aparelho psíquico, o ego é mais vasto que o sistema pré–consciente-consciente, na medida em que as operações defensivas são em grande parte inconscientes.

De um ponto de vista histórico, o conceito tópico do ego é o resultado de uma noção constantemente presente em Freud desde as origens de seu pensamento (Laplanche).

Energia: algo que pode ser transformado, dirigido, acumulado, preservado, descarregado e dissipado, mas não pode ser totalmente destruído.

Formação do caráter: para Freud, os traços de caráter são prolongamentos dos instintos originais, ou sublimações desses instintos, ou ainda formações reativas a esses mesmos instintos.

Inconsciente: ações cujas causas são desconhecidas pelo ego.

Instinto: é a representação mental, no *id*, de uma fonte somática interior de estimulação. O objetivo do instinto é abolir a tensão causada pela necessidade (*need*); conseguindo atingir o objetivo, o indivíduo experimenta prazer.

Irracionalidade: o objeto de estudo passou a ser também os fenômenos irracionais, introduzindo o método científico na área da irracionalidade.

Mecanismos de defesa: medidas que o ego utiliza na defesa contra o *id*, agindo diretamente sobre os propósitos do instinto.

Processos mentais: fenômenos racionais e irracionais da vida humana.

Repressão: é o primeiro mecanismo que o ego utiliza na defesa contra o *id*, agindo diretamente sobre os propósitos do instinto.

Sublimação: desvio de energia sexual (libido) de seu objetivo sexual para objetivos culturais.

Desejo: busca de algo ausente; não é a busca de um objeto. Traz o sentimento de ausência, de falta. Está no nível da fantasia, da imaginação. A busca de algo que falta caracteriza a marcha prospectiva ao infinito do desejo. Nunca é satisfeito. Quando se alcança algo, quando há satisfação, deseja-se algo além dele e aí se abre o campo irremediável da insatisfação. É aí que se explica a indestrutibilidade dos desejos e sua natureza imaginária. Ele se situa na fantasia, na imaginação, e é inconsciente e diferenciado para cada indivíduo.

Necessidade: nasce de um estado de tensão interna, encontra sua satisfação pela ação específica que fornece o objeto adequado (alimentação, trabalho específico etc.).

❖ QUESTÕES

1. Como se desenvolveu a teoria psicanalítica?
2. Qual a função de cada uma das subdivisões da personalidade (*id*, ego e superego)?
3. Quais os pressupostos básicos da teoria psicanalítica?
4. Quais as principais contribuições da teoria psicanalítica para a compreensão do comportamento humano na organização?
5. Quais as principais limitações da teoria psicanalítica para explicar o comportamento humano na organização?
6. Qual a confusão que se faz ao relacionar necessidade e desejo em nível organizacional?
7. O que é falsa consciência?
8. Quais os mecanismos usados pelas organizações para *falsificar* as consciências dos indivíduos?
9. Qual é a diferença entre processo de participação como processo de sedução ou manipulação e a participação como processo emancipatório dos membros da organização?
10. Dejours fala em uma sublimação como mecanismo de motivação do indivíduo; Maslow propõe a satisfação das necessidades humanas. Explique as diferenças existentes entre as posições de Dejours e de Maslow.
11. Identifique as estratégias que as organizações deverão adotar para aplicar a teoria da Psicodinâmica do Trabalho e explique por quê.
12. Dejours afirma: "O sofrimento faz parte da própria natureza do trabalho"; "O sofrimento pode ser potencialmente destrutivo ou construtivo".
    a) Explique como a Psicodinâmica do Trabalho chegou a essas conclusões.
    b) Explique os mecanismos de defesa individuais e os coletivos usados pelos indivíduos para lutar contra o desequilíbrio mental e suas conseqüências.

❖ APLICAÇÃO

1. Identificar, nas políticas referentes às formas de organização e gerenciamento do trabalho, bem como do sistema gerencial, a aplicação dos conceitos psicanalíticos de satisfação de necessidade e realização de desejos.
2. Identificar as conseqüências dessas políticas no nível do indivíduo como ser inteligente e livre, no nível da empresa (produtividade, melhora da qualidade, relações de trabalho — capital x trabalho) e no nível da sociedade.
3. Caracterizar a organização como meio social e seus processos de repressão (técnicas gerenciais, normas, políticas, cultura e/ou processos de mudança de cultura).

❖ REFERÊNCIAS BIBLIOGRÁFICAS

CESAROTTO, Oscar; LEITE, Márcio Peter de Souza. *O que é psicanálise*. São Paulo: Brasiliense, 1984. Coleção Primeiros Passos.
CHANLAT, Jean-François (Coord.). *O indivíduo na organização*. São Paulo: Atlas, 1992. v. 1, 2 e 3.
DEJOURS, Christophe. *A loucura do trabalho*. São Paulo: Cortez, 1992.
_____. *O fator humano*. Rio de Janeiro: Fundação Getúlio Vargas, 1997.
_____. *O corpo entre a biologia e a psicanálise*. Porto Alegre: Artes Médicas, 1988.
_____. *Psicodinâmica do trabalho*. São Paulo: Atlas, 1994.
_____. *Repressão e subversão em psicossomática*. Rio de Janeiro: Jorge Zahar, 1991.
FERRAND, Jean-Paul. *La conscience:* l'inconscient, le désir, les passions. Paris: Ellipses, 1996.
FREUD, Sigmund. *Obras psicológicas completas de Sigmund Freud*. Rio de Janeiro: Imago, 1976.
GUATTARI, Felix. *Psychanalyse et transversalité*. Paris: François Maspero, 1974.
HESS, Remy. *La socianalyse*. Paris: Editions Universitaires, 1975.
LACAN, Jacques. *O seminário;* os quatro conceitos fundamentais da psicanálise. Rio de Janeiro: Jorge Zahar, 1979.
LAPASSADE, Georges. *Socianalyse et potentiel humain*. Paris: Gauthier-Villars Éditeur, 1995.
LAPLANCHE, J.; PONTALIS, J. B. *Vocabulário da psicanálise*. São Paulo: Martins Fontes, 1986.
LOURAU, René. *L'analyse institutionnelle*. Paris: Les Éditions de Minuit, 1970.
NASIO, Juan David. *Lições sobre os sete conceitos cruciais da psicanálise*. Rio de Janeiro: Jorge Zahar, 1989.
MEZAN, Renato. *Freud, pensador da cultura*. São Paulo: Brasiliense, 1985.
ROUANET, Sérgio Paulo. *A razão cativa*. São Paulo: Brasiliense, 1985.
_____. *Teoria crítica e psicanálise*. Rio de Janeiro: Tempo Brasileiro, 1989.

7

O Condicionamento do Comportamento Humano nas Organizações*

> Ao terminar a leitura deste capítulo, você deverá ser capaz de:
> 1. compreender as proposições básicas do Behaviorismo e sua evolução;
> 2. identificar as pressuposições valorativas do Behaviorismo para o estudo do condicionamento humano nas organizações;
> 3. identificar a contribuição do modelo behaviorista à compreensão do comportamento humano nas organizações;
> 4. compreender as conseqüências socioeconomicas e éticas.

* Este capítulo contou com a colaboração especial de Edelvais Keller.

Os princípios do Taylorismo estão fundamentados no pressuposto do homem como um ser condicionado. Taylor tinha como objetivo o aumento da produtividade e, para que isso fosse possível, desenvolveu um sistema de controle, determinando um tempo padrão de execução das tarefas que eram fragmentadas. A O.R.T. (Organização Racional do Trabalho) pode ser entendida como uma forma de divisão do organismo entre os órgãos de execução e os órgãos de concepção intelectual. O sistema de Taylor retira do indivíduo a sua capacidade de pensar e propõe um comportamento padronizado pelas contingências ambientais condicionantes, ou estímulos *a priori* planejados sobre o trabalho. As tarefas são esvaziadas da atividade de pensar, restando aos seus executores tão-somente a execução dentro de moldes esperados, impostos pelos dirigentes organizacionais, independentemente das condições físicas de cada trabalhador.

Os tempos e os movimentos do trabalho são predeterminados. A produtividade é garantida por meio de recompensas e punições sobre a força de trabalho. O condicionamento do comportamento humano nas organizações de trabalho é realizado por meio de técnicas de reforçamento, punição e extinção de comportamentos, que fazem parte das proposições básicas do Behaviorismo.

O condicionamento do comportamento humano nas organizações é retomado na Escola de Relações Humanas, que, ao reconhecer o indivíduo como ser social, com sentimentos, emoções, necessidades, desejos e pensamentos, procura, pelo processo de manipulação desses elementos, envolver o indivíduo com a organização num processo em que os objetivos da organização passam a ser tomados pelos indivíduos como os seus desejos, e as necessidades individuais, definidas e conduzidas pela organização.

As teorias de administração que se apóiam na Teoria Geral dos Sistemas, como a Teoria Contingencial, a abordagem estruto-funcionalista, de Katz e Kahn, a abordagem sociotécnica e a administração denominada *participativa* seguem o mesmo princípio de manipulação emocional e controle psicológico dos indivíduos nas organizações, despersonalizando-os, contribuindo para que percam a sua individualidade e subjetividade, ficando à mercê tão-somente dos objetivos organizacionais.

Origens do Behaviorismo

O Behaviorismo é uma abordagem psicológica clássica que se mantém até os dias de hoje, composta de várias correntes, e que se desenvolveu a partir do determinismo filosófico de James, do funcionalismo de Dewey e do método experimental da psicologia de Yerkes, além das pesquisas sobre condicionamento, propostas pelo fisiologista russo Pavlov Ivan Petrovitch (1849–1939).

O Behaviorismo, também denominado comportamentalismo ou análise funcional do comportamento, é uma escola de psicologia cujo nome se origina da palavra inglesa *behavior*, que significa *comportamento*.

Segundo Pavlov, diante de um estímulo sensorial surgem reflexos, reações inatas, ou mesmo reações imediatas, fixas e não-aprendidas. Considera o organismo dotado de uma série de respostas, tendências ou reações que, diante de estímulos apropriados, naturais ou incondicionados, conduzem esse organismo a uma ação, emitindo determinada resposta. Um outro precursor do Behaviorismo foi Lee Edward Thorndike (1874-1949), considerado um teórico conexionista.

A teoria conexionista da aprendizagem, denominada Associacionismo Moderno, Funcionalismo Moderno ou Psicologia Estímulo-Resposta, considera a conexão resultante da associação entre as impressões dos sentidos e os impulsos para a ação, ou seja, associação entre estímulo (S) e resposta (R).

Segundo Thorndike, esse estímulo seria qualquer estado de coisas ou fatos que influenciam uma pessoa; a resposta seria qualquer condição ou estado de coisas dentro do organismo.

A conexão, ou associação, origina-se na hereditariedade: o organismo é dotado de algumas tendências ou conexões básicas já formadas ou tem curta predisposição para sua formação. Dessa forma, determinado estímulo ao meio ambiente é conduzido pelas fibras nervosas a certa célula, e esta, por sua vez, está predisposta a estabelecer associação ou conexões com outras células.

A aprendizagem, para Thorndike, obedece às seguintes leis:

1. lei do exercício: a conexão é tanto mais forte, quanto mais freqüentemente é exercitada; portanto, sua força diminui quando não é exercitada. Existem certos fatores que influenciam o exercício; tais fatores seriam: intensidade do estímulo – quanto mais intenso o estímulo, menos exercício é necessário. Recentidade do estímulo — quanto mais recente a conexão, mais fácil à lembrança;
2. lei do efeito: a conexão entre S–R é reforçada diante de resultados agradáveis e enfraquecida diante de resultados desagradáveis. Segundo Thorndike, a recompensa é mais poderosa que a punição; esta afeta diretamente a aprendizagem;
3. lei da predisposição ou da prontidão: as reações do indivíduo são determinadas pelos neurônios, preparando-o para reagir ou não. Se uma conexão está pronta para agir, o agir satisfaz e o não-agir desagrada. Para os conexionistas, a aprendizagem é a formação de conexões entre estímulo-resposta, ou a modificação de conexões já formadas. Tais conexões são fixadas pelo exercício.

Watson (1913), precursor do Behaviorismo, integrou essas diferentes contribuições e, com base no determinismo, no empirismo e no reducionismo, iniciou uma nova era para a psicologia científica. O objeto de estudo dessa ciência seria não mais a consciência, mas o comportamento, entendido como aquele fenômeno observável diretamente e explicável como resposta do organismo a modificações ambientais ou a estímulos.

> Observação, pois, tornou-se um termo e uma operação fundamentais para o Behaviorismo watsoniano: ela define a categoria "comportamento", seu objeto de estudo. Comportamento é o observável, mas o observável pelo outro, isto, é, o externamente observável. Comportamento, para ser objeto de estudo do behaviorista, deve ocorrer afetando os sentidos do outro, deve poder ser contado e medido pelo outro (Matos, 1995, p. 29).
>
> Daí dizer-se que, em observação, o que importa é a concordância de observadores (e daí a grande ênfase em um treino rigoroso nos procedimentos de registro e análise, e as longas discussões sobre o cálculo de acordo entre os observadores). Esta ênfase no procedimento de medida, na operação de acessamento, levou mais tarde a que se denominasse a aderência às características que acabamos de descrever de Behaviorismo metodológico (Matos, 1995, p. 20).

Segundo Watson, todo comportamento é redutível, portanto, a modificações ao nível de músculos, glândulas e tecidos, e poderá ser interpretado em termos físico-químicos. Como conseqüência, a partir do conhecimento dos estímulos podem-se prever as respostas e, dada uma resposta, pode-se identificar o estímulo atuante. Outra conseqüência é que o comportamento humano e o comportamento animal são entendidos como regidos pelos mesmos princípios, sendo a diferença apenas em nível de complexidade. A psicologia seria, portanto, objetiva e uma área experimental da ciência natural.

O Behaviorismo proposto por Watson, identificado atualmente como Behaviorismo Metodológico, propõe–se, por meio da manipulação dos estímulos ambientais, a planejar e formar seres humanos. Não nega que certos padrões de comportamento sejam inatos, mas enfatiza aqueles adquiridos pela experiência, ressaltando seu maior número e importância. Assim sendo, os estímulos, ou seja, as modificações ambientais capazes de produzir respostas, poderiam ser manipulados de acordo com as características individuais desejadas. Por exemplo: se for desejada uma personalidade agressiva, colocam-se no meio ambiente estímulos apropriados ao desenvolvimento de padrões de comportamento agressivo. Esse mesmo processo ocorreria na formação ou desenvolvimento dos padrões comportamentais dos vários tipos de indivíduos.

Princípios do Behaviorismo Metodológico

Segundo o Behaviorismo Metodológico proposto por Watson, também denominado posteriormente de Psicologia Estímulo-Resposta, a sociedade poderia atingir, com a tecnologia do comportamento, um grau de sofisticação em que o planejamento da pessoa humana se tornaria possível. As idéias de Watson, nesse sentido, ficaram expressas na sua célebre citação: "Dai-me uma dúzia de crianças sadias, bem-formadas e um ambiente de acordo com minhas especificações e garanto que poderei tomar qualquer uma ao acaso e treiná-la para que se torne qualquer tipo de especialista — médico, advogado, artista, comerciante, executivo, mendigo, ou mesmo um ladrão, independente de suas inclinações, tendências, talentos, habilidades, vocações e da raça de seus ancestrais". Os behavioristas metodológicos distinguem duas classes de comportamento: o respondente (reflexo) e o operante (voluntário).

Comportamento respondente

É a resposta que o organismo dá a um estímulo específico. O estímulo está diretamente relacionado à resposta. O comportamento respondente abrange todas as respostas que dependem do sistema nervoso autônomo e são eliciadas (produzidas) por modificações especiais de estímulos do ambiente. Exemplos: a salivação ao comer; a dilatação das pupilas dos olhos em resposta a alterações na iluminação do ambiente; os arrepios da pele em ambiente de baixa temperatura etc.

Comportamento operante

É aquele de reação do indivíduo ao meio externo, em que se possam identificar os estímulos que provocam a resposta emitida. O comportamento operante manifesta-se em conseqüência da maturação e dos condicionamentos acumulados ao longo da vida do indivíduo. O comportamento operante também está relacionado à maneira pela qual o indivíduo atua no ambiente para obter os estímulos de que necessita.

Distinção entre comportamento respondente e comportamento operante

O comportamento operante ou voluntário relaciona-se com o estímulo de modo diferente do comportamento respondente. Não é automático e nem muito específico com relação aos estímulos. Na verdade, não há no seu início nenhum estímulo específico com o qual se possa relacioná-lo. Por exemplo: não se sabe qual é o estímulo específico que faz a criança movimentar o braço. O operante é emitido (posto fora), enquanto o respondente é eliciado (tirado de).

Direta ou indiretamente, o comportamento operante de um organismo atua sobre o meio ambiente à medida que, por exemplo, a pessoa fala ao telefone, trabalha, dirige seu carro etc. Ao contrário, os comportamentos respondentes são ativados pelos seus próprios estímulos específicos (comida na boca produz salivação). São respostas orgânicas e fisiológicas do organismo a determinados estímulos, que podem se manifestar automaticamente, independente da vontade do indivíduo, pois envolvem reações físico-químicas que dependem do sistema nervoso central.

O processo de condicionamento respondente

De acordo com esses dois tipos de comportamento, podem ocorrer dois tipos de condicionamento: respondente (ou clássico) e operante (ou instrumental). O processo de condicionamento respondente, que também é uma forma simples de aprendizagem, é um dos processos pelos quais os behavioristas metodológicos explicam a formação dos comportamentos. Nesse tipo de condicionamento, um estímulo neutro ocorre de maneira constante e persistente e é seguido por um estímulo incondicionado, isto é, um estímulo que, em circunstâncias normais, provocaria uma resposta específica. O estímulo neutro passa a ser associado ao estímulo incondicionado e se torna um estímulo condicionado, no momento em que provoca a resposta condicionada, ou seja, a mesma resposta que o estímulo incondicionado provocaria.

A associação (conexão ou emparelhamento) dos dois estímulos (neutro e incondicionado) passa a condicionar o comportamento do organismo, ao eliciar determinadas respostas que dependem de reações fisiológicas, neurológicas e nervosas dele. Por isso é chamado de condicionamento respondente, pois se refere à maneira pela qual o organismo responde (reage) aos estímulos apresentados numa mesma ocasião, para ocorrer associação entre ambos, que resultará em determinada resposta.

O experimento de Pavlov

Pavlov chamou de reflexo incondicionado à salivação do cão faminto (privação proposital para ser pesquisada em situação experimental) diante do alimento. Pavlov, porém, condicionou seu cão a salivar ao ouvir o som de uma campainha, que soava imediatamente antes de o alimento ser apresentado. O alimento estabelecia a conexão (ou associação) entre o estímulo neutro (som da campainha) e a salivação. O alimento e o estímulo a ele associado se tornam estímulos condicionados da mesma resposta. Para que haja um condicionamento da salivação de um animal ao som da campainha e não somente à apresentação do alimento, é necessário que o estímulo neutro (som da campainha) anteceda a apresentação do estímulo incondicionado (alimento). O período de tempo entre a apresentação do som da campainha e do alimento deve ser o menor possível para que haja a devida associação entre ambos e resulte no condicionamento do organismo. A Figura 7.1 dá uma idéia do modelo de condicionamento respondente (ou clássico) descoberto por Pavlov, considerado também um modelo de aprendizagem.

Suar ao ver o dentista pode ser um exemplo de resposta condicionada (por meio de condicionamento respondente). Uma criança que nunca foi ao dentista não faz associação da figura do dentista à dor, e, ao ver o profissional, não suará, pois não desenvolveu uma resposta condicionada.

Fatores que influenciam o condicionamento respondente

São vários os fatores que devem ser levados em conta para que o condicionamento ocorra com rapidez. Em primeiro lugar, a ordem dos estímulos: o estímulo neutro deve ser apresentado sempre antes do estímulo incondicio-

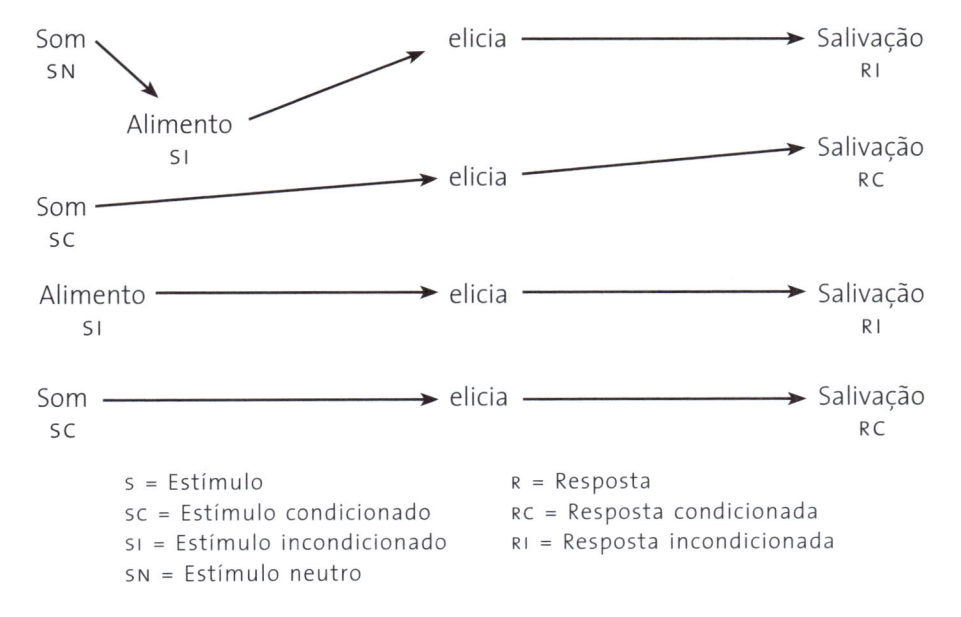

```
Som ╲                    elicia ──────────→ Salivação
 SN  ╲                                          RI
      ╲→
   Alimento
      SI
Som ─────────────────────→ elicia ──────────→ Salivação
 SC                                              RC

Alimento ────────────────→ elicia ──────────→ Salivação
  SI                                             RI

Som ─────────────────────→ elicia ──────────→ Salivação
 SC                                              RC
```

S = Estímulo   R = Resposta
SC = Estímulo condicionado   RC = Resposta condicionada
SI = Estímulo incondicionado RI = Resposta incondicionada
SN = Estímulo neutro

Figura 7.1 – Modelo de aprendizagem no qual um estímulo, por ser provocado (associado) com um segundo estímulo, passa a eliciar uma resposta semelhante àquela eliciada previamente apenas pelo segundo estímulo.

nado. Em segundo lugar, a contigüidade temporal: o período de tempo entre o estímulo neutro e o incondicionado deve ser o menor possível, para ocorrer associação entre ambos. Finalmente, há uma série de outros fatores que também devem ser levados em consideração, como a intensidade dos estímulos provocados, as condições ambientais, as condições fisiológicas do organismo do sujeito experimental ou natural etc.

Condicionamento operante

No condicionamento operante ou instrumental, considerado outro processo de aprendizagem estudado pelos behavioristas, o comportamento ocorre espontaneamente, como resultado de um processo de maturação do organismo ou de aprendizagens anteriores. Nesse tipo de condicionamento, a resposta do organismo produz uma modificação comportamental que tem efeitos sobre ele. Esse efeito constitui o condicionamento operante, que usualmente gera o aumento da freqüência da resposta. Um exemplo dado pelos behavioristas, que pode explicar isso, é o da criança que começa a balbuciar (resultado da maturação) e a aprender a pronunciar as sílabas *pa-pa* e *ma-ma*. Pelo reforço positivo fornecido pelos pais ou outras pessoas que a rodeiam, que a elogiam e agradam assim que se expressa verbalmente, caracteriza-se uma situação de aprendizagem por meio do condicionamento operante, na qual o reforçamento positivo fornecido à criança logo após a emissão da resposta esperada fortalece essa resposta, contribuindo para o processo de aprendizagem da fala das palavras *papai* e *mamãe*.

Reforço: definição e tipos

A modificação ambiental que foi capaz de produzir o condicionamento é chamada de reforço pelos behavioristas. Reforço, portanto, é um fator que aumenta a possibilidade de uma resposta ocorrer em determinada situação. O reforço pode ser positivo e negativo. Reforço positivo é um estímulo que aumenta a freqüência da resposta, quando ocorre contingentemente a ela. Reforço negativo é um estímulo que aumenta a freqüência da resposta, quando eliminado contingentemente à sua emissão.

O reforço pode, ainda, ser identificado como primário e secundário. Reforço primário é aquele que, pela sua própria natureza, independentemente de aprendizagem, possui a capacidade de ser condicional. Reforço secundário é um estímulo que, por ter sido associado a um reforço primário, adquiriu a capacidade de condicionar.

Reforço e privação

No experimento de Pavlov, relatado anteriormente, o som da campainha, apresentada contingentemente a um comportamento operante do cão, tende a fortalecer o comportamento do animal. O reforço secundário, no entanto, adquire as mesmas propriedades do reforço específico ao qual foi associado. A apresentação do alimento, por exemplo, é capaz de reforçar apenas quando o organismo estiver privado de comida, ou seja, quando o animal estiver com fome. O som da campainha, associado à apresentação do alimento, por sua vez, também só atuará como reforço, quando o organismo estiver privado de alimento e o sujeito tiver associado os dois estímulos apresentados contingentemente um ao outro (alimento e som da campainha).

Quando um estímulo é associado a vários reforços primários, passa a ter a capacidade de atuar quando da existência de diferentes estados de privação, e é chamado reforço secundário generalizado. Um exemplo de reforço secundário generalizado seria, por exemplo, a atenção dada a uma pessoa. Para que um organismo humano ou infra-humano obtenha alimento, sexo e outros reforços, a atenção de quem os fornece á uma condição usualmente presente. Por ser associada a esses reforços, ela se torna um estímulo reforçador generalizado.

O processo de condicionamento operante

Alguns fatores devem ser levados em consideração com relação ao condicionamento operante. A contigüidade temporal entre a resposta e o reforço é fundamental para que o processo de condicionamento ocorra e a resposta seja fortalecida. O estado de privação também deve ser considerado. A apresentação de alimento contingentemente a uma resposta operante, estando o organismo saciado, pode não produzir efeito, ou seja, para haver reforçamento, o organismo deverá estar preferencialmente privado de alimento.

Dispositivos experimentais

Skinner, um dos psicólogos mais determinantes da corrente behaviorista na atualidade e responsável por importantes contribuições em seu campo, idealizou um dispositivo experimental denominado pelos pesquisadores de Caixa de Skinner, como mostra a Figura 7.2. Esse dispositivo experimental é usado pelos experimentadores ou estudiosos de psicologia para investigar o condicionamento operante (ou instrumental) e seus efeitos em organismos infra-humanos, usando animais como ratos ou pombos como sujeitos experimentais. Tais pesquisas também se processam com a ajuda de labirintos, conforme demonstra a Figura 7.3.

A Caixa de Skinner é uma caixa experimental que contém uma alavanca e um recipiente com comida ou água. Trata-se de um dispositivo usado pelos experimentadores para investigar os efeitos das várias condições no condicionamento operante (ou instrumental) de organismos infra-humanos em laboratórios experimentais. Esse dispositivo é montado de tal forma que toda vez que o animal pressiona a alavanca, recebe alguma recompensa, tal como comida ou água. O surgimento do alimento depende, então, da resposta do animal; nessas condições, quanto mais vezes receber o alimento, pela pressão na alavanca, tanto mais provavelmente continuará a pressioná-la, até saciar a fome ou a sede. O animal deverá ter sido privado de comida ou água (de acordo com o reforço que o dispositivo liberar) antes do experimento. Dessa forma, o animal estará em condições de receber um processo de condicionamento operante no laboratório, sob o controle do experimentador.

Tanto para a Caixa de Skinner quanto para os labirintos, utiliza-se o reforço positivo como estímulo para a mudança do comportamento dos organismos infra-humanos. Há, entretanto, situações experimentais em que se adota o reforço

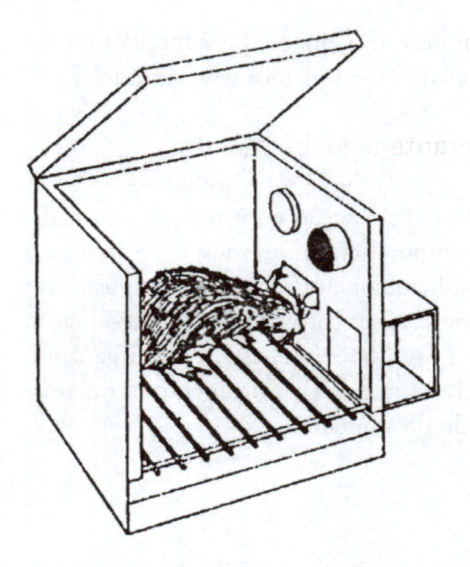

Figura 7.2 – Caixa de Skinner.

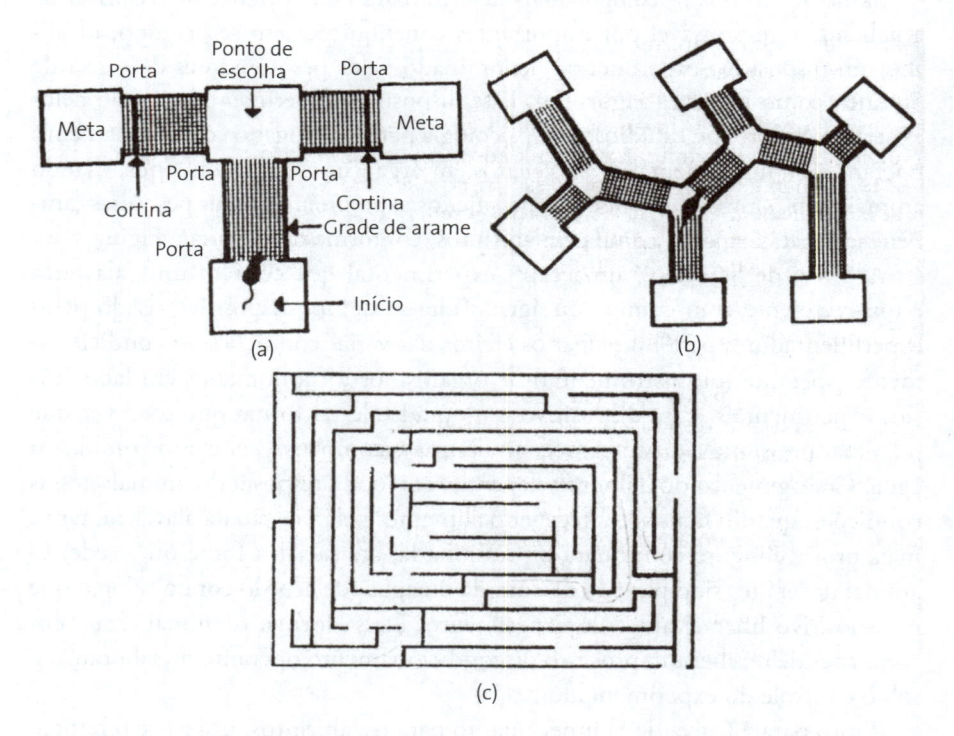

Figura 7.3 – Labirintos. (a) e (b): labirintos usados para estudar a aprendizagem instrumental. (c): labirinto em que a pessoa traça os "caminhos" a lápis.

negativo com essa finalidade, como, por exemplo, choques elétricos, para condicionar os animais a aumentarem a freqüência das respostas esperadas, controladas experimentalmente pelos pesquisadores. O comportamento do animal é manejado para a aprendizagem de como encontrar água ou alimento, por meio de reforçamento positivo ou negativo.

Extinção

Tanto as respostas reflexas como as operantes que foram condicionadas nos organismos podem ser extintas. A extinção consiste, no caso do comportamento reflexo, na perda gradual do poder do estímulo condicionado, que elicia a resposta condicionada. A extinção reflexa, ou seja, a que pretende extinguir comportamentos instalados pelo condicionamento respondente (ou clássico) do organismo, ocorrerá se forem deixados de emparelhar o estímulo condicionado com o incondicionado.

A extinção operante, ou seja, a que pretende extinguir comportamentos instalados pelo condicionamento operante (ou instrumental), ocorrerá quando uma resposta de um organismo, apesar de emitida, deixa de ser reforçada, quer positiva, quer negativamente, quer por reforços primários ou secundários. Se, no entanto, a resposta for ocasionalmente reforçada, isso poderá manter ou até mesmo aumentar sua força, mantendo aquele comportamento no repertório do organismo.

Ocasionalmente, uma resposta considerada totalmente extinta pode reaparecer. A esse fenômeno os behavioristas denominam *recuperação espontânea*.

Punição

Outro tipo de contingência que produz efeitos sobre uma resposta é a punição. A punição consiste na apresentação de um estímulo aversivo para aquele organismo, ou na retirada de um estímulo positivo a ele, após a emissão de uma resposta inadequada (como se fosse uma espécie de castigo para a apresentação de determinado comportamento emitido que seja considerado inadequado). Como, por exemplo, a travessura de uma criança na hora do almoço, que pode ser seguida de uma repreensão verbal dos pais ou de uma palmada, ou da retirada de sua sobremesa.

O Behaviorismo Radical

Skinner, influenciado pelo Positivismo Lógico, aceita que o que existe para um indivíduo existe. E, para não cair no subjetivismo ou no idealismo, procura estudar de forma científica possíveis evidências dessa existência do mundo (ou de um evento). A tarefa da ciência é analisar esta experiência. Skinner inclui a análise da experiência do cientista como parte do processo de construção do conhecimento científico. Essa é uma das razões pela qual Skinner atribui tamanha importância ao estudo do comportamento verbal: a análise do comportamento verbal permitiria o estudo das circunstâncias em que a experiência (o trabalho do cientista) se dá. A experiência que alguém tem de uma situação é um evento privado. Skinner aceita estudar a experiência como evento privado, que vem a ser chamado de evento ou comportamento encoberto. (Matos, 1995).

Dessa forma, uma nova corrente surge dentro do Behaviorismo e recebe o nome de *radical* devido a dois sentidos: por negar a radicalidade, isto é, algo que não tenha uma existência identificável no espaço e no tempo, e por aceitar radicalmente todos os fenômenos comportamentais (abertos ou encobertos).

Os *behavioristas radicais* passam a se dedicar à análise funcional do comportamento, ou seja, identificar qual é a função dele para a vida do sujeito que mantém tal comportamento. Os eventos privados, como sentimentos, emoções, pensamentos, fantasias, sonhos (no sentido de esperanças), passam a ser analisados funcionalmente como comportamentos encobertos que não estão acessíveis ao outro, ao público externo ou à comunidade verbal da qual o sujeito faça parte, mas que estão acessíveis ao próprio indivíduo em seu mundo interno, pela auto-observação.

> *Estudar eventos privados é uma tarefa que o behaviorista radical considera requisito essencial para entender o comportamento humano. A análise desses eventos não precisa ser colocada sob critérios sociais: para o behaviorista radical basta um observador, o próprio sujeito* (Matos, 1995, p. 32).

> Segundo Skinner, o Behaviorismo radical *não nega a possibilidade da auto-observação ou do autoconhecimento ou sua possível utilidade, mas questiona a natureza daquilo que é sentido ou observado e, portanto, conhecido. Restaura a introspecção (...) e suscita o problema de quanto de nosso corpo podemos realmente observar* (Skinner, 1974, p. 19).

Transposição do laboratório para a vida real

As pesquisas experimentais com infra-humanos em situação controlada por pesquisadores em laboratórios são contribuições dos estudos realizados pelos behavioristas metodológicos. Estes podem ser transportados parcialmente para a vida real dos seres humanos. Esses experimentos demonstram as reações dos organismos vivos, humanos ou não, frente às circunstâncias que são condicionantes e sugerem que o comportamento das pessoas pode ser relativamente previsível e controlável, de acordo com a forma pela qual reagem aos estímulos do ambiente ou com a forma pela qual é estabelecida a história de reforçamento de cada indivíduo em sua vida.

Por outro lado, as contribuições dos estudos dos behavioristas radicais para a compreensão do comportamento humano podem ser evidenciadas quanto à importância do resgate dos eventos internos e da possibilidade do autoconhecimento.

> *O autoconhecimento é de origem social. Só quando o mundo privado de uma pessoa se torna importante para as demais é que ele se torna importante para ela própria. Ele então ingressa no controle do comportamento chamado conhecimento. Mas o autoconhecimento tem um valor especial para o próprio indivíduo. Uma pessoa que se tornou "consciente de si mesma" por meio de perguntas que lhe foram feitas está em melhor posição de prever e controlar seu próprio comportamento* (Skinner, 1974, p. 31).

Nas organizações, o que se tem observado é que muitos dirigentes se utilizam dos conhecimentos estudados pelo Behaviorismo, às vezes se apropriando deles, às vezes sem ao menos saber que os estão aplicando, com o objetivo de controlar e manipular os membros organizacionais para o cumprimento dos objetivos da organização.

O autoconhecimento, no entanto, não é muito estimulado nas organizações, onde prevalece um tratamento padronizado em relação a seus membros, como se todos os indivíduos fossem iguais e tivessem de reagir da mesma maneira e cumprir padrões de comportamento padronizados.

Dessa forma, tratando-se de seres humanos, o reforçamento, a extinção e a punição podem produzir efeitos diferentes sobre o comportamento dos funcionários nas organizações, porque existem as diferenças individuais e cada indivíduo tem uma história de reforçamento, de punição e de vida que é uma experiência singular e única.

O reforçamento, positivo ou negativo, aumenta a probabilidade de ocorrência da resposta, ou seja, de ocorrerem os comportamentos esperados pelos dirigentes. A extinção do comportamento não desejado leva a um gradual enfraquecimento da resposta e mesmo à eliminação dela, se não estiver de acordo com os objetivos organizacionais, punindo os seus membros com estímulos aversivos para eles. A punição suprime a resposta (se bem que temporariamente, na maioria das vezes). O que se tem verificado na punição é que o seu efeito perdura enquanto perdurar a ansiedade produzida por ela. Passada esta, a resposta costuma reaparecer com a mesma intensidade, pois já está instalada no repertório do sujeito. Um exemplo das conseqüências desse procedimento seria a organização não dar aumento salarial por falta de adequação dos funcionários às suas normas. A ausência de aumento salarial é uma punição sobre os funcionários, porém, pode contribuir apenas para criar uma situação de tensão, mal-estar e irritação entre os colaboradores e a organização, com conseqüente diminuição da produtividade.

A punição não ensina como agir e quais são as respostas desejáveis, sendo que os indivíduos desconhecem qual o comportamento considerado adequado ou esperado pelos dirigentes da organização. Uma vez passado o estado de irritação dos funcionários, as coisas voltarão a ser como antes, ou seja, os funcionários não se tornarão mais adequados por terem sido punidos. A falta de indicação do comportamento desejado pode mesmo conduzir a um desajustamento crescente. Em conseqüência disso, a menos que se permita ou propicie a ocorrência de respostas desejáveis, e sejam estas reforçadas, o comportamento dos funcionários, dificilmente será modificado.

Por que um estímulo age como reforçador

A natureza do reforço é uma das questões polêmicas do Behaviorismo. É difícil identificar o que realmente torna um estímulo o reforço para determinadas respostas. Os reforços primários, tais como alimento, água, contato sexual e proteção contra situações de risco para o bem-estar do organismo, parecem não explicar todo o fenômeno do reforçamento do comportamento humano ou infra-humano.

Fatores que interferem no resultado do condicionamento

Certos experimentos já realizados, especialmente por Skinner, mostram que outros fatores interferem para que um estímulo se torne ou não um reforço. Como já foram analisados anteriormente, fatores tais como o intervalo de tempo, o número de vezes que o estímulo é apresentado e a sua apresentação conjugada com o estímulo incondicionado interferem e modificam os resultados do condicionamento, ou seja, o tipo de resposta dada pelo organismo (humano ou animal).

O caso do reforço condicionado ou reforço secundário generalizado coloca problemas mais difíceis. O mesmo reforço, como, por exemplo, o dinheiro, pode ser associado a diferentes estímulos primários, como alimento, vestuário etc., e poderá reforçar grande número de respostas.

No entanto, a questão da saciação e da privação parece ser fundamental, ao se investigar o que realmente reforça uma resposta. Um indivíduo que não tem sede não responderá ao reforço água, ou seja, a água não funciona para ele como estímulo reforçador. O mesmo vai acontecer com todos os demais reforços. Para se obterem os comportamentos esperados, segundo os behavioristas, é necessário analisar o problema dos fatores de saciação e privação presentes na vida do sujeito.

Significado do reforço nas organizações

Além da questão da saciação e da privação, outra análise que deve ser feita, sob o ponto de vista dos behavioristas, é a do significado do reforço para cada indivíduo. Por exemplo, um aumento salarial tem diferentes significados para diferentes indivíduos numa empresa. Ele pode ser tomado como o reconhecimento de um bom desempenho; como uma tentativa de enquadrar as pessoas nas normas e nos padrões da organização; como um meio de tornar os indivíduos passivos e obedientes; como uma tentativa de suborno e manipulação; como estratégia de dominância e controle dos funcionários etc. Portanto, o verdadeiro estímulo não é a recompensa, ou seja, o aumento de salário, mas o significado do aumento de salário para cada indivíduo, conforme a sua história de reforçamento, o que poderá gerar respostas até mesmo antagônicas àquelas esperadas pela empresa. Aqui, a dificuldade está em que geralmente quem dá o reforço, não pode prever os diferentes significados que este vai ter para cada indivíduo, pois eles possuem diferentes repertórios de comportamentos adquiridos ao longo de suas vidas.

Generalização e discriminação de estímulo

Um indivíduo, condicionado a emitir certa resposta em uma dada situação, tende a responder da mesma forma em situações semelhantes. Chama-se generalização de estímulos a passagem do controle dos estímulos presentes nessa situação a estímulos similares. Quanto mais similares os estímulos, maior a probabilidade de generalização das mesmas respostas para outras situações. Exemplo: uma criança condicionada a temer ratos brancos se chocará diante de qualquer coisa que se assemelhe a um rato branco: coelho branco, algodão etc.

A discriminação de estímulos ocorre quando o organismo aprende a dar respostas diferentes a estímulos similares. Se a criança do exemplo citado passar a chorar na presença de ratos brancos, dizemos que ocorreu discriminação. A discriminação é resultado do reforço à resposta apenas na presença de um determinado estímulo (rato branco) e não na presença dos estímulos similares (coelho branco, algodão). O estímulo que passa a controlar o comportamento do organismo é chamado de estímulo discriminativo (SD).

> *Uma resposta reforçada numa determinada ocasião tem maior probabilidade de ocorrer em ocasião que lhe seja muito semelhante; em virtude, porém, de um processo chamado generalização, podem surgir ocasiões que partilhem apenas algumas dessas mesmas propriedades. Se, todavia, a resposta for reforçada apenas quando uma determinada propriedade estiver presente, tal propriedade adquire controle exclusivo por via de um processo chamado discriminação* (Skinner, 1974, p. 66).

O Behaviorismo e a motivação

A questão da motivação humana, para os behavioristas da atualidade, é entendida como um evento privado, que pertence ao mundo interno do sujeito, ou seja, um evento encoberto, não acessível ao público, que é acessível ao próprio indivíduo, pela auto-observação e pelo autoconhecimento, O Behaviorismo rejeita a idéia da motivação como um agente interno para explicar o comportamento.

A natureza psicológica das motivações impede a sua observação direta. Por outrem, mas não impede que o próprio sujeito procure conhecê-las, e para tanto, deve ser incentivado pela comunidade verbal no qual estiver inserido. Para os behavioristas radicais, trata-se de mais um comportamento encoberto passível de ser analisado funcionalmente.

As teorias da motivação humana consideram a motivação baseada no ambiente. Bowditch e Buono (1999) explicam que, segundo o Behaviorismo, o comportamento ou a motivação de um indivíduo é uma função das conseqüências daquele comportamento: se formos recompensados por nos comportarmos de certo modo, começaremos a fazer a ligação entre o comportamento apropriado e a recompensa, e continuaremos a apresentar aquele comportamento. Do ponto de vista gerencial, a teoria do reforço sugere que, se alguém quiser manter um certo comportamento no trabalho, precisará manipular as conseqüências daquele comportamento. "Como esta escola supõe que todo comportamento tem base condicionadora operante, a motivação fica reduzida a identificar as necessidades e oferecer as recompensas apropriadas". *(Bowdith e Buono, 1999, p. 49)*.

A utilização das técnicas de modificação de comportamento organizacional baseadas na teoria do reforço, no entanto, tem recebido críticas devido a preocupações de ordem ética quanto à manipulação de trabalhadores.

> Todavia, não obstante as implicações éticas dos condicionadores operantes ou da adequação dessa abordagem ao local de trabalho, permanece o fato de que os princípios de reforço e as estratégias a eles associadas são instrumentos gerenciais de controle e direcionamento de comportamentos dos membros da organização. Valorizando os reforços positivos, tais como elogios, reconhecimento, remuneração ou promoções,

dependentes de certos comportamentos (por exemplo, atingimento de metas, esforço maior), os administradores podem aumentar a probabilidade de que esses comportamentos sejam mantidos ao longo do tempo (Bowdith e Buono, 1999, p. 49).

Segundo Hamner e Hamner (apud Bowditch, 1999), as aplicações bem-sucedidas de programas de modificação de comportamento organizacional exigem que os gerentes: 1) recompensem as pessoas com o que estas dão valor; 2) relacionem explicitamente a recompensa com o comportamento desejado; 3) ajustem corretamente a magnitude da recompensa à magnitude do comportamento; 4) sejam capazes de recompensar mais os que desempenham melhor do que aqueles que apresentam um desempenho médio; 5) dêem o *retorno* e a recompensa após o desempenho.

A aplicação da análise do comportamento nas organizações

Delitti e Derdyk (1999) afirmam que a análise do comportamento propõe que um comportamento, para ser modificado, precisa ser analisado sob dois aspectos complementares: o que vem antes e o que vem depois dele. Quando se procura modificar comportamentos alterando os antecedentes, refere-se ao controle de estímulos (estímulos discriminativos ou sinalizadores), e quando se procura alterar as conseqüências, refere-se aos conceitos de reforçamento e punição ou conseqüências positivas e negativas. Antecedente é qualquer pessoa, lugar, coisa, comportamento (aberto ou encoberto) que ocorra antes de um comportamento e que sinalize a ocasião em que esse comportamento será seguido de reforçamento ou punição. Nas empresas, o local de trabalho é planejado para sinalizar os comportamentos desejados ou corretos, por exemplo, com as regras, os objetivos, as descrições de função, padrões da empresa etc.

Quando um indivíduo aprende a discriminar que elementos ou estímulos de seu ambiente predizem as conseqüências desejadas, diz-se que esse é um estímulo discriminativo (SD). As regras, que são um tipo poderoso de antecedentes, são estímulos discriminativos verbais (escritos e/ou falados) que funcionam como sinais de que os comportamentos serão reforçados se forem emitidos. Nas empresas, são necessários muitos critérios, de maneira que os antecedentes sejam realmente eficazes na sinalização e controle dos comportamentos desejados. Se isso não ocorrer, o indivíduo não saberá como se comportar e, portanto, não emitirá o comportamento adequado.

Conseqüências comportamentais são eventos que se seguem a determinados comportamentos e alteram a probabilidade de ocorrência desses comportamentos no futuro. As conseqüências são os instrumentos poderosos que as organizações têm para aumentar o desempenho de seus funcionários, pois os problemas de baixa qualidade, de queda de produtividade podem ser resolvidos com o manejo adequado das conseqüências, após uma análise funcional correta. O comportamento que alguém emite sempre tem uma função, uma razão de existir, isto é, se um comportamento continua a ser emitido é porque existem conseqüências que o mantêm, por mais estranho que possa parecer. Por exemplo, o comportamento de um operário de chegar atrasado ou faltar muito pode parecer só trazer conseqüências desagradáveis (punições), como repreensão, desconto do salário etc. No entanto, uma análise funcional mais detalhada pode revelar que aquele indivíduo, com suas faltas e atrasos, se livra (reforçamento negativo) de uma situação muito mais aversiva como executar uma tarefa desagradável ou encontrar um supervisor agressivo. Além disso, um comportamento freqüentemente tem mais de uma conseqüência, que pode estar em nível encoberto e/ou ser proveniente do próprio indivíduo, sendo que haverá uma escolha entre as conseqüências mais agradáveis (ou menos aversivas) para aquele momento.

Sentimentos e emoções

Segundo Meyer (1997), da perspectiva behaviorista, sentir é uma espécie de ação sensorial, assim como ver e ouvir, é basicamente resposta de glândulas e da musculatura lisa. Aquilo que sentimos são condições de nosso corpo. Para Skinner (1989), discriminar o que sentimos e falar sobre isso são comportamentos aprendidos, produto da comunidade verbal que nos ensina a descrever o que fazemos, o que pensamos e o que sentimos.

Para os behavioristas, porém, os sentimentos não são causas dos comportamentos. A hipótese atual é que eles têm uma função especial, que difere da do comportamento público. Considera-se possível que os sentimentos e outras formas de comportamentos encobertos sejam os mecanismos que o organismo possui para perceber os processos comportamentais e sua história de reforçamento. É a comunidade verbal que tem se encarregado de torná-los mais precisos, se interessado e considerado importantes os sentimentos, pensamentos, intuições e sonhos das pessoas. Skinner (1974) descreveu vários sentimentos que ocorrem de forma associada a processos comportamentais. Os exemplos apresentados ressaltaram que as condições corporais correlatas, que podem ser sentidas ou observadas introspectivamente, não são causas dos estados ou das mudanças de probabilidade. Skinner afirma (1989) que existem muitas boas razões para as pessoas falarem sobre os seus sentimentos. O que elas dizem são dicas quanto ao comportamento passado e às condições relacionadas com o comportamento futuro. O autoconhecimento tem um valor especial para o próprio indivíduo.

Percepção

Skinner reserva um capítulo do seu livro *Sobre o Behaviorismo*, que intitula: *O Perceber* e o inicia com a seguinte frase: "Talvez o problema mais difícil enfrentado pelo Behaviorismo tenha sido o tratamento do conteúdo consciente" (Skinner, 1974, p. 65). Para ele, o Behaviorismo considera que a ação inicial da percepção é empreendida pelo ambiente e não pelo percipiente. O reflexo era um exemplo claro e uma versão estímulo-resposta do Behaviorismo obedecia ao mesmo padrão. Uma parte do meio ambiente penetrava o corpo, era ali transformada e talvez armazenada, e, eventualmente, emergia como resposta. Semelhante concepção só diferia da visão mentalista no que dizia respeito ao iniciador da ação. Em ambas as teorias, o ambiente penetrava o corpo: na mentalista, o mundo era recebido pelo percipiente; na concepção estímulo-resposta, o ambiente abria caminho até ele. As duas formulações poderiam ser combinadas – uma imagem do mundo exterior, atingindo a retina, ativando um processo muito intrincado que resulta na visão: a transformação da imagem retiniana em percepção. As duas formulações dirigiam a atenção para a representação interna da realidade em suas várias transformações. Numa análise operante, e no Behaviorismo radical que se constrói sobre ela, o ambiente permanece onde está e onde sempre esteve – fora do corpo.

Para Skinner, o ambiente afeta um organismo depois, bem como antes, de ele responder. Ao estímulo-resposta Skinner acrescenta a conseqüência (não como um terceiro termo numa seqüência). Na ocasião em que o comportamento ocorre, o próprio comportamento e suas conseqüências estão inter-relacionados nas contingências de reforço. Como resultado de seu lugar nessas contingências, um estímulo presente quando uma resposta é reforçada adquire certo controle sobre essa resposta. Ele não suscita, então, a resposta, como ocorre num reflexo: simplesmente aumenta a probabilidade de ela vir a ocorrer novamente.

> O papel do estímulo dá ao comportamento operante caráter especial. O comportamento não é dominado pelo cenário atual, como parecia ocorrer na psicologia do estímulo-resposta; não é "limitado pelo estímulo". Não obstante, a história ambiental ainda mantém o controle: dotação genética da espécie, mais as contingências às quais o indivíduo foi exposto, determinam aquilo que perceberá (Skinner, 1974, p. 66).

Conforme Skinner, a pessoa não é um espectador indiferente a absorver o mundo como uma esponja. Não estamos apenas *atentos* ao mundo que nos cerca, respondemos-lhe de maneiras idiossincrásicas por causa do que já aconteceu quando estivemos anteriormente em contato com ele. O nível de privação ou de ansiedade afeta a percepção; por exemplo, ouvimos o telefone por engano, quando estamos esperando uma chamada importante, e podemos ver órgãos genitais em objetos, quando estamos sofrendo de privação sexual. "Por outras palavras, uma pessoa vê uma coisa como alguma outra coisa quando a probabilidade de ver esta é grande e o controle exercido por aquela é pequeno" (Skinner, 1974, p. 67).

A personalidade segundo o Behaviorismo

Para Skinner, a personalidade é um repertório de comportamentos partilhado por um conjunto organizado de contingências. O comportamento que um jovem adquire no seio de sua família compõe um eu; o comportamento que adquire no serviço militar compõe outro eu, e os dois eus podem coexistir na mesma pele sem conflito pelo menos até as contingências conflitarem – o que pode ocorrer. Contingências conflitivas levam a repertórios de comportamento conflitivos, mas todos são apresentados por um só corpo, por um membro da espécie humana. O corpo se comporta de forma ponderada a maior parte do tempo, é o mesmo corpo que, ocasionalmente, se mostra insensível ou cruel. O que a pessoa é, de fato, pode significar o que seria se pudéssemos tê-la visto antes de seu comportamento ter sido submetido à ação de um ambiente. A adoção genética emerge após ter sido exposta ao meio ambiente, e a exposição a modifica imediatamente. De certa forma. "As espécies adquirem comportamento (instintos) em contingências de sobrevivência, ao passo que o indivíduo adquire comportamento (hábitos) em contingências de reforço" (Skinner, 1974, p. 130).

Para Skinner, faz-se mister um ambiente verbal especial para impor consciência ao comportamento, induzindo uma pessoa a responder a seu próprio corpo enquanto age. Se a consciência parece ter um efeito causal, trata-se do efeito ao ambiente especial que a induz à auto-observação. Ampliar a consciência que uma pessoa tem do mundo exterior é simplesmente pô-la sob controle mais sensível desse mundo, como fonte de estimulação (Skinner, 1974, p. 133).

Tomada de decisões e o seu controle

Segundo o Behaviorismo, o indivíduo toma decisões em função: a) de aprendizagens anteriores; b) da discriminação dos estímulos aversivos e atrativos; c) da auto-observação sobre seus eventos encobertos (sentimentos pessoais); d) de sua história de reforçamento e de punição; e) das condições do meio ambiente e do nível de estimulação que tenha recebido em alguma direção; f) do comportamento verbal valorativo para a comunidade verbal da qual faça parte.

Além disso, recebe a influência de aspectos relacionados à sua hereditariedade, das experiências que vivenciou em sua história passada de vida, e da cultura da comunidade à qual pertence, que lhe estabelece valores e padrões de comportamento como referências discriminativas.

A tomada de decisões pode ser, no entanto, controlada nas organizações, por meio da manipulação de estímulos e reforços socialmente administrados a seus membros. Essa estratégia aumenta a probabilidade da resposta ou da tomada de decisão na direção desejada pela organização. A oscilação entre as formas incompletas de respostas é incômoda e aversiva. O reforçamento contribui para eliminar esse conflito. Quando adequadamente administrado, o reforço aumenta a probabilidade da tomada de decisões, e pode direcionar um indivíduo a decidir por aspectos que atendam ao que é esperado pelos outros que estão ao seu redor, sendo que o sujeito se torna suscetível a adequar-se ao comportamento esperado, na ânsia de obter reforçadores, ficando, dessa forma, sob controle emocional dos demais, sem dar-se conta de que não está reconhecendo os seus próprios eventos internos e escolhas pessoais.

Controle das variáveis experimentais na situação organizacional. Behaviorismo e o comportamento humano na organização

O Behaviorismo é uma abordagem psicológica amplamente aplicada ao estudo do comportamento humano nas organizações, por profissionais de diversas formações, que conhecem e estudam os princípios da ciência psicológica. Porém, grande parte dos princípios pregados pelo Behaviorismo tem sido apropriada pelos dirigentes organizacionais.

Na situação experimental em pesquisas com sujeitos infra-humanos em laboratórios, rigorosamente controladas por pesquisadores, é perfeitamente possível controlar o comportamento dos animais submetidos aos experimentos, como vimos no Behaviorismo Metodológico. No entanto, não é possível transpor as conclusões de uma situação experimental para o contexto da organização. Na situação experimental, as variáveis são controladas com rigor, o que não é possível na situação organizacional. Tampouco é possível controlar, na situação organizacional, a interferência de outros fatores, quer seja em nível de estímulos, quer seja no reforçamento.

O Behaviorismo tem procurado estudar o comportamento do indivíduo no grupo social, embora a maior parte dos estudos se refira ao comportamento individual do organismo em condições isoladas para depois servirem de referência para outras realidades a serem analisadas. O comportamento verbal, que é característico do ser humano, torna o indivíduo capaz de pensar, sentir, compreender, perceber, discriminar, esquivar-se de situações aversivas, aproximar-se de situações reforçadoras em seu ambiente, que inclui o seu mundo interno e o seu mundo externo. Os behavioristas reconhecem a capacidade do ser humano de reconhecer-se a si mesmo, de auto-observar-se e de autoconhecer-se, interpretando a seu modo o mundo, conforme a realidade e os estímulos que discrimina nela. Os pensamentos, considerados como comportamentos encobertos, ocorrem e podem ser também analisados funcionalmente, pois eles têm uma função, uma razão de existir, e por isso se mantêm no comportamento humano, que reage e interage constantemente com o seu meioambiente, influenciando-o e sendo influenciado por ele.

O Behaviorismo, assim como outras escolas psicológicas, tanto pode ser usado para o desenvolvimento e o bem-estar do indivíduo na organização e em sua vida, quanto para a promoção de um ser humano tão-somente condicionado a condições ambientais, robotizado e alienado (como se fosse um apêndice da máquina, conforme protagonizou o Taylorismo), que não tem vontade própria e nem sequer se percebe como um ser único e digno de ser ele mesmo.

Cabe aos profissionais nas organizações a decisão de como podem fazer uso de forma adequada e ética dos princípios do Behaviorismo, seja ele da corrente metodológica ou radical, ou da corrente comportamental cognitiva, emergente na atualidade.

O manejo dos estímulos e dos reforços

A organização que escolhe como estratégia adotar a aplicação dos princípios do Behaviorismo depara-se com a dificuldade de manejá-los de forma ética, sem manipular os membros organizacionais, que são seres passíveis de condicionamento e de adestramento. Até certo ponto, alguns procedimentos são importantes para manter uma certa ordem, que se traduz em segurança e referência para as pessoas. A manipulação do comportamento dos colaboradores de uma organização é complexa, porque os indivíduos respondem de maneira diversa aos mesmos estímulos e reforços, o que dificulta o controle total do comportamento.

Para Delitti e Derdyk (1995), estratégias de mudança no comportamento organizacional são possíveis de serem implementadas de forma adequada, com base no Behaviorismo Radical. Uma forma é ensinar os supervisores a medir a freqüência e a ocorrência dos comportamentos e perceber o momento em que eles ocorrem, o momento antes do comportamento (antecedentes) e o momento após (conseqüentes). Quando se observam o antes e o depois, faz-se a análise funcional, descobrindo-se o que propicia a ocasião para aquele comportamento se manifestar e que tipo de coisas são reforçadoras ou o mantém. Após a análise funcional dos supervisores, desenvolvem-se estratégias para aumentar os comportamentos desejáveis e/ou diminuir ou eliminar os indesejáveis, modificando as contingências, que, por sua vez, modificarão o comportamento.

Como vimos, a punição não ensina. Por isso, o próximo passo é ensinar aos supervisores as vantagens do uso do reforçamento positivo em relação à punição, pois em geral as empresas estão acostumadas a usar a punição como forma de mudar os comportamentos. Porém, é necessário os supervisores saberem que, embora a punição realmente suprima comportamentos, não o faz permanentemente, além de criar ressentimentos.

A seguir, deve ser enfatizada a importância de se fazer uso de reforçamento imediatamente após a emissão dos comportamentos que se pretende ampliar, sendo que, quanto mais próximo o reforçamento está do comportamento desejado, mais fortemente este se instalará.

Condicionamento humano nas organizações

Cientistas da organização têm definido três tipos de comportamento que consideram fundamentais à vida de uma organização: a) os comportamentos de pertencer; b) os comportamentos de permanecer na organização; e c) os comportamentos inovadores, que envolvem contribuição criativa dos membros organizacionais. A organização procura meios para fazer com que os indivíduos permaneçam dentro dela, comportando-se *adequadamente*, de acordo com os padrões por ela definidos. As organizações normalmente adotam tanto o reforçamento positivo como o negativo e, mais comumente, a punição como forma de condicionar indivíduos a se comportar dentro dos padrões organizacionais e para extinguir comportamentos não desejados, obedecendo a regulamentos e a normas estabelecidas e apresentando um nível de produtividade de acordo com as expectativas da organização. A não-adequação de alguns membros da organização aos padrões, regulamentos e normas estabelecidos pode ocasionar o uso de dois tipos de punição organizacional: a) o primeiro é a punição mais drástica, efetivada por meio da eliminação do indivíduo do sistema organizacional; em outras palavras, usa-se o processo de demissão. Em conseqüência da aplicação dessa punição, será possível observar, por parte dos demais membros da organização, principalmente em relação aos superiores, um sentimento de ameaça, que pode condicionar um comportamento cada vez mais dependente, menos criativo e mais caracteristicamente de seguidores submissos; b) o segundo tipo de punição organizacional é a punição aplicada aos membros organizacionais retirando-se deles aspectos considerados reforçadores para os sujeitos, tais como perda de funções de supervisão ou de posição de liderança, falta de promoção salarial, ostracismo. Essas punições geralmente criam para o indivíduo uma situação de instabilidade, de insegurança, de desmoralização e um alto nível de tensão. Na realidade, é uma forma de neutralizar sua influência, inibindo e reprimindo suas iniciativas.

Com esse sistema de punição, não é possível surgir a criatividade, que não pode emergir em meio a tantos estímulos aversivos.

O lado ético do reforçamento nas organizações

Do ponto de vista ético, o condicionamento humano nas organizações envolve valores daqueles que o adotam e não compete aqui discuti-los como certos ou errados. Do ponto de vista organizacional, poder-se-ão observar, nos membros da organização que não sofreram punição, um clima de instabilidade e um comportamento protetor e defensivo, além de dependência e obediência cada vez maiores às normas e regulamentos, que são impostos e conquistados pelo medo. Lembramos que num ambiente de medo e repressão, o processo de criatividade também não encontra condições de se manifestar. Além disso, outras desvantagens podem ocorrer, como descrédito em relação a políticas e diretrizes organizacionais, como também em relação aos superiores.

Sistemas de recompensa nas organizações

A organização poderá, entretanto, usar um sistema de reforçamento positivo para condicionar o comportamento humano no trabalho. As políticas de incentivos são exemplos desse tipo de reforçamento positivo. No entanto, sua aplicação se depara com algumas dificuldades, que devem ser consideradas: 1) a primeira delas está relacionada ao significado psicológico que cada indivíduo atribui a determinado reforço positivo. As pessoas têm necessidades, sentimentos e percepções diferentes. O mesmo reforço poderá condicionar diferentes comportamentos; 2) a segunda dificuldade surge à medida que a organização necessita, para se desenvolver, de criatividade e de inovação, bem como de liderança para atendimento das demandas internas e externas, o que inclui condições para comportamentos inovadores e espontâneos. Para tanto, seus membros devem se comportar de maneira mais livre, seu espaço organizacional tem de ser ampliado, dando lugar a uma colaboração criativa e construtiva. A integração das experiências pessoais dos membros da organização e das diferentes modalidades de agir e de decidir é fator que integra o comportamento inovador. E esse comportamento garante para a organização sobrevivência produtiva e influência no meio externo.

Limitações do condicionamento humano

O Behaviorismo tem como pressuposto básico o condicionamento. Esse pressuposto está presente em todas as suas vertentes e formas de aplicação. O controle do comportamento humano nas organizações pela manipulação de estímulos e respostas pode entrar em conflito com o desenvolvimento da criatividade e das lideranças na organização. Os dirigentes organizacionais que se apropriam dos princípios do Behaviorismo para controlar, manipular e reduzir o comportamento humano a um processo de condicionamento que venha a inibir a capacidade do indivíduo de pensar, de se expressar, de ser ele mesmo, estarão inibindo o seu potencial criativo, negando a autodeterminação e o livre arbítrio da natureza humana.

Com referência ao comportamento inovador e espontâneo, encontra-se outra dificuldade quando se desloca o controle do comportamento do indivíduo para elementos externos. A duração do comportamento fica condicionada à manipulação dos estímulos e reforços. Eliminados estes, ocorrerá a extinção do comportamento. O controle externo do comportamento exige, como se pode observar, sofisticados mecanismos de controle por parte da organização, que nem sempre podem ser eficazes.

Os grupos organizacionais têm sido usados como eficientes instrumentos de controle do comportamento. O reforçamento positivo é efetuado por meio da aceitação, o reforçamento negativo pela desaprovação do grupo, e a punição pela eliminação do indivíduo como membro organizacional.

Nesses grupos, a organização interna do trabalho compete ao próprio grupo, que, com base em padrões de produtividade prefixados, estabelece o seu padrão próprio e os demais padrões comportamentais, bem como os seus próprios controles.

A redução do comportamento humano ao mecanismo estímulo-resposta, sem considerar os processos psicológicos individuais, que envolvem os eventos encobertos, tais como a motivação, a cognição etc., como fatores que integram o comportamento humano, bloqueia o potencial criativo e inovador dos indivíduos e o desenvolvimento das capacidades humanas.

Ao adotar exclusivamente o modelo behaviorista do padrão estímulo-resposta para propiciar o condicionamento do comportamento humano nas organizações, incrementado com a punição (tal como ocorre no sistema taylorista e seus similares), a organização nega a si mesma o desenvolvimento e a utilização das forças, dos recursos e do potencial humano de que dispõe, que viriam contribuir para a produtividade da própria organização e para o desenvolvimento socioeconômico num contexto social mais amplo. É importante ressaltar que a adoção dos princípios e estratégias do condicionamento humano nas organizações impede o desenvolvimento da consciência crítica, da consciência moral e bloqueia, conseqüentemente, a inserção dos indivíduos membros da organização como cidadãos responsáveis na própria organização e na sociedade.

❖ RESUMO

O Behaviorismo baseou-se inicialmente no Determinismo Filosófico de James, no Funcionalismo de Dewey e no método experimental da Psicologia de Yerkes, além do condicionamento de Pavlov. Watson, seu precursor, integrou essas contribuições e chegou à afirmação de que o comportamento é um fenômeno provocado por estímulos. Para ele, a Psicologia trata do comportamento observável e mensurável do organismo pelo outro.

O Behaviorismo Metodológico, proposto por Watson, utiliza o processo de condicionamento para planejar, formar e controlar organismos, que podem ser humanos. Segundo essa corrente, a sociedade poderia atingir, com a tecnologia do comportamento, um grau de sofisticação em que o planejamento da pessoa humana se tornaria possível.

Existem duas classes de comportamento: o respondente (reflexo) e o operante (voluntário). O comportamento respondente é a resposta que o organismo dá a um estímulo, como, por exemplo, a salivação diante do cheiro ou gosto de comida. O comportamento operante é o que ocorre em reação ao meio externo, sem que se possam identificar estímulos específicos que o teriam provocado, como, por exemplo, os movimentos de braço de uma criança.

O processo de condicionamento respondente, que é uma forma simples de aprendizagem, é um dos processos adotados pelos behavioristas metodológicos para explicar a formação dos comportamentos. Nesse tipo de condicionamento, o processo é organizado de forma a ocorrer: 1) um estímulo neutro; 2) um estímulo incondicionado, ou seja, um estímulo que, em circunstâncias normais, provocaria uma resposta específica; 3) a resposta específica. A repetição constante do processo condiciona o estímulo neutro, isto é, faz com que o estímulo neutro passe a ser um estímulo condicionado, que provoca resposta semelhante àquela que o estímulo incondicionado já provocava. Exemplo desse processo é a experiência de Pavlov, que, fazendo uma campainha soar sistematicamente antes de apresentar comida a um cão, condiciona esse estímulo neutro (o som da campainha), que passou a provocar a salivação do cão, resposta antes provocada só pela própria apresentação da comida. Para que o condicionamento ocorra com rapidez, é preciso obedecer à ordem dos estímulos (primeiro, o neutro; depois, o incondicionado). É preciso também que seja bem curto o período de tempo entre a ocorrência dos dois para haver a devida associação entre ambos.

No condicionamento operante, a aprendizagem ocorre por um processo de maturação natural (a criança aprende a falar naturalmente), ou o organismo opera no seu meio na busca dos reforçadores ou de estímulos dos quais necessita. É possível aplicar reforços ao processo de aprendizagem (por exemplo, gratificando a criança quando pronuncia uma nova palavra). Esse reforço deve ser dado imediatamente após a resposta. Os reforços podem ser positivos e negativos. Os reforços positivos fortalecem os comportamentos que os precedem, por meio de estímulos que provocam bem-estar no organismo; os reforços negativos fortalecem a resposta pela remoção do próprio estímulo (o organismo deixa de recebê-lo) ou pela tentativa de se livrar de um estímulo muito aversivo para o sujeito, que provoca mal-estar no organismo, levando-o a aumentar a freqüência daquela resposta, fortalecendo-a também. Diversos dispositivos experimentais são usados para investigar o condicionamento instrumental ou operante e seus efeitos, entre eles a Caixa de Skinner (Figura 7.2) e os labirintos que utilizam como sujeitos organismos infra-humanos.

Tanto no condicionamento respondente (também chamado clássico) quanto no operante (também chamado instrumental), deixar de apresentar o reforço positivo leva à extinção (enfraquecimento ou redução) das respostas. A extinção não significa a perda total da aprendizagem adquirida pelo condicionamento. Prova disso é que existe a recuperação espontânea, fenômeno pelo qual a resposta condicionada reaparece sem novo processo de treinamento, após um período de descanso.

Segundo os behavioristas do modelo estímulo-resposta, os mecanismos usados para identificar as conseqüências de comportamento são o *feedback* de informação e o *feedback* afetivo. Pelo primeiro, o indivíduo toma conhecimento do tipo de efeito que sua resposta ocasionou no ambiente. Pelo segundo, ele distingue quando a situação modificada lhe trará prazer ou desprazer.

O reforçamento ensina ao indivíduo como agir; a punição não ensina, apenas suprime respostas. Nesse último caso, a falta de indicação do comportamento desejado pode levar a um desajustamento do indivíduo, além de não induzi-lo ao comportamento desejado.

A natureza do reforço é uma questão que não está totalmente resolvida pelo Behaviorismo, pois os reforços primários (alimentos etc.) parecem não explicar todo o fenômeno. Fatores como o intervalo de tempo entre os estímulos, a sua freqüência etc. modificam os resultados do condicionamento. No caso particular do reforço condicionado, o mesmo reforço (por exemplo, dinheiro) pode ser associado a diferentes estímulos (alimento, diversão) e condicionar diferentes respostas. Além disso, a saciação e a privação têm, sem dúvida, um importante papel na eficácia do reforço. E ainda existe a considerar o significado de cada reforço para o indivíduo particularmente, o que depende de sua história de vida e do repertório de comportamentos aprendidos.

A generalização é o fenômeno pelo qual um indivíduo, condicionado a dar determinada resposta em face de um estímulo específico, passa a dar a mesma resposta a outros estímulos, geralmente semelhantes. A discriminação, ao contrário, consiste no aprendizado por meio do qual o indivíduo vem a dar respostas diferentes a estímulos diferentes, embora semelhantes.

As motivações são eventos privados, que pertencem ao mundo interno do sujeito, ou seja, eventos encobertos, não acessíveis ao público, que são acessíveis ao próprio indivíduo, por meio da auto-observação e do autoconhecimento dos condicionamentos adquiridos no decorrer da sua própria vida. O Behaviorismo rejeita a idéia da motivação como um agente interno para explicar o comportamento.

Na perspectiva behaviorista, sentir é uma espécie de ação sensorial. Aquilo que sentimos são condições de nosso corpo. Discriminar o que sentimos e falar sobre isso são comportamentos aprendidos, produto da comunidade verbal que nos ensina a descrever o que fazemos, o que pensamos e o que sentimos. Os sentimentos não são causas dos comportamentos. A hipótese atual é que eles têm uma função especial, que difere da do comportamento público. Considera-se possível que os sentimentos e outras formas de comportamentos encobertos sejam os mecanismos que o organismo possui para perceber os processos comportamentais e sua história de reforçamento.

O Behaviorismo considera que a ação inicial da percepção é empreendida pelo ambiente e não pelo percipiente. Numa análise operante, e no Behaviorismo Radical que se constrói sobre ela, o ambiente permanece onde está e onde sempre esteve – fora do corpo. O ambiente afeta um organismo depois, bem como antes, de ele responder. A percepção é influenciada por fatores de privação e saciação e ocorre também devido à seleção de estímulos que o indivíduo aprendeu a realizar, que faz parte de seu repertório de comportamentos.

O Behaviorismo tem sido aplicado ao estudo do comportamento humano nas organizações, embora não seja possível transpor as conclusões de situações experimentais com sujeitos infra-humanos para o contexto das organizações. No entanto, as organizações normalmente adotam sistemas de reforçamento negativo e positivo para condicionar os membros organizacionais a se comportarem dentro dos padrões por ela esperados. Os grupos organizacionais, basicamente os grupos de trabalho, têm sido usados como instrumentos de controle mais sofisticado de comportamento humano nas organizações. Os controles são exercidos pelo próprio grupo, que condiciona o comportamento de seus membros, usando reforçadores positivos, negativos e punição, conforme os seus próprios critérios.

O condicionamento de seres humanos pela padronização de comportamentos organizacionais limita a liberdade e a criatividade humana, nega a autodeterminação e o livre-arbítrio do sujeito, bem como a sua liberdade. Em conseqüência, limita e muitas vezes impede sua consciência crítica, sua competência reflexiva, sua autonomia como sujeito, inibindo o desenvolvimento de potencialidades individuais, bem como o desenvolvimento da própria organização e sua participação no desenvolvimento da sociedade mais ampla, com reflexos na vida política e democrática.

❖ TERMOS E CONCEITOS IMPORTANTES

Behaviorismo, Comportamentalismo ou Análise do Comportamento é uma abordagem psicológica que estuda o comportamento animal ou humano, por meio da interação do organismo com o meio do qual ele faz parte e a influência do ambiente sobre ele. O Behaviorismo evoluiu e apresenta diversas correntes, entre elas, a metodológica, que é mais voltada à psicologia estímulo-resposta, e a radical, que é mais voltada à análise funcional do comportamento.

Comportamento é a atividade dos organismos (infra-humanos e humanos), que mantêm intercâmbio com o ambiente, incluindo os movimentos musculares e a secreção de glândulas. O comportamento pode ser um fenômeno observável diretamente e explicável por outrem, e pode ser encoberto, quando não passível de observação pública, mas passível de ser observado, reconhecido e analisado pelo próprio sujeito.

Comportamento operante: é aquele de reação ao meio externo, sem que se possam identificar os estímulos que provocam a resposta emitida.

Comportamento respondente: é a resposta que o organismo dá a um estímulo específico, sendo o estímulo diretamente relacionado à resposta. O comportamento respondente abrange todas as respostas que dependem do sistema nervoso autônomo e são eliciadas por modificações especiais de estímulos do ambiente.

Condicionamento respondente (clássico): por meio desse condicionamento, o processo estímulo neutro ocorre de maneira constante e persistente; se for seguido por um estímulo incondicionado e associado a ele, provoca a mesma resposta no organismo.

Condicionamento operante (instrumental): é um processo de aprendizagem em que a resposta deve ser efetuada antes de ser apresentado um reforçador positivo (recompensa) ou antes de ser removido um reforçador negativo (estímulo aversivo). Quando a resposta é seguida de recompensa, há uma tendência para aumentar a sua freqüência.

Discriminação de estímulos: ocorre quando o organismo aprende a dar respostas diferentes a estímulos similares. É resultado do reforço apenas em presença de um estímulo e não na presença de estímulos similares.

Generalização de estímulos: ocorre quando uma mesma resposta é dada a estímulos da mesma classe.

Extinção: em relação ao comportamento respondente (ou reflexo), a extinção ocorre se deixar de associar (ou emparelhar) o estímulo condicionado com o incondicionado. Consiste na perda gradual do poder do estímulo condicionado de eliciar a resposta condicionada que foi adquirida. Em relação ao comportamento operante, a extinção ocorre quando uma resposta emitida não é mais reforçada, tornando-se cada vez menos freqüente.

❖ **QUESTÕES**

1. Quais as conseqüências para o desenvolvimento do processo cognitivo (maneira pela qual o indivíduo reflete, relaciona fatores, abstrai e conclui) da utilização de técnicas e instrumentos de condicionamento pela organização, padronização de tarefas, normatização rígida, punições e recompensas pela obediência e seguimento de normas e padrões de trabalho e de comportamento?
2. Quais as conseqüências do condicionamento psicológico na criatividade e na responsabilidade do indivíduo enquanto membro da organização?
3. De que forma o condicionamento psicológico se reflete na formação da consciência moral do indivíduo e em seu comportamento ético? (vide Capítulo 1).
4. Analise a questão anterior tendo como referência o *Princípio Universal da Ética Discursiva* (vide Capítulo 1.)
5. Quais são as conseqüências do uso, pela empresa, do condicionamento para a melhoria da qualidade e da produtividade, bem como para o compromisso consciente e responsável do indivíduo para com a organização?
6. Qual é a diferença entre o condicionamento externo estímulo–resposta do Behaviorismo e a atuação da organização no nível psicológico do indivíduo? (Escola de Relações Humanas, modelo de administração participativa, mudança da cultura organizacional, modelo do controle total da qualidade – TQC, CCQ e outros).
7. Explique as principais diferenças entre aprendizagem comportamentalista e desenvolvimento cognitivo definido por Jean Piaget (Construtivismo, vide Capítulo 3.)
8. Explique por que o condicionamento do comportamento humano bloqueia sua liberdade de ser sujeito (vide Capítulo 2).
9. Explique as diferenças entre Behaviorismo Metodológico e Behaviorismo Radical.

❖ REFERÊNCIAS BIBLIOGRÁFICAS

BANDURA, A. *Pesquisa sobre modificação de comportamento*, trad. bras., São Paulo: Herder, 1972.

_____. *An integrative model for corporate venturing, frontiers of entrepreneurship research*. Weslley, MA: Babson College, 2000.

_____; WALTERS, R. H. *Social learning and personality development*. New York: Holt, 1964.

BAUM, William M. *Compreender o Behaviorismo*: ciência, comportamento e cultura. Porto Alegre: Artes Médicas Sul, 1999.

BERGER, M. Seymour; LAMBERT, W. William. Stimulus-response theory in contemporany social psychology, In: *The Handbook of Social Psychology*. 2nd ed. Massachusets: Addison-Wesley, 1968.

BOWDITCH, James L.; BUONO, Anthony F. *Elementos de comportamento organizacional*. São Paulo: Pioneira, 1999.

DELITTI, Maly; DERDYK, Priscila. Instituições de trabalho. In: Rangé, Bernard (org.). *Psicoterapia comportamental e cognitiva: pesquisa, prática, aplicações e problemas*. Campinas: Editora Psy, 1995.

HALL, S. Calvin; GARDNER, Lindzey. *Teorias de personalidade*. São Paulo: EPU-EDUSP, 1973.

LEVANWAY, W. Russell. *Advanced general psychology*. Philadelphia: F. A. Davis Company, 1972.

MCNEIL, Elton B. *The psychology of being human*. New York: Harper and Row, 1974.

MATOS, Maria Amélia. Behaviorismo metodológico e Behaviorismo radical. In: Rangé, Bernard (org.). *Psicoterapia comportamental e cognitiva:* pesquisa, prática, aplicações e problemas. Campinas: Editora Psy, 1995.

MEYER, Sonia Beatriz. Sentimentos e emoções no processo clínico. In: DELITTI, Maly (org.). *Sobre comportamento e cognição:* a prática da análise do comportamento e da terapia cognitivo-comportamental. São Paulo: ARBytes Editora, 1997.

PAGÉS, Max et alli. *O poder das organizações*. São Paulo: Atlas, 1987.

SCHULTZ, Duane P.; Schultz, Sydney Ellen. *História da psicologia moderna*. 5. ed. revisada e ampliada. São Paulo: Cultrix, 1995.

SIDMAN, Murray. *Coerção e suas implicações*. Campinas: Workshopsy, 1995.

SKINNER, B. F. *Sobre o Behaviorismo*. São Paulo: Cultrix, 1994.

STAATS, Arthur W.; STAATS, Carolyn K. *Comportamento complexo*: uma extensão sistemática dos princípios da aprendizagem. São Paulo: EPU-Edusp, 1973.

WALKER, L. Edward. Aprendizagem: o condicionamento e a aprendizagem instrumental. São Paulo, Edusp, 1974.

8

Teoria de Campo e Comportamento Organizacional

> Ao terminar a leitura deste capítulo, você deverá ser capaz de:
> 1. compreender o conceito de campo;
> 2. compreender a aplicação do conceito de campo ao estudo científico dos fenômenos psicológicos;
> 3. compreender as principais características da Teoria de Campo;
> 4. compreender os principais conceitos da Teoria de Campo;
> 5. identificar a contribuição da Teoria de Campo à compreensão do comportamento humano na organização.

Precursores da Teoria de Campo: Teoria Clássica da Gestalt

A Teoria Clássica da Gestalt surgiu na Alemanha em 1912 e foi introduzida nos EUA em 1920.

O fundador da Gestalt foi Wertheimer (1820-1943), que teve como principais discípulos Kohler e Koffka. Eles partiram do estudo do problema da percepção visual do movimento. Portanto, a percepção fundamentou o estudo desse fenômeno (o movimento) e constituiu as bases da Teoria Gestalt ou de Campo.

Ehrenfels (1859-1932) e Kruger (1874-1948), precursores de tal teoria, também tomaram como ponto de partida o estudo da percepção, verificando, assim, que os dados sensoriais abrangem duas espécies de qualidades:

1. qualidades sensíveis, provenientes da atividade sensorial;
2. qualidades formais ou de forma, resultantes do trabalho mental (percepção de relações).

Como exemplo, tomaram uma música na qual as qualidades sensíveis seriam as notas e as qualidades formais seriam a melodia.

Ehrenfels propôs os seguintes princípios básicos:

1. princípio da totalidade: "o todo é mais do que apenas a soma das partes que o constituem e apresenta características próprias, que as partes não possuem";

2. princípio da transposição: "o todo, de certa maneira, é independente das partes que o constituem".

A escola gestáltica é orientada por pontos de vista fenomenológicos: descreve a experiência imediata, determina as condições de uma melhor estrutura na percepção e as leis de sua transformação. A vida mental não é somente a soma de partes elementares e sim a interpretação da situação por meio da percepção das relações dos elementos. No entanto, esses elementos não formam toda a realidade, pois o todo, o conjunto, a *forma* também são reais e determinados pela descoberta de relação entre as partes. A pessoa, em seu processo de aquisição de conhecimento, não interpreta o que ocorre em função de uma simples adição de elementos e sim em função de uma estrutura total organizacional ou Gestalt.

A participação do sujeito e do objeto na percepção é ponto fundamental para a Gestalt. A percepção dos objetos é entendida mais no sentido do que eles são, e não como resultante das impressões sensoriais, que são determinadas pelas circunstâncias. Portanto, a percepção provém da interação sujeito-objeto e também do relacionamento dos elementos do objeto.

A Gestalt parte de um todo para o particular; o todo não pode ser deduzido das partes; entretanto, tudo o que acontece a uma parte do todo é determinado pelas leis da estrutura intrínseca desse todo.

Principais conceitos da Teoria da Gestalt:

1. *Gestalt*, *forma* ou estrutura;
2. *insight*;
3. isomorfismo;
4. figura-fundo.

Gestalt

A Gestalt seria um todo organizado, em contraposição a um conjunto de partes; a forma seria a sustentação desse todo em relação às partes, e sua natureza seria determinada por sua função no todo. A estrutura do conjunto e as leis que regem o elemento determinam sua forma de ser.

Insight

O termo *insight* foi introduzido na Gestalt por Kohler, em 1917. *Insight* seria o discernimento ou a compreensão súbita do sujeito diante de uma situação problemática, conseguindo estruturá-la. Segundo Hartmann, *insight* seria um processo semelhante ao do fechamento de uma estrutura. *Insight* também pode ser entendido como discriminação de um resultado obtido e como um princípio explanatório ou processo.

Isomorfismo

Wertheimer concluiu, em função do isomorfismo, os seguintes tópicos:

a) é preciso supor a existência de uma dinâmica no fenômeno cerebral, como se verifica na experiência fenomenal;
b) na transição de um estado cerebral ou fenomenal para o outro, o que ocorre não é determinado unicamente pelas repercussões dos estímulos nem pela experiência passada, mas pela natureza do acontecimento;
c) não se pode interpretar corretamente o que ocorre em termos de mera soma; ao contrário, é preciso considerá-lo em termos de estrutura total, organização ou Gestalt.

De acordo com o princípio do isomorfismo, os caracteres gestálticos do fato perceptual (forma) devem associar-se a caracteres gestálticos idênticos no fato cerebral correlato. Dessa forma, existe uma identidade estrutural entre a experiência fenomenal (processos cerebrais que correspondem à percepção) e seu correlato fisiológico, o fenômeno físico sensível ou os correlatos corticais.

Figura-fundo

Nesse caso, a figura destaca-se, parece mais sólida, apresentando-se como um fator estruturado e organizado, e o fundo sugere um espaço vazio. Existe uma tendência para o campo total organizar-se em figura-fundo. A Teoria da Gestalt apóia-se basicamente no estudo de Lashley sobre a função do córtex cerebral no processo cognitivo e no de Wertheimer sobre a organização perceptual. Os estudos de Lashley indicam que o córtex cerebral possui a mesma capacidade potencial de participar de qualquer hábito, aprendizado, como qualquer outra área cortical, excetuando-se os centros sensoriais e motores; o córtex cerebral, da mesma forma, atua sempre como um todo. A aprendizagem de um animal será, portanto, tanto melhor, quanto maior for a extensão da área cortical do encéfalo que é exercitada. Wertheimer conseguiu chegar à elaboração das leis da percepção que regem a organização perceptual. São elas:

LEI DA PREGNÂNCIA: diante de uma situação problemática, o campo perceptivo encontra-se desorganizado e é essa lei que estabelece sua ordem.

A lei da pregnância seria o princípio orientador de cinco leis da organização:

1. *lei da proximidade:* o indivíduo terá uma maior tendência a perceber, em condições iguais, os estímulos mais próximos, como grupos. A proximidade pode ser tanto espacial como temporal, sem ter necessariamente o mesmo tipo sensorial, ou seja, não significa que só se agruparam estímulos próximos, temporal ou espacialmente;
2. *lei do fechamento ou clausura ou* closure*:* aplicada à aprendizagem, a clausura é uma alternativa da lei de Thorndike, ou seja, tanto uma situação agradável como uma situação desagradável influenciam a aprendizagem. Em face de uma situação problemática, a visão do todo é incompleta, devido à tensão psicológica que dificulta seu fechamento. Isso, no entanto, ajuda no processo de aprendizagem, pois o indivíduo tenta conseguir o fechamento, livrando-se do estado de tensão desagradável;
3. *lei da boa continuação:* a organização, na percepção, tende a ocorrer sempre como uma forma de estruturação, embora outras formas possam ocorrer;
4. *lei do caráter de participação (membership character):* as características de uma parte de um todo são decorrentes do contexto a que pertencem; portanto, não há características fixas;
5. *lei da similaridade ou da igualdade:* os estímulos que forem semelhantes quanto às características físicas de intensidade, cor, tamanho, peso, odor etc., em condições iguais, terão uma maior tendência a se agrupar na percepção do indivíduo.

Conceito de aprendizagem segundo a teoria gestáltica

As teorias gestálticas tomam como ponto fundamental no processo de aprendizagem a percepção. Também enfatizam a ocorrência do estímulo, num contexto ou campo; quando há percepção, pelo aprendiz, da relação entre o estímulo e o campo, surge o *insight*.

Os gestaltistas determinam a aprendizagem pelo padrão, pela gestalt de estímulos, e o caráter perceptual é resultante da interação dos elementos estimuladores no campo. Este, por sua vez, não é fixo, muda em função de novos padrões dos estímulos, que podem resultar em uma nova aprendizagem.

A aprendizagem é o problema de *perceber relações*, ou seja, de estruturar o campo perceptivo. O pensar está estritamente ligado à compreensão do todo, e o aprender é a reação às situações globais, significativas, e não às partes separadas. É um processo ativo, inteligente, global; constitui o aprimoramento de *estruturas*, de formas, implicando discernimento, compreensão da situação, portanto, *insight*.

Desenvolvimento da Teoria de Campo

No século XX, entretanto, Kurt Lewin foi o psicólogo que deu a maior contribuição para a adaptação da Teoria de Campo à psicologia.

Lewin ultrapassou as fronteiras da psicologia tradicional com um trabalho marcado pela preocupação com a interdisciplinaridade científica e, assim, contribuiu de maneira destacada para o desenvolvimento das ciências sociais.

Já na Universidade de Berlim, os trabalhos iniciais de Lewin demonstravam sua preocupação, mantida por toda sua vida profissional, ao longo da qual a construção dessa ciência interdisciplinar foi o constante objeto de sua busca.

Lewin viveu os primeiros 15 anos de sua vida profissional na Alemanha nazista. Vítima da perseguição fascista, foi obrigado a deixar seu país.

No entanto, apesar dessas duras experiências pessoais, de toda a interferência dos fatores político-sociais na produção científica de sua época, ele jamais deixou de acreditar nos valores individuais, na função do cientista na sociedade e na importância da filosofia para a ciência. Sempre postulou a importância dos valores individuais para o destino da ciência social.

Elaboração e combinação de constructos

A elaboração de constructos apropriados e as diferentes maneiras de combinar esses elementos em um sistema de conceitos constituem, segundo Lewin, uma importante etapa tanto do desenvolvimento da psicologia científica quanto do das ciências sociais. Ao desenvolver sua teoria psicológica, Lewin indica o campo como o constructo mais fundamental dela . Segundo ele, todo fenômeno psicológico ocorre em determinado campo. Isso significa que há uma totalidade de fatos coexistentes, considerados mutuamente interdependentes.

Partindo do constructo de *campo*, ele explica que as propriedades de qualquer evento são determinadas por suas relações com o sistema do qual o evento é um componente. Considerar o inter-relacionamento e a interdependência em determinado campo implica explicar as mudanças do *aqui e agora* como dependentes das mudanças que ocorrem nos subsistemas vizinhos e num período imediatamente anterior. Isso significa que há uma interação intersistemas. No caso da psicologia, essa interação é a do indivíduo com a situação concreta em que está inserido em dado momento.

Teoria de campo como método de análise

Para Kurt Lewin, a Teoria de Campo é um método de analisar relações causais e de construir constructos científicos, e pode ser utilizada nos diferentes ramos da ciência. No desenvolvimento da Teoria de Campo, Lewin utilizou termos comumente usados pelos físicos, como tensão, força, vetor etc.

Esses termos servem para explicar o comportamento, mas com sentido psicológico; não se trata de uma simples transposição da física para a psicologia, pois ele desenvolveu uma abordagem consistentemente psicológica, segundo a qual um fenômeno psicológico deve ser explicado em termos especificamente psicológicos.

Objeto da psicologia

Lewin define como objeto da psicologia as transações comportamentais do indivíduo em seu meio interno e externo. O meio interno diz respeito às emoções, sentimentos, eventos psicológicos, ou seja, é o presente, o passado e o futuro naquilo que é psicologicamente representativo para o indivíduo. O meio externo corresponde ao meio físico e social em que o indivíduo está inserido. O comportamento é uma transação de um indivíduo e não de uma parte do corpo do indivíduo. O indivíduo não mexe os olhos na leitura, não movimenta os pés quando anda, nem manipula a língua quando fala. Ele lê, ele anda, ele fala. Isso significa que os comportamentos do indivíduo envolvem diferentes processos integrados; não são os músculos oculares que se comportam, mas o indivíduo que lê. E o ato de ler envolve, além dos músculos oculares, processos psicológicos, sensoriais etc., que caracterizam o indivíduo como um sistema integrado, que se comporta como uma entidade única.

Conceito de comportamento

Lewin distinguiu os processos físicos e fisiológicos, que são mediadores das transações comportamentais do indivíduo com seu meio ambiente, do comportamento propriamente dito. Esses processos são mecanismos ou instrumentos por meio dos quais se efetiva o comportamento. Seria absurdo, por exemplo, dizer que o movimento de uma draga, enquanto usada pelo operário, é um comportamento. Do mesmo modo, chamar de comportamento o ato de andar de um indivíduo seria desprezar todo o processo psicológico envolvido no ato de andar. Os processos físicos e fisiológicos que contribuíram para que o indivíduo andasse são meios para a efetivação do comportamento, e não o comportamento propriamente dito, como querem os behavioristas. A explicação psicológica do comportamento, segundo Lewin, implica a identificação de características direcionais, isto é, todo comportamento tem propósitos subjacentes e objetivos para os quais é dirigido, quer tentando alcançar esses objetivos, quer tentando evitá-los.

Lewin não se preocupa com os processos psicológicos enquanto tais.

Cognição, aprendizagem, percepção etc. só lhe interessam enquanto permitem identificar a maneira pela qual elas são aprendidas ou adquiridas, bem como o grau em que os indivíduos as consideram desejáveis e eficazes.

Fenômenos psicológicos como realidades psicológicas

Embora os fenômenos psicológicos não possam ser expressos em termos físicos, Lewin os aborda como realidades. Essa preocupação possibilita reconhecer como objetivos importantes para a psicologia científica conceitos como desejo, ação, habilidade etc., uma vez que eles constituam realidades psicológicas. No momento em que esses conceitos deixam de ser abordados como conceitos teóricos para ser tomados como uma realidade com existência própria, tornam-se passíveis de investigação científica. Adotada a postura científica, o estudioso prescinde de recursos como o de ver fenômenos psicológicos como fenômenos fisiológicos, ou explicar o desejo como produto de uma excitação neural de uma região do cérebro. A abordagem psicológica dos fenômenos psicológicos evita a confusão entre o comportamento e a manifestação do comportamento, ou seja, aquilo que é observável externamente.

A Teoria de Campo enfatiza a explicação psicológica dos fenômenos psicológicos, o que conduz à não-aceitação da definição de comportamento em termos apenas daquilo que ele explicita, ou seja, da manifestação externa ou da ação concreta diretamente observada.

Lewin nega a validade do uso de critérios exclusivamente externos para definir os processos ou estados psicológicos. Isso significa que a simples observação externa da ação de um indivíduo não é suficiente para o observador inferir a tipologia de seus processos psicológicos. Para Kurt Lewin, o importante é o próprio comportamento, que é um fenômeno interno, e não seus efeitos, que tomam a forma de ações externas. Por exemplo, o dar e o receber uma recompensa não têm em si uma significação psicológica definida. O que é psicologicamente significativo é a forma pela qual a recompensa é dada e recebida, se é como a manifestação do reconhecimento de um bom desempenho ou como um suborno. Essa reação, o impacto psicológico que acompanha a ação, é o que se deve procurar compreender; portanto, é o que constitui a realidade psicológica para o indivíduo. Se, para o indivíduo, não existe estímulo, quer em nível consciente, quer em nível inconsciente, o objeto não tem efeito psicológico para ele. Como exemplo, poderíamos imaginar uma situação: um indivíduo está viajando em um avião que sofre uma pane, mas os passageiros não são informados do fato. Ao aterrissar, o indivíduo toma conhecimento do fato e do risco que havia corrido. Nesse momento, sente-se mal e sofre forte crise emocional. Esse exemplo mostra dois momentos da ação de um mesmo fator na vida do indivíduo: num primeiro momento, o fator está presente, mas não tem significação psicológica e, portanto, não exerce influência alguma sobre o comportamento do indivíduo; num segundo momento, esse fator, embora não mais presente, passa a ser psicologicamente significativo e influencia o comportamento do indivíduo.

Conceitos de comportamento

Segundo Lewin, não se pode considerar um comportamento psicologicamente determinado, se seu efeito não é consciente nem teve uma motivação inconsciente. Portanto, o efeito, ou seja, a ação externa observada não é suficiente para explicar o comportamento propriamente dito. Como exemplo, pode-se citar uma situação em que um menino chuta uma bola que, sem que ele queira, bate na vidraça da casa do vizinho e a quebra. O comportamento propriamente dito é a intenção de chutar a bola e não o ato de quebrar a vidraça.

Observação científica do comportamento

Lewin observa que o cientista não pode depender apenas da intuição, ao estudar o que é psicologicamente real para outra pessoa. A ênfase no estado psicológico e na realidade psicológica, tal como são vistos pela pessoa, exige do cientista a observação do ambiente em que o indivíduo age, de suas ações e do curso dessas ações. Por meio desses dados, é possível inferir a realidade psicológica do indivíduo. Por outro lado, Lewin indica a importância dos dados não-psicológicos para a predição do comportamento. Para se poder prever o que um indivíduo fará no futuro, é importante conjeturar quais são as situações futuras às quais ele estará exposto.

Como é lógico, a ênfase na situação total presente traz conseqüências para a metodologia da pesquisa. Os psicólogos que seguem a orientação de Kurt Lewin partem da caracterização da situação como um todo e concentram-se nas relações de interdependência. Só após essa abordagem global da situação é que se propõem a aproximação e o detalhamento mais profundo da situação estudada. Partem, portanto, do mais global para o particular, sempre considerando a dinâmica das relações causais.

Um exemplo da orientação de *campo* na psicologia é a abordagem da relação de duas variáveis — como inteligência e desempenho no trabalho — não como uma relação isolada, mas influenciada por fatores — como outras propriedades do indivíduo — e pela situação física e social em que ele se encontra (a organização onde trabalha).

Acredita Lewin que os conceitos e os métodos da psicologia devem ser intersubjetivos e que os processos psicológicos só podem ser apreendidos por meio de dados externos observáveis.

No entanto, ao referir-se à observação externa como condição para a apreensão dos processos psicológicos, Lewin não nega a presença nem a importância dos aspectos inconscientes e de sua influência no comportamento humano.

Comportamento como função da situação total

Campo psicológico ou espaço vital é o constructo fundamental da Teoria de Campo.

Espaço vital

O campo psicológico (*life space*) é constituído pelo que Lewin denominou pessoa (necessidades, valores, emoções) e pelo ambiente (fatores psicologicamente significativos para o indivíduo em dado momento). Pessoa e ambiente formam uma constelação de fatores interdependentes.

Todos os eventos psicológicos, tais como pensar, perceber, desejar etc., são considerados por Lewin como uma função do espaço vital. (Veja Figura 8.1.) E os processos psicológicos são sempre uma conseqüência:

1. da relação do indivíduo concreto com uma situação concreta;
2. das relações mútuas dos sistemas funcionais que integram o indivíduo.

Interação indivíduo–meio ambiente

Ao dar ênfase à interdependência entre pessoa e meio, Lewin mostra-nos direções para a compreensão do comportamento humano. O indivíduo não pode ser tomado isoladamente. Seu comportamento é uma resultante de sua interação com o meio e, portanto, não se pode compreender nem predizer um comportamento individual, sem considerar o meio em que o indivíduo está inserido.

O comportamento (C) é uma função (F) da pessoa (P) e de seu ambiente (A): $C = F(P, A)$.

Nessa fórmula, o estado da pessoa (P) e seu ambiente (A) não são independentes um do outro. Pessoa (P) e ambiente (A) devem ser vistos como variáveis

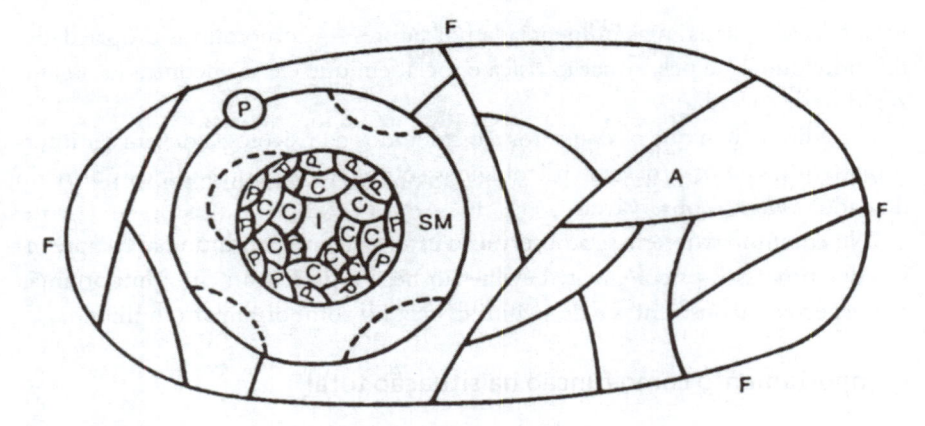

Figura 8.1 – representação topológica da estrutura do espaço vital. P, pessoa; A, ambiente; SM, região sensório-motora; I, região interpessoal; P, regiões periféricas de I; C, regiões centrais de I; F, fatores físicos e sociais que poderão influenciar o espaço vital. (Adaptado de Lewin, 1942.)

mutuamente dependentes. Para compreender e predizer o comportamento de um indivíduo, é preciso considerar a pessoa e seu ambiente como uma constelação de fatores interdependentes.

A explicação do comportamento em termos de um inter-relacionamento entre a pessoa e o ambiente foi, sem dúvida, uma das maiores contribuições que Lewin trouxe à psicologia. Seu enfoque situa o indivíduo no contexto mais amplo e mostra a interdependência dinâmica entre o indivíduo e seu meio. Essa maneira de abordar o comportamento humano opõe-se ao pensamento aristotélico ainda predominante dentro de certos limites. O pensamento aristotélico pressupõe que os eventos psicológicos são determinados pelas características do indivíduo, tais como hereditariedade, inteligência, necessidade, emoções, instintos etc., relativamente independentes da situação. A abordagem aristotélica permite, portanto, afirmar que *o indivíduo* tornou-se líder por causa de sua personalidade, que é psicótico por causa de sua hereditariedade, que é conflitivo devido a suas características de personalidade etc.

Tais afirmativas não levam em conta a relação indivíduo–meio. Não consideram o comportamento como conseqüência da interdependência dos fatores individuais (P) e ambientais (A). Ao considerar a situação concreta como um ponto fundamental para a compreensão do comportamento humano, Lewin adota um posicionamento científico diverso da orientação aristotélica. Compreender o comportamento de acordo com a Teoria de Campo requer não somente o conhecimento das experiências passadas da pessoa, mas suas expectativas futuras, suas atitudes e capacidades, além de um conhecimento da situação real e presente que a pessoa está vivendo. A ênfase na situação total exige a análise dos diversos aspectos dessa situação, pois conduz a análise mais detalhada de aspectos particulares sem, contudo, perder a visão global. Por outro lado, a interdependência de relações que caracteriza o estudo dos fenômenos psicológicos na Teoria de Campo exige não só uma definição, mas uma metodologia científica específica.

Abordagem dinâmica. O indivíduo como sistema

A Teoria de Campo encontra-se entre as abordagens dinâmicas da Psicologia. O termo *dinâmica* introduz o conceito de sistema, segundo o qual os seres vivos tendem a manter um equilíbrio dinâmico, isto é, um conjunto de componentes em interação, de tal modo que qualquer mudança em um dos componentes do sistema induz a mudanças compensatórias em outros. Essas mudanças compensatórias garantem a integridade do sistema. O conceito de equilíbrio dinâmico enfatiza que o todo permanece o mesmo, apesar das mudanças por que passa.

O processo pelo qual o sistema restaura seu equilíbrio é um dos aspectos de grande relevância para a Teoria de Campo. Kurt Lewin, ao estudar esse processo, enfatizou a compreensão dos processos motivacionais. O comportamento, segundo ele, é dirigido por forças psicológicas (entidades direcionais).

Reconhecendo essas entidades direcionais, ele tenta desenvolver uma matemática capaz de lidar adequadamente com conceitos de magnitude e direção implícitos no conceito de forças psicológicas.

Lewin procura utilizar a matemática para explicar os determinantes do comportamento, e, assim, tenta fazer da psicologia uma disciplina mais rigorosa. Utiliza a geometria topológica para representar a estrutura da personalidade, e a hodologia para representar seu dinamismo.

Principais conceitos da Teoria de Campo. Espaço vital (*life space*)

Também denominado campo psicológico ou situação total, o espaço vital é representado pela pessoa e seu ambiente psicológico, da maneira como ele existe para ela.

O espaço vital é, portanto, um conjunto de fatos coexistentes que determina parcialmente o comportamento de um indivíduo em dado momento.

Lewin distingue dois ambientes:

1. ambiente objetivo;
2. ambiente psicológico.

Ambiente objetivo

Lewin considera apenas a situação que o indivíduo enfrenta em determinado momento, aquela que age sobre o aparato perceptual do indivíduo e sobre a qual os aparatos do indivíduo atuam.

Ambiente psicológico

Por ambiente psicológico Lewin entende o ambiente tal qual ele existe para o indivíduo. É o que o indivíduo percebe como real significativo.

O ambiente psicológico é parte do espaço vital. Suas propriedades são determinadas tanto pelas características do ambiente objetivo quanto pelas características da pessoa (necessidades, valores etc.), por meio do processo de interação da pessoa (P) com o meio objetivo (MO).

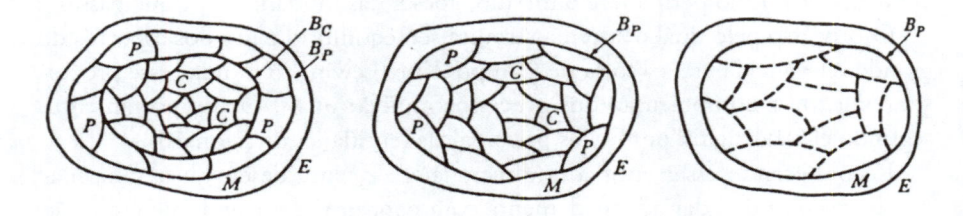

Figura 8.2 – Relações entre vários estratos da pessoa em diferentes circunstâncias. (a) Pessoa numa situação tranqüila: as partes periféricas (P) da região pessoal do *inner* são facilmente alcançadas de fora (E) para dentro; as partes mais centrais (C) são menos acessíveis; a região pessoal do *inner* influencia sua região motora (M) de forma relativamente livre. (b) Pessoa em *stress* em estado de autocontrole: as partes periféricas e central (P e C) são mais diretamente conectadas; a comunicação entre a região pessoal do *inner* e M é menos livre. (c) Pessoa sob um alto grau de tensão ("primitivação, regressão") da região pessoal do *inner*; M, região sensitório-motora; P, partes periféricas da região pessoal do *inner*; C, partes centrais da região pessoal do *inner*; A, ambiente; Bc, parece dinâmica entre C e P, Bp, parece dinâmica entre região pessoal do *inner* e L. (Adaptado de Lewin, 1936.)

Pessoa

O termo *pessoa* equivale, para Kurt Lewin, às propriedades do indivíduo, isto é, às suas necessidades (*needs*), crenças e valores, seus sistemas perceptivo e motor. Essas propriedades interagem com o meio objetivo e dessa interação surge o espaço vital.

Dimensão do espaço vital

Lewin descreve o espaço vital de um recém-nascido como tendo um número reduzido de áreas com pequena diferenciação entre elas. A diferenciação das regiões no espaço vital é, segundo Lewin, uma das características mais importantes do desenvolvimento do indivíduo.

Diferenciação no nível realidade-irrealidade

Eventos futuros ou de expectativas não existem para um recém-nascido. Só existe a situação imediata. O aumento do espaço vital em relação às dimensões psicológicas do futuro continua até a vida adulta. À medida que o indivíduo se desenvolve, seus planos tendem a ampliar-se, englobando um futuro mais distante e organizando, como uma unidade, atividades de duração mais longa. A diferenciação do espaço vital também se dá no nível realidade-irrealidade. Como mostra a Figura 8.3, os diferentes graus de irrealidade correspondem a diferentes graus de fantasia.

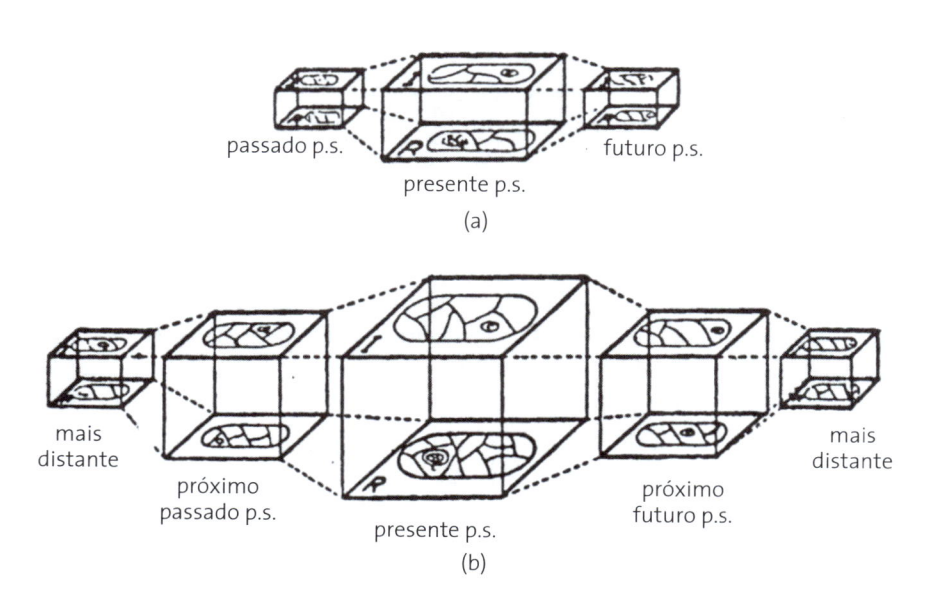

Figura 8.3 – *Espaço vital em dois estágios de desenvolvimento* (Lewin, 1946). (a) espaço vital de uma criança. (b) Espaço vital de um adulto em relação à situação presente, à dimensão de realidade (R) e de irrealidade (I) e à perspectiva de tempo (T). C, criança; A, adulto; R, nível de realidade; I, nível de irrealidade.

Presente psicológico. O comportamento como função do "campo presente"

Lewin define o comportamento como uma função do campo. No momento em que o comportamento ocorre, ele só depende do campo psicológico dominante naquele momento.

O comportamento (C) no tempo (T) é uma função da situação (S) somente no tempo (T). (S) inclui a pessoa (P) e seu ambiente psicológico (A). Ao enfatizar que os eventos psicológicos devem ser explicados em termos das propriedades do campo no momento em que ocorrem os eventos psicológicos, não se está negando o passado nem o futuro psicológico do indivíduo, tampouco sua influência sobre o comportamento de tal indivíduo. Lewin diferencia passado de passado psicológico e entende por este último os fatos ou experiências ocorridos que têm no presente algum significado para o indivíduo. Esse significado pode estar no nível consciente ou inconsciente.

Princípio da contemporaneidade

O passado psicológico não influencia o comportamento de uma forma direta. Influencia, isto sim, a situação presente do indivíduo, criando uma realidade psicológica que não é constituída pelos fatos passados, mas uma realidade em que esses fatos interferem no presente, assim como no futuro psicológico. O presente psicológico é, portanto, uma resultante da interdependência de fatores significativos do passado, do presente e do futuro.

Um acontecimento passado, assim como uma expectativa futura podem contribuir para criar uma condição que se incorpora ao presente. Mas não é o acontecimento passado nem a expectativa futura em si mesmos que influenciam o comportamento. Aliás, essa condição presente é sempre resultante da interação de uma pluralidade de fatores diferentes que vêm influenciar o comportamento, e não uma experiência passada ou uma situação futura isoladamente. O efeito do passado, segundo Lewin, é indireto. O passado psicológico é uma das origens do campo psicológico presente e, portanto, afeta o comportamento.

Por outro lado, Lewin mostra que relacionar o comportamento com o campo passado pressupõe que se conheçam suficientemente alguns fatores: primeiro, como e em que medida o passado modificou o campo naquele momento; segundo, se naquele momento, o passado e outros eventos modificaram novamente o campo.

Segundo Lewin, o campo psicológico contém a visão do indivíduo acerca de seu futuro e de seu passado. O passado psicológico e o futuro psicológico são, portanto, partes simultâneas do campo psicológico de um indivíduo.

Para Lewin, o comportamento não depende do passado nem do futuro, mas do campo presente. Esse campo presente tem certa profundidade de tempo: inclui o passado, o futuro e o presente psicológico, o que constitui uma das dimensões do espaço vital existente em determinado momento. (Veja Figura 8.4)

Figura 8.4

passado psicológico — presente psicológico — futuro psicológico

Tempo em psicologia

Ao enfatizar o princípio da contemporaneidade como uma das características básicas da Teoria de Campo, Lewin explica o sentido dado a esse princípio. Diz ele que, ao usar o termo contemporâneo, ou seja, correspondente à situação de dado momento, refere-se não a um instante sem uma extensão temporal, mas a um certo período de tempo.

O que caracteriza o tempo em psicologia é que ele deve ser concebido em termos de unidades psicológicas. Determinado fator deve ser visto como contemporâneo enquanto psicologicamente significativo para o indivíduo.

Ao mesmo tempo que destaca os fatos psicológicos, isto é, fatos significativos para um indivíduo em determinado momento, Lewin mostra a importância dos fatos não-psicológicos na predição do comportamento do indivíduo. A predição específica do que o indivíduo fará, ou o que ele será em determinado tempo futuro, exige um conhecimento de futuras situações às quais ele ficará exposto.

Ecologia psicológica é, para Lewin, a identificação da parte do mundo físico ou do mundo social que irá determinar em dado período a zona de fronteira do espaço vital. Entretanto, para compreender esse conceito e sua importância para a psicologia, é necessário conhecer os diferentes tipos de fatos que existem em dado momento, as áreas em que esses fatos se encontram e, finalmente, as mu-

| passado psicológico | → | presente psicológico | ← | futuro psicológico |

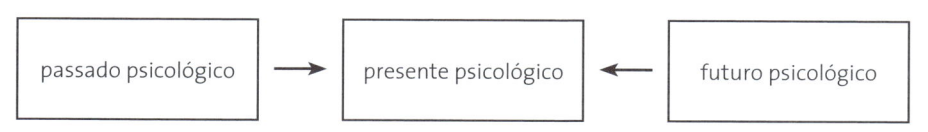

Figura 8.5 – Presente psicológico: o presente psicológico do indivíduo é uma iteração de fatores psicológicos passados, presentes e futuros.

danças que essas áreas poderão sofrer, que são ou poderão vir a ser de interesse para a psicologia.

A Teoria de Campo considera os fatos psicológicos e os fatos não-psicológicos: os fatos psicológicos são aqueles representativos em dado momento para o indivíduo, mesmo quando fisicamente não estejam presentes; os não-psicológicos são os fatos físicos e sociais presentes em determinada situação em que o indivíduo se encontra, mas que não integram seu campo psicológico ou espaço vital.

Lewin distingue três áreas em que os fatos se encontram:

1. o *espaço vital* ou *campo psicológico*, isto é, a pessoa e o ambiente psicológico tal como existem para o indivíduo. Nessa área se encontram os fatos psicológicos;
2. os vários processos no mundo físico e social, os quais não integram o espaço vital do indivíduo naquele momento. Esses processos são integrados pelos fatos não-psicológicos;
3. a *zona de fronteira* do espaço vital: certas partes do mundo físico e social que afetam o estado do espaço vital naquele momento. O processo de percepção, por exemplo, está intimamente ligado à região de fronteira porque o que é percebido é, em parte, determinado pelos *estímulos físicos*, isto é, aquela parte do mundo físico que afeta os órgãos sensoriais naquele momento. A execução de uma ação é outro exemplo de processo localizado na região de fronteira do espaço vital porque é determinada em parte pelas condições físicas e sociais, restrições impostas pelas leis do país, cultura, clima, condições políticas, econômicas, geográficas etc.

Os processos do mundo físico e social, isto é, fatos físicos e sociais, tais como leis, condições climáticas, sistema político, condições socioeconômicas, cultura, ambiente físico, estrutura de poder etc., são fatores que integram a área de estudo da psicologia e constituem parte legítima e fundamental. Lewin, ao discutir a importância dos fatores físicos e sociais nos estudos psicológicos, enfatiza os seguintes pontos:

1. o campo psicológico depende em parte dos fatores físicos e sociais, à medida que eles podem passar a ser significativos para o indivíduo em dado momento. À medida que os fatos físicos e sociais existem na realidade, eles podem vir a ser significativos, o que não ocorre quando eles não existem, e portanto, não têm nenhuma probabilidade de integrar o campo psicológico do indivíduo, isto é, seu espaço vital;
2. de acordo com Kurt Lewin, existem fatos físicos e sociais que influenciam o espaço vital do indivíduo, sem, contudo, integrá-lo, isto é, fatos

que, apesar de não pertencerem ao espaço vital do indivíduo, o influenciam em dado momento. Esses fatores (físicos e sociais) constituem a *região de fronteira* do espaço vital. As condições da fronteira de um campo psicológico são consideradas por Lewin como características essenciais desse campo;
3. a caracterização desses fatos é fundamental para o estudo do próprio espaço vital e dos processos psicológicos. Entretanto, a integração dos fatos não-psicológicos ao espaço vital vai depender em parte das características internas do espaço vital do indivíduo, isto é, de suas motivações, da estrutura cognitiva, da forma de perceber etc.;
4. o meio influencia o espaço vital, ao mesmo tempo que o espaço vital, por suas características internas, age sobre o meio, retirando do meio aquilo que para o espaço vital é significativo e que passa a constituir um novo elemento psicológico; este, portanto, passa a pertencer ao espaço vital e, conseqüentemente, o modifica. A essência para explicar ou prever qualquer mudança em certa área física ou social é a ligação dessa mudança às condições do campo naquele dado momento. Isso irá contribuir para a compreensão e a previsão das ações dos indivíduos, dos grupos e das organizações;
5. a história de vida dos indivíduos, grupos e organizações torna-se importante, à medida que ela caracteriza as condições físicas e sociais às quais foram expostos. Essa caracterização vai possibilitar a identificação da fronteira do espaço vital dos indivíduos, dos grupos e das organizações e os fatores e forças que os influenciaram nos diferentes momentos de sua vida.

Para Kurt Lewin, os estudos psicológicos devem partir de uma análise do campo total, que é efetuada pela psicologia, isto é, o psicólogo estuda fatos físicos e sociais, não-psicológicos, para identificar o significado desses fatos na determinação das condições da fronteira do espaço vital do indivíduo, do grupo e da organização. Somente depois de caracterizar esses fatos é que o estudo psicológico investiga os fatores que influenciam as ações do grupo, do indivíduo ou da organização naquelas situações em que esses fatores foram significativos.

Conceitos estruturais: região

É qualquer parte que possa ser identificada no espaço vital. As regiões do ambiente psicológico referem-se ao presente.

Posição psicológica. Relação espacial de regiões. A posição do eu (*inner*) é definida pela região de atividade na qual está localizado. Exemplo: quando um indivíduo considera diferentes ações, ele se encontra em uma posição para cada consideração: a) ir ao cinema; b) ler um livro; c) visitar um amigo.

Locomoção. Relações de posições em tempos diferentes. Qualquer mudança dentro do espaço vital é considerada uma locomoção. Exemplo: quando um indivíduo abandona a consideração *ir ao cinema* e passa à consideração *ir visitar um amigo*, há uma locomoção em seu espaço vital.

Passo distinguido. Passo psicologicamente mais adequado quando o indivíduo decide passar de uma região para outra. É o melhor passo. Para mudar a direção entre regiões, basta mudar a estrutura cognitiva (mudança no ambiente psicológico) ou atividade de qualquer dos fatores do ambiente ou das condições psicológicas.

Conceitos dinâmicos (hodologia)

Segundo Lewin, o uso do constructo sistema em tensão pressupõe uma Teoria de Campo. O sistema em tensão é sempre necessário para a atividade, mesmo para aquelas já aprendidas anteriormente. O termo *tensão* refere-se ao estado de um sistema em relação ao estado dos sistemas vizinhos. O sistema em tensão tende a modificar-se na direção do estado dos sistemas vizinhos. A intenção de atingir certo objetivo corresponde à tensão (T) em certo sistema (S^G) dentro da pessoa, de modo que T (S^G)> OL. Dentro de um indivíduo, um sistema em estado de tensão gera uma necessidade ou uma intenção. A tensão desaparece quando a necessidade é satisfeita.

Propriedades dinâmicas do ambiente psicológico:

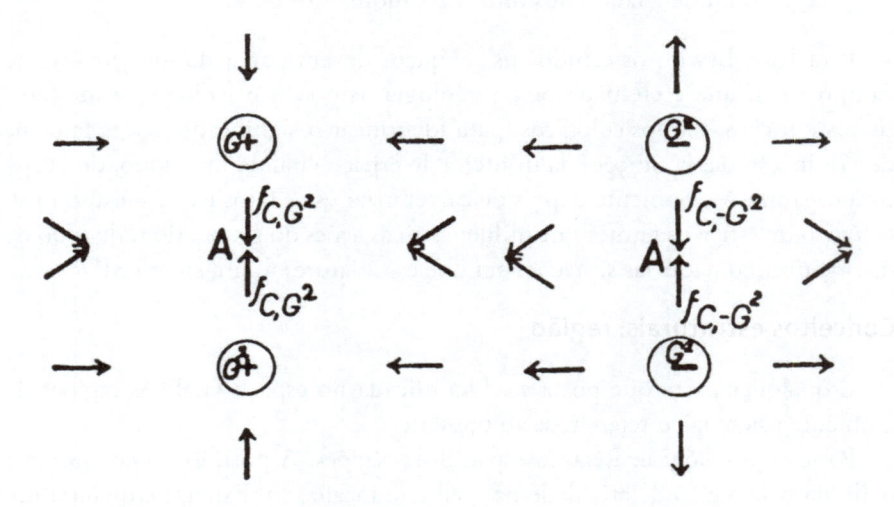

Figura 8.6 – Conflitos entre forças impulsionadoras:
a) campo de força correspondente a duas valências positivas.
b) campo de força correspondente a duas valências negativas.

Força: tendência para a locomoção. Tem o caráter de vetor. Caracteriza-se pela direção e pela força da tendência à mudança (Lewin, 1944).

Força resultante: combinação de um número de forças agindo ao mesmo tempo sobre um mesmo ponto (Lewin, 1944).

Campo de força (force field): distribuição de forças em uma dada direção no espaço vital.

Valência positiva: é um campo de força de estrutura especial, no qual as forças apontam para a mesma região (Lewin, 1944).

Valência negativa, aversão: distribuição de forças em direção contrária a uma região específica (Lewin, 1944).

As Figuras 8.6 e 8.7 caracterizam o que usualmente se denomina tomada de decisão. A pessoa está situada entre duas valências positivas ou entre duas valências negativas, que se excluem mutuamente.

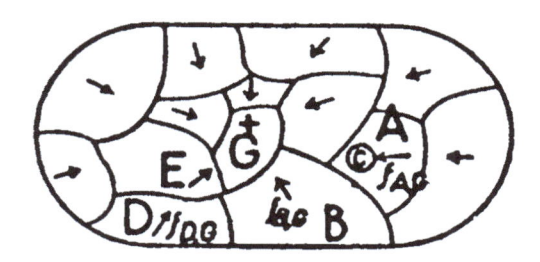

Figura 8.7 – *Campo de força central correspondente a uma valência positiva.* f_A,G é um exemplo de força agindo no indivíduo em direção a um objetivo G. Se a região G (que representa uma atividade, uma posição social, um objeto ou outro possível objetivo) for atrativa, existirá uma valência positiva. G corresponde à força $f_A,-G$, $f_B,-G$, $f_D,-G$ etc.; A, B, D e E, possíveis regiões onde a pessoa possa estar localizada; P, pessoa (Lewin,1944).

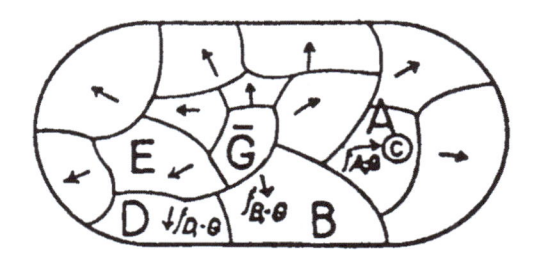

Figura 8.8 – *Campo de força central correspondente a uma valência negativa.* Exemplo de força f_A,G agindo no indivíduo em direção contrária ao objetivo G. $f_A,-G$, $f_B,-G$, $f_D,-G$ etc. correspondem à valência negativa G (Lewin,1944).

A Figura 8.6 representa uma situação em que a pessoa terá de decidir entre ir ao cinema (G+1) e sair com amigos (G+2).

A situação representada na Figura 8.7 é aquela em que a pessoa se encontra entre duas valências negativas. A punição -G^1 é ameaçadora, da mesma forma que a tarefa -G^2. As Figuras 8.6 e 8.7 representam forças de campo correspondentes, isto é, se a pessoa estiver localizada em A e a intensidade das valências for igual, ela estará exposta a forças que são iguais em intensidade, mas opostas em direção.

No primeiro exemplo, Figura 8.6, as forças opostas Fe, G^1 e Fe, G^2 vão em direção ao cinema e ao passeio com amigos.

No segundo exemplo, as forças opostas Fe, -G^1 e Fe, -G^2 estão orientadas em direção contrária à tarefa e à punição.

Campo de poder (power field): capacidade de induzir forças de certa magnitude em outra pessoa (Lewin, 1944).
Valores: valores que influenciam o comportamento. Não têm o caráter de campo de força (*force field*). Exemplo: o indivíduo não tenta atingir a honestidade, mas esta orienta seu comportamento (Lewin, 1944).
Forças impulsionadoras: correspondem à relação entre pelo menos duas regiões do espaço vital – a região da atividade presente e a região do objetivo. As forças *impulsionadoras* levam à locomoção.
Forças restritivas: não levam à locomoção, mas influenciam as forças impulsionadoras. Qualquer região que ofereça resistência à locomoção é denominada barreira (Lewin, 1944).
Situações de conflito: ocorrem quando as forças que agem sobre a pessoa são de direções opostas, mas de intensidade igual.

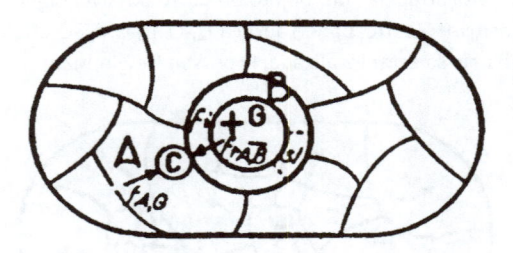

Figura 8.9 – *Conflito entre forças impulsionadoras e restritivas no caso de um obstáculo, físico ou social, à consecução de um objetivo.* f_A,G, uma força impulsionadora; f_A,B, uma força restritiva; -f, setor físico da barreira; B.SL, setor social da barreira; G, objetivo; P, pessoa (Lewin, 1946).

A Figura 8.10 representa um indivíduo que não gosta da atividade T. Para realizar essa atividade, terá de enfrentar uma atividade mais desagradável. A situação é tal que terá de enfrentar uma das duas (situação de conflito entre duas forças negativas). O indivíduo tende a abandonar o campo. Para tornar a punição efetiva, as barreiras B (para impedir a retirada do campo) devem ser estabelecidas; o indivíduo tem de permanecer dentro da área de conflito. As barreiras consistem usualmente em forças sociais impostas sobre o indivíduo por uma autoridade.

Situação particular de conflito entre duas forças (f_p, I e f_p, Pu) em direção contrária a duas áreas desagradáveis.

T — Tarefa desagradável.
P — Punição.
B — Barreiras.
I — Tendências para abandonar o campo.

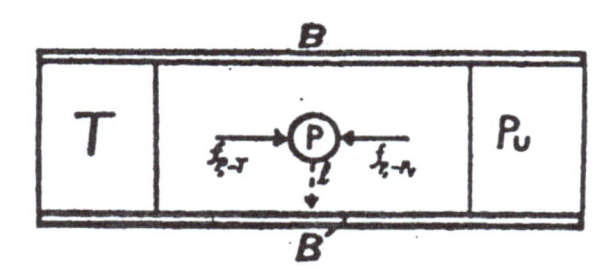

Figura 8.10 – *Tratamento analítico de uma situação de medo de punição.* (Lewin, 1942).

Conceitos que tratam da mudança no ambiente psicológico

Kurt Lewin considera a aprendizagem, num sentido bem amplo, como qualquer mudança que se opere sobre a pessoa e produza uma variação em seu ambiente psicológico.

Por essa abordagem, o processo de aprendizagem é fundamental para o processo de mudança individual, do grupo e da sociedade. Lewin conceitua a aprendizagem como fazer alguma coisa melhor do que antes. Segundo ele, aprendizagem é um termo prático de uma variedade de processos que devem ser tratados de acordo com sua natureza psicológica.

Tipos de aprendizagem

Lewin distingue quatro tipos de aprendizagem:

1. mudança na estrutura cognitiva (conhecimento);

2. mudança na motivação (gostar ou não gostar de);
3. mudança na ideologia, caracterizada pela afiliação a diferentes grupos;
4. controle voluntário da musculatura (controle dos movimentos corporais).

Como mudança cognitiva, a aprendizagem relaciona-se com quase todo o campo do comportamento.

A mudança do significado de alguma coisa exige antes uma mudança na estrutura cognitiva (conhecimento). Em psicologia, o significado de um evento pode ser conhecido, se a posição e a direção psicológicas são determinadas.

Exemplo: para um passageiro em um barco, as espumas brancas no mar alto não passam de um lindo fenômeno, enquanto para o piloto do barco são o sinal de rochas perigosas (Lewin, 1942). A mudança na motivação e a mudança de valores estão ligadas às mudanças de necessidades (*needs*) e de significado, e esta última, isto é, a mudança de significado, está ligada à estrutura cognitiva pelo conhecimento. Há uma interdependência entre necessidades (*needs*) e estrutura cognitiva.

Nível de aspiração e aprendizagem

O nível de aspiração é definido por Kurt Lewin como o grau de dificuldade que uma pessoa deve enfrentar para atingir um objetivo.

Os fatores que determinam o nível de aspiração são de importância básica para a aprendizagem. O nível de aspiração é influenciado pelo grau de dificuldade do objetivo que a pessoa se propõe alcançar e pela habilidade do indivíduo em realizar atividades que o levam ao objetivo. O sucesso ou o fracasso decorrentes das ações anteriores do indivíduo são fatores que também influenciam o nível de aspiração.

A determinação do nível de aspiração de um indivíduo é uma conseqüência da interdependência de fatores objetivos e de fatores subjetivos. Exemplos desses fatores são o grau de dificuldade na consecução do objetivo percebido pelo indivíduo, suas habilidades reais, os padrões do grupo percebidos pelo indivíduo e suas expectativas pelos resultados de suas atividades futuras.

Mudanças induzidas socialmente

As mudanças induzidas socialmente estão relacionadas com o constructo de campo de poder (*power field*).

A fonte do campo de poder é geralmente, mas não necessariamente, uma pessoa.

As mudanças induzidas podem ocorrer nas regiões de valências ou no espaço vital, ou podem ser de natureza cognitiva. A distinção entre forças próprias e induzidas fundamenta e explica algumas das diferenças observadas no comportamento de pessoas que viviam em situações de liderança autocrática e democrática. Na situação democrática, há maior possibilidade de surgirem forças próprias. Conseqüentemente, há menor necessidade de controle social para manutenção das mudanças desejadas.

O campo de poder (*power field*) pode ser caracterizado de acordo com a fonte percebida; por exemplo, um grupo, uma pessoa, um valor social ou uma lei; também pode ser caracterizado:

1. pelas regiões que o campo de poder (*power field*) pode afetar no indivíduo (um físico poderá exercer influência sobre o ponto de vista de outra pessoa em relação à física, mas não no que diz respeito à psicologia);
2. pela força do campo de poder, que é indicada pela magnitude das mudanças que pode induzir;
3. pelas condições em que o campo de poder é atuante;
4. pela natureza das mudanças induzidas pelo campo de poder (as *barreiras* ou valências podem ser afetadas e as forças indutoras podem atuar no eu ou nas regiões do ambiente psicológico);
5. pela aceitação do campo de poder pela pessoa que é influenciada;
6. pela qualidade percebida do campo de poder (amiga ou inimiga, pessoal ou impessoal);
7. pelo grau de correspondência ou conflito entre as próprias forças e as forças induzidas;
8. pelos atributos da fonte do campo de poder de onde emana seu poder (força física, papel social, atração pessoal etc.).

Lewin e a psicologia social

A contribuição científica de Lewin para o desenvolvimento da psicologia social caracteriza seu aspecto de cidadão envolvido e comprometido com a melhoria das condições sociais da humanidade.

Nessa fase de sua vida científica, Lewin volta sua atenção mais diretamente para o indivíduo e para seu ambiente social, bem como para os efeitos e as conseqüências dessas condições sobre os indivíduos. Ao mesmo tempo, demonstra uma preocupação não menor com a efetivação das mudanças das condições sociais. Enfatiza a participação do cientista na promoção das mudanças nas condições sociais, assim como a importância e o papel do estudo das tentativas de realizar mudanças nas condições sociais como fonte de *insight* científico dos processos sociais. Essa tentativa de estudo científico dos processos sociais, das mudanças sociais, só poderá ser desenvolvida à medida que os cientistas sociais se envolverem no próprio processo de mudança social.

Coerente com essas preocupações científicas, desenvolve a pesquisa-ação (*action-research*) e a dinâmica de grupo (*group dinamics*).

Pesquisa-ação

Além do valor que a pesquisa-ação poderia ter para as agências sociais diretamente envolvidas no processo de mudança das condições sociais, Lewin enfatizou a importância da ligação da pesquisa com a ação social, o que daria ao cientista acesso aos processos sociais básicos.

As dificuldades do estudo dos processos sociais envolvidos nas mudanças das condições sociais residem basicamente na impossibilidade de criar condições artificiais de mudança social. Essa dificuldade é superada à medida que o pesquisador se envolve no processo de mudança das condições sociais, por meio da colaboração com as agências sociais ou com as organizações que estejam desenvolvendo tentativas de mudança social e mudança da comunidade.

Ao enfatizar a importância do relacionamento entre pesquisa e ação, Lewin estava profundamente preocupado com o relacionamento entre pesquisa e teoria.

Dinâmica de grupo

Lewin preocupava-se com a integração das ciências sociais. Essa preocupação levou-o a mudar o enfoque do estudo da descrição do grupo social e da vida do grupo para uma análise teórica e um estudo experimental da dinâmica dos problemas da mudança na vida do grupo. Essa análise teórica e esse estudo experimental foram denominados por Lewin dinâmica de grupo.

A grande contribuição de Lewin foi trazer para a psicologia o conceito de grupo como uma entidade psicossociológica com características próprias e a noção de que o comportamento de um indivíduo é altamente influenciado pelos vários grupos aos quais ele pertence. Por meio da contribuição de Lewin, tornou-se possível a abordagem científica dos processos grupais. O conceito de grupo foi introduzido na psicologia no plano da realidade. Estudos experimentais de pequenos grupos foram desenvolvidos, e Lewin demonstrou que tais estudos poderiam ter certa validade como indicadores dos processos sociais mais amplos (da organização, da comunidade e da sociedade).

Teoria de Campo e comportamento organizacional

O campo psicológico de cada indivíduo é constituído por fatos considerados psicológicos, à medida que se tornam significativos para o indivíduo. No entanto, o indivíduo necessita estar exposto ou ter acesso a certos fatos para que possa incorporá-los a seu campo psicológico. Isso significa que uma pessoa não poderá perceber dado objeto ou fenômeno se estes não lhe forem mostrados. Não se obtém conhecimento sobre determinado problema ou situação se não houver acesso às informações sobre ele. Por outro lado, a forma pela qual se percebe, se raciocina e se pensa é influenciada pela forma como as informações são transmitidas, pelo contexto em que estão inseridas e por seu próprio conteúdo. Portanto, a forma pela qual nós refletimos, pensamos, decidimos, isto é, nosso comportamento na organização, é determinada pelas condições que a própria organização oferece a seus membros. Organizações centralizadoras, com controles rígidos, com condições físicas de trabalho inadequadas (insalubridade, periculosidade, penosidade, salários baixos etc.), são exemplos de condições cerceadoras, que impedem o pleno desenvolvimento do campo psicológico de seus membros.

Essas condições afetam o comportamento e o desenvolvimento de suas características e capacidades psicológicas.

Os fatores ambientais, ao interagir com os fatores biológicos, modificam estes últimos e permitem ou não seu desenvolvimento. Assim, pode-se dizer que uma pessoa será mais ou menos inteligente, à medida que as condições ambientais possibilitarem o desenvolvimento de seu campo psicológico. Este não envolve somente a aquisição de conhecimentos, mas também o desenvolvimento de processos cognitivos, isto é, percepção, memória, pensamento, tomada de decisão, criatividade etc. À medida que as pessoas forem capazes de refletir, de elaborar novas idéias, de relacionar fatos, de chegar às suas próprias conclusões, de criar e de inovar o seu comportamento, serão qualitativamente superiores, isto é, não só seus conhecimentos serão superiores, mas a forma pela qual elaboram novos conhecimentos será qualitativamente superior. O processo de incorporação de fatos (informações, conhecimentos, valores etc.) no campo psicológico dos indivíduos modifica as próprias características desse campo. A modificação se dá no processo de interação do indivíduo com os fatores ambientais que o cercam. Portanto, seu campo psicológico torna-se mais complexo.

O conceito de campo psicológico traz conseqüências e novas direções para o estudo do comportamento humano na organização. Mostra que o comportamento humano na organização não pode ser explicado por uma causa única, quer ambiental, quer biológica, pois há uma interdependência de fatores que se denomina rede causal; que o estudo do comportamento humano na organização deve ser feito por meio dos fatores não-psicológicos; que é mediante a mudança desses fatores que poderão vir a ocorrer mudanças no espaço vital do indivíduo; e que, para estudar o comportamento humano na organização, é necessário abordar a organização no seu todo, de forma que seja possível compreender a natureza e a complexidade dos fatores que estão ou não influenciando o comportamento de seus membros.

Para Lewin, no domínio da psicologia está o estudo dos fatores ambientais psicológicos, isto é, fatores ambientais (sociais, econômicos, físicos, políticos etc.). Ele postula que é por meio deles que se poderá compreender e caracterizar o espaço vital dos indivíduos, assim como é pela modificação do meio ambiente que se pode possibilitar o desenvolvimento do potencial dos seres humanos. O estudo do comportamento humano na organização, dentro de uma perspectiva da Teoria de Campo, deverá caracterizar a estrutura organizacional, os objetivos e os valores da organização, a tecnologia e as tarefas, as diretrizes e as metas, os processos administrativos, os sistemas de recrutamento, de seleção, de avaliação de desempenho, de treinamento, de remuneração e de incentivos, as condições de trabalho, as políticas de pessoal etc. Esses e outros fatores deverão ser diagnosticados, à medida que se deseja desenvolver e compreender o comportamento humano na organização. É do processo de interação do indivíduo com o meio que resulta o comportamento humano.

A crítica que se faz à Teoria de Campo é que ela trabalha exclusivamente com o campo psicológico individual, portanto, dentro de uma perspectiva da psicologia individual, adotando, assim, a microabordagem do comportamento humano na organização. No entanto, ao estudar os grupos como uma unidade psicológica, por meio da dinâmica de grupo, Lewin estabeleceu as bases para o estudo da organização como entidade psicológica. Ele considera o comportamento do grupo diferente do comportamento de seus membros. O grupo desenvolve processos e possui forças próprias, que influenciam seu próprio comportamento e o de seus membros. O grupo não é mera soma do comportamento de seus membros, apesar de ser influenciado em parte pelas características destes. Da mesma forma, a organização é uma entidade psicológica que desenvolve processos psicológicos próprios, assim como seu sistema de valores, sua cultura, seus objetivos. O comportamento da organização pode ser identificado como um comportamento diferente do comportamento de seus membros ou de seus grupos. Fatores como objetivos do grupo, contexto em que está inserido e condições internas e externas são fatores que interagem com as características dos membros do grupo. Os processos grupais, tais como coesão, estrutura, formação de normas e lideranças, também são fatores que influenciam o comportamento grupal. Lewin, apesar de ter trabalhado com pequenos grupos, mostra que:

1. o grupo tem um comportamento próprio;
2. desenvolve forças e processos psicológicos;
3. seu espaço vital engloba, além do espaço vital de seus membros (em interação), outros fatores psicológicos;
4. o estudo e a compreensão do comportamento do grupo têm de ser realizados em nível mais amplo, isto é, no nível da estrutura social do grupo.

É por meio do conceito de espaço vital ou campo psicológico que Lewin dá uma das contribuições mais importantes ao estudo e à compreensão do comportamento humano na organização. Esse conceito traz nova dimensão para a compreensão da influência dos fatores hereditários (biológicos) e dos fatores ambientais no comportamento humano. Apesar de as condições biológicas serem fundamentais ao desenvolvimento das características e dos processos psicológicos, elas não lhes são determinantes. As condições ambientais exercem também papel importante, favorecendo ou impedindo o desenvolvimento das características mentais de seus membros, porém as características psicológicas e o próprio comportamento humano são resultantes da interação desses dois fatores, ou seja, biológicos e ambientais.

O que Lewin afirma com o conceito de campo psicológico é que a organização tem uma função sociopolítica muito importante, pois, na medida em que as condições ambientais atingem diretamente a natureza do campo psicológico de seus membros, isso influencia o nível mental e cultural da sociedade mais ampla. As organizações, portanto, possibilitam a libertação humana ou mantêm sua dominação de uma forma poderosa, impedindo o crescimento mental de seus membros.

❖ RESUMO

O conceito de Teoria de Campo foi desenvolvido inicialmente pelos psicólogos representantes da Gestalt. Mas foi Lewin que, no século XX, deu a maior contribuição para a aplicação da Teoria de Campo à psicologia. Lewin sempre se preocupou com a interdisciplinaridade científica e sempre postulou a importância dos valores individuais para o destino das ciências sociais. Lewin toma como constructo mais fundamental de sua teoria psicológica o campo em que ocorre todo o fenômeno psicológico. Partindo do constructo de campo, ele explica que as propriedades de qualquer evento são determinadas por suas relações com o sistema do qual o evento é componente.

Lewin define como objeto da psicologia as transações comportamentais do indivíduo em seu meio interno e externo. Ele distingue o comportamento propriamente dito dos processos físicos e fisiológicos, que são mediadores das transações comportamentais do indivíduo com seu ambiente. A explicação psicológica do comportamento, para ele, implica a identificação de características direcionais: todo comportamento tem propósitos subjacentes e objetivos para os quais é dirigido.

Para Lewin, conceitos como desejo, ação e habilidade constituem realidades psicológicas, embora não possam ser expressos em termos físicos; são, portanto, passíveis de investigação científica. A Teoria de Campo enfatiza a explicação psicológica dos fenômenos psicológicos. Para Lewin, o importante é o comportamento, um fenômeno interno, e não seus efeitos. No entanto, é pela observação do ambiente em que o indivíduo age, das ações do indivíduo e do curso dessas ações que se infere sua realidade psicológica.

A ênfase na situação total presente leva os psicólogos que seguem a orientação de Kurt Lewin a partir da caracterização da situação como um todo e a se concentrar nas relações de interdependência. Enfatiza-se que os eventos psicológicos devem ser explicados em termos das propriedades do campo no momento em que ocorrem, mas não se nega o passado nem o futuro psicológicos. Mas Lewin diferencia passado de passado psicológico, considerando este último como fatos ou experiências passadas com significado para o indivíduo no presente. Lewin enfatiza o princípio da contemporaneidade, de acordo com o qual a situação de dado momento refere-se a certo período e não a um instante. O que caracteriza o tempo em psicologia é que ele deve ser concebido em termos de unidades psicológicas.

Ao mesmo tempo, Lewin destaca a importância dos fatos não-psicológicos: o comportamento futuro do indivíduo dependerá também das futuras situações, físicas e sociais, a que o indivíduo será exposto, as quais ele denomina *ecologia psicológica*.

O comportamento aparece, então, como uma função da pessoa e de seu ambiente, concepção que se opõe ao pensamento aristotélico, para o qual os eventos psicológicos são determinados pelas características do indivíduo: hereditariedade, inteligência etc.

Lewin descreve o espaço vital de um recém-nascido como tendo poucas áreas, pouco diferenciadas. Para ele, a diferenciação das regiões do espaço vital é uma das características mais importantes do desenvolvimento do indivíduo.

A Teoria de Campo é uma das abordagens dinâmicas da psicologia, ou seja, vê os fatos psicológicos em termos de sistema, em que os seres tendem a manter um equilíbrio dinâmico. Ao estudar o processo pelo qual o sistema restaura continuamente seu equilíbrio, Lewin enfatizou a compreensão dos processos motivacionais. Na tentativa de explicá-los cientificamente, ele parte para uma psicologia mais rigorosa, apoiada na matemática, e utiliza a geometria topológica e a hodologia, servindo-se de toda uma terminologia tomada de empréstimo às ciências exatas, particularmente à física.

Lewin considera a aprendizagem, no sentido mais amplo, como qualquer mudança que se opere sobre a pessoa e modifique seu ambiente psicológico.

O grau de dificuldade que alguém se dispõe a enfrentar para atingir um objetivo é chamado de nível de aspiração. Já as mudanças induzidas socialmente estão relacionadas com o constructo do campo de poder.

Os fatores não-psicológicos são integrados à psicologia, à medida que parcialmente determinam o comportamento por meio das modificações que podem provocar no espaço vital do indivíduo, ou pelas influências que exercem sobre este, sem, contudo, modificá-lo. A ecologia psicológica é o meio pelo qual Lewin aborda o estudo dos fatores não-psicológicos, os fatos sociais e físicos e sua influência sobre o comportamento.

Aplicada ao estudo do comportamento humano na organização, a Teoria de Campo ressalta a interdependência dos fatores: não se pode avaliar o indivíduo sem situá-lo no contexto organizacional. E mostra que as mudanças de comportamento podem ser induzidas por forças externas ou internas.

❖ TERMOS E CONCEITOS IMPORTANTES

Ambiente psicológico: o ambiente tal qual existe para o indivíduo. É o que o indivíduo percebe como real.

Aprendizagem: processo psicológico que percebe relações, estrutura o campo perceptivo. Está ligado à compreensão do todo.

Campo de força: distribuição de forças no espaço vital.

Campo de poder (*power field*): capacidade de induzir forças de certa magnitude em outra pessoa.

Campo psicológico ou espaço vital: é constituído pela pessoa (necessidades, valores, emoções) e pelo ambiente (fatores psicologicamente significativos para o indivíduo em dado momento). Pessoa e ambiente formam uma constelação de fatores interdependentes, que determinam em parte o comportamento de um indivíduo em dado momento.

Constructo de campo: o fenômeno psicológico ocorre em determinado campo. Há uma totalidade de fatos coexistentes, mutuamente interdependentes.

Dinâmica de grupo: estudo científico dos grupos como entidades psicossociológicas. É uma área da psicologia social que trata das origens, da natureza e do desenvolvimento das forças e dos processos grupais.

Ecologia psicológica: identificação da parte do mundo físico e social que irá determinar em dado período a zona de fronteira do espaço vital.

Fenômenos psicológicos: realidades psicológicas passíveis de investigação científica.

Figura-fundo: princípio da Teoria da Gestalt. A figura destaca-se do fundo. Apresenta-se como fator organizado, estruturado. O fundo sugere um espaço vazio.

Força: tendência para a locomoção em caráter de vetor.

Forças impulsionadoras: relação entre a região de atividade presente e a região do objetivo.

Forças restritivas: não levam à locomoção, mas influenciam as forças impulsionadoras.

Força resultante: combinação de um número de forças agindo sobre o mesmo ponto ao mesmo tempo.

Insight: discernimento ou compreensão súbita do sujeito em face de uma situação problemática. O sujeito consegue estruturar essa *situação*, isto é, percebê-la como um todo.
Isomorfismo: identidade estrutural entre a experiência fenomenal (processos cerebrais que correspondem à percepção) e seu correlato fisiológico, o fenômeno físico sensível.
Locomoção: relações de posições em tempos diferentes ou mudanças dentro do espaço vital.
Objeto da psicologia: transações comportamentais do indivíduo com seu meio interno e externo.
Passo distinguido: passagem de uma região do ambiente psicológico para outra do mesmo ambiente.
Posição psicológica: relação espacial de regiões.
Presente psicológico: campo psicológico dominante no presente. É resultante da interdependência dentre fatores significativos do passado, do presente e do futuro.
Região: qualquer parte que possa ser identificada no espaço vital.
Sistema em tensão: estado de um sistema em relação aos sistemas vizinhos. O sistema em tensão tende a modificar-se na direção dos sistemas vizinhos.
Teoria da Gestalt: teoria psicológica que se fundamenta no estudo da percepção. Descreve fenômenos imediatos; determina as condições de melhor estrutura na percepção e as leis de sua transformação. Parte do todo para o particular.

    Gestalt, forma ou estrutura: um todo organizado, em contraposição a um conjunto de partes. A forma é a sustentação desse todo em relação às partes. A natureza das partes é determinada por sua função no todo.
Valência positiva: campo em que as forças apontam para a mesma direção.
Valência negativa: distribuição de força em direção contrária a uma região específica.
Valores: crenças que influenciam os indivíduos.
Zona de fronteira do espaço vital: certas partes do mundo físico e social que afetam o estado do espaço vital em dado momento, sem integrá-lo.

❖ **QUESTÕES**

1. Quais os pressupostos básicos da Teoria de Campo?
2. Qual o objeto da psicologia, segundo Lewin?
3. Explique o comportamento de acordo com a Teoria de Campo.
4. Que é campo psicológico ou espaço vital?
5. Que quer dizer campo presente?
6. Explique o significado de ecologia psicológica e sua importância para compreender, explicar e mudar comportamentos na organização.
7. Quais são as principais conseqüências da aplicação da Teoria de Campo na seleção de pessoal?
8. Explique por que as organizações determinam em parte as características psicológicas de seus membros (inteligência, criatividade etc.).
9. Qual a importância das condições físicas e sociais da organização na melhoria da qualidade de sua força de trabalho?
10. Explique por que Lewin parte do estudo dos fatores físicos e sociais para estudar o comportamento.
11. Explique o dinamismo psicológico do espaço vital e suas relações internas (pessoas) e externas (meio físico e social).
12. Quais as causas do comportamento dos indivíduos na organização? É possível explicar o comportamento humano na organização sem considerar uma rede causal? Por quê?
13. Explique por que a Teoria de Campo tem como paradigma de pensamento a complexidade.

❖ **APLICAÇÃO**

1. Observação de comportamento

1.1. Observe o comportamento de um indivíduo, fundamentando-se na Teoria de Campo.
1.2. Identifique as dificuldades encontradas na aplicação dessa teoria.
1.3. Identifique as conclusões de sua observação sobre o comportamento do indivíduo, procurando caracterizá-lo de acordo com a Teoria de Campo.
1.4. Identifique os fatores que julga necessário conhecer para explicar o comportamento humano de acordo com essa teoria.

1.5. Discuta em grupo os resultados de sua observação comportamental.

2. Aplicação na organização

2.1. Identifique que fatores um chefe deverá conhecer para explicar o comportamento de seus subordinados.

2.2. Pesquise numa organização os critérios que são adotados para avaliar o comportamento de seus membros.

2.3. Compare os critérios encontrados com o modelo proposto pela Teoria de Campo.

3. Estudo de caso

A empresa X atua no setor de eletrodomésticos, tendo até 2003 grandes lucros. Entretanto, a partir de janeiro de 1999, as vendas caíram.

A diretoria, preocupada com a situação, realizou várias reuniões, e constatou um alto grau de tensão e conflito entre os diferentes setores da empresa, além de pouca motivação.

A diretoria de marketing acusava a de produção, e esta a de finanças, por suas políticas. A diretoria de finanças, por sua vez, dizia que o problema estava na seleção, e o presidente da empresa via o problema como ocasionado pela falta de treinamento dos vendedores, pela seleção inadequada deles, além de apontar também a falta de treinamento gerencial de seus executivos. Diante dessa situação, propôs que se iniciassem programas de treinamento para vendedores e para executivos e, ao mesmo tempo, que se estabelecessem novas normas e critérios para a seleção de vendedores.

Perguntas

a) Com base nos conceitos de espaço vital e de ecologia psicológica, analise a decisão do presidente da empresa e identifique suas falhas.
b) Proponha um plano de ação para a empresa.

❖ REFERÊNCIAS BIBLIOGRÁFICAS

DEUTSCH, Morton. Field theory in social psychology. In: GARDNER, Lindzey; ELLIOT, Aronson. *The handbook of social psychology*. California: Addison-Wesley, 1968.
HALL, C. S.; LINDZEY, G. *Teorias da personalidade*. São Paulo: EPU–Edusp, 1974.
LEWIN, Kurt. *Teoria de campo em ciências sociais*. Artigos Teóricos Selecionados. São Paulo: Pioneira, 1965.
_____. *Pesquisa-ação e problemas de grupos minoritários em Teoria de Campo em ciências sociais*. São Paulo: Pioneira, 1943.
_____. *Definindo o campo num dado momento em Teoria de Campo em ciências sociais*. São Paulo: Pioneira, 1943.
_____. *Teoria de campo e aprendizagem em Teoria de Campo em ciências sociais*. São Paulo: Pioneira, 1942.
_____. *Ecologia psicológica em Teoria de Campo em ciências sociais*. São Paulo: Pioneira, 1943.
_____. *Fronteiras em dinâmica de grupo em Teoria de Campo em ciências sociais*. São Paulo: Pioneira, 1944.
_____. *Comportamento e desenvolvimento como uma função da situação total em teoria de campo em ciências sociais*. São Paulo: Pioneira, 1946.
_____. *Constructos em teoria de campo em ciências sociais*. São Paulo: Pioneira, 1944,
_____. *Psicologia topológica em teoria de campo em ciências sociais*. São Paulo: Pioneira, 1944.
_____. *Princípios de psicologia topológica*. São Paulo: Cultrix–Edusp, 1973.
_____. *Problemas de dinâmica de grupo*. São Paulo: Cultrix, 1974.
_____. *Teoria dinâmica da personalidade*. São Paulo: Cultrix–Edusp, 1975.
_____. *Resolving social conflicts*. New York: Harper & Row, 1948.
SOUZA, Campos; MARTINS, Dinah. *Psicologia da aprendizagem*. Petrópolis: Vozes, 1976.

9

A Organização como Contexto Social e o Desenvolvimento Cognitivo

Ao terminar a leitura deste capítulo, você deverá ser capaz de:
1. compreender o processo de interação de fatores na formação e no desenvolvimento das características individuais;
2. compreender as diferentes estruturas cognitivas e suas características;
3. compreender e identificar as bases científicas dos testes psicológicos e suas contradições;
4. identificar as limitações dos testes psicológicos na seleção de pessoal;
5. compreender o conceito de inteligência e seu processo de desenvolvimento.

As organizações, enquanto meio social no qual os indivíduos estão inseridos, exercem uma função estimuladora ou bloqueadora do desenvolvimento cognitivo e da maturidade psíquica dos indivíduos, seus membros.

Como Piaget enfatiza, nem todos os indivíduos atingem o nível mais complexo e elaborado do sistema cognitivo, que é o operatório formal, apesar de apresentarem condições física e intelectualmente normais. Piaget acentua que o desenvolvimento cognitivo é resultante de uma ação do indivíduo em seu meio social. Entretanto, esse meio social atua como elemento possibilitador ou bloqueador. As organizações podem, portanto, controlar o desenvolvimento cognitivo de seus membros, à medida que selecionam as ações do indivíduo e as orientam em dada direção desejada por ela.

Para que o indivíduo, em dado contexto social, possa desenvolver seu processo de perceber e pensar, é necessário que os instrumentos para esse desenvolvimento lhe sejam possibilitados. O desenvolvimento cognitivo é um processo individual inserido no contexto social. Por isso ele tem certa dependência desse meio. As técnicas, as instruções de trabalho, os programas de técnicas e estratégias de treinamento operacional e gerencial explicitam os reais objetivos das organizações, enquanto bloqueadores ou estimuladores do desenvolvimento cognitivo de seus membros.

Para compreender o que realmente a organização propõe, são necessárias uma leitura e análise dos instrumentos por ela utilizados, à luz dos princípios e das características dos estágios do desenvolvimento cognitivo propostos por Piaget. Não é difícil identificar que as instruções de trabalho e os métodos de solução de problemas, bem como as normas operacionais e gerenciais trazem a marca da padronização de raciocínio dos indivíduos e da estagnação do processo cognitivo nos níveis inferiores.

O CCQ (Círculo de Controle de Qualidade), introduzido na administração moderna como instrumento do desenvolvimento do raciocínio e da criatividade, apresenta as características de padronização de raciocínio em nível do pré-operatório, portanto, mantendo o indivíduo num nível mental em que ele só conseguirá pensar a ação concreta, num raciocínio concreto linear. O *Ishikawa seqüencial* (espinha de peixe) tem suas bases no princípio da atividade mental que caracteriza o processo de raciocínio concreto, a partir de situações concretas e objetos concretos. Trabalha-se com causa–efeito. As estruturas totais não são construídas nem é permitida sua elaboração. Esse modelo linear de raciocínio é padronizado para todos os membros do CCQ. Nega-se, assim, a possibilidade da diferenciação de raciocínio. Anula-se a individualidade, controla-se, por meio do método de trabalho e do manual de controle total, o processo de desenvolvimento cognitivo dos indivíduos membros da organização. A proposta implícita é a criação da consciência coletiva. Cerceia-se a verdadeira criatividade, autônoma em seu conteúdo e em sua forma de ser processada.

Desenvolvimento cognitivo

O desenvolvimento cognitivo, bem como a formação da consciência moral se dão por meio de processos interativos do indivíduo com o mundo social.

Para Piaget, há uma evolução qualitativa das estruturas cognitivas, isto é, das mais simples às mais complexas. Os processos de assimilação e acomodação são fundamentais no desenvolvimento do pensamento. Estímulos externos são assimilados e acomodados na estrutura cognitiva. A atividade inteligente é sempre um processo ativo e organizado, de assimilação do novo ao velho e de acomodação do velho ao novo, afirma Piaget. Para ele, nem todos os seres normais conseguem desenvolver estruturas cognitivas capazes de elaborar pensamentos superiores, ou seja, desenvolver sua capacidade humana integralmente. A elaboração das estruturas cognitivas dependem do desenvolvimento neurológico e da estimulação adequada do meio. Sem essa estimulação, muitos indivíduos jamais atingirão realmente sua capacidade mental.

Período sensório-motor

Para Piaget, o processo de conhecimento começa a aparecer antes de a criança desenvolver a linguagem. Esse período é denominado sensório-motor (do nascimento até o segundo ano de vida) e é de extrema importância, pois é nele que as mudanças mais fundamentais e mais rápidas se realizam. Na época do nascimento existem ações isoladas, como sugar, ouvir, tocar acidentalmente as coisas.

Para a criança, os objetos não existem em si mesmos. E ela não tem consciência de si própria como sujeito. Entretanto, durante o primeiro ano de vida, a criança já toma conhecimento dos objetos em si, de suas relações causais, e os integra num espaço que engloba a todos.

Essas mudanças se dão antes da linguagem. O conhecimento está ligado às ações nessa fase. Essa forma de aquisição de conhecimento, por meio das ações, é denominada por Piaget inteligência sensório-motora.

Nesse período, a criança adquire o conhecimento manipulando objetos por meio de diferentes tipos de ação, que são, para Piaget, invenções reais porque se trata de novas construções. Até esse momento não existe linguagem, portanto, não existe conceito, posto que se entende conceito como um nome para uma coleção de objetos.

Piaget, entretanto, chama a atenção para o que denomina *esquemas*, que são outro tipo de instrumento de generalização.

Esquema e conceito prático

Um esquema é, portanto, o que há de comum entre as várias ações diferentes e análogas. Quando a criança puxa algo, traz para perto de si um lápis que descansa sobre uma folha de papel, e quando ela generaliza, trazendo para perto de si uma xícara que está em cima de uma bandeja, consegue relacionar as ações e realizar a coordenação entre esquemas equivalentes. Ela não usou a linguagem, portanto, não teve conceito (teórico), mas estabeleceu padrões organizacionais de comportamentos, que, para Piaget, são os conceitos práticos.

Características do período sensório-motor

No começo do período sensório-motor, por não haver identificação do sujeito, existe uma total indiferenciação entre o sujeito e o objeto.

À medida que os esquemas vão sendo desenvolvidos pela criança, as ações dela são diferenciadas, diversificadas e coordenadas juntas. O esquema, portanto, é o instrumento fundamental dessa coordenação. É ele que permite a construção da dualidade sujeito e objeto de forma permanente. Piaget enfatiza que, enquanto a criança não se reconhece como a origem de suas próprias ações, ela também não reconhece a permanência de objetos que não seja ela mesma.

Período pré-operatório ou desenvolvimento do pensamento simbólico

O período pré-operatório dá continuidade ao sensório-motor. Inicia-se aos dois anos de idade e vai até os sete anos.

Piaget acentua que esse período é caracterizado pelo aparecimento da função semiótica, ou seja, da representação mental das coisas ou função simbólica. É claro que inclui também a linguagem, mas não somente. Surgem aí a imagem mental, a imitação postergada, o desenho etc.

Piaget enfatiza a ligação da função semiótica à interiorização da imitação. Isso quer dizer que a criança pode, nessa fase, representar um objeto para si mesma quando ele está ausente. Seu nível de inteligência foi qualitativamente mudado. Ela não está mais restrita à ação. Ela está num novo nível de inteligência: inteligência em representação e pensamento. Piaget explica que essa mudança qualitativa exige da criança um processo de reconstrução de tudo aquilo que ela adquiriu no nível das ações em um novo nível, em termos teóricos.

Resumindo, o nível pré-operatório se caracteriza:

1) pelo surgimento da função semiótica, permitindo a representação mental e o pensamento;
2) pela reconstrução mental que a criança faz de todo o conhecimento adquirido em nível sensório-motor, mediante a coordenação das ações (esquemas);
3) pelo fato de a criança ter a possibilidade de se representar a si mesma e pensar sobre objetos afastados no espaço ou sobre episódios do passado e do futuro.

Esses três elementos fazem com que essa fase seja mais lenta e as mudanças, paulatinas.

Nível operatório concreto e suas características

O nível operatório concreto ocorre dos sete aos 11 anos de idade. Para Piaget, a essência de uma operação nesse nível é a possibilidade de reversibilidade, ou seja, pode-se voltar ao passado em pensamento. A criança passa por um processo pelo qual junta classes mentalmente, separa essas classes, formando outras duas, sem destruir seu conhecimento da classe total, de forma que ela possa incluir as classes criadas à classe total. Ela é capaz de comparar a parte com o todo.

Reversibilidade

A reversibilidade de relações é conseguida pela execução de uma ação que compense exatamente a primeira condição, sem desfazê-la. O resultado das duas condições é uma equivalência.

Operação mental

A operação mental é a maneira pela qual a mente organiza as representações, ou seja, o sistema pelo qual uma representação é relacionada com a outra. É um conjunto de ações correlatas que formam um todo integrado.

Outra característica é que as operações são sempre coordenadas em estruturas totais. A característica limitadora desse período é que essas estruturas totais somente são aplicadas aos objetos propriamente ditos.

Não há, ainda, as operações que se aplicam às hipóteses.

Nível operatório formal e suas características

O nível seguinte, operatório formal, deverá ocorrer entre 11 e 15 anos.

Piaget identifica a característica desse período como a aplicação das operações não somente aos objetos, mas às hipóteses formuladas em palavras. Como mostra, para trabalhar com hipóteses, deve-se ser capaz de efetuar operações em operações. O conteúdo de qualquer hipótese, como demonstra, é de operação concreta. Mas fazer algum relacionamento entre a hipótese e a conclusão é uma nova operação. A partir daí, abre-se um campo mais amplo de possibilidades. A possibilidade da combinatória, que por tais meios pode-se relacionar a qualquer outra proposição, ou qualquer outra operação, a outra operação.

Piaget conclui que o desenvolvimento cognitivo, bem como o da moralidade, nem sempre é conseguido pelos indivíduos em nível mais elevado, que é o operatório formal, e da consciência autônoma. Pode haver fixações em certos estágios, e não há uma rigidez etária nesse processo de desenvolvimento.

Não há uma estagnação definitiva no processo de desenvolvimento cognitivo e da consciência moral. O fator imperativo, indivíduo com seu mundo social, é, em grande parte, responsável pela criação de barreiras ou de condições favoráveis a esse processo.

A formação da consciência moral, segundo Piaget, se dá concomitantemente ao desenvolvimento cognitivo (vide Capítulo 1).

Piaget tem sua teoria reconhecida cientificamente, resultado de pesquisas de mais de cinqüenta anos. Ele é conhecido como epistemologista genético, psicólogo infantil, zoologista, matemático e filósofo.

Analisando a compreensão infantil dos mundos físico, biológico e social nos vários níveis, Piaget desvendou a questão de como obtemos conhecimento criou uma filosofia que procura encontrar respostas filosóficas colocando-as em prática por meio de testes empíricos.

Hereditariedade e meio ambiente

O ponto de partida para a compreensão do comportamento humano na organização é o estudo das bases do comportamento, ou seja, dos fatores biológicos e sociais e das condições em que esses fatores influenciam a formação e o desenvolvimento das características individuais. Hereditariedade e meio ambiente constituem, portanto, os fatores básicos ou o *background* do comportamento humano.

Background biológico do comportamento humano – hereditariedade

A hereditariedade é uma área de estudo da biologia. Os estudos científicos da hereditariedade desenvolvidos nos últimos tempos possibilitaram aos psicólogos uma melhor compreensão das diferenças psicológicas observadas entre os indivíduos. Os psicólogos apontam a hereditariedade e as condições ambientais em que o organismo se desenvolve como as bases para o desenvolvimento das diferentes características dos indivíduos.

Transmissores da hereditariedade

Os estudos genéticos indicam que cada ser humano inicia sua vida numa célula única (óvulo fecundado), a qual é formada pela união de genomas do pai e gametas da mãe. O núcleo dessa célula, o óvulo fecundado, contém cromossomos. Cada cromossomo é constituído por moléculas complexas de proteínas (DNA), que são os transmissores básicos dos caracteres hereditários. Atualmente, os cientistas consideram o DNA como portador das unidades hereditárias (genes) responsáveis pelos caracteres do indivíduo. O óvulo fecundado — a célula única que inicia o ser — passa por um processo de divisão. Essa célula divide-se em duas; cada uma delas divide-se novamente em duas, e assim sucessivamente; porém, cada uma delas conserva o mesmo número de cromossomos originários do pai e da mãe. O processo de divisão celular não cessa durante toda a vida do indivíduo. O número de cromossomos existentes em cada célula humana é de 23 pares, excetuando-se apenas as células sexuais, que possuem 23 cromossomos isolados. São muitas as possibilidades de combinação dos cromossomos na formação de um novo indivíduo, e essas combinações ocorrem em bases aleatórias. É o caráter aleatório do processo de combinação dos cromossomos que origina as diferenças individuais encontradas entre irmãos. Estes possuem características biológicas comuns, mas não são idênticos. Mesmo entre irmãos, essas diferenças persistem, apresentando-se em menor escala entre gêmeos univitelinos (formados a partir de um só óvulo fecundado).

Por outro lado, as células dos pais não são influenciadas pelos acontecimentos ou experiências de vida. As características adquiridas mediante seu contato com o meio externo não alteram as características dos cromossomos, nem são transmitidas às novas gerações. A transmissão das características adquiridas é devida à cultura e não à influência da hereditariedade.

Processo de maturação

O processo de desenvolvimento da estrutura biológica do ser humano é denominado maturação. Esse processo ocorre em etapas. O óvulo fecundado e dividido diferencia-se em células com funções específicas (células musculares, células da pele, células do olho etc.). Estas, por sua vez, desenvolvem-se e originam os órgãos e sistemas.

Condições ambientais

Esse processo de crescimento depende da hereditariedade. Os estudos sobre maturação têm indicado que são necessárias condições ambientais adequadas para que o indivíduo consiga alcançar sua maturação biológica.

Condições pré-natais adversas, tais como falta de oxigênio no útero materno ou uso de drogas como talidomida, dificultam o processo de maturação.

A falta de espaço físico e de alimentação adequada, entre outras, ocasiona também retardos no processo de maturação. A maturação biológica depende da hereditariedade, mas os fatores ambientais podem favorecer ou dificultar esse processo.

Reflexos e instintos

Dois tipos de comportamento são basicamente dependentes da maturação e da hereditariedade: os reflexos e os instintos.

Reflexos são respostas não aprendidas, involuntárias, que o organismo emite na presença de estímulos exteriores.

Instintos são comportamentos complexos e específicos, que não sofrem a interferência de aprendizagem anterior; são realizados corretamente desde a sua primeira emissão.

A influência das condições ambientais em que se processa a maturação do organismo é particularmente evidente nos seres humanos.

A hereditariedade e as diferenças nos seres humanos

Tem-se discutido muito sobre as diferenças raciais. A crença na supremacia de determinadas raças fundamenta-se no papel preponderante da hereditariedade no desenvolvimento das características individuais. Os estudos realizados por Jerkes (1921) com centenas de soldados americanos de origens branca e negra revelaram a influência das condições ambientais no nível de inteligência: os brancos do sul revelaram escores de inteligência mais baixos que os negros do norte dos EUA.

Klineberg (1935) estudou o nível de inteligência de crianças negras residentes no sul dos EUA e que se transferiram para Nova Iorque. Os resultados indicaram que os escores de inteligência dessas crianças eram tanto mais elevados quanto maior era o número de anos de residência dessas crianças em Nova Iorque.

Jerkes e Klineberg e o estudo das condições ambientais

Os estudos de Jerkes e Klineberg são indicadores da influência do meio no desenvolvimento da inteligência. Esses estudos põem em xeque as teorias que "explicam desníveis de inteligência com base em diferenças raciais e em um papel supostamente decisivo da hereditariedade no desenvolvimento das características individuais".

Margaret Mead e as influências culturais

Por outro lado, estudos realizados pela antropóloga americana Margaret Mead (1931-1933) em três culturas primitivas da Nova Guiné indicam que as diferenças nas características psicológicas encontradas nas diversas culturas são em grande parte ocasionadas por fatores culturais, e não podem ser identificadas como características raciais hereditárias.

Classes sociais e diferenças individuais

Lesser, Fifer e Clark (1965) realizaram estudos sobre os efeitos de raça e classe social em 320 crianças porto-riquenhas, chinesas, japonesas, judias e negras. Em cada grupo de 40 meninos e 40 meninas, metade era de classe social média e metade de classe social alta. O resultado desses estudos indicou que a classe social influencia marcadamente os escores dos testes. Em cada um dos quatro grupos étnicos, as crianças de classe média tiveram melhor desempenho que as de classe baixa do mesmo grupo, isto é, crianças judias de classe média baixa apresentaram QI inferior às crianças judias de classe social alta. No grupo de crianças negras, surgiu uma diferença maior entre classes sociais, isto é, as diferenças no quociente intelectual foram mais acentuadas quando se compararam os escores de crianças negras de classe baixa com os escores de crianças negras de classe alta.

Experiências em *kibutz* de Israel (Garcia, 1972) mostraram que crianças oriundas de países do Oriente (especialmente dos países africanos, Líbia e Marrocos) onde a média de QI é 85, depois de permanecerem quatro anos nos *kibutz*, atingiram a média observada entre crianças israelitas de origem européia (escore 115).

Shodk M. e Skeels (1930) conseguiram o aumento do QI de crianças aparentemente retardadas mentais, internadas em orfanatos, por meio da mudança de condições dessas crianças. O grupo experimental, isto é, as crianças que participaram do estudo, passou a ser objeto de maior atenção por parte das pessoas que trabalhavam no orfanato, recebendo amor, atenção e estimulação. As crianças foram testadas regularmente; apresentaram sensíveis mudanças na saúde, na maturidade, na inteligência, igualando-se a crianças *normais*.

Tyler (1965) analisou os resultados dos estudos realizados por meio de testes de inteligência e verificou que esses resultados são coerentes com a premissa de que as diferentes médias de QI dos grupos estão relacionadas com as diferenças socioeconômicas.

Jensen (1969) retoma a afirmativa da preponderância da hereditariedade na determinação da inteligência. As conclusões de Jensen fundamentam-se nas diferenças encontradas entre os escores de QI de crianças negras e brancas. Os escores de crianças negras são de 5 a 20 pontos mais baixos que os escores encontrados nas crianças brancas. Apesar de também ter encontrado crianças negras com QI elevado, seu número é inferior ao de crianças brancas que apresentaram esses resultados nos testes de inteligência nos Estados Unidos. Jensen afirma que a importância dos fatores ambientais é relativa. Segundo ele, o genótipo de um indivíduo, ou seja, sua genética fixa, é o que mais influencia a formação do fenótipo, ou seja, suas características físicas, anatômicas, fisiológicas e psicológicas atuais. Para Jensen, o traço denominado inteligência é basicamente determinado pela hereditariedade ou fator genótipo (75%), e somente 25% das diferenças encontradas em escores de inteligência se devem ao meio ambiente.

Whitten e Kagan (1969) contestam as conclusões de Jensen, usando seu raciocínio no estudo das diferenças encontradas na altura dos indivíduos. Apesar de a altura ser considerada um dos fatores que mais sofrem influência da hereditariedade, tem-se observado que as crianças da zona rural de países da América do Sul são menores que as crianças que vivem na zona urbana nesses países. Seguindo a lógica de Jensen, afirmam Whitten e Kagan, essa diferença de tamanho entre crianças das zonas rural e urbana seria devida à constituição genética. Entretanto, estudos têm evidenciado que a pequena estatura das crianças da zona rural é devida não à hereditariedade, mas a doenças e má nutrição. Essa evidência tem sido comprovada pelas diferenças constatadas na estrutura das crianças em todas as partes do mundo, nos últimos 20 anos, ocasionadas pela imunização em massa e por melhores condições de nutrição.

Determinismo hereditário

A retomada do determinismo hereditário por Jensen levou os psicólogos a uma análise do problema por vários ângulos. Os resultados de Jensen têm sido apontados como fundamentados em estatísticas distorcidas, em evidência inadequada e em raciocínio tendencioso e ilógico. Entre as contestações de maior seriedade e objetividade científica, encontra-se a expressa pela Society for the Psychological Study of Social Issues (1969), que integra a Associação Americana de Psicologia, uma das mais conceituadas instituições em âmbito internacional no campo da Psicologia. Ela nega a afirmativa que identifica os componentes hereditários como responsáveis pela inteligência e fundamenta essa negativa na ausência de dados científicos e no estágio atual em que se encontram as ciências sociais. Afirma que toda discussão científica das diferenças raciais não pode excluir o exame dos fatores políticos, históricos, econômicos e psicológicos, fatores intrinsecamente relacionados com as diferenças raciais.

Meio psicológico

Do ponto de vista psicológico, Anastasi define o meio como a soma total de estímulos que o indivíduo recebe desde a concepção até a morte. Assim, as características individuais estão em contínuo desenvolvimento.

O meio psicológico do ser humano é integrado pelos meios pré-natal, intercelular e social. O meio pré-natal é constituído de condições ambientais anteriores ao nascimento. Nessa fase, as modificações de dieta, nutrição, secreções glandulares e outras condições físicas da mãe são responsáveis por modificações no desenvolvimento do indivíduo. O meio intercelular é constituído pelas células somáticas circulantes, e dentro dele desenvolve-se cada célula individual. Esse meio é de grande importância para o processo de desenvolvimento do indivíduo. O meio intracelular é constituído pelas substâncias que cada célula contém.

Sociedade e transmissão de padrões de comportamento

O meio social, finalmente, é constituído pela sociedade na qual a criança nasce e cresce. A sociedade é um grupo de pessoas dependentes umas das outras, que desenvolveram padrões de organização capazes de lhes tornar possível viver juntos e sobreviver como um grupo. A sociedade desenvolve padrões de comportamento e os transmite a seus membros. Os pais são os principais transmissores desses padrões.

Cultura e desenvolvimento de características individuais

Ao desenvolver padrões de comportamento, a sociedade determina aqueles que devem ser seguidos e exige que seus membros se conformem a eles. Os padrões de comportamento e a forma pela qual a sociedade é estruturada são indicadores de aspectos da cultura. Cultura é o conjunto de valores, expectativas, atitudes, crenças e costumes compartilhados pelos membros de um grupo, de uma nação ou religião. A cultura influencia o desenvolvimento das características individuais. Essas características são adquiridas por meio dos papéis sociais ou de comportamento prescritos para uma classe particular de pessoas dentro de uma cultura. Além de transmitir padrões de comportamento por meio de papéis sociais, a cultura influencia os processos psicológicos de seus membros. A motivação, a percepção, o pensamento dos indivíduos são influenciados por sua cultura.

Percepção e cultura

A percepção dos indivíduos é influenciada pela cultura por meio da aprendizagem dos padrões culturais. Pessoas diferentes percebem o mundo de maneiras diferentes. A maneira de perceber leva, conseqüentemente, a maneiras diversas de categorizar e de interpretar os acontecimentos. As coisas e os fatos que rodeiam os indivíduos são diferentes em cada cultura, o que contribui para percepções diferentes do mundo.

As crenças, ou conjunto de percepções e conceitos mantidos pelos membros de uma cultura, são outra fonte de influência sobre o comportamento individual.

Cada cultura possui valores, ou seja, uma categoria geral de objetivos que muitos membros de uma sociedade procuram alcançar. Os valores são dos aspectos culturais que mais influenciam o desenvolvimento das características individuais.

As normas são costumes que apresentam o caráter de obrigatoriedade. São expectativas sancionadas pela cultura que devem ser obedecidas. A obediência a elas é recompensada, sua desobediência, punida. As normas baseiam-se nos valores da cultura e explicitam as formas de comportamento apropriadas para os membros de cada grupo cultural.

As crenças, os valores e as normas são forças culturais que influenciam o desenvolvimento das características individuais e o comportamento dos indivíduos.

A cultura, apesar de todos os mecanismos de padronização e de conformismo que adota, não é uma força estática e com poder suficiente para eliminar as diferenças individuais. A cultura é, por natureza, dinâmica, sofre influências e se modifica. Os indivíduos, por um lado, são hereditariamente diferentes. Não existem na sociedade indivíduos com hereditariedade genética exatamente igual, mesmo os gêmeos idênticos, que possuam a mesma *bagagem cromossômica* no momento em que o único ovo se separa totalmente, dando origem a dois futuros embriões. Depois disso, qualquer cromossomo de um feto pode sofrer uma mutação que não ocorre no outro feto.

A interação dos fatores hereditariedade e meio, porém, não se processa da mesma maneira para todos os indivíduos de uma mesma cultura. Ao contrário, essa interação assume formas peculiares em cada indivíduo e constitui outro fator de desenvolvimento de características psicológicas diferentes.

As diferenças individuais levam a maneiras diferentes de perceber e de se conformar com os valores e normas culturais. À medida que os indivíduos exercem diferentes papéis na sociedade à qual pertencem, filiando-se a diferentes organizações sociais, a própria sociedade passa a exercer sua influência de maneira diversificada. As demandas ou influências sobre seus membros são específicas dos papéis que exercem.

O contato com os outros grupos culturais ou subgrupos dentro da mesma cultura é também um fator que afeta o desenvolvimento das características individuais.

Interação dos fatores hereditariedade e meio ambiente

A análise dos fatores hereditários e ambientais conduz à conclusão de que esses fatores não atuam nem influenciam isoladamente o processo de desenvolvimento das características individuais. Há uma contínua interação entre hereditariedade e meio. Sem a hereditariedade (DNA) não é possível o surgimento das características individuais e do próprio indivíduo. A hereditariedade é um ingrediente básico, mas sem o meio esse fator não se desenvolve. Os dois fatores interagem no desenvolvimento das características do ser humano, quer biológicas, quer psicológicas.

Processo de interação entre os fatores hereditariedade e meio

Não se pode falar em fatores mais ou menos importantes, mas em diferentes formas de interação no decorrer da vida do indivíduo. A interação entre hereditariedade e meio é diferente no período pré-natal, na infância ou na vida adulta do indivíduo. Os caracteres genéticos se mantêm, porém as características do indivíduo se transformam devido à interação com o meio ambiente. Essas transformações conduzem a características individuais cada vez mais específicas.

A organização como meio social

As organizações sociais são tipos de sistemas sociais mais elaborados, que apresentam características específicas. Possuem objetivos e valores; estão inseridas num meio mais amplo, com o qual interagem; têm estrutura, cultura e normas próprias e possuem como membros seres humanos que são, ao mesmo tempo, seus planejadores e condutores. Os membros da organização agrupam-se em torno da realização das atividades organizacionais e relacionam-se uns com os outros. Como seres humanos que são, trazem para a organização seus sentimentos, suas motivações, suas aspirações, seus valores, suas aptidões etc. A organização desenvolve sua cultura própria, seus padrões de comportamento, suas crenças e hábitos, comuns a todos os seus membros. Todos esses fatores interagem. São interdependentes e influenciam-se mutuamente. A organização, como meio social, é um conjunto dinâmico de fatores em interação, influenciando o desenvolvimento das características individuais de seus membros.

Tipos de influência como meio social

A influência da organização sobre seus membros não se processa da mesma forma, nem produz os mesmos resultados. Os indivíduos são diferentes. Percebem de maneiras diferentes o meio organizacional. Reagem de maneiras específicas a estímulos iguais ou similares.

Como meio social, a organização poderá criar condições para o desenvolvimento das características psicológicas de seus membros ou impedir o seu desenvolvimento. O desenvolvimento da criatividade, da inteligência, das aptidões etc. necessita ser adequadamente estimulado. A ausência de condições estimuladoras na organização bloqueia o desenvolvimento do potencial humano de seus membros e impede a liberação de suas energias.

A inteligência

Das características psicológicas, a inteligência é talvez a que se considere de maior importância e à qual se atribua maior valor. Dizer que uma pessoa é inteligente ou pouco inteligente é conferir-lhe, de certo modo, uma posição no grupo social em que vive. A inteligência, como as demais características mentais, é, entretanto, um conceito em que se tem dificuldade de chegar a um ponto comum. As definições são diferentes, e não se tem a mesma compreensão do que é inteligência, quando a consideramos como uma característica mental ou como um traço psicológico. Binet a define como a "habilidade de julgar bem, entender bem e raciocinar bem". Terman a define como a capacidade de pensar de forma abstrata. No entanto, a maioria dos psicólogos que tentam trabalhar com os testes de inteligência aceita a noção de que inteligência é "aquilo que os testes de inteligência medem". Apesar de todas essas dificuldades, foram desenvolvidos diferentes testes para medir a inteligência, entendendo-se os testes como situações padronizadas, cujo intento é refletir a amostra de determinado aspecto do comportamento individual (Tyler, 1978).

QI

Binet, um psicólogo francês, elaborou em 1905 uma escala utilizada nas escolas de Paris para distinguir crianças que necessitavam de ensino especial daquelas que poderiam freqüentar escolas regulares. Ao elaborar seu teste, Binet afirmava que a inteligência é uma característica inerentemente complexa. Não pode ser considerada como a soma de muitas características de natureza mais simples. Para medi-la, são necessários meios de avaliar como os indivíduos enfrentam tarefas que requerem raciocínio, discernimento e capacidade de resolução de problemas. Binet introduziu o conceito de idade mental (IM), que representa a capacidade de uma criança responder a itens de um teste a que crianças normais de certa idade responderam corretamente. O conceito de idade mental criou condições para medir o crescimento mental. O quociente de inteligência (QI) é o indicador do crescimento mental de uma criança por referência à sua idade cronológica (IC). Calculava-se o QI dividindo-se a idade mental da criança por sua idade cronológica, multiplicando-se o quociente obtido por cem. Uma criança cuja IM fosse 12 e cuja IC fosse 10 teria um QI de 120, $M_{12}: C_{10} \times 100 = 120$. $\frac{iM12}{iC10} \times 100 = 120$. O QI indica apenas o índice de crescimento mental da criança no momento em que foi testada. Se uma criança tem 8 anos e um QI de 120, significa que sua idade mental é a idade mental média encontrada entre grupos representativos de crianças de 12 anos de idade. O teste de Binet tem como característica principal a apresentação de uma medida global da inteligência geral. Ele não mede as capacidades especiais.

Em 1916, L. M. Terman, da Universidade de Stanford, fez uma revisão no teste de Binet, examinando três mil crianças brancas de pais de língua inglesa. Esse teste revisto foi denominado Stanford-Binet e sua padronização foi realizada para uso nos Estados Unidos. Passou ainda por duas outras grandes revisões, uma em 1937 e outra em 1960. Nessa última revisão, o cálculo do QI já não foi feito da forma anterior: passaram a ser utilizadas tabelas que mostram diretamente a diferença entre a contagem obtida por uma criança e a média de um grupo representativo de crianças de sua idade. O que o QI individual realmente diz é a quantos desvios-padrão acima ou abaixo da média uma pessoa está. Uma das grandes dificuldades encontradas no uso do QI é que ele não é um método adequado para descrever a inteligência adulta, pois o crescimento mental dos adultos não apresenta a mesma regularidade que o torna previsível nas crianças. Por outro lado, o QI não é o índice máximo de capacidade intelectual. Ele não é a medida de uma quantidade de qualquer coisa, mas tão-somente o meio de indicar qual foi o índice de crescimento médio de uma criança (Tyler, 1973). As pesquisas indicaram também que o QI não é uma medida fixa da inteligência das pessoas, pois se modifica, e não pode ser tomado como uma medida exata.

Wechsler, em 1939, fez outra tentativa para medir a inteligência. Ele construiu duas escalas: uma para medir a inteligência adulta (WAIS) e outra para medir a inteligência de crianças (WISC). Essas escalas são constituídas por provas verbais e provas de execução. Nas provas, há uma influência bastante grande do grau de informação que as pessoas testadas possuem. Em 1949 e 1955, as escalas foram revisadas, passando a denominar-se Wechsler-Bellevue. As escalas são organizadas em subtestes separados, com normas separadas para cada uma, o que permite verificar as contagens de cada subteste. Em alguns subtestes o escore é o número de respostas corretas; em outros, é determinado pelo tempo gasto para resolver os problemas ou completar a tarefa. Os escores desses subtestes são convertidos num escore ponderado, e o número total de escores ponderados é somado para obter o QI. Esse QI expressa quantas unidades de desvio-padrão um indivíduo possui em relação à média estabelecida para sua idade.

O teste Wechsler-Bellevue tem como característica a avaliação do nível intelectual. Mede a inteligência geral.

O uso da estatística veio contribuir para o aprimoramento dos testes de inteligência, e muitos outros testes se desenvolveram, além dos aqui analisados.

Além dos testes de inteligência, desenvolveram-se testes de aptidões e testes de realizações. Os testes de aptidões medem talentos especiais e pressupõem que as diferenças encontradas entre os indivíduos estejam baseadas em *diferenças inatas* ou na *hereditariedade*. Os testes de realização medem as diferenças encontradas entre pessoas devido às suas experiências e às diferentes aprendizagens. Os testes de realização medem o que os indivíduos aprenderam.

Contradições e dificuldades

Apesar dessas divisões, os psicólogos que se dedicam ao desenvolvimento de testes psicológicos apontam a dificuldade em separar potencialidades inatas de experiências educacionais. Com o desenvolvimento dos testes, surgiram normas, padrões e princípios que não só orientam a elaboração de novos testes, como também fornecem bases para selecionar dentre os já existentes.

Dentre as normas ou padrões mais importantes para a análise dos testes, Tyler indica: a) a validade, isto é, até que ponto o teste está medindo aquilo que ele se propõe medir ou o que exatamente o teste mede. Para validar um teste, é necessário identificar o critério comparável com as contagens nele obtidas. O critério de validação do teste é a característica psicológica sobre a qual o teste está fazendo a previsão. Se um teste é de aptidão mecânica, os resultados alcançados pelos indivíduos que a ele se submeteram devem ter uma alta correlação com o desempenho desses indivíduos em tarefas que envolvam habilidade mecânica. Por outro lado, é necessário que essa correlação seja encontrada em um grupo representativo da população testada.

Antes de ser adotado, o teste deverá ser validado na situação específica em que vai ser empregado. Isso exigirá uma pesquisa no próprio local, antes que se comece a usar o teste. Dessa forma, quando se pretende selecionar secretárias executivas, é necessário ter certeza de que o teste a elas administrado tenha sido anteriormente aplicado a um grupo semelhante e representativo de secretárias executivas, e que os resultados obtidos apresentem correlação com o desempenho posterior desse grupo. Os coeficientes de validade são obtidos por meio entre as correlações das contagens de testes e as medições de critérios. A validade de um teste significa, portanto, o grau em que um teste mede aquilo que se propõe medir. Tyler, entretanto, ao analisar a validade do teste, mostra que ela só poderá ser conseguida mediante um longo processo, no qual se correlaciona o teste a uma variedade de critérios. Mostra que, ao se estudar um teste de aptidão mecânica, pode-se demonstrar, na realidade, que ele mede a capacidade para realizar movimentos delicadamente controlados e hábeis, o que nada tem a ver com a capacidade para aprender as complexas relações de peças ou elementos mecânicos. Portanto, poderá ser relacionado, em grau bastante elevado, com classificações obtidas numa marcenaria, mas não com as classificações obtidas numa oficina mecânica. Poderá selecionar operários competentes para uma marcenaria, mas não para uma oficina mecânica. Tyler aponta a idoneidade dos testes e sua imparcialidade como normas que também devem ser analisadas para selecionar os testes antes de adotá-los. Esses conceitos são complexos e de difícil verificação. De qualquer forma, o ponto central é verificar até que ponto o teste não desfavorece grupos diferentes daqueles em que foi validado. Se isso acontecer, especialmente no caso de testes de seleção, será importante reconhecer que aquele teste não é um instrumento adequado para aquele grupo. Para ser usado em diferentes grupos com certo grau de certeza de sua imparcialidade e idoneidade, é necessário que o teste tenha sido anteriormente aplicado nesses grupos. Os resultados obtidos em um teste validado em grupo específico dificilmente serão os mesmos quando se tratar de outros grupos.

A depressão econômica americana e a Primeira Guerra Mundial foram fatores que influenciaram largamente o desenvolvimento dos testes psicológicos como instrumento de seleção de pessoal. A excessiva mão-de-obra no mercado forçou o surgimento de processos mais elaborados para selecionar os candidatos mais promissores. Por outro lado, a necessidade de descobrir os mais aptos para as atividades militares durante a guerra também levou os psicólogos a esforços maiores para tornar seus processos psicológicos de seleção mais técnicos e mais científicos, a fim de prever, com maior probabilidade, qual tarefa o indivíduo selecionado realizaria melhor.

Seleção de pessoal e os pressupostos dos testes psicológicos

A seleção de pessoal por meio dos testes psicológicos fundamenta-se no pressuposto de que a boa realização de uma tarefa está relacionada com a presença de certas características mentais. Essas características mentais devem ser identificadas pelos testes psicológicos, que são seus instrumentos de medida. Como ponto de partida no processo de seleção, o psicólogo deverá analisar as tarefas de forma a identificar as características conducentes à sua boa realização. Somente depois os testes psicológicos poderão ser definidos e selecionados. À medida que os testes psicológicos foram integrados ao processo de seleção de pessoal nas organizações, sua aplicação passou a integrar as funções dos psicólogos industriais. No entanto, conforme as tarefas se tornam mais complexas, aumenta a dificuldade de identificar as características conducentes à sua boa realização. É fácil identificar a boa visão como característica necessária para ser piloto; a motricidade, para ser desenhista; a inteligência verbal, para ser vendedor; mas não é simples identificar quais características são importantes para ser um executivo de alto nível ou um gerente. Por outro lado, a rápida mudança tecnológica torna mais complicada a análise das tarefas, mesmo aquelas consideradas simples. As tarefas de um contador que usa recursos convencionais são totalmente diversas daquelas enfrentadas por outro que se apóia na computação eletrônica. As características necessárias para a boa realização da tarefa de contabilidade, na primeira situação, serão muito diferentes daquelas requeridas na segunda situação. Outro fator que torna vulnerável o uso dos testes como instrumento de medida de inteligência — e previsor de boa realização de uma tarefa — é a falta de um consenso quanto aos conceitos das características mentais, como, por exemplo, o da própria inteligência. Para que se possa identificar alguma coisa, é necessário, antes de mais nada, saber o que é essa coisa. Quando se fala em inteligência, mas se compreende esse conceito de forma diferente, é muito difícil identificá-la como característica e, por conseguinte, medi-la.

Contradições e dilemas no uso dos testes psicológicos

Diante de todas essas dificuldades, o psicólogo terá de selecionar os testes mais adequados para medir determinadas características mentais. A escolha correta dos testes não será resolvida apenas com a solução dos problemas já analisados. Sua validação, sua imparcialidade e sua idoneidade são fatores fundamentais na definição do teste a ser utilizado. A validação, especialmente, é uma dificuldade que todos os psicólogos encontram por ocasião da escolha de um teste específico. Os testes construídos e validados, em sua maioria nos Estados Unidos e na Europa, não são validados no Brasil; são traduzidos para a língua portuguesa. Por isso, seus resultados são questionáveis quando aplicados em grupos de indivíduos de cultura e experiência diferentes. Infelizmente, os usuários dos testes, isto é, as organizações, não questionam a qualidade dos serviços que estão usando. Não se perguntam se a análise de tarefas foi realizada, se os testes foram validados, e em que população. O uso dos testes psicológicos na seleção de pessoal assumiu um caráter mágico e inquestionável e nem sempre as organizações percebem as conseqüências de seu abuso. Scheim (1968), ao analisar os testes, procura mostrar que as organizações podem perder potencial humano fundamental à sua sobrevivência pela subjetividade do processo de seleção de pessoal. Do ponto de vista do candidato a emprego, poderíamos falar em *massacre psicológico*, pelo qual as pessoas, quer o desejem, quer não, são obrigadas a se submeter a avaliações psicológicas quando se candidatam a um emprego. O questionamento do uso dos testes psicológicos no processo de seleção de pessoal torna-se mais grave quando se procura entender os fundamentos teóricos em que se apóiam. A filosofia dos testes psicológicos é a de que as capacidades mentais são determinadas preponderantemente pela hereditariedade e, portanto, são inatas. Essas capacidades são tomadas como fixas e o comportamento individual é considerado uma resultante dessas capacidades mentais. Seus fundamentos são conservadores e tradicionais. Isolam o indivíduo do contexto em que está inserido, ou seja, a organização. O teste é aplicado em uma situação artificial, muito diferente das condições em que os indivíduos irão atuar. Não se considera a interação indivíduo–meio ambiente.

Os indivíduos são psicologicamente medidos em dado momento e essa medida é tomada como definitiva e estática. Procura-se o homem certo para o lugar certo, como se ambos existissem. As organizações são dinâmicas, as demandas externas de um contexto político-social e econômico-dinâmico não permitem mais tarefas rigidamente definidas, tomadas de forma isolada dentro do contexto organizacional. Por outro lado, a psicologia social e organizacional tem trazido uma contribuição científica valiosa para a compreensão do comportamento individual na organização. O comportamento dos membros da organização, bem como seu desempenho só podem ser compreendidos à medida que a organização é considerada como um sistema social complexo, estudado como um sistema total, que influencia o desenvolvimento das características psicológicas e o comportamento de seus membros. Por outro lado, os estudos e pesquisas desenvolvidos na área da inteligência mostram a dinâmica da interação dos fatores hereditários e ambientais na formação e no desenvolvimento das características mentais, ao mesmo tempo que evidenciam o desenvolvimento psicológico como um processo contínuo, que se dá no decorrer da existência dos indivíduos.

❖ RESUMO

As organizações, como contexto social, tanto podem exercer ação estimuladora como bloqueadora do desenvolvimento cognitivo dos indivíduos que fazem parte dos seus quadros.

Para Piaget, o nível mais complexo e elaborado do sistema cognitivo é o operatório formal. Esse nível não é alcançado por todos os indivíduos, apesar de apresentarem condições físicas e intelectuais normais. Para atingir esse nível, é necessário que o meio social em interação possibilite esse desenvolvimento.

O desenvolvimento cognitivo é um processo individual inserido no contexto social.

As organizações explicitam seus objetivos por meio de normas, regulamentos, instruções de trabalho, programas de treinamento, que poderão ser estimuladores ou bloqueadores do desenvolvimento cognitivo de seus membros. Para compreender o que realmente a organização se propõe, exigem-se uma leitura e análise desses instrumentos por ela utilizados, seguindo os princípios da psicogênese e de Piaget.

A análise das instruções de trabalho, dos métodos de solução de problemas, normas operacionais e gerenciais permite constatar as padronizações de raciocínio e a estagnação do processo cognitivo nos níveis inferiores. Exemplo: CCQ (Círculo de Controle de Qualidade).

O desenvolvimento cognitivo e o da moralidade se dão por meio de processos interativos do indivíduo com o mundo social. A evolução das estruturas é qualitativa, das mais simples às mais complexas.

No desenvolvimento do pensamento, há dois processos que estão presentes em todos os estágios fundamentais: processos de assimilação e de acomodação.

O processo de assimilação é a incorporação de conhecimentos novos. O processo de acomodação organiza e ajusta novas experiências (conhecimentos), sem destruir as já existentes.

Período sensório-motor (do nascimento até o segundo ano de vida), estágio de mudanças rápidas e fundamentais. No nascimento, o bebê não tem consciência da existência do mundo ou de si próprio. Seu comportamento inato é coordenado pelas ações sensório-motoras. As necessidades interiores do bebê são satisfeitas pelo exercício de sugar, agarrar, soltar objetos etc.

As condições específicas do ambiente causam uma modificação nos comportamentos, fazendo com que a criança, por meio de diferentes tipos de ação, elabore novas construções, invenções reais.

No primeiro ano de vida, a criança já toma conhecimento dos objetos em si mesmos e os integra num espaço que engloba outros. Nessa fase, ainda não existe a linguagem, seu conhecimento está ligado às ações, à manipulação de objetos.

A criança estabelece o que há de comum entre as várias ações diferentes e análogas; ela consegue relacionar as ações e fazer a coordenação entre esquemas equivalentes, portanto, estabelecendo padrões de comportamento que Piaget chama de conceito prático e esquema.

Período pré-operatório (do segundo ano de vida até os sete anos de idade): período caracterizado pela aquisição da função semiótica, que é função de representação mental (simbólica) das coisas. A linguagem, a imagem mental, a imitação postergada, o desenho etc. A representação de um objeto para si mesma quando ele está ausente. Nessa fase, a criança reconstrói em termos teóricos os padrões comportamentais adquiridos em nível de ações. No período pré-operatório, as mudanças se dão paulatinamente.

Nível operatório-concreto (dos sete aos 11 anos de idade): os processos de pensamento operacional concreto começam a surgir. São ações mentais, derivadas, em primeiro lugar, das ações físicas que se tornaram internas para a mente. A principal característica, nessa fase, é a possibilidade de reversibilidade, por meio da qual a criança pode voltar ao passado em pensamento e torna-se capaz de comparar a parte com o todo.

No nível operatório-formal (dos 11 aos 15 anos), o indivíduo faz operações aplicadas não só às coisas mas a hipóteses. Ele já faz análises combinatórias e relaciona proposições ou operações a outras proposições. O indivíduo é capaz de efetuar operações em operações.

Piaget postula que não há estagnação definitiva no processo de desenvolvimento cognitivo e de consciência moral. A interação do indivíduo com seu mundo social é que, em grande parte, vai inibir ou estimular esse processo.

A teoria de Piaget é internacionalmente reconhecida pelo meio científico e resulta de mais de 50 anos de pesquisa.

A hereditariedade e as condições ambientais em que o indivíduo se desenvolve são as bases para o desenvolvimento das diferentes características dos indivíduos. Os transmissores básicos da hereditariedade são moléculas de DNA, moléculas complexas de proteínas que constituem os cromossomos. O ser humano desenvolve-se por meio de um processo de divisões, pelo qual uma célula dá origem a duas, cada uma dessas a outras duas, e assim sucessivamente, até a completa maturação do organismo. Por ocasião da fecundação, os cromossomos se combinam em bases aleatórias, o que explica, por exemplo, as diferenças encontradas entre irmãos. No entanto, as experiências de vida do indivíduo não afetam suas células, nem alteram as características dos cromossomos; portanto, não se transmitem a seus descendentes.

A maturação é o processo de desenvolvimento da estrutura biológica do ser humano. Esse processo depende da hereditariedade, ocorre em etapas e sofre as influências das condições ambientais. Da maturação e da hereditariedade dependem os reflexos e os instintos.

O papel realmente preponderante da hereditariedade no desenvolvimento das características individuais serviu de fundamento à crença na superioridade de determinadas raças. No entanto, estudos e experimentos científicos provaram que tal superioridade, quando real, era devida a influências ambientais, a fatores socioeconômicos e ao *background* cultural.

Anastasi definiu o meio como a soma total dos estímulos que o indivíduo recebe desde a concepção até a morte; trata-se, portanto, apenas daqueles estímulos que atuam sobre o indivíduo. O meio influencia o indivíduo ininterruptamente; por isso, as características individuais alteram-se constantemente. O meio psicológico do ser humano é constituído por três situações ambientais: o meio pré-natal, o meio intercelular e o meio social. O meio pré-natal é constituído pelas condições ambientais no útero materno; o meio intercelular, pelas células somáticas circulantes; o meio social, pela sociedade no qual a criança nasce e cresce. A cultura é o conjunto de valores, expectativas, atitudes, crenças e costumes compartilhados pelos membros da sociedade. A cultura influencia o desenvolvimento das características individuais adquiridas por meio dos papéis sociais ou de comportamentos prescritos para uma classe particular de pessoas dentro de uma cultura. Além disso, a cultura influencia os processos psicológicos de seus membros — motivação, percepção, bem como crenças, valores e normas. A maneira mais objetiva de analisar o desenvolvimento das características individuais é à luz da interação entre os fatores hereditariedade e meio.

As organizações sociais são sistemas de fatores em interação e são meios sociais. Como meios sociais, as organizações podem favorecer ou dificultar o desenvolvimento das características psicológicas de seus membros.

A inteligência é definida de várias formas, mas a maioria dos psicólogos que trabalham com os testes de inteligência aceita a noção de que "a inteligência é aquilo que os testes de inteligência medem". Diferentes testes já foram desenvolvidos para medir a inteligência. Binet introduziu o conceito de idade mental, criando condições para medir o desenvolvimento mental indicado pelo QI. L. M. Terman, da Universidade Stanford, fez uma revisão do teste de Binet. Wechsler construiu duas escalas, a WAIS, para medir a inteligência adulta, e a WISC, para medir a inteligência infantil. Bellevue, por sua vez, reviu as escalas de Wechsler. O uso da estatística contribuiu para o aprimoramento dos testes de inteligência e abriu caminho para os testes de aptidões e de realização. Contudo, os psicólogos dedicados ao desenvolvimento desses testes apontam a dificuldade em separar potencialidades inatas de experiências educacionais e reconhecem a dificuldade de validá-los.

Na área de seleção de pessoal, a depressão econômica e a Primeira Guerra Mundial estimularam o uso e o desenvolvimento dos testes. A seleção de pessoal por meio de testes psicológicos fundamenta-se no pressuposto de que a boa realização de tarefa está relacionada com a presença de certas características mentais. No entanto, essa forma de seleção exige como preliminar a análise da tarefa a ser realizada, que tende a ser cada vez mais complexa. Além disso, não existe consenso quanto aos conceitos das características mentais. Acresça-se a isso tudo a dificuldade de validação dos testes. Mais grave que tudo, a filosofia dos testes psicológicos tem fundamentos conservadores e tradicionais: os indivíduos são vistos fora de seu contexto e as características mentais são consideradas como determinadas preponderantemente pela hereditariedade.

❖ TERMOS E CONCEITOS IMPORTANTES

Acomodação: é o processo de desenvolvimento pelo qual o indivíduo organiza e ajusta novas experiências (conhecimentos), sem destruir as já existentes.

Assimilação: é o processo de desenvolvimento por meio do qual o indivíduo incorpora novos conhecimentos.

Atividade mental: qualquer ação da mente.

Crenças: conjunto de percepções e de conceitos mantidos pelos membros de uma cultura.

Criatividade: capacidade de criar algo, idéias cujo conteúdo não tinha possibilidade de ser criado a partir do que já existia anteriormente.

Cultura: conjunto de valores, expectativas e atitudes, crenças e costumes compartilhados pelos membros de um grupo, nação ou religião.

Desenvolvimento cognitivo: processo individual de desenvolvimento de percepção de raciocínio, e se dá por meio de processos interativos do indivíduo com o mundo social.

Esquema em conceito prático: estabelecer o que há de comum entre as várias ações diferentes e análogas.

Estrutura cognitiva: conjunto organizado de fatos, conceitos e generalizações que o indivíduo aprendeu. É formada e transformada no decorrer da vida do indivíduo.

IM — idade mental: indica a idade mental de uma criança caracterizada pelo desempenho de um grupo de crianças de uma idade cronológica específica. IM 9 significa que uma criança se encontra, em seu desenvolvimento mental geral, na média de crianças de nove anos de idade cronológica.

Inteligência: "característica mental ou traço psicológico". "Habilidade de julgar bem, entender bem e raciocinar bem" (Binet).

Hereditariedade: área de estudo da biologia que trata da transmissão de caracteres de uma geração a outra.

Meio cultural: sociedade em que o indivíduo nasce e cresce.

Meio intercelular: é constituído pelas células somáticas circulantes. É nesse meio que as células individuais se desenvolvem.

Meio pré-natal: condições ambientais anteriores ao nascimento.

Meio psicológico: soma total dos estímulos que o indivíduo recebe desde a concepção até a morte.

Nível operatório-concreto: estágio que vai dos sete aos 11 anos de idade. A criança realiza processos de pensamento operacional concreto, que são ações mentais derivadas, em primeiro lugar, de ações físicas internalizadas. A principal característica, nessa fase, é a reversibilidade, que permite à criança comparar a parte com o todo.

Nível operatório-formal: último estágio de desenvolvimento, vai dos 11 aos 15 anos. O indivíduo faz operações mentais aplicadas não só às coisas, mas a hipóteses. Ele faz análises combinatórias e relaciona proposições em operações a outras proposições. O indivíduo é capaz de efetuar operações mentais em operações.

Operação mental: maneira pela qual a atividade mental ocorre. Ação executada pela mente ou, de maneira mais precisa, um conjunto de ações correlatas que formam um todo integrado. Uma operação é um grupo de propriedades, em que uma depende da outra e é necessária a ela.

Processo de interação dos fatores hereditariedade e meio ambiente: processo pelo qual as características individuais se desenvolvem. Não há determinismo biológico nem ambiental. Esses fatores interagem e influenciam-se mutuamente.

Período pré-operatório: estágio de desenvolvimento do pensamento simbólico e da linguagem; vai dos dois anos até os sete anos de idade. A criança usa suas representações sensório-motoras antigas em outros contextos. Usa objetos substitutos no ambiente para ajudar a manipulação simbólica mental. Nessa fase, a criança reconstrói em termos teóricos os padrões comportamentais adquiridos no nível das ações.

Período sensório-motor: estágio de desenvolvimento do pensamento sensório-motor da criança, que vai do nascimento até os dois anos de idade. Estágio de mudanças rápidas e fundamentais. A criança operacionaliza padrões de comportamento inatos no ambiente e esses comportamentos podem ser modificados pela natureza das coisas sobre as quais ela age. A criança não tem consciência de si mesma e do mundo; tem apenas, no decorrer do desenvolvimento dessa fase, um conhecimento prático da maneira pela qual as coisas se comportam quando lida com elas, mas não tem a menor concepção dos motivos pelos quais se comportam assim.

Processo de cognição: forma pela qual as pessoas adquirem conhecimentos e desenvolvem seus sistemas de cognição. É integrado pela percepção, pela memória, pelo raciocínio ou pensamento, pela imaginação e pela solução de problemas. É um processo consciente que visa à aquisição de novos conhecimentos.

QI — Quociente de inteligência: indicador da posição em que se encontra uma pessoa – se acima ou abaixo da média, em termos de desvio-padrão.

Reversibilidade: processo mental que possibilita à criança voltar ao passado em pensamento e comparar a parte com o todo.

Semiótica: representação mental (simbólica) das coisas. Exemplo: as palavras, a linguagem.

Sociedade: grupo de pessoas dependentes umas das outras, que desenvolveram padrões de organização capazes de lhes tornar possível viver juntas e sobreviver como grupo.

Teste: situação padronizada cujo intuito é refletir a amostra de determinado comportamento.

Validade do teste: capacidade de o teste medir aquilo a que se propõe.

Valores: categoria geral, mais ampla, de objetivos que muitos membros de uma sociedade procuram alcançar.

WAIS: escala de inteligência adulta.

WISC: escala de inteligência infantil.

❖ QUESTÕES

1. Seguindo os princípios da Teoria Psicogenética de Piaget, quando as organizações atuam sobre os indivíduos estimulando seu desenvolvimento? Especifique os elementos organizacionais e explique por quê.
2. Especifique de que forma a organização pode se tornar um meio social inibidor do desenvolvimento cognitivo de seus membros. Explique por quê.
3. Elabore um plano de desenvolvimento de pessoal fundamentado na Teoria Psicogenética de Piaget e justifique.
4. Justifique a aplicação dos princípios da Teoria Psicogenética (desenvolvimento cognitivo), em função da melhoria da qualidade dos produtos, melhoria das relações de trabalho entre indivíduos-empresa.
5. Que fatores devem ser analisados quando se estudam as características individuais?

6. Por que é fundamental sua análise? De que forma essa análise deve ser realizada?
7. Qual o papel da hereditariedade e dos fatores ambientais na formação e no desenvolvimento das características individuais?
8. Em que se fundamentam as conclusões de que a hereditariedade é o fator preponderante da formação das características individuais? Explique por que essa teoria foi cientificamente rejeitada.
9. Explique o conceito de meio psicológico.
10. Explique o que é um teste psicológico.
11. Quais são os fundamentos teóricos e valorativos dos testes psicológicos?
12. Por que se questiona a validade dos testes psicológicos como instrumentos de previsão de comportamento na organização?
13. Explique o conceito de inteligência.
14. Explique os conceitos de quociente intelectual (QI) e de idade mental (IM).

❖ APLICAÇÃO

Para Piaget, o desenvolvimento cognitivo poderá ser barrado, se não houver uma ação do indivíduo em seu meio social. O desenvolvimento da capacidade mental é resultante de um processo de interação indivíduo x meio social, portanto, depende do indivíduo e do meio social.

"Os grupos participativos, como um dos elementos do meio social, são apresentados pelas empresas como um instrumento de aprimoramento e aumento da capacidade mental do indivíduo."

Observa-se, entretanto, que:

1. *O que* pensar é delimitado pela organização;
2. o raciocínio causa–efeito é estimulado e as operações mentais se dão no nível do concreto;
3. o pensamento é centrado nos objetos e na ação (oposto ao levantamento de hipóteses);
4. o todo ou total não é apresentado. O sintoma é apresentado de forma seqüencial para se descreverem ou se separarem todas as fases ou partes;
5. há planejamento e controles preestabelecidos sobre o que pensar e como pensá-lo.

1. Analise essas características dos grupos participativos tendo como parâmetro o processo de desenvolvimento cognitivo proposto por Piaget.
2. Identifique por que os grupos participativos não podem ser considerados instrumentos de desenvolvimento cognitivo e estimuladores da capacidade mental de seus membros.
3. Explique por que eles funcionam:
    a) como instrumentos de padronização do pensamento;
    b) como barreiras ao desenvolvimento cognitivo e à criatividade.

❖ REFERÊNCIAS BIBLIOGRÁFICAS

ANASTASI, Anne. *Psicologia diferencial*. São Paulo: Edusp, 1974.
_____. *Testes psicológicos*. São Paulo: EPU–Edusp, 1979.
BASS, Bernard M. *Organizational Psychology*. Londres: Allyn & Bacon, 1979.
BENEDICT, Ruth. On the patterns of culture. In: PARSONS, T. et al. (org.). *Theories of society*. New York: The Free Press, 1965.
COLEMAN, J. et al. *Equality of educational opportunity*. Washington, D.C.: U. S. Government Printing Office, 1966.
CRONBACH, Lee J. *Essentials of psychological testing*. 2. ed. New York: Harper and Row, 1960.
DOBZHANSKY, Theodosius. Heredity. In: *Concepts and controversy in organizational behavior*. California: Goodyear, 1972.
DOILLE, Jean Marie. *Para compreender Jean Piaget*. Uma iniciação à psicologia piagetiana. Rio de Janeiro: Zahar, 1978.
EVANS, Richard J. *Jean Piaget*. O homem e suas idéias. Rio de Janeiro: Forense, 1980.
FERNANDES, Florestan. *Homem e sociedade*. São Paulo: Editora Nacional/ Edusp, 1973.
FLAVELL, John H. *A psicologia do desenvolvimento de Jean Piaget*. São Paulo: Pioneira, 1975.
GARCIA, J. IQ: the conspiracy. *Psychology Today*, set. 1972.
GEBER, Beryl. *Psicologia do conhecimento em Piaget*. Rio de Janeiro: Zahar, 1979.
HABERMAS, Jürgen. *Consciência moral e agir comunicativo*. Rio de Janeiro: Tempo Brasileiro, 1989.
JENSEN, A. R. how much can we boost IQ and scholastic achievement? *Harvard Educational Review*, n. 39, p. 1-123 (B), 1969.
JESSUP, Gilbert. *Seleção e avaliação no trabalho*. Rio de Janeiro: Zahar, 1979.
KEESING, Felix. *Antropologia cultural*. Rio de Janeiro: Zahar, 1973.
KRECH, David; CRUTCHFIELD, Richard S.; BALLACHEY, Egerton L. *Indivíduo na sociedade*. São Paulo: EPU–Edusp, 1975.
KORMAN, Abraham K. *Industrial and organizational psychology*. New Jersey: Prentice-Hall, 1971.
LEE, Dorothy. *Freedom and culture*. New Jersey: Prentice-Hall, 1959.
LESSER; FIFER, G. S. G.; e CLARK, D. H. "Mental Abilities of Children from Different Social Class and Cultural Groups Monographs of the Society for Research in Child Development", 1965.

LINTON, Ralph. *Culture and personality formation concepts and controversy in organizational behavior.* California: Goodyear, 1972.
MCKEACHIE, Wilbert J.; DOYLE, C. *Psychology.* New York: Addison-Wesley, 1972.
MCNEIL, Elton J. *The psychology of being human.* New York: Harper and Row, 1974. Cap. 10.
MEAD, G. H. *Mind, self and society:* from the standpoint of a social behaviorist. Chicago: University of Chicago Press, 1965.
MEAD, Margaret. *Sexo e temperamento.* São Paulo: Perspectiva, 1974.
MONTMOLLIN, Maurice. *A psicotécnica na berlinda.* Rio de Janeiro: Agir, 1974.
PAGÉS, Max. *O poder das organizações.* São Paulo: Atlas, 1987.
RICHMOND, P. G. *Piaget:* teoria e prática. São Paulo: Ibrasa, 1987.
PIAGET, Jean. *O nascimento da inteligência na criança.* Rio de Janeiro: Zahar, 1982.
_____. *Psicologia da inteligência.* Rio de Janeiro: Zahar, 1977.
POSNER, Michael I. *Cognition:* an introduction. Illinois: Scott and Foresman, 1973.
SEIPELL, R. *Influência da cultura no comportamento.* Rio de Janeiro: Zahar, 1979.
SKODAK, M.; SKEELS, H. M. A final follow-up of one hundred adopted children, *Journal of Psychology*, n. 75, p. 3-19, 1949.
TYLER, Leona E. *Testes e medidas.* Rio de Janeiro: Zahar, 1973.
WHITTEN, P.; KAGAN, J. Jensen's Dangerous Half-truth *Psychology Today*, agosto de 1969.

10
Personalidade e Falsa Consciência nas Organizações

Ao terminar a leitura deste capítulo, você deverá ser capaz de:
1. compreender o conceito de personalidade;
2. compreender a dinâmica de interação personalidade–meio ambiente;
3. identificar as situações de stress e suas conseqüências sobre a personalidade dos membros da organização e sobre a organização;
4. analisar, à luz do conceito de personalidade, as vantagens, desvantagens e limitações da avaliação de personalidade na seleção de pessoal;
5. identificar os problemas relacionados com os direitos humanos, que podem ser levantados diante da utilização de testes psicológicos pelas organizações.

Ao estudar o *background* do comportamento humano, estudamos também o modo como se formam e desenvolvem as características psicológicas dos indivíduos: elas são resultado da interação entre os fatores hereditariedade e meio ambiente. Essas características psicológicas, entretanto, desenvolvem-se continuamente no decorrer da vida do indivíduo, à medida que se processa sua interação com o meio. É recíproca e constante essa influência que liga, de um lado, o indivíduo com suas características psicológicas e, do outro, o meio ambiente. Nessa interação, podem ser modificadas as próprias características individuais, não só em suas propriedades específicas, mas também na forma como essas características (ou traços psicológicos) estão estruturadas.

Personalidade

Personalidade é um conjunto de traços psicológicos com propriedades particulares, relativamente permanentes e organizados de forma própria. Ela se revela na interação do indivíduo com seu meio ambiente e individualiza a maneira de ser, de pensar, de sentir e de agir de cada pessoa. O conhecimento das características da personalidade do indivíduo permite certa previsão da maneira pela qual ele poderá sentir, pensar, ser e agir em determinadas circunstâncias. No entanto, o comportamento do indivíduo resulta não apenas das forças da personalidade, mas também de uma interação dele (características psicológicas com uma forma própria de organização) com o meio externo. A complexidade das forças que geram determinados comportamentos torna-se maior, quando se observa que determinados traços psicológicos de um indivíduo são mais relevantes em algumas situações do que em outras, e que a própria organização desses traços também pode ser modificada, à medida que o indivíduo interage com o meio. Portanto, o estudo da personalidade não nos possibilita rotular os indivíduos e predizer seus comportamentos com certeza absoluta. A personalidade pode ser modificada por fatores externos e internos.

Características da personalidade

O estudo da personalidade permite concluir que:

1. duas pessoas não são iguais; cada pessoa tem um padrão único de características psicológicas;
2. cada pessoa mantém certa consistência psicológica, que permitirá sua identificação e que perdurará no decorrer do tempo;
3. para se compreender a personalidade, não basta identificar traços psicológicos; é importante também entender como eles estão relacionados e como interagem uns com os outros, isto é, como estão organizados;
4. a personalidade (características psicológicas, a organização dessas características e suas propriedades) é um constructo inferido do comportamento observável.

Os hábitos, capacidades, motivos, necessidades e percepções pertencem à personalidade.

Desenvolvimento e ajustamento da personalidade

Embora a personalidade se mantenha relativamente estável ao longo do tempo, ela não deixa de sofrer a influência do meio, ao interagir com ele. Os traços psicológicos podem ser desenvolvidos e modificados. A organização desses traços psicológicos pode ser profundamente afetada pelo contexto em que o indivíduo vive. O meio pode favorecer ou impedir o ajustamento do indivíduo. As frustrações, as pressões, quer físicas, quer psicológicas, e o *stress* sob o qual o indivíduo vive são alguns fatores que podem levar à desintegração da personalidade e, portanto, a um desajustamento emocional.

A fonte mais comum de frustração é uma barreira ou impedimento à satisfação de um motivo. Podem-se distinguir três tipos principais de barreira:

1. situacional;

2. interpessoal;
3. intrapessoal.

Barreiras situacionais

Podem ser de dois tipos: o primeiro deles é a barreira física, como, por exemplo, a ausência de uma ponte que impede a travessia de um rio ou a perda da chave por uma pessoa que quer entrar em casa; o outro tipo de barreira situacional é a ambigüidade, caracterizada por uma ausência de indicadores claros, que impede o indivíduo de realizar um objetivo. Por exemplo, o motorista que se encontra numa cidade desconhecida, e cujos sinais de trânsito não são bem claros, se perde e não consegue atingir seu objetivo.

Outro exemplo é a definição de tarefas e do espaço organizacional do indivíduo dentro de uma empresa. Quando tarefas e espaço organizacional não são bem definidos, torna-se-lhe difícil atingir seus objetivos, isto é, sua realização profissional. A situação de ambigüidade também se caracteriza quando uma pessoa é punida e recompensada pelo mesmo tipo de comportamento, em condições semelhantes.

Barreiras interpessoais

São as constituídas por uma pessoa ou grupo de pessoas que impedem a satisfação do motivo. Esse tipo de barreira pode ser observado quando um chefe impede um indivíduo criativo ou com uma experiência mais ampla de usar seu conhecimento e de colaborar mais ativamente no trabalho. Outro exemplo ocorre quando membros de um clube impedem a participação de uma pessoa pertencente a outro grupo minoritário.

Barreiras intrapessoais

Compreendem dois tipos: o primeiro é observado quando a pessoa não pode atingir seus objetivos devido a alguma deficiência física ou mental ou à ausência de uma habilidade específica. O segundo é caracterizado pela existência de motivos conflitantes da própria pessoa. Exemplos: o indivíduo que quer comer doces e não quer engordar; o indivíduo que deseja manter sua independência intelectual, mas acha necessário subordinar-se às idéias de seu chefe para fazer carreira.

As condições que produzem frustrações são uma combinação de motivos e de desejos em direção a determinados objetivos, acompanhada de uma incapacidade de perceber os meios para alcançar esses mesmos objetivos. As diferentes barreiras são impedimentos para que se alcancem os objetivos. As reações psicológicas às situações de frustração manifestam-se geralmente por meio de agressão, da tentativa de sair da situação ou de uma ansiedade difusa. Entretanto, nenhuma dessas reações leva à mudança na situação de frustração propriamente dita. Freud mostrou que certas distorções em alguns aspectos do pensamento constituem uma forma de diminuir a ansiedade e chamou-as *mecanismos de defesa*. Quando a situação de *stress* é muito intensa, os mecanismos de defesa não são capazes de operar. Nessas circunstâncias, as energias psicológicas diminuem e o indivíduo é levado ao desajustamento.

A agressão e a raiva são outras reações imediatas a situações de frustração. Tais reações, entretanto, envolvem problemas e conflitos de outra natureza. O indivíduo que agride passa a ter medo da punição.

A tentativa de abandonar a situação de frustração é outra reação que não leva à solução do problema propriamente dito, porque a ansiedade gerada resultou de inabilidade do indivíduo para atingir seus próprios objetivos.

O medo e a ansiedade são também reações à situação de frustração. Eles criam situações difíceis para o indivíduo porque, além de enfrentar uma situação real de incapacidade para resolver um problema, ele passa a viver outro tipo de dificuldade, ou seja, ele sente que sua integridade psicológica, sua auto-estima e sua competência estão em risco e necessita protegê-las. Assim, suas energias psicológicas são canalizadas para uma defesa e uma proteção contra seu estado de ansiedade. E se esse estado se prolonga muito, pode levar a um colapso psicológico grave.

Tipos ou dimensões de personalidade

Inicialmente, ao se estudar a personalidade, houve uma tendência de caracterizá-la de acordo com os tipos mais marcantes. Essa tipologia da personalidade envolvia uma visão unilateral: a personalidade passava a ser abordada como se fosse constituída por um único traço psicológico. Como exemplo, podem ser citados tipos de indivíduos, como o agressivo, o introvertido, o emocional etc.

No entanto, a abordagem por meio de vários traços psicológicos tem-se mostrado mais adequada. Nessa abordagem, a personalidade é tomada como uma constelação de traços psicológicos organizados de uma maneira única. O indivíduo possui diferentes traços que, em determinadas situações, são mais ou menos predominantes. Na verdade, rotular as pessoas como agressivas, introvertidas ou emocionais é voltar à abordagem tipológica da personalidade. O que realmente ocorre é que, em certas situações, determinados traços tornam-se mais relevantes.

Assim, para a avaliação da personalidade do indivíduo, mais uma vez manifesta-se a importância da interação do indivíduo com o meio ambiente, ou seja, com o contexto social no qual está inserido. Dependendo do grupo social a que o indivíduo pertence, determinados traços psicológicos são considerados negativos ou positivos. Um exemplo é a agressividade em nossa cultura. O indivíduo *agressivo* significa para muitos um caso de desajustamento ou de patologia. A agressividade, entretanto, é importante e necessária, desde que adequadamente canalizada; ela implica enfrentar novas situações e correr riscos. Essa característica psicológica dos indivíduos, em determinadas situações, principalmente em certas organizações, é muito importante. Por outro lado, a agressividade pode vir a ser um fator de desajustamento e de conflito indivíduo–organização, quando a organização não dá espaço para inovação, criatividade, participação e colaboração inteligente. Em decorrência de suas frustrações, a pessoa *agressiva* passa a ser um gerador de conflitos.

Por outro lado, as próprias características psicológicas são influenciadas pelo meio, podendo ser modificadas e desenvolvidas. O indivíduo pode adquirir novas necessidades e motivações; ele desenvolve suas capacidades, e sua estrutura de personalidade, isto é, a forma pela qual essas características psicológicas se organizam, podem ser modificadas, assim como a dinâmica de sua interação em função do relacionamento com o meio externo.

Muitos estudos da personalidade foram realizados, especialmente por Eysenck, Cattell, Guilford French e outros. As principais dimensões da personalidade, segundo eles, são estabilidade emocional-neuroticismo, realismo-psicotismo, independência-dependência, extroversão-introversão, agressividade-ansiedade, rigidez-honestidade etc.

Personalidade e organização

Até agora vimos a interdependência entre personalidade e meio ambiente, seja na própria formação e desenvolvimento das características psicológicas, seja em sua estrutura e dinâmica. Vimos que, por outro lado, as características de personalidade dos membros da organização influenciam a sua estrutura. Essa influência será tanto mais forte quanto mais altas forem as posições que os indivíduos ocupem na hierarquia organizacional.

É impossível a total compreensão de um indivíduo sem compreender a organização na qual ele está inserido e vice-versa. Por outro lado, toda ação oficial dentro da organização é determinada, segundo Merton (1966), por normas e regras preexistentes. A formalidade, segundo ele, é explicitada por meio da distribuição da autoridade, pela distância social entre os diferentes ocupantes das posições da organização. A formalidade, enfim, se por um lado facilita a interação entre os ocupantes das diferentes funções na organização, por outro favorece maior conformismo e uma tendência para maior adequação das características psicológicas do indivíduo às demandas da organização, denominadas por Merton *formação profissional*.

As estruturas burocráticas tendem a enfatizar a precisão, a eficiência, em detrimento da eficácia e dos objetivos da organização. Merton mostra que as estruturas burocráticas exercem uma constante pressão para tornar seus membros indivíduos metódicos, prudentes e disciplinados. Para Merton, essas estruturas exigem alto grau de conformidade com os padrões de comportamento estabelecidos. A eficácia dessas estruturas sociais dependerá, de certa forma, de seu sucesso em desenvolver em seus membros atitudes e sentimentos apropriados. Essa política confunde disciplina com integração. À medida que se conformam às normas da organização, às idéias e pensamentos dos superiores, os indivíduos são recompensados como membros que melhor se integram na organização. Merton chama também a atenção para o perigo de a ênfase na conformidade às normas e regras interferir na consecução dos objetivos da organização: os processos passam a ser mais importantes que os fins. Como conseqüência, pode-se observar o desenvolvimento de características conformistas nos membros da organização. Confrontos e divergências de idéias passam a ser tomados como reações emocionais ou *confronto no ringue*, especialmente quando estão envolvidos membros organizacionais hierarquicamente superiores. A independência intelectual e afetiva dos membros passa a ser considerada uma ameaça à integridade da organização e dos grupos de trabalho.

No entanto, a influência da estrutura organizacional sobre a personalidade dos indivíduos será maior ou menor, dependendo de suas próprias características de personalidade: os indivíduos mais comprometidos com o poder e o *status* conformam-se mais, pois seus valores e motivos básicos os levam ao conformismo, à adaptação de seus sentimentos, pensamentos e ações às demandas do contexto social. São considerados os elementos *jeitosos*, mais *maduros*, que geralmente adquirem *status* e poder mais rapidamente no sistema organizacional.

O impacto das forças da estrutura organizacional na personalidade, entretanto, é menos significativo e profundo quando os indivíduos centram seus objetivos e valores individuais na independência intelectual, em sua auto-realização profissional, em sua liberdade afetiva. Esses indivíduos tornam-se membros mais críticos da organização. Trabalham mais para mudar a estrutura organizacional do que para acomodar-se e adaptar-se a ela. Procuram resguardar seus valores e traços individuais.

Levinson (1966) sintetiza a interação organização–personalidade mostrando que a estrutura organizacional representa forças poderosas que influenciam a personalidade do indivíduo em direção a certas formas de adaptação, da mesma maneira que a personalidade representa certas forças internas que levam o indivíduo a selecionar, criar, sintetizar certas formas de adaptação mais do que outras. Essas forças internas que emanam da personalidade representam a tentativa do indivíduo para estruturar sua realidade social, definir seu lugar dentro dela e guiar sua busca de sentido e de gratificação. Levinson denomina realização do ego a essas forças internas que, segundo ele, refletem a capacidade do indivíduo de resolver demandas conflituais, de utilizar as oportunidades existentes e de criar novas oportunidades, de encontrar equilíbrio entre estabilidade e mudança, entre conformismo e autonomia, entre o ideal e o possível num ambiente complexo.

Avaliação da personalidade

A avaliação da personalidade tem sido um dos problemas mais complexos encontrados pelos psicólogos. Essa complexidade manifesta-se até na impossibilidade de medir as características da personalidade, ao contrário do que ocorre com as capacidades individuais, que podem ser, ou pelo menos têm sido, medidas.

O número de palavras utilizadas para descrever a personalidade é muito grande. Somente na língua inglesa encontram-se 18 mil. Essa multiplicidade verbal reflete a multiplicidade de traços de personalidade observados e dá a medida da dificuldade do psicólogo em identificar um número operável de traços úteis para descrever o indivíduo e predizer seu comportamento. Por outro lado, considerada a personalidade uma constelação de traços psicológicos organizados de maneira única, só podemos inferir essa realidade psicológica a partir do relacionamento interpessoal dos indivíduos em diferentes situações sociais. Além disso, os traços psicológicos assumem dimensões e relevância diferentes, dependendo da situação que o indivíduo vive em cada momento determinado. Essa mobilidade poderia sugerir desajustamento ou desintegração da personalidade. Mas, em princípio, nada mais é do que a própria dinâmica da personalidade, que as tentativas de avaliação psicológica pretendem inutilmente apreender.

Na verdade, dificilmente se poderão reproduzir e isolar diferentes situações sociais, a fim de identificar os traços psicológicos que predominariam em cada uma delas.

Como forma de tentar viabilizar tais tentativas, substitui-se o comportamento observado pelo comportamento comunicado. Os questionários e inventários da personalidade são resultado dessa tentativa.

Os testes projetivos, ou seja, a apresentação de um estímulo ambíguo, são outra abordagem de personalidade. Pressupõe-se que, ao reagir àquilo que vê, o indivíduo está refletindo sua orientação pessoal e seus motivos mais profundos.

Os testes de personalidade não constituem meio mágico de revelar as complexidades da pessoa. São métodos de provocar comportamentos em situações mais ou menos controladas. O valor preditivo dos testes de personalidade depende, em grande parte, da validade da teoria que relaciona o comportamento no teste com o comportamento que se tenta prever.

Inventário de personalidade (entrevistas e questionários)

A forma mais simples de obter informação sobre uma pessoa é a entrevista. As *entrevistas psicológicas* apresentam algumas vantagens sobre outros tipos de técnica de avaliação de personalidade. São mais flexíveis e possibilitam o estabelecimento de uma relação amigável entre o entrevistador e o entrevistado. Assim, podem levar à obtenção de maiores informações da pessoa entrevistada, até pela observação das reações do indivíduo aos diferentes aspectos abordados. No entanto, as entrevistas são contaminadas pela percepção do entrevistador, por seus valores e por seu próprio estado emocional. Além disso, a entrevista não possibilita a reação da pessoa em diferentes situações.

Os questionários são instrumentos de avaliação de personalidade; neles, o indivíduo responde a questões sobre ele próprio, marcando alternativas apropriadas num formulário que lhe é apresentado. Um questionário de personalidade pode ser caracterizado como uma técnica de obtenção de amostras verbais de comportamento em resposta a estímulos verbais. Os indivíduos indicam verbalmente um comportamento como seu comportamento na situação descrita. Para diferentes psicólogos, os questionários de personalidade apresentam algumas vantagens: são mais fáceis de aplicar e seus resultados podem ser também facilmente verificados. Permitem o estabelecimento de normas e a comparação de indivíduos e grupos. Alguns exemplos desses testes: MMPI (Minnesota Multiphasic Personality Inventory), constituído de 550 questões; Teste de Fator de Personalidade Cattel; Inventário Psicológico da Califórnia (*California Psychological Inventory* — CPI) e Formulário de Interesses Vocacionais de Strong (*Strong Vocational Interest Blanc* — SVIB). A principal limitação dos inventários de personalidade é a tendência de certas pessoas em concordar ou discordar de qualquer opinião, independentemente de seu conteúdo. Isso leva a uma distorção nos resultados do teste, se o psicólogo que os interpreta não levar em consideração esse aspecto. Outro problema que poderá ser encontrado é o de o entrevistado camuflar suas respostas, dando de si próprio uma imagem diferente, mais negativa ou mais positiva que a real.

Os testes projetivos baseiam-se no princípio de que o indivíduo revelará suas características e sentimentos mais profundos quando não estiver sofrendo limitações em seu comportamento. Pelo fato de utilizarem estímulos ambíguos que normalmente distorcem menos as respostas, os testes projetivos explicitam mais a motivação, a aprendizagem anterior e outros fatores individuais. Os testes projetivos mais conhecidos são o Rorschach e o TAT.

O Rorschach foi elaborado pelo psiquiatra suíço Hermam Rorschach, que desenvolveu os cartões individuais. Segundo ele, a forma de o indivíduo se expressar diante dos borrões de tinta revela aspectos subjacentes da personalidade. Para permitir a interpretação do teste, foram desenvolvidos métodos estandardizados de escores. Segundo Rorschach, o teste revela algumas dimensões da personalidade, tais como ansiedade consciente ou inconsciente, hostilidade e criatividade. As principais dificuldades encontradas são normas estatísticas para o teste e sua validação, que não têm sido bem-sucedidas. O fato de o teste ser aplicado por um indivíduo e de os resultados envolverem uma interpretação subjetiva de uma pessoa possibilita a projeção da própria personalidade do interpretador, ou seja, do psicólogo.

O TAT (Teste de Apercepção Temática) baseia-se na hipótese de necessidades de Murray. Consiste em uma série de figuras humanas sobre as quais o entrevistado é solicitado a contar uma história, explicando cada figura. A interpretação do teste é feita partindo-se do pressuposto de que os temas das histórias refletem os motivos predominantes no indivíduo.

A principal dificuldade encontrada na aplicação dos testes de personalidade é sua validação. Como instrumentos de predição de comportamento, eles são falhos. Sua utilização é mais freqüente no diagnóstico de desajustamentos mais profundos. De acordo com Leona Tyler, as técnicas de avaliação de personalidade contribuem para o nosso próprio entendimento e para o entendimento das pessoas e dos outros, mas sua contribuição é muito pequena como instrumento de predição de comportamento. A personalidade, segundo ela, não pode ser medida, mas assim mesmo é importante ter meios de avaliá-la.

Avaliação psicológica na organização

A avaliação da personalidade por meio de instrumentos psicológicos tem sido apontada como difícil de ser realizada e conducente a resultados não merecedores de confiança. As dificuldades são oriundas de diversas fontes. Já vimos a dificuldade em isolar as características de personalidade do indivíduo do meio externo. A personalidade desenvolve-se e modifica-se, à medida que o indivíduo interage com outros indivíduos e com o meio social mais amplo. Os resultados obtidos em um teste de personalidade são afetados pela situação do próprio teste.

Na organização, a validade da avaliação psicológica, considerando-se a interação indivíduo–meio, torna-se muito questionável. As situações são diversas daquela em que o teste foi aplicado. Por outro lado, os testes são falhos na predição de comportamentos. Eles dão alguns indicadores que, entretanto, não podem ser tomados como uma medida completamente válida de dada característica psicológica. Apesar disso, as avaliações de personalidade são utilizadas nas organizações geralmente como um instrumento cuja validade não se questiona e do qual as organizações se servem para classificar as pessoas, rejeitá-las ou aceitá-las. Alguns problemas surgem desse posicionamento das organizações em face das avaliações psicológicas, especialmente a avaliação de personalidade. A avaliação de personalidade indica certos aspectos negativos da personalidade, muito mais do que os aspectos positivos, muitas vezes desconhecidos pelo próprio indivíduo, que passam a ser de domínio público, ou seja, da organização, que poderá usá-los como instrumento de manipulação do indivíduo. O outro problema é o uso da avaliação de personalidade como um instrumento discriminatório entre diferentes pessoas, quando ela indica apenas alguns aspectos clínicos de cada indivíduo, não podendo, portanto, ser usada como um instrumento capaz de retratá-lo o indivíduo em sua totalidade e complexidade.

❖ **RESUMO**

As características psicológicas dos indivíduos são resultado da interação entre os fatores hereditariedade e meio e se desenvolvem continuamente no decorrer da vida. A personalidade é um conjunto de traços psicológicos com propriedades particulares, relativamente permanentes e organizados de forma própria. Determinados traços psicológicos de um indivíduo são mais relevantes em algumas situações que em outras, e por isso não se podem predizer comportamentos com certeza absoluta. Cada pessoa tem um padrão único de características psicológicas, que perdura no tempo. As características psicológicas e sua organização (personalidade) são constructos, são inferidos do comportamento observável.

Embora relativamente estável no tempo, a personalidade sofre a influência do meio, que pode ser profunda. Frustrações, pressões, *stress* podem levar até a desintegração da personalidade e a um desajustamento emocional. A fonte mais comum de frustração é uma barreira ou impedimento à satisfação de um motivo. Distinguem-se três tipos principais de barreiras: situacionais, interpessoais e intrapessoais. Barreiras situacionais são provocadas por fatores externos, por acontecimentos e/ou situações não previstas. As barreiras intrapessoais são provocadas por fatores internos do indivíduo e as barreiras interpessoais têm suas origens nas relações conflituosas estabelecidas entre pessoas.

As reações psicológicas às situações de frustração manifestam-se por meio de raiva e agressão, por medo ou por uma ansiedade difusa, ou pela tentativa de fugir à situação geradora de frustração. Tais reações, porém, não levam à mudança da situação e, portanto, não resolvem a frustração. Freud mostrou que certas distorções em alguns aspectos do pensamento constituem uma forma de diminuir a ansiedade. Ele as chamou de mecanismos de defesa.

Inicialmente, caracterizava-se a personalidade por tipos marcantes (agressivo, introvertido etc.). No entanto, tem-se mostrado mais adequada a abordagem por traços psicológicos, algum ou alguns dos quais predominam em cada situação diferente.

Dentro da organização, a situação de formalidade, por um lado, facilita a interação entre os ocupantes das diferentes funções e, por outro, favorece o conformismo e a tendência à adequação das características psicológicas do indivíduo às exigências da organização. No entanto, tal influência da estrutura organizacional será maior ou menor, dependendo das características de personalidade do próprio indivíduo.

A avaliação da personalidade é um problema complexo pela impossibilidade de medir as características de personalidade (as capacidades individuais podem ser, ou pelo menos têm sido, medidas). Milhares de traços de personalidade já foram referidos na tentativa de descrever a personalidade. Mas essas descrições pouco parecem ajudar, uma vez que a realidade psicológica pode apenas ser inferida do relacionamento interpessoal em diferentes situações e que os traços psicológicos assumem dimensões e relevância diferentes, conforme a situação do momento. Para tentar superar essas dificuldades, substituiu-se o comportamento observado pelo comportamento comunicado por meio de vários instrumentos. Os testes de personalidade provocam comportamentos em situações mais ou menos controladas. As entrevistas possibilitam o estabelecimento de uma relação amigável entre entrevistador e entrevistado. Os questionários são uma técnica de apresentar estímulos verbais para obter amostras verbais de comportamento. Os testes projetivos, finalmente, utilizam estímulos ambíguos para que o indivíduo, não se sentindo internamente devassado, revele suas características mais profundas. Os testes de personalidade são falhos como técnicas de predição do comportamento, pois são difíceis de validar. Sua utilização é mais larga no diagnóstico de desajustamentos profundos. Na organização, ressurge o problema, na medida em que a situação na qual o indivíduo opera é diversa daquela em que foi feito o teste, o que torna seus resultados questionáveis. Além do mais, os testes revelam facilmente aspectos problemáticos (negativos) da personalidade e mais dificilmente aspectos positivos, que o próprio indivíduo submetido ao teste pode desconhecer.

❖ TERMOS E CONCEITOS IMPORTANTES

Barreiras interpessoais: pessoas ou grupos de pessoas que impedem a satisfação de um motivo.
Barreiras intrapessoais: 1. Deficiências físicas ou mentais; 2. motivos conflitantes da própria pessoa.
Barreiras ou fontes de frustração: impedimento à satisfação de um motivo.
Barreiras situacionais: impedimentos físicos (ausência de uma ponte num rio) e ambigüidade (falta de clareza nos objetivos e nas responsabilidades).
Características da personalidade: constructos inferidos do comportamento observável, que caracterizam o indivíduo como ser único. Inteligência, percepções, necessidades, motivos etc.
Estrutura da personalidade: organização dos traços ou dos componentes da personalidade.
Personalidade: conjunto de traços psicológicos com propriedades particulares, relativamente permanentes e organizadas. Forma de perceber, sentir e agir de cada indivíduo.
Stress: situações físicas ou psicológicas que pressionam os indivíduos, gerando alto grau de tensão. Podem levar ao desajustamento emocional e mesmo à desintegração da personalidade.

❖ QUESTÕES

1. Qual a relação existente entre personalidade e meio ambiente?
2. Explique o conceito de personalidade.
3. Como a personalidade pode manter-se relativamente estável e, ao mesmo tempo, desenvolver-se?
4. Que são barreiras situacionais, interpessoais e intrapessoais?
5. Como se explica, do ponto de vista da personalidade, que uma pessoa possa comportar-se de maneiras diferentes e não ser considerada desajustada?
6. Por que é importante conhecer a organização em que trabalha o indivíduo para compreender sua personalidade?
7. Qual a influência da estrutura organizacional sobre a personalidade de seus membros?
8. Quais as formas de reação a essa influência?
9. Quais os problemas da avaliação da personalidade encontrados pelos psicólogos?
10. Quais os perigos da utilização da avaliação da personalidade como instrumento de seleção de pessoal?

❖ APLICAÇÃO

1. Estudo de caso

O sr. X é engenheiro metalúrgico, com cursos de pós-graduação no exterior e grande experiência em sua área de trabalho. Dirigiu vários projetos, todos eles bem-sucedidos. É uma pessoa dinâmica, agressiva e sensível.

Chefiava um dos setores da diretoria de produção de uma companhia siderúrgica, quando foi mudada a direção dessa companhia. O novo diretor de produção, um antigo engenheiro da companhia, não se entendia com o sr. X e solicitou ao presidente da companhia o desligamento dele da diretoria de produção. O sr. X foi colocado na assessoria da presidência, com funções puramente administrativas. Seu grau de agressividade e de tensão era crescente. O presidente da companhia alegava que sua volta à área técnica ocorreria no momento em que ele conseguisse o equilíbrio emocional. Seu retorno à área técnica só foi possível após a queda dessa diretoria, de-

pois de ele exercer atividades administrativas pelo período de quatro anos. Reencontrou, então, o equilíbrio emocional e vem desempenhando suas atividades técnicas com êxito.
a) Identifique os fatores que influenciaram o desajustamento emocional do sr. X.
b) Justifique suas conclusões, fundamentando-se nos conceitos e teorias discutidos neste capítulo.

2. Estudo de caso

O sr. N foi contratado pela firma X, que considerou, na contratação, sua competência profissional, comprovada pelos trabalhos já realizados. Com seu dinamismo e necessidade de realização profissional, o sr. N passou a apresentar idéias e sugestões, chegando até mesmo a realizar algumas inovações em suas atividades específicas, o que o projetou na organização, passando a influenciar os demais técnicos de seu setor. Dentro desse contexto, o sr. N passou a ser considerado pela chefia um elemento contestador, capaz de criar cisões dentro da organização, já que os demais membros da equipe, após a chegada do sr. N, passaram também a levantar problemas, questionar e dar sugestões à chefia. Diante dessa realidade, a chefia superior decidiu limitar o campo de ação e de influência do sr. N, que passou a receber ordens diretamente da chefia superior e teve suas tarefas definidas até na forma como deveriam ser realizadas. Os contatos com os demais membros da organização foram de certo modo impedidos pelas novas atividades que passou a realizar. Nas poucas oportunidades que o sr. N teve de realizar atividades que o projetavam no grupo de técnicos, a chefia superior procurou mostrar os pontos negativos e as falhas de seu trabalho. Diante dessa realidade organizacional, o sr. N adaptou-se ao sistema. Não questionava as chefias superiores. Realizava tarefas de acordo com as orientações recebidas, tendo sido, posteriormente, promovido pela direção da empresa por sua *integração* ao sistema organizacional.
a) Analise do ponto de vista de Merton o processo de adaptação organizacional do sr. N.
b) Identifique as conseqüências desse processo de adaptação do sr. N para sua personalidade e para a organização.
3. Analise a organização como meio social e enquanto contexto interativo em que a vivência e a experiência do sr. N se desenrolaram.

4. Explique o fenômeno de acomodação como processo patológico, sua relação com contextos organizacionais (objetivos, valores, cultura, propostas, papéis, recompensas, prescrições) e suas conseqüências para o sr. N e para a organização. (Estudo de caso apresentado neste capítulo.)
5. Proponha caminhos para que as organizações possam vir a ser um meio social que:

   a) crie as condições necessárias para o pleno desenvolvimento da personalidade do indivíduo, do respeito à sua identidade, enquanto indivíduo único e pessoa humana;

   b) possibilite o desenvolvimento do processo cognitivo e da formação da consciência moral de todos os indivíduos, seus membros, possibilitando, portanto, possibilitando sua auto-realização e autodeterminação.

   c) possibilite a criatividade de seus membros.
6. Identifique a questão ética que se apresenta para as organizações, quando buscam atuar, no nível psicológico do indivíduo, por meio de pressões, punições, recompensas, treinamento, envolvimento emocional, mudança de cultura, padronização de sentimentos e de comportamentos.

❖ REFERÊNCIAS BIBLIOGRÁFICAS

ARGYRIS, Chris. *A integração indivíduo-organização*. São Paulo: Atlas, 1975.

_____. *Personalidade e organização*. Rio de Janeiro: Renes, 1969.

CROIZIER, Michel. *Le phénomène bureaucratique*. Paris: Ed. Seuil, 1963.

_____. *Le monde des employés de bureau*. Paris: Ed. Seuil, 1971.

_____. *L'acteur et le système*. Paris: Ed. Seuil, 1977.

DOWNS, Anthony. Bureaucracy: five types of bureaucrats. In: LEAVIT, Harold L.; PONDY, Louis R. *Readings in managerial psychology*. 2. ed. Chicago: The University of Chicago Press, 1973.

FADIMAN, James; FRAGER, R. *Teorias da personalidade*. São Paulo: Harper and Row, 1979. Cap. 1 a 9.

GEIWITZ, James P. *Teorias não-freudianas da personalidade*. São Paulo: EPU, 1973.

GOULDENER, Alvin. *Patterns of industrial bureaucracy*. New York: The Free Press, 1968.

HABERMAS, Jürgen. *Consciência moral e agir comunicativo*. Rio de Janeiro: Tempo Brasileiro, 1989.

HALL, C. S.; LINDZEY, G. *Teorias da personalidade*. São Paulo: EPU-Edusp, 1973.

JANIS, L. Irving et al. *Personality*: dynamics, development, and assessment. New York: Harcourt, Brace and World, 1969.

KAST, Fremont E.; ROSENZWEIG, J. *Organização e administração*. São Paulo: Pioneira, 1976.

LEVINSON, Daniel J. Role, personality and social structure in the organizational setting. In: SMELSER, J. Neil; SMELSER, William T. *Personality and social systems*. New York: John Wiley, 1964.
LEWIN, Kurt. *Teoria dinâmica da personalidade*. São Paulo: Cultrix, 1975.
LIEBERMAN, Seymour. The effects of changes in roles on the attitudes of role occupants. In: SMELSER, Neil J.; SMELSER, William T. *Personality and social systems*. New York: John Wiley, 1964.
LINTON, Ralph. *Culture and personality formation concepts and controversy in organizational behavior*. California: Goodyear, 1972.
LOVELL, Victor R. The human use of personality tests: a dissenting view. In: LEAVITT, J. Harold; Louis PONDY, R. *Readings in managerial psychology*. 2. ed. Chicago: The University of Chicago Press, 1973.
MCKEACHIE, Wilbert J.; DOYLE, C. *Psychology*. New York: Addison-Wesley, 1972.
MCNEIL, Elton B. *The psychology of human being*. New York: Confield Press, 1974.
NEATON, Robert K. Bureaucratic structure and personality. In: SMELSER, Neil J.; SMELSER, William T. *Personality and social systems*. New York: John Wiley, 1964.
PAGÈS, Max. *O poder das organizações*. São Paulo: Atlas, 1987.
REICH, Wilhelm. *Escuta, Zé Ninguém!* Lisboa: Publicações Dom Quixote, 1974.
ROUANET, S. P. *A razão cativa*. São Paulo: Brasiliense, 1987.
SIEBENEICHHER, F. B. *Jürgen Habermas:* razão comunicativa e emancipação. Rio de Janeiro, 1990.
SMITH, Henry C. *Desenvolvimento da personalidade*. São Paulo: McGraw-Hill do Brasil, 1977.
STAGNER, Ross. Personality, dynamics and social conflict. In: SMELSER, Neil J., SMELSER, William T. *Personality and social systems*. New York: John Wiley, 1964.
TANNENBAUM, A. S. Personality change as a result of an experimental change of environmental conditions. *Journal of Abnormal and Social Psychology*, 1957.
TYLER, Leona E. *Testes e medidas*. Rio de Janeiro: Zahar, 1973.

11

Processo Perceptivo e o Contexto Organizacional

> Ao terminar a leitura deste capítulo, você deverá ser capaz de:
> 1. compreender os processos perceptivos;
> 2. identificar os fatores que influenciam a percepção;
> 3. compreender a influência do processo perceptivo nos demais processos cognitivos;
> 4. compreender a influência dos diferentes fatores organizacionais no desenvolvimento cognitivo de seus membros;
> 5. compreender os mecanismos de controle mental utilizados pelas organizações;
> 6. compreender o processo de falsificação da consciência nas organizações.

Hipóteses sobre a percepção

Inicialmente, os estudos da percepção levantaram a hipótese de que os objetos emitiriam cópias deles próprios, as quais se transmitiriam ao cérebro.

Os estudos da física vieram contribuir para o abandono dessa hipótese, ao mostrar que os objetos não emitem cópias. Na realidade, a maioria dos objetos limita-se a refletir ondas que os atingem. No caso da percepção visual, o objeto percebido reflete ondas de luz. Algumas dessas ondas atingem a retina, onde causam mudanças físico-químicas. Essas mudanças estimulam os nervos visuais, provocando impulsos nervosos que são transmitidos ao cérebro. Embora a percepção dependa da atividade nervosa no cérebro, temos a percepção de que os objetos estão fora de nós.

Esse processo envolve uma série de operações de codificação, ao longo das quais a informação é traduzida em diferentes padrões de energia. Há, portanto, mudanças na energia, mas a informação se mantém durante todo o processo perceptivo, desde o objeto até a percepção do observador. Um exemplo usado para ilustrar esse processo é o da secretária que anota uma mensagem ditada pelo chefe. Após anotá-la, ela telefona para o operador de telex e repete a mensagem para ele. O operador de telex recebe a mensagem, anota-a, por sua vez, e a transmite para outro operador de telex. O segundo operador recebe a mensagem, anota-a e a retransmite para o destinatário. Em todo esse processo, a mensagem não mudou. O que mudou foi a forma de transmiti-la nas diferentes fases do processo.

Esse exemplo mostra como os receptores traduzem uma variedade de tipos de energia física em padrões de impulsos nervosos. Assim, os diferentes órgãos sensoriais recebem diferentes tipos de energia, que afetam de maneiras diversas o sistema nervoso. E cada órgão sensorial transforma a energia recebida em impulsos nervosos, que são transmitidos a uma área especial do cérebro.

No entanto, os eventos precisam ter certas propriedades para serem traduzidos em impulsos nervosos pelo sistema nervoso. É necessário, particularmente, que eles ocorram com um mínimo de intensidade para serem captados pelo sistema nervoso. Esse ponto a partir do qual o evento é percebido é denominado *limiar de percepção*. Cada indivíduo apresenta um limiar diferente e cada órgão sensorial possui seu limiar específico.

Os estudos do processo perceptivo têm mostrado que a percepção de um evento ocorre geralmente mediante diferentes órgãos sensoriais ao mesmo tempo. A depender do objeto percebido, haverá a preponderância de um ou outro órgão sensorial no processo perceptivo. Mas dificilmente a percepção de um evento envolverá um órgão sensorial isolado. Quando se assiste a um concerto, a audição é o sentido sensorial predominante; mas *ouve-se* melhor, quando se vê a orquestra. Assistir a um filme envolve a visão e a audição, havendo maior ou menor predominância da visão, conforme haja ou não legendas na tela. Assistir a uma peça de teatro é outro exemplo em que visão e audição se combinam para uma percepção acurada.

Importância do contexto dos estímulos percebidos

A percepção apresenta-se mais complexa quando se observa que os estímulos não são percebidos isoladamente ou fora de um contexto. Não percebemos um homem com uma batuta, mas um maestro em frente à orquestra.

Não percebemos um homem de pé em frente de um grupo de pessoas sentadas num auditório, mas um conferencista realizando uma conferência.

À medida que os estímulos são percebidos integradamente, eles provocam reações diferentes: reage-se de forma diferente às peças de um quebra-cabeça vistas separadamente e percebidas em seu conjunto. Uma frase fora do seu contexto pode gerar uma percepção muito diferente daquela que se tem ao ser ouvida num contexto mais amplo.

A organização dos estímulos, portanto, confere aos eventos propriedades diferentes das que neles se reconheceriam quando percebidos isoladamente. Essas propriedades tampouco são passíveis de previsão com base em um estímulo isolado. À medida que se é capaz de situar um acontecimento ou evento dentro de um contexto mais amplo, considerando-se não só a dimensão de espaço, mas também a de tempo, obtém-se dele uma percepção mais adequada. Um maior número de informações sobre os fatos que antecedem o fenômeno, bem como sobre o tempo em que ele ocorreu, poderá modificar sua percepção, tornando-a mais correta. O estímulo do qual se toma consciência passa a ser fonte de outros estímulos: ouvem-se palavras e não simples sons; vêem-se figuras em vez de simples borrões.

O processo perceptivo envolve, como já foi dito, outros processos mentais. Na percepção, a memória é o processo mental de armazenamento das experiências passadas identificáveis. Esse mundo individual de coisas identificáveis está à disposição de cada pessoa, quando a ele desejar recorrer.

As coisas percebidas no passado poderão ser lembradas, embora não da mesma forma que foram percebidas anteriormente. Essa capacidade de memorizar imagens enriquece o campo perceptivo e permite ao ser humano uma estabilidade e uma amplitude perceptiva muito grande, garantindo a continuidade e a integração do processo de percepção.

Limitações da capacidade de perceber

É limitada a capacidade da pessoa humana de apreender a realidade exterior a si própria, designada pela palavra *mundo*. Essa limitação decorre, em primeiro lugar, da imensa complexidade e do caráter dinâmico do mundo, que tornam impossível conhecê-lo de modo integral. Em segundo lugar, decorre da própria natureza da percepção, um processo psicológico que envolve outros, como o pensamento e a memória, sujeitos a variadas perturbações. E decorre, finalmente, das limitações dos órgãos sensoriais, que são os canais por meio dos quais a pessoa humana entra em contato com o mundo e por onde se inicia o processo perceptivo. Por meio dessas variadas mediações de processos seletivos, fisiológicos e psicológicos, chega-se a uma percepção inevitavelmente parcial do mundo, embora este nos apresente certa estabilidade, o que nos dá freqüentemente a ilusão de uma realidade acabada.

Conceito ou categoria

Por outro lado, o indivíduo não armazena no cérebro simples imagens do objeto. Ele abstrai suas propriedades, e a partir daí ganha condições para classificar objetos e eventos. O conjunto de propriedades abstraídas é denominado conceito ou categoria. No entanto, a capacidade do cérebro humano de processar estímulos é limitada e, em interação com o meio externo, o indivíduo tem contato com um número maior do que poderá processar. Por isso, existe uma defasagem entre o número de estímulos que atinge o ser humano e o número de estímulos que seu cérebro transforma em informação. Essa defasagem caracteriza o fenômeno da limitação da atenção. O limite de atenção varia de pessoa para pessoa e poderá variar de momento a momento na mesma pessoa, dependendo de seu estado emocional. O indivíduo só consegue prestar atenção à parte do ambiente que o rodeia e, conseqüentemente, só conseguirá captar um número limitado de estímulos; por outro lado, a própria capacidade de processamento de estímulo do cérebro humano é limitada. O ser humano seleciona o que percebe. Essa seleção dos estímulos a serem percebidos é influenciada por diferentes fatores; a atenção, um fator básico, é por sua vez influenciada por outros fatores, tais como o estado emocional, a necessidade, os motivos e as características de personalidade do indivíduo que percebe. A percepção é influenciada pelo limiar de percepção e pelas características do ambiente. Os estímulos e suas propriedades não são os determinantes exclusivos da percepção. O indivíduo seleciona o que percebe. A percepção é, portanto, dinâmica.

A experiência passada e a percepção presente

Estudos desenvolvidos na área da percepção têm demonstrado que a experiência passada do indivíduo também estimula a percepção presente; a percepção de objetos, pessoas e eventos no presente é contaminada pela experiência passada. O indivíduo, portanto, projeta seu mundo interior naquilo que está percebendo. Por essa razão, diz-se que as pessoas percebem o que querem e não o que realmente existe.

A projeção e sua influência no processo de percepção

As figuras ambíguas são um exemplo de projeções de experiências passadas no estímulo presente. As pessoas percebem figuras diferentes, ao observar a

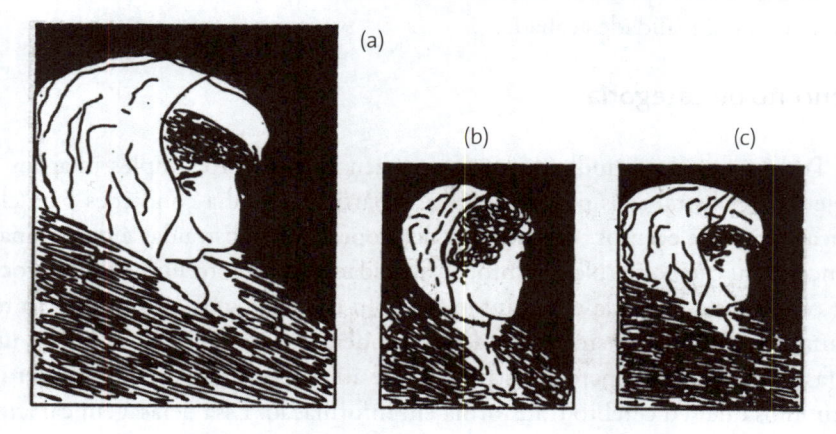

Figura 11.1 – Experimento de Leeper: estímulos usados. Em (a) percebe-se ou o rosto de uma moça (b) ou de uma velha (c).

mesma figura. Quanto mais ambíguas são as figuras, mais subjetiva se torna a percepção e maiores serão as influências da experiência passada, dos motivos, do estado emocional, das necessidades básicas e das características de personalidade do indivíduo sobre sua percepção.

Contraste e percepção

A influência das características do ambiente na percepção foi estudada, tendo sido mostrado que tais características podem ser determinantes da mudança de atenção. Os objetos mais brilhantes, os sons mais agudos e as cores mais fortes são geralmente mais notados. A predominância desses fatores indica a intensidade como um dos determinantes da atenção. Estímulos diferentes dentro de um conjunto de estímulos semelhantes também são normalmente mais percebidos. O contraste é, portanto, outro fator de retenção da atenção.

Ampliação do limite de atenção

A tendência de organizar os estímulos por meio de agrupamentos é uma tentativa de ampliar o limite de atenção. À medida que se agrupam os estímulos de acordo com certos critérios, diminui-se o número de estímulos percebidos e, por conseqüência, amplia-se o limite de atenção. Exemplo de agrupamento de estímulos é o fenômeno figura-fundo, caracterizado pela separação do campo perceptual em duas partes, sendo uma dominante e unificada e outra mais homogênea e difusa. Os estudos dos determinantes do fenômeno figura-fundo indicam que os fatores continuidade, proximidade, inclusão, similaridade, contraste e destino comum são os que mais diretamente o influenciam. Esses fatores são conhecidos como os princípios da Gestalt.

A melodia de uma sinfonia é um exemplo de continuidade. Outro exemplo é dado pela Figura 11.2.

A proximidade caracteriza-se por estímulos apresentados muito próximos, que tendem a confundir-se, como na Figura 11.3.

Figura 11.2 – *Exemplo de continuidade.*

Figura 11.3 – *Exemplo de proximidade.*

A camuflagem, considerada um exemplo de inclusão, dificulta a percepção de uma coisa, destruindo sua configuração por meio de uma figura mais inclusiva.

O fenômeno da similaridade ocorre quando as coisas tendem a ser percebidas como um grupo, à medida que apresentam características semelhantes, como na Figura 11.5.

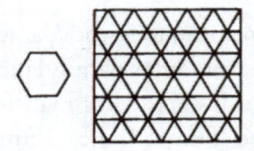

Figura 11.4 – *Exemplo de camuflagem.*

Figura 11.5 – *Exemplo de similaridade.*

O contraste faz ressaltar a forma diferente em relação ao todo. Um único triângulo, por exemplo, destaca-se entre vários círculos. Na Figura 11.6 pode-se observar outro exemplo de contraste.

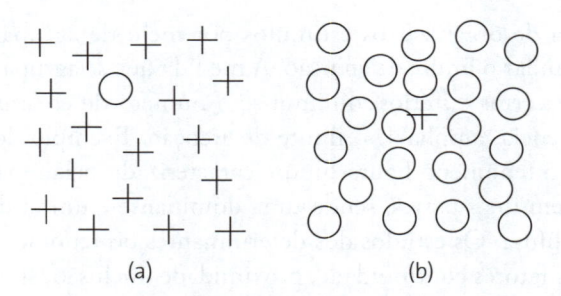

(a) (b)

Figura 11.6 – *Exemplo de contraste.*

Ilusões. Os estudos de percepção (Mueller-Lyer, entre outros) indicaram que a organização das figuras em todos pode levar a certas distorções na percepção das propriedades das partes. Ao se avaliar, por exemplo, o comprimento de duas linhas iguais, com setas em diferentes posições nas extremidades, há uma tendência para perceber as linhas (Mueller-Lyer) como de tamanhos diferentes.

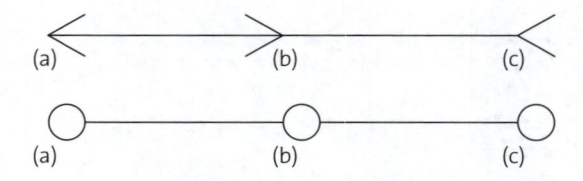

(a) (b) (c)

(a) (b) (c)

Figura 11.7 – *Ilusões de tamanho.*

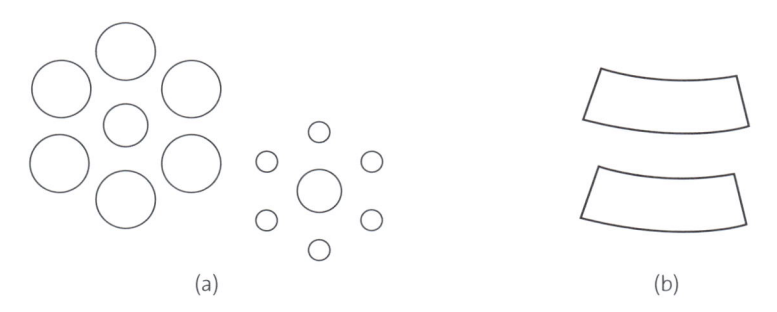

PROCESSO PERCEPTIVO E O CONTEXTO ORGANIZACIONAL

Figura 11.8 – *Ilusões de contexto*. (a) Qual o círculo central que parece maior? Na realidade, ambos são do mesmo tamanho. (b) Qual a figura que parece maior? ambas são do mesmo tamanho.

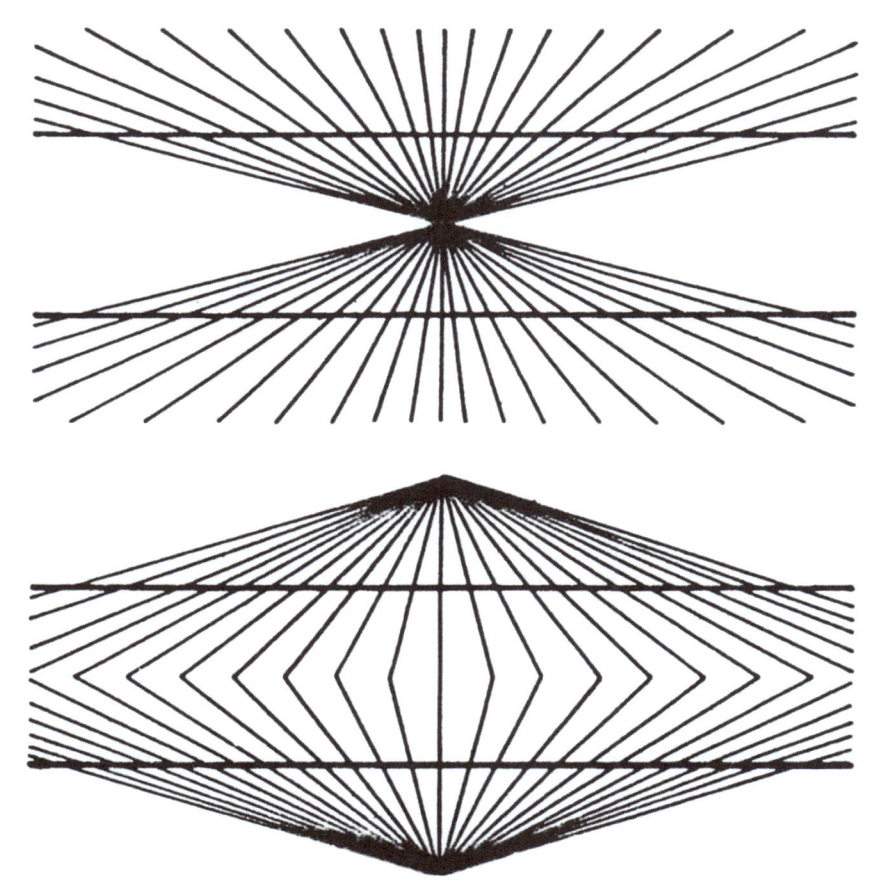

Figura 11.9 – *Ilusões: linhas que se interceptam*. As linhas horizontais parecem curvas? Uma régua mostrará que são retas.

Constância

Um dos problemas mais importantes apresentados pelo estudo da percepção dos objetos é o fenômeno da constância, isto é, a tendência para perceber um objeto como sendo o mesmo em diferentes condições, apesar de eles produzirem diferentes imagens perceptivas. O fenômeno da constância é observado quanto ao tamanho, à cor, à forma e às tonalidades. Exemplos de constância podem ser observados quando um objeto de cor preta, visto em diferentes intensidades de luz, continua sendo percebido como objeto de cor preta. O mesmo fenômeno é observado quando um objeto é visto em diferentes ângulos e mantém sua forma. Exemplo: ao olhar uma mesa retangular de diferentes ângulos, a percepção de que a mesa é retangular é mantida. Outro exemplo de constância da forma é observado quando se apresenta um objeto da mesma forma, constituído de elementos diferentes, conforme mostra a Figura 11.10.

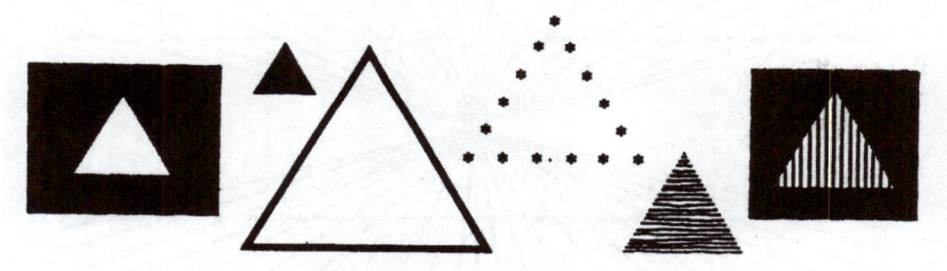

Figura 11.10 – *Exemplo de constância da forma.*

Constância e distorção visual

Os experimentos que melhor comprovam o fenômeno da constância são aqueles em que, apesar de ocorrer uma distorção do campo visual, os indivíduos continuam mantendo constante a percepção dos objetos observados. O exemplo mais marcante do fenômeno da constância foi encontrado com sujeitos que usavam lentes que invertiam completamente o campo visual e, apesar disso, comunicavam sua percepção do objeto de uma forma não invertida. O fenômeno da constância explica em grande parte a estabilidade que os indivíduos atribuem ao mundo exterior.

Motivação e sua influência na percepção

Os estudos realizados por psicólogos sobre a influência da motivação no processo de percepção identificam os fenômenos denominados vigilância e defesa. A esses fenômenos estão ligadas as dificuldades que os indivíduos têm para perceber estímulos geradores de ansiedade, de tensões e de angústias. As expectativas de desprazer ou sofrimento podem diminuir a probabilidade de uma percepção, apesar de os estímulos, situações ou eventos constituírem uma clara indicação de suas propriedades. Muitas vezes, as situações estão claras para os outros e permanecem obscuras para o indivíduo emocionalmente envolvido, porque ele não se permite percebê-las. A percepção de uma situação ou objeto complexo exige que a atenção seja voltada para seus diferentes aspectos. O fato de se dar atenção a um aspecto particular de um objeto ou de uma situação complexa limita sua percepção. Até certo ponto, a seletividade perceptual explica as diferenças individuais na percepção de uma mesma situação ou objeto. Na mesma situação, pessoas diferentes percebem objetos e situações de formas diferentes e, em situações diferentes, a mesma pessoa poderá perceber objetos, pessoas e a própria situação de maneiras diversas.

Decodificação

Segundo Newcomb (1965), outro aspecto importante do processo perceptual é a decodificação, isto é, a tentativa de integrar às informações já recebidas no passado e armazenadas a informação que se recebe no presente, dando a elas um significado próprio. Decodificação e seleção perceptiva não são inteiramente independentes; a decodificação sofre influências dos mesmos fatores que influenciam a seleção perceptiva. Newcomb observa que, embora existam diferenças tanto no processo de seleção perceptiva quanto no processo de decodificação, a maioria das pessoas geralmente seleciona e decodifica de forma semelhante, o que garante a intercomunicação e a colaboração humanas. Ainda segundo Newcomb, as diferenças no processo de decodificação são ocasionadas, na maioria das vezes, em primeiro lugar pelas características da informação e, em segundo, pelas características da pessoa que recebe a informação.

As dificuldades ligadas à informação podem ser geradas pela ambigüidade e pela redundância. A informação ambígua pode apresentar-se de forma pouco definida e pouco estruturada. Considera-se a informação redundante quando se repete o mesmo conteúdo informativo dentro de uma mesma mensagem. Quando a informação é ambígua, a decodificação toma formas diferentes para as diversas pessoas. Um exemplo de ambigüidade que leva à diversificação das percepções é a ambigüidade da figura-fundo.

Figura 11.11 – *Figuras ambíguas ou reversíveis.* Podem-se ver um vaso ou duas faces.

Percepção social

O processo perceptivo que envolve outra pessoa como objeto de percepção tem características próprias e complexas. Difere do processo perceptivo de objetos e eventos porque o objeto percebido, ou seja, a pessoa, também percebe. Como pessoa, tem atitudes, motivos próprios, características de personalidade e outras características individuais relativamente estáveis. A pessoa percebida está, juntamente com a pessoa que a percebe, percebendo a si própria. A pessoa que percebe, por sua vez, é também objeto de percepção da pessoa que ela percebe. Por outro lado, a pessoa percebida e a pessoa que percebe modificam-se durante o processo da percepção. Não só a pessoa que percebe influencia a percepção do outro, mas a outra, a pessoa que está sendo percebida, também influencia o processo de percepção de quem a percebe.

Interação social e percepção social

A percepção social, mais do que qualquer outra, envolve processos transacionais entre a pessoa que percebe e o objeto de sua percepção. O processo perceptual e interpessoal ocorre no início da interação das pessoas e continua no curso dessa interação. Há uma dinâmica e uma influência mútuas entre a pessoa que percebe e a que é percebida. Segundo Newcomb, duas pessoas em interação possuem os mesmos *estados* psicológicos. Isso quer dizer que ambas estão conscientes uma da outra e da matéria de interesse comum imediato. Ambas têm consciência de que cada uma possui seus motivos, suas atitudes e características individuais, que não são as mesmas. As diferenças e as similaridades de motivos e atitudes, segundo Newcomb, são comumente preocupações das pessoas no processo de inter-relacionamento.

Problemas da pessoa que percebe e da que é percebida

No processo de percepção social, podem-se observar problemas relativos à pessoa que percebe e à pessoa percebida. Newcomb e Converse, ao identificarem esses problemas, indicam que a pessoa que percebe tem a necessidade de procurar na pessoa percebida uma constância similar àquela que têm os objetos no tocante à cor, forma e tamanho. As atitudes, as capacidades e as características de personalidade da pessoa percebida são, de certo modo, as constâncias que a pessoa que percebe procura identificar e organizar de tal forma que constituam uma representação organizada da outra pessoa.

Para formar essa representação, no entanto, a pessoa que percebe segue certos indicadores e, ao selecionar esses indicadores na pessoa percebida, não escapa à influência de alguns fatores extrapessoais. Entre estes, Newcomb considera três como principais: primeiro, a impressão que se tem da pessoa percebida; segundo, as características que sobressaem em conseqüência do contexto em que a pessoa percebida está inserida; e, finalmente, aquilo que mais freqüentemente a pessoa percebida apresenta (estado emocional, comportamento etc.). Por outro lado, afirma que a pessoa que percebe é influenciada por fatores intrapessoais, ao selecionar aquilo que percebe no outro: a sensibilidade do indivíduo a certos tipos de indicadores varia segundo seu estado psicológico. As atitudes e opiniões formadas sobre determinados assuntos também influenciam o que se vai perceber.

A tendência a perceber certas características de personalidade como agrupadas é outro fator da natureza da pessoa que percebe que influencia sua percepção interpessoal. Essa tendência leva geralmente a perceber de forma semelhante pessoas do mesmo grupo racial ou social.

As características de personalidade mais estáveis da pessoa que percebe são também consideradas como fatores que influenciam sua percepção.

Interação de fatores intra e extrapessoais no processo de percepção social

Em suma, o processo de percepção social é, para Newcomb, um processo em que fatores intra e extrapessoais se interpõem e se influenciam mutuamente. Segundo ele, a pessoa que percebe é afetada tanto por suas próprias características como pelas circunstâncias fora dela, incluindo o objeto de sua percepção, isto é, a outra pessoa.

Cantril (1972), ao analisar a percepção, enfatiza sua dependência dos pressupostos que cada um de nós leva para qualquer situação particular. Isso, segundo ele, significa que os sentidos e os significados atribuídos às coisas, aos símbolos, às pessoas e aos eventos são construídos na experiência passada das pessoas e não são inerentes ou intrínsecos ao estímulo propriamente dito.

A Figura 11.12 sumariza a interação de fatores na percepção interpessoal, descrevendo a interação entre dois indivíduos denominados pessoa e outro. Os dois círculos inferiores no diagrama representam o mundo interior de cada um, e a parte superior representa o contexto da interação, como *realmente é*. Referir-se às coisas *como realmente são*, porém, é assumir a suposição simplista de que existe uma realidade objetiva. O que existe pode ser chamado realidade consensual, isto é, uma situação como é vista por várias pessoas.

Nota-se que os comportamentos da pessoa e do outro são partes da situação real e podem ser observados. O comportamento não foi mostrado como parte da situação real, de modo que a Figura 11.12. pudesse ser focada mais claramente. Quando se faz referência às coisas como elas realmente são, está-se partindo de uma suposição simplista de que existe uma realidade objetiva. Essa realidade, entretanto, poderá ser chamada mais corretamente de realidade consensual, isto é, a situação vista por várias pessoas. As setas n. 1 representam a influência dos elementos conscientes e inconscientes, um no outro. As setas n. 2, 3 e 4 mostram os diferentes níveis de interação, nos quais o comportamento e os estados interiores de uma das pessoas é modificado pelo comportamento da outra. A seta n. 2 representa as trocas que podem ocorrer entre a pessoa e o outro, no nível do consciente. Essas trocas envolvem elementos que a pessoa envia conscientemente e o outro recebe conscientemente, e vice-versa. Essas trocas são relativamente claras para ambas as partes, mas podem ser fontes de dificuldades. As setas n. 3 mostram trocas entre o nível consciente de uma das pessoas e o nível inconsciente da outra. Isso mostra a possibilidade de a pessoa enviar conscientemente informações ao outro que, por sua vez, não tem consciência de as estar recebendo. A seta n. 4 representa trocas entre os níveis inconscientes: o mundo interior da pessoa, afetado pelas ações do outro, influência essa que não é reconhecida nem pela pessoa nem pelo outro. As setas n. 5 influenciam em ambas as direções porque, ao mesmo tempo que o contexto influencia a pessoa e sua percepção, seu mundo interior também contribui para sua visão do contexto.

Cantril relaciona a aquisição da percepção aos objetivos e ao que é importante para cada pessoa. Portanto, nossa percepção está fundamentalmente influenciada não só pela experiência passada, mas também por nossos motivos, valores e atitudes. Por outro lado, mostra a subjetividade de nossas percepções. Para ele, a percepção é, em grande parte, uma questão de pesar probabilidades, de fazer adivinhações, de conjecturar acerca do que *está lá* e de qual deveria ser nossa reação em relação àquilo, para que possamos proteger-nos, preservar nossas satisfações ou aumentá-las. Esse processo envolve uma busca de constâncias. Pro-

PROCESSO PERCEPTIVO E O CONTEXTO ORGANIZACIONAL

cura-se atribuir certas características consistentes e passíveis de serem repetidas. É por meio dessas constâncias que se cria nosso próprio mundo de realidade. O estudo do processo perceptivo pode levar-nos a concluir que cada um de nós cria seu mundo próprio de realidade, e que esse mundo próprio da realidade, tal como o sentimos, inclui nossos medos e esperanças, nossas frustrações e aspirações, nossas ansiedades e nossa própria fé.

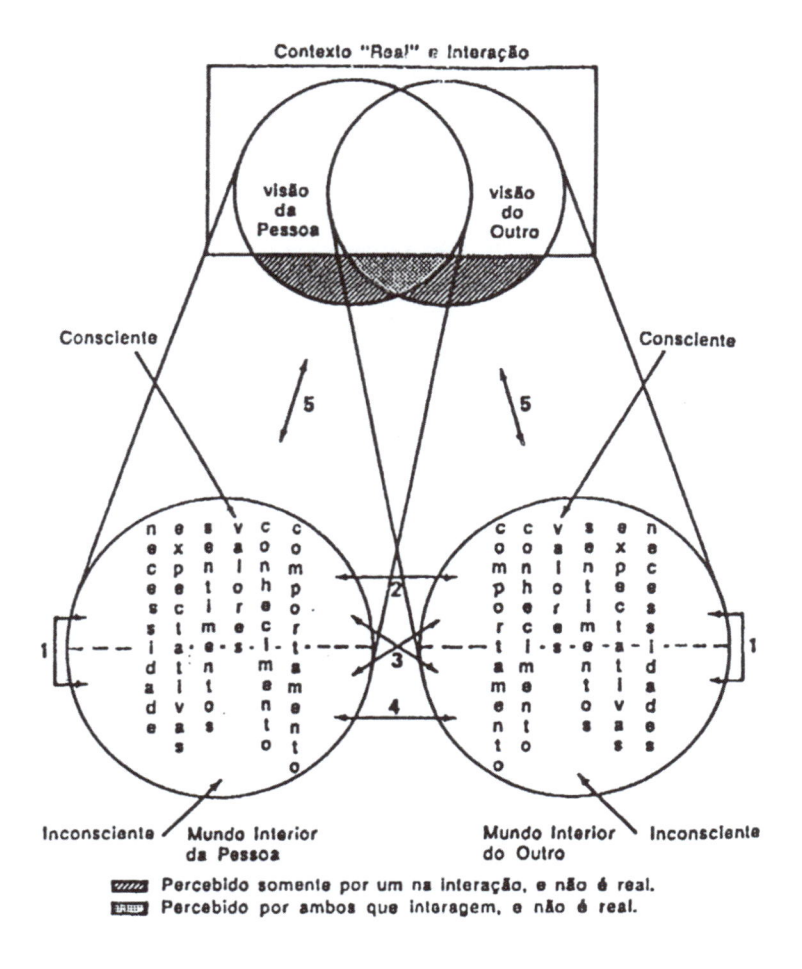

Figura 11.12 – Modelo de percepção interpessoal. (Adaptado de Hadley Cantril em Walter Nord, *Concepts and Controversy in Organizational Behavior*, p. 21.)

Processos cognitivos

A palavra *cognição* vem do latim *cognare*, que significa conhecer. A cognição implica um processo consciente visando a aquisição de novos conhecimentos. Isso significa que apenas o comportamento racional é de natureza cognitiva. As pessoas possuem sistemas de cognição que representam aquilo que elas sabem sobre si mesmas e sobre o mundo que as rodeia. Os sistemas de cognição são desenvolvidos por meio dos processos de cognição. Esses processos abrangem a percepção, a memória, a imaginação, o raciocínio ou pensamento e a solução de problemas.

Percepção — Os estímulos externos captados pelo processo perceptivo e transformados em imagens mentais são os elementos básicos para a aquisição de novos conhecimentos.

Memória — A memória também desempenha um importante papel na aquisição de conhecimentos. O sistema da memória é um conjunto de mecanismos comuns para armazenar a informação. Os estudos realizados na área do pensamento dividem a memória em dois vastos sistemas, que constituem os tipos de memória. O primeiro é a memória ativa, isto é, a que contém os itens ou representações mentais em estado ativo. Esse sistema é muito limitado porque a própria natureza humana estabelece um limite à sua capacidade de manter ativas

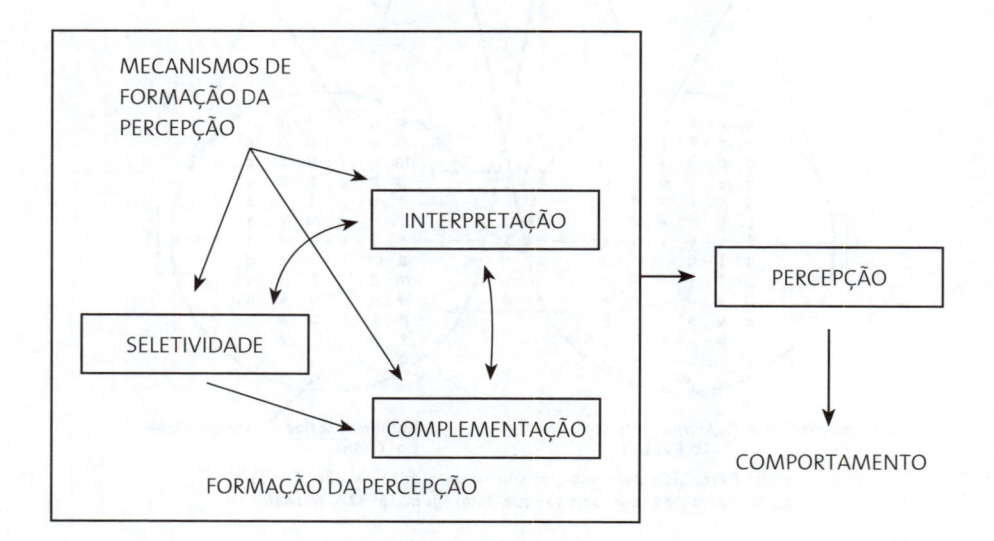

Figura 11.13 – *A formação da percepção e sua influência no comportamento*. Fonte: Joseph A. Litterer, *Análise das Organizações*, São Paulo, Atlas, 1977, p. 90.

essas representações. O segundo é a memória a longo prazo, onde se localiza o restante da capacidade humana da memória. Não há uma distinção absoluta nem precisa entre um sistema e outro, ou seja, entre a memória ativa e a memória a longo prazo. O importante, porém, é a distinção de função dos dois sistemas: enquanto a memória a longo prazo é mais estática, a memória ativa permite o relacionamento de percepções novas, ou seja, imediatamente adquiridas.

A memória ativa pode ser de dois tipos. Pode-se constituir de novos itens, que são apresentados a um dos sentidos, ou de representações mentais e itens elaborados e armazenados anteriormente. A limitação de memória ativa representa uma restrição na capacidade de resolver problemas. O mais importante da memória é o que se denomina codificação de itens, que se refere à forma qualitativa da informação. O termo *imagem* refere-se a uma representação interna que apresenta uma correspondência muito próxima à experiência que a provoca.

As imagens podem ser visuais, também chamadas códigos *icônicos*, ou auditivas, denominadas códigos *ecóicos*.

O pensamento ou raciocínio

Os estudos do pensamento mostram que há uma diferença entre a percepção de informações e a imaginação. Os mecanismos usados para perceber informações são diferentes dos usados para imaginar.

A abstração, elemento fundamental do pensamento, difere da recordação, que é o trazer de volta as imagens anteriormente armazenadas. Abstrair não é reproduzir eventos anteriores, mas identificar a forma geral dos eventos. É essa abstração que permite, por exemplo, falar em revolução russa e em revolução industrial como coisas que possuem uma característica comum.

A abstração da forma geral dos eventos permite que sejam representados de uma maneira capaz de possibilitar uma ação inteligente das pessoas.

O processo de memória tem, além das funções de isolar e de preservar imagens, a função de abstrair e de estabelecer relações, possibilitando as bases para o trabalho intelectual. Essa capacidade abstrativa é denominada formação de conceito. O pensamento é definido como uma atividade rigorosa e altamente reflexiva, por meio da qual se tenta resolver um problema complexo. Pensamento é, para Posner (1973), a consecução de uma nova representação por meio da realização de operações mentais. A representação na memória das informações percebidas não é, afirma ele, uma base suficiente para o pensamento. Deve-se ser capaz de reorganizar a informação, a fim de resolver problemas, desenvolver novas estruturas e interpretar o mundo que nos rodeia. Para que isso seja conseguido, é necessário operar sobre as estruturas armazenadas na memória de maneira análoga à do carpinteiro transformando a madeira. A operação mental é uma transformação interna da informação de uma para outra forma.

Operações mentais

As operações mentais representam importantes elementos do processo do pensamento. O pensamento envolve a capacidade de pensar, manipular ou organizar elementos no ambiente por meio de símbolos. Os símbolos usados pelos seres humanos são inúmeros. Entre eles, podem ser identificados as palavras, os números, as figuras, os gestos etc. Há diferentes tipos de pensamento, que se apresentam de formas diversas.

O fato de o pensamento envolver a manipulação de símbolos internamente, sem estimulação externa, caracteriza-o como a atividade superior e mais complexa que o homem realiza. Segundo Piaget, o pensamento desenvolve-se à medida que se elaboram as estruturas cognitivas, isto é, à medida que se organizam os conjuntos de fatos, conceitos e generalizações que foram aprendidos pelo indivíduo. São formadas e transformadas no decorrer da vida do indivíduo. O reconhecimento, por parte da criança, de que a massa total ou a quantidade de matéria de um objeto permanece a mesma quando a forma do objeto se modifica implica certa estrutura cognitiva. O reconhecimento de que o peso permanece inalterado implica a mesma estrutura (Flavell, 1975).

Desenvolvimento cognitivo

Para Piaget, há uma evolução qualitativa das estruturas cognitivas, isto é, da mais simples à mais complexa. O processo de assimilação e de acomodação é fundamental no desenvolvimento do pensamento. Estímulos externos são assimilados e acomodados na estrutura cognitiva. A atividade inteligente é sempre um processo ativo e organizado de assimilação do novo ao velho e de acomodação do velho ao novo, afirma Piaget. Para ele, nem todos os seres humanos normais conseguem desenvolver estruturas cognitivas capazes de elaborar pensamentos *superiores*, ou seja, de desenvolver sua capacidade humana integralmente. A elaboração das estruturas cognitivas ocorre por meio da interação indivíduo–meio e depende do desenvolvimento neurológico e da estimulação adequada do meio. Sem essa estimulação, muitos indivíduos jamais atingirão integralmente sua realidade mental. O pensamento é, portanto, compreendido como aprendizagem do emprego de categorias abstratas ou conceitos.

O desenvolvimento intelectual (Flavell, 1975) é, portanto, um movimento que vai do desequilíbrio ao equilíbrio das estruturas mentais.

É um processo de organização, em que operações intelectuais ativas são organizadas; sua organização em sistemas com estruturas bem definidas é o *sine qua non* para que haja uma boa cognição, ou seja, uma cognição evolutivamente mais madura. O estudo do processo do pensamento aponta três tipos fundamentais:

1. o raciocínio dedutivo, em que basicamente se combinam conhecimentos previamente obtidos, retirando-se deles uma conclusão;
2. o raciocínio indutivo, que parte do conhecido, formulando-se novas hipóteses acerca do que as observações futuras podem revelar;
3. o raciocínio avaliativo ou crítico, que é, em última análise, o julgamento de uma idéia ou de um produto.

Solução de problemas

A solução de problemas como um dos processos cognitivos tem sido conceituada como a busca de uma resposta em uma situação nova, em que o indivíduo é motivado a alcançar determinado objetivo, sendo bloqueado por um obstáculo. Os estudos de solução de problemas como um processo cognitivo têm demonstrado a importância da representação inicial do problema e do uso sistemático das operações mentais orientadas por um plano fundamental em sua solução. Posner, ao estudar os processos de solução de problemas e de produção de criações científicas e artísticas, mostra que tais processos são usados por indivíduos em diferentes estágios. A interpretação do problema, a elaboração de um plano de soluções e a escolha entre as várias soluções são os estágios indicados por ele. Para ele, esses estágios são muito mais importantes na fase da organização da discussão da solução do problema do que na fase da solução do problema propriamente dito. Posner enfatiza como ponto importante para a interpretação do problema a representação que é usada. Essa representação pode ser influenciada pelo próprio enunciado do problema e/ou pelas características da pessoa que está tentando resolvê-lo.

Um fator importante que tem sido apontado na solução de problemas é sua própria representação: tem-se mostrado que certos problemas, aparentemente difíceis de serem resolvidos quando representados de determinada forma, podem ser solucionados facilmente quando se muda a representação. Outro fator considerado importante no processo de solução de problemas é a qualidade e a quantidade de informações sobre eles. Muitos problemas só podem ser resolvidos, à medida que outras informações são adicionadas às já existentes. Posner indica que essas informações podem ser oriundas da própria memória do indivíduo ou do meio externo. O processo de solução de problemas é também influenciado pelo fenômeno denominado incubação, ou seja, período de desligamento emocional ou retardo da solução do problema. Os indivíduos, ao se desligarem emocionalmente dessa preocupação, podem, em algumas situações, encontrar a solução procurada.

Influência dos fatores individuais

Vários fatores têm sido apontados como os que influenciam, positiva ou negativamente, o processo de solução de problemas. *Mental set*, ou seja, o momento particular do indivíduo, em que ele é capaz de captar determinados tipos de percepções e pensamentos mais do que outros, é um dos fatores apontados como influenciador na solução de problemas. Essa tendência perceptiva e de raciocínio poderá dar uma grande contribuição à solução do problema, à medida que se enquadrar na natureza do problema a ser resolvido. Se isso não acontecer, ela será um empecilho para sua solução. Essa rigidez mental impede o indivíduo de ver o problema sob ângulos diferentes, e é por essa razão que muitas vezes a participação de terceiros contribui para a solução mais adequada do problema. Outro tipo de dificuldade apontada no estudo do processo de solução do problema é a fixação funcional. Esse tipo de dificuldade é caracterizado pela incapacidade de a pessoa usar instrumentos ou elementos conhecidos para resolver o problema. A experiência passada é outro fator que pode tanto contribuir para a solução do problema como prejudicá-la. A utilização da experiência passada, transpondo-a de uma maneira simplista para a situação presente, torna-se um fator negativo, mas a utilização de conceitos e de generalizações formados em situações passadas, como instrumentos potenciais para situações similares, dará melhores condições para soluções mais adequadas do problema. O contexto pessoal do indivíduo, seus valores, suas crenças e a relação destes com o problema a ser resolvido, conforme se tem demonstrado, são fatores predominantes em sua solução. Quanto maior for a identificação de valores e crenças do indivíduo com a natureza do problema, mais fácil será resolvê-lo. O envolvimento emocional é um dos fatores que dificultam a solução do problema, por aumentar a subjetividade, bloquear o raciocínio e por gerar frustração e *stress*, que bloqueiam a identificação de soluções cognitivas.

Criatividade

A criatividade tem sido confundida com a irrealidade. Tem-se tomado como criativo algo não-operacional. Criatividade, entretanto, do ponto de vista psicológico, é a ocorrência do que não é comum ou usual, mas que é apropriado, que é prático e capaz de ser aplicado e operacionalizado. A possibilidade de aplicação de inovação é uma das características da criatividade, assim como a originalidade. Outra característica da criatividade é que ela é de natureza adquirida, não hereditária. A criatividade é uma capacidade que pode ser adquirida e desenvolvida. Por outro lado, a criatividade tem sido desenvolvida como uma característica dos gênios, o que é uma abordagem elitista e não verdadeira. Como a própria conceituação da criatividade indica, ela é uma capacidade adquirida que envolve inovar, criar, não sendo necessário ser dotado de inteligência privilegiada. As pessoas de inteligência *normal* podem ser criativas. A criatividade distingue-se muito mais pelos interesses, atitudes e motivos das pessoas do que por suas habilidades intelectuais. As pessoas criativas demonstram, geralmente, uma preferência cognitiva pela complexidade. São pessoas que manifestam independência em suas atitudes e comportamentos e não se preocupam acentuadamente com as opiniões e impressões dos outros sobre elas. São mais sensíveis e geralmente explicitam mais freqüentemente seus sentimentos e emoções. Pelo fato de serem mais sensíveis ao mundo e às coisas e de explicitarem emoções e sentimentos mais abertamente, podem ser marcadas, dentro do contexto mais amplo, como pessoas emocionalmente desajustadas.

Os processos cognitivos e o comportamento humano na organização

A percepção é básica para a compreensão do comportamento porque é por meio do processo perceptivo que as pessoas constituem sua realidade. É com base no que é percebido que elas raciocinam, tomam decisões, agem. A percepção é influenciada, como já foi discutido, por fatores internos de cada indivíduo e por fatores ambientais. Na organização, observa-se uma constante interação entre valores, atitudes, motivos e características da personalidade dos indivíduos e fatores ambientais, como estrutura da organização, valores e objetivos, divisão do trabalho, grupos organizacionais, tecnologia, cargos e atividades, sistemas de remuneração, política e diretrizes, grupos de referência etc. O simples fato de um indivíduo ocupar determinada posição no espaço organizacional limita seu acesso à organização como um todo e à quantidade e qualidade de informações que poderá receber. A limitação da informação, consequentemente, afetará seu campo perceptivo, restringindo-o. Esse fenômeno de limitação perceptiva é denominado por Kartz e Kahn (1967) centrismo de sistema dos membros da organização. A posição organizacional, portanto, influencia o que o indivíduo percebe. A natureza e a intensidade das tensões organizacionais são fatores que também podem modificar a percepção dos membros de uma organização, na medida em que geram estados emocionais; estes, por sua vez, influenciam a percepção de outras pessoas e situações.

Pressões grupais e percepção

A pressão grupal pode também limitar a possibilidade de o grupo integrar as diferentes energias ou informações que seus membros possam trazer para seu interior. À medida que o sistema organizacional permite maior interação entre os membros das diferentes unidades organizacionais, o campo perceptivo de seus membros será ampliado. Se, ao contrário, a interação ficar confinada no interior de unidades organizacionais, o processo perceptivo dos indivíduos será limitado, especialmente se se tratar de pessoas com a mesma formação e/ou experiência profissional.

A percepção seletiva por meio de identificação com grupos de referência pode ocorrer de duas formas. Na primeira situação, as pessoas pertencem a grupos profissionais ou ideológicos. Essa afiliação influencia sua percepção dos problemas e do mundo. Na segunda, são agrupadas num mesmo espaço organizacional e desempenham papéis semelhantes. Em ambas as situações, reforçam-se mutuamente na manutenção de um quadro de referência comum em relação aos problemas e percepções. Os grupos profissionais, quer dentro, quer fora das organizações, geralmente exercem uma influência nas percepções de seus membros. O importante é reconhecer sua influência.

Divisão do trabalho e percepção

A divisão do trabalho na organização e a atividade de cada um de seus membros são fatores que também afetam a informação que estes recebem. Essa diferenciação de informação contribui para a distorção das percepções do ambiente, mesmo antes de estas serem influenciadas pelas características individuais das pessoas. Cada membro da organização vê uma parte diferente do mundo organizacional.

Características individuais e percepção

Os valores pessoais, os sentimentos, as emoções, os medos, os desejos inconscientes, a experiência passada, o nível de desenvolvimento cognitivo e o grau de maturidade psíquica são fatores que influenciam o processo perceptivo de cada indivíduo. Isso significa que existem mecanismos internos que impedem ou distorcem a percepção de determinados fatos, situações e idéias. A barreira à percepção poderá ser ocasionada pela rejeição ao desprazer; isso se dá pela fuga, pela negativa inconsciente do indivíduo de perceber sua realidade interna e externa.

Em situações ameaçadoras, de abandono, de medo da morte física e psíquica, o indivíduo se afasta da realidade e perde sua objetividade.

Entretanto, as características de cada um poderão ser afetadas por mecanismos externos de repressão, que atuam no nível psicológico do indivíduo.

Elementos repressores como o mito da excelência, da produtividade, as exigências de metas a serem cumpridas atuam sobre os desejos inconscientes (de ser amado, de busca do poder, de segurança etc.), levando o indivíduo a distorcer sua percepção da realidade, quer interna, quer externa. Ele passa a acreditar na fantasia criada por ele de que sua realização e segurança estão no alcance das metas da organização, na adequação às normas e padrões de conduta por ela estabelecidos. A fuga da realidade e o refúgio na fantasia resultam do mecanismo de distorção e falsificação da percepção e da formação da falsa consciência, portanto, da atuação de mecanismos exteriores (repressão) e de mecanismos internos do indivíduo (defesa).

A conclusão que se pode tirar é que existe uma estreita relação entre características individuais e meio social, quando se tenta compreender o processo perceptivo. O contexto no qual está inserido, o acesso que tem às informações e às situações vivenciadas por ele influenciam diretamente sobre suas percepções. E, conseqüentemente, no seu pensamento; no seu processo de reflexão e nos seus valores.

As condições externas podem, portanto, prejudicar ou facilitar o processo perceptivo do indivíduo.

A formação de imagens perceptivas, a formação de conceitos, o armazenamento de informações, o desenvolvimento do pensamento e a ação inteligente dependem do processo perceptivo e de suas características que, como foi discutido, sofrem influências das características do indivíduo e do meio social no qual está inserido.

A organização, a maturidade psíquica e o desenvolvimento mental

Há um dinamismo interno, individual e específico a cada indivíduo em seu processo de desenvolvimento cognitivo e de maturidade psíquica. Entretanto, o indivíduo, como ser social, não vive no vácuo. Sua relação com o meio social é inerente à sua própria existência. Como foi analisado anteriormente, o indivíduo não é feito pelo meio, como também não se pode dizer que não necessita do meio social para seu desenvolvimento psíquico, e não é feito pela hereditariedade. Na realidade, ele, indivíduo, se desenvolve no processo de atuar sobre o meio social. E este último, o meio externo, poderá ser um elemento facilitador e incentivador ou tornar-se um inibidor e mesmo uma barreira ao seu desenvolvimento.

É correto, portanto, dizer que as mudanças qualitativas das ações humanas representam um ato de vontade individual, portanto, do indivíduo, da pessoa, mas dependem das condições do meio social, que podem impedi-las, barrá-las ou facilitá-las. O indivíduo deveria ter a possibilidade de realizar operações mentais diferenciadas, capazes, no seu processo de desenvolvimento cognitivo, de levá-lo a estruturas cognitivas qualitativamente superiores.

Retomando o raciocínio anterior, poder-se-á perguntar: por que, para melhorar a qualidade de um produto, o indivíduo necessita ter uma complexa estrutura mental e uma compreensão tão ampla? O exemplo dado tenta relacionar uma ação consciente e em que contexto se dá, onde se sabe o que é e por que é. A mudança de conduta é uma mudança inteligente (lê-se consciente). A consciência resultante de um processo cognitivo superior está correlata à consciência moral autônoma e à responsabilidade individual. A qualidade poderá ser compreendida como resultante de uma responsabilidade moral, um dever do cidadão, do indivíduo enquanto funcionário de uma organização e enquanto membro de uma sociedade.

Organização como meio social e sua função

Na sociedade atual, em que os indivíduos passam cada vez mais a maior parte de seu tempo nas organizações, estas passam a exercer uma influência no desenvolvimento da capacidade mental do indivíduo.

O desenvolvimento econômico e social de um país e o exercício democrático do governo (voto consciente) dependem em grande parte da capacidade mental e do nível de maturidade psíquica de seus membros. Não se pode ignorar que o nível intelectual e cultural dos indivíduos tem seus pressupostos nos estágios cognitivos e de maturidade psíquica em que esses indivíduos se encontram.

A modernização das organizações, o alcance de seus objetivos de lucro, de produtividade, seu nível de qualidade e sua competitividade requerem um repensar da função da organização enquanto meio social facilitador ou bloqueador do desenvolvimento mental do indivíduo.

Quando se fala na conscientização do indivíduo para a qualidade, dever-se-ia estar pensando num indivíduo capaz de perceber e compreender o significado da qualidade para ele, para a empresa e para a sociedade, sua relação com a empresa e com a sociedade e vice-versa. Em outros termos, ele não deveria ser movido em sua ação por meio de incentivos para a melhoria da qualidade oferecidos pela organização ou pelo medo da demissão e da repressão externa. A competência mental, a possibilidade de realizar operações mentais e complexas, vem atrelada à maturidade psíquica, à capacidade de se ver e de perceber a realidade externa e de agir adequadamente enquanto indivíduo, pessoa única.

As estruturas cognitivas desenvolvidas são necessárias para que, com o que foi percebido, o indivíduo possa relacioná-lo, estruturá-lo, elaborá-lo. É um processo individual, mas num contexto social.

E esse contexto social, a organização, tem um papel importante nesse processo.

Para que se possa entendê-lo, a organização terá de ser abordada enquanto realidade prático-concreta: seus objetivos, sua cultura, seus valores políticos, suas diretrizes, sua estrutura, seus membros, a divisão hierárquica, a estrutura de poder, seus sistemas gerenciais de produção, de salários, de incentivos, seu ambiente físico e social. Ela é uma instituição, uma realidade concreta e dinâmica, em interação interna e externa.

A melhoria da qualidade na organização se transformará num mecanismo da própria melhoria da capacidade mental, se permitir o espaço para o desenvolvimento mental dos indivíduos num processo de reflexão autônomo, livre de coação externa.

Mecanismos de repressão

Os mecanismos de repressão (externa) mais comuns nas organizações são os padrões culturais impostos compulsoriamente; os controles emocionais via técnicas participativas; normas e procedimentos; objetivos e metas da organização (introjetados pelos indivíduos como desejo individual de poder e sucesso); sistema gerencial coercitivo (administração por objetivos, gerência de excelência, gerência situacional, *team-building*, grupos participativos etc.); treinamento gerencial e operacional direcionados para a padronização cognitiva, a indução e a manipulação emocional.

Características da organização

Nas organizações, o modelo atual está centrado na premissa do controle mental via padronização de pensamento, distorção da percepção da realidade interna e externa. É o modelo da dominação psíquica. Esse modelo, entretanto, resulta num comprometimento emocional do indivíduo com a organização.

Conseqüências para o indivíduo

Esse comprometimento é forjado na cegueira psíquica e na estagnação mental. O indivíduo se ilude quanto à sua realização pessoal e se impede de desenvolver suas capacidades mentais.

Conseqüências para a organização

A organização obtém como resultado uma grande massa de seguidores obedientes, com seu potencial e energia psíquica bloqueados. Para manter o poder inquestionado, a organização busca mecanismos ilegítimos de controle psíquico; ao fazê-lo, entretanto, deixa de canalizar um potencial criativo e inteligente que viria beneficiá-la em sua modernização, em seus lucros, em sua competitividade, em sua qualidade enquanto produtora de bens e/ou serviços.

Percepção e falsificação da consciência

Na distorção da percepção, certas características dos fatos, das situações e dos objetos, o indivíduo não consegue captar.

Outra fonte de distorção da percepção é retirar o objeto ou o fato de seu contexto e isolá-lo. O indivíduo não capta as relações existentes entre o objeto ou fato e os demais elementos que o rodeiam. Por outro lado, ele pode deixar de captar determinados elementos significativos das situações, coisas ou fatos.

A teoria freudiana aponta o Princípio do Prazer, ou seja, a busca da satisfação do prazer e a fuga ao desprazer, como um fator importante no processo de distorção da percepção do indivíduo. Para Freud, significa que a percepção como elemento básico da elaboração do conhecimento e da formação da consciência interna e da realidade externa impulsiona em direção de uma ação coerente com essa consciência.

Explica-se a fuga à consciência da realidade, tanto interna como externa, por meio da distorção das percepções quando estas possam vir a representar algum risco ou conflito entre a satisfação do prazer e uma possível perda desse prazer.

Nas organizações, a percepção de que os desejos individuais foram substituídos pelos desejos que a organização impõe e manipula poderá levar o indivíduo a uma ação de busca da satisfação de seus desejos pessoais e a um conflito entre ele e a organização.

A organização, a partir dos desejos humanos de uma forma mais generalizada, como o desejo de ser amado, reconhecido, e o desejo de poder, passa informações e manipula a fantasia do indivíduo. Dar sentido à vida passa a ser, para ele, vencer profissionalmente, ter uma capacidade de trabalho sempre maior, atingir objetivos organizacionais cada vez maiores. Esse *dar sentido* traz implícito a fantasia de que vai ser reconhecido, amado e obter sucesso, portanto foge de sua realidade e assume como sua realidade os objetivos da organização. Foge do abandono, da morte e, paradoxalmente, vai ao seu encontro.

A partir dessa realidade interna, em que sua realização pessoal se deslocou para o objetivo de ser amado pela organização, o indivíduo é impulsionado a agir de forma coerente com os objetivos da organização. Max Pagés chama a esse processo de *deslocamento em nível psicológico*, em que a organização cria mecanismos repressores, inclusive a mudança cultural compulsória, por meio de estratégias participativas.

Esse processo de distorção da percepção, estrategicamente manipulado pela organização, tem repercussão direta sobre a cognição. O conhecimento, tanto em seu conteúdo como na forma pela qual é elaborado, é falsificado. Conseqüentemente, fecha-se o ciclo do controle mental exercido pela organização: distorce-se a realidade interna. Enrijece-se o processo de conhecimento e deslocam-se desejos, instigando-se a sua realização; o indivíduo introjeta um rígido *ego* e um *superego* à imagem e semelhança da organização, bloqueando o relacionamento entre as diferentes esferas da personalidade, ou seja, o *ego*, o *superego* e o *id* (valores e julgamento moral, conhecimento e desejos [libido]). Nega sua realidade interna, distorcendo-a. Cria mecanismos internos de defesa (fuga ao desprazer) e se impede de ver e de pensar acerca de si mesmo e da realidade externa.

Mecanismo de facilitação

Na sociedade atual, as pessoas vivem a maior parte de suas vidas nas organizações. Estas, por sua vez, passaram a exercer cada vez mais influência no desenvolvimento cognitivo e na maturidade psíquica dos membros da sociedade.

Como contextos sociais, as organizações poderão ser ambientes favoráveis ou desfavoráveis ao desenvolvimento psíquico de seus membros.

A centralização do poder, o processo de decisão centralizado, o sistema gerencial autocrático, a introdução compulsória de padrões culturais, as normas e procedimentos, a automação, as condições físicas insalubres, a padronização e o elitismo na seleção de pessoal, os métodos e técnicas de podem se tornar barreiras ao desenvolvimento cognitivo dos membros.

É necessário reverter o processo de dominação psíquica (emocional e cognitiva), adotando uma pedagogia emancipatória, que possibilite a autodeterminação e o desenvolvimento cognitivo em nível superior. Essa pedagogia trará, sem dúvida, retornos positivos em todas as esferas da organização.

Substituir o adestramento por um processo que possibilite o desenvolvimento cognitivo do indivíduo é substituir a indução e a manipulação por um processo de respeito à dignidade do outro enquanto pessoa. É a verdade e a sinceridade substituindo a manipulação e a indução emocional. Isso supõe, também, que os objetivos da organização sejam expostos de forma explícita, honesta e transparente, possibilitando sua compreensão.

Condições econômicas e desenvolvimento cognitivo

O capitalismo selvagem gera a pobreza devido aos baixos salários e ao desemprego. A pobreza é anti-humana; cria seres subumanos, atrofia seus cérebros e limita sua capacidade mental. Enfraquece a força de trabalho do país e gera a debilidade da nação. Impede a participação consciente de grande parte da população no processo de desenvolvimento socioeconômico do país e, mais grave ainda, não permite que essa parcela da população usufrua seus benefícios como seres inteligentes e como cidadãos.

Determinado país será mais ou menos capaz de desenvolver-se econômica e socialmente à medida que as condições de crescimento mental forem favorecidas a todos os seus cidadãos. As organizações, públicas ou privadas, têm uma função muito importante nesse processo. Para que se possa compreender mais claramente, é necessário analisar a organização como um todo, isto é, objetivos, cultura, valores, políticas e diretrizes, estrutura, tecnologia, sistemas de salários, de incentivos, gerencial, ambiente físico etc. Esses fatores interagem uns com os outros e com o ambiente mais amplo, criando as condições organizacionais.

Nesse sentido, algumas questões poderão ser levantadas no que tange às condições que possibilitam o crescimento mental dos membros de uma organização.

Falsificação da percepção

Processo interno do indivíduo, geralmente de defesa e inconsciente, pelo qual falseia a realidade percebida, quando esta se torna ameaçadora à realização de seus desejos; fuga ao desprazer.

A organização poderá atuar por meio de mecanismos repressores sobre os indivíduos, impondo-lhes os padrões culturais (eficiência, nunca repetir erros, alcance cada vez maior de objetivos e metas etc.), levando-os a uma falsa percepção de sua realidade interna (seus desejos, aspirações, necessidades etc.) e de sua própria realização enquanto pessoa.

❖ RESUMO

É limitada a capacidade do ser humano de apreender o mundo exterior devido à complexidade e ao caráter dinâmico deste, à complexidade da própria percepção e às limitações dos órgãos sensoriais. Os estudos da física vieram mostrar que, ao contrário do que supunham os primeiros estudos sobre a percepção, os objetos não emitem cópias, mas apenas refletem ondas perceptíveis por nossos órgãos, que as transformam em impulsos nervosos transmitidos a áreas especiais do cérebro. Os eventos precisam ter certas propriedades, particularmente, precisam ter um mínimo de intensidade para serem captados. Limiar perceptivo é o ponto a partir do qual o fenômeno é perceptível. Os estímulos não são percebidos isoladamente, mas dentro de um contexto. São diferentes as reações provocadas por um estímulo isolado e pelo mesmo estímulo integrado em um contexto. A percepção envolve também outros processos mentais e é influenciada pela própria experiência passada do indivíduo, que o leva a concentrar a atenção em certos aspectos do que pode perceber. As características do ambiente também podem ser determinantes da mudança de atenção. É possível ampliar o limite da atenção diminuindo os estímulos percebidos pelo agrupamento dos estímulos, de acordo com certos critérios, como no fenômeno figura-fundo. No entanto, a percepção de tamanho, cor, forma e tonalidade não varia, apesar de mudarem as condições da observação: é o fenômeno da constância. Já os fenômenos de vigilância e defesa, ligados às dificuldades que os indivíduos têm para perceber estímulos geradores de ansiedade, tensões e angústia, apontam a influência da motivação nas percepções. Outro aspecto importante do processo perceptual é a decodificação, pela qual a informação recebida no presente é integrada às informações já armazenadas. As dificuldades ligadas à decodificação da informação podem ser geradas pela ambigüidade e pela redundância.

O processo perceptivo que envolve outra pessoa como objeto de percepção difere dos demais porque o objeto percebido é também uma pessoa que percebe, o que leva a recíprocas influências nas percepções de ambos. Na organização, as pessoas se comportam com base no que percebem em um contexto de múltiplas interações de valores, atitudes, motivos e características de personalidade, de um lado, e fatores organizacionais, de outro.

A cognição implica um processo com vistas à aquisição de novos conhecimentos. Os processos de cognição abrangem a percepção, a memória, a imaginação, o raciocínio ou o pensamento e a solução de problemas. Os estímulos externos captados pelo processo perceptivo são os elementos básicos para a aquisição de novos conhecimentos. O sistema de memória é um conjunto de mecanismos comuns para armazenar a informação. A memória compreende dois vastos sistemas: a memória ativa, que permite o relacionamento de percepções novas, e a memória a longo prazo, que é mais estática. Já os mecanismos usados para imaginar são diferentes dos usados para perceber informações.

A função mais importante do sistema humano de memória é abstrair e estabelecer relações (formação de conceitos). O pensamento é a atividade rigorosa e altamente reflexiva pela qual se tenta resolver um problema (Posner). Segundo Piaget, o pensamento se desenvolve à medida que se elaboram as estruturas mentais. Há três tipos fundamentais de pensamento ou raciocínio: o dedutivo, o indutivo e o avaliativo ou crítico.

A solução de problemas tem sido conceituada como a busca de uma resposta a uma situação nova, na qual o indivíduo é motivado a alcançar um objetivo, sendo bloqueado por um obstáculo. É importante, na solução de problemas, sua representação inicial e o uso sistemático das operações mentais orientadas por um plano fundamental para sua solução. Também importantes são a qualidade e a quantidade das informações sobre os problemas, bem como a incubação, ou seja, o período de desligamento emocional em relação aos problemas. Vários fatores têm sido apontados como os que influenciam o processo de solução de problemas: o *mental set*, momento particular do indivíduo, em que ele é capaz de captar determinados tipos de percepções e pensamentos mais que outros; a fixação funcional, caracterizada pela incapacidade de a pessoa usar instrumentos ou elementos conhecidos para resolver problemas; a experiência passada; o contexto pessoal do indivíduo; o envolvimento emocional e outros.

A criatividade, freqüentemente confundida com a irrealidade, é, do ponto de vista psicológico, a ocorrência do que não é comum, mas é apropriado e operacionalizável. A criatividade é uma capacidade que pode ser desenvolvida.

A função social das organizações foi analisada de forma a mostrar seu papel como estimuladora ou bloqueadora do desenvolvimento cognitivo e do processo de maturidade psíquica do indivíduo.

A repressão nas organizações é feita por meio de um processo permanente, que envolve os indivíduos–membros da organização de forma compulsória. A mudança de cultura, com a introdução compulsória de valores, o deslocamento de valores, a estimulação do surgimento de necessidades individuais, que na realidade atendem às necessidades e objetivos da organização, são desenvolvidos com a utilização de mecanismos que atuam no nível psicológico do indivíduo, falsificando sua consciência e impedindo-o de atingir sua maturidade psíquica. A falsificação da consciência é um processo que correlaciona a defesa interna do indivíduo (fuga ao desprazer) à repressão externa da organização, levando-o (indivíduo) à falsificação da percepção de sua realidade interna e da realidade externa. O conhecimento que elabora e a forma pela qual (indivíduo) o faz são contaminados. Suas verdades são aquelas que a organização definiu para ele. Não são as suas. Seu nível de maturidade psíquica é atrofiado e se observa o fenômeno do infantilismo psíquico.

❖ TERMOS E CONCEITOS IMPORTANTES

Conceito ou categoria: conjunto de propriedades abstraídas dos eventos ou objetos percebidos.
Conceito ou constructo: propriedades abstraídas de eventos ou coisas.
Conhecimento: aquilo que as pessoas sabem sobre si e sobre o mundo em geral.
Constância: tendência para perceber um objeto como sendo o mesmo em diferentes condições, apesar de o objeto apresentar diferentes imagens perceptivas.
Decodificação: tentativa de integração entre as informações recebidas no passado e armazenadas e as informações que o indivíduo recebe no presente, dando-se a elas um significado próprio.
Estrutura cognitiva: conjunto organizado de fatos, conceitos e generalizações que o indivíduo aprendeu. É formada e transformada no decorrer da vida do indivíduo.
Fatores extrapessoais: fatores que não pertencem à pessoa que percebe.
Fatores intrapessoais: fatores que pertencem à pessoa que percebe.
Figura-fundo: fenômeno de percepção em que o campo perceptual, os es-

tímulos que uma pessoa é capaz de perceber em dado momento, é separado em duas partes — uma dominante e unificada, e a outra mais homogênea e difusa (fundo).

Ilusões: distorções na percepção das propriedades das partes de uma figura, quando esta é organizada em um todo pelo sujeito que a percebe.

Imagens mentais: estímulos externos captados pelo processo perceptivo. São os elementos básicos do processo de aquisição de conhecimentos.

Inclusão: destruição da configuração de uma figura ou coisa por meio de outra mais inclusiva. Os tanques de guerra camuflados com folhagens são um exemplo de inclusão denominada camuflagem.

Informação ambígua: informação pouco definida e pouco estruturada.

Informação redundante: repetição do mesmo conteúdo informativo dentro de uma mesma mensagem.

Interação social: interação entre dois ou mais indivíduos.

Limite de atenção: defasagem entre o número de estímulos com que o indivíduo entra em contato e o número de estímulos que ele é capaz de processar.

Limiar de percepção: intensidade mínima necessária para que um evento seja captado pelo sistema nervoso. Cada indivíduo apresenta um limiar específico, assim como cada órgão sensorial.

Memória: processo mental de armazenamento das experiências passadas identificáveis.

Memória ativa ou a curto prazo: constitui-se de itens ou representações mentais em estado ativo. Permite o relacionamento de percepções novas entre si e com percepções anteriormente elaboradas e armazenadas.

Memória a longo prazo: é constituída pelas representações mentais adquiridas pelos indivíduos e que não estão sendo usadas por eles, mas que poderão ser ativadas a qualquer momento.

Operação mental: transformação mental que cada indivíduo realiza da informação que recebe. A informação sofre transformações, tomando formas diferentes.

Há diferentes tipos de operações mentais, que apresentam graus diversos de complexidade. A soma, a divisão, a multiplicação e a subtração são exemplos de operações mentais, assim como a percepção de um evento, situação ou coisa.

Pensamento ou raciocínio: abstração das propriedades dos eventos e estabelecimento das relações entre eles. É a consecução de uma representação mental por meio da realização de operações mentais. Envolve a percepção, a memória e o uso de símbolos. É uma atividade interna do ser humano.

Percepção: processo psicológico em que a pessoa apreende a realidade exterior a si própria. Envolve outros processos psicológicos, como o pensamento e a memória. Sofre as limitações dos órgãos sensoriais, além de outras limitações.

Percepção social: processo perceptivo que tem outra pessoa como objeto da percepção. Apresenta características próprias. É mais complexo do que o processo de percepção de outros objetos não–humanos por causa da natureza psicológica do objeto percebido, que interage com quem o percebe.

Processo de cognição: forma pela qual as pessoas adquirem conhecimentos e desenvolvem seus sistemas de cognição. É integrado pela percepção, memória, raciocínio ou pensamento, imaginação e pela solução de problemas. É um processo consciente que visa a aquisição de novos conhecimentos.

Proximidade: estímulos muito próximos uns dos outros. Leva a percepção a confundi-los.

Realidade consensual: situação como é vista por várias pessoas.

Similaridade: estímulos com características semelhantes. Influenciam o processo de percepção, provocando a percepção de grupos de estímulos em vez de estímulos individuais.

Sistema de memória: conjunto de mecanismos comuns para armazenar informação. Esse sistema é integrado pela memória ativa e pela memória a longo prazo.

Vigilância e defesa: fenômenos psicológicos que influenciam a percepção de estímulos geradores de angústia, de ansiedade e de tensões.

❖ APLICAÇÃO

Estudo de caso

Mudança de cultura e padronização da percepção dos indivíduos

Uma empresa multinacional elaborou um plano de mudança de cultura com o objetivo de retomar parte do mercado perdido com a entrada de duas grandes concorrentes, também internacionais, em seu setor.

Seminários de mudança de cultura foram realizados na diretoria e desenvolvidos em todas as áreas e níveis hierárquicos da empresa. A participação nos seminários e nas reuniões de grupos específicos de cada nível hierárquico (*team building*) era compulsória.

Os objetivos e metas para cada setor já haviam sido definidos pela presidência. Os grupos participativos tinham como objetivo referendar esses objetivos e adequar as estratégias à sua realidade específica. Detalhamento e estabelecimento de um plano operacional para sua execução.

Foi desenvolvido um amplo programa com seminários, cursos, sessões em que técnicas de aperfeiçoamento pessoal e de adequação aos novos padrões culturais propostos pela empresa foram exaustivamente trabalhadas. Um novo credo foi criado na empresa: o da excelência e do compromisso com os objetivos de produção, vendas, custos e lucros. A empresa passou a divulgar sua situação financeira para seus gerentes e assessores.

O novo perfil de funcionário foi sendo delineado especialmente pelas técnicas de aprimoramento e adequação perceptiva. Os indivíduos eram sujeitos a uma técnica de treinamento na qual os demais participantes diziam a ele como o percebiam. Ele tinha de justificar aquela *imagem passada aos demais*.

O nível de *stress* foi muito grande. Alguns funcionários, inclusive gerentes, abandonaram a empresa. Houve, entretanto, uma mudança de cultura, obedecendo-se aos novos padrões estabelecidos pela empresa. Essa mudança vem sendo sedimentada por meio de reuniões regulares, seminários de avaliação interna dos diferentes grupos, grupos participativos com atuação regular nos vários níveis e setores da organização.

É comum dizer-se na empresa que ao funcionário cabe não mais vestir a camisa da empresa, mas vestir sua cabeça, ou seja, pensar da forma por ela estabelecida e agir de acordo com a nova cultura, comprometida com a excelência, qualidade, baixos custos e lucro. A permanência na empresa, a promoção salarial e hierárquica são apresentadas como implicitamente vinculadas à adesão aos novos padrões culturais.

❖ QUESTÕES

1. Identifique e explique os mecanismos de repressão externa dos indivíduos adotados pela empresa.
2. Explique as conseqüências: a) para a empresa; b) para os indivíduos.
3. Por que a mudança cultural compulsória é um processo de controle mental do indivíduo?
4. Proponha uma alternativa de modelo de cultura partindo do pressuposto da empresa como meio social facilitador do processo de desenvolvimento cognitivo do indivíduo, bem como de maturidade psíquica.
5. "Os grupos participativos são mecanismos de distorção perceptiva, padronização cultural e falsificação de consciência." Discuta essa afirmativa, fundamentando-se em Jean Piaget e em Freud.
6. Qual a função dos órgãos sensoriais no processo perceptivo?
7. Explique por que o processo perceptivo é um processo psicológico.
8. Explique a influência dos fatores ambientais e dos fatores individuais na formação de percepções.
9. Explique a diferença entre a percepção de objetos e a percepção de pessoas.
10. Identifique e explique os processos cognitivos.
11. Explique por que o processo perceptivo possibilita bases para as atividades mentais.
12. Explique o processo de memória e suas funções na aquisição de conhecimentos.
13. Explique o pensamento como processo cognitivo.
14. Explique de que forma as operações mentais são efetuadas.
15. Explique o processo de formação de conceitos ou constructos.
16. Explique o que é criatividade.
17. Identifique os fatores organizacionais que mais influenciam a percepção dos membros da organização.
18. Explique por que as condições das organizações, isto é, objetivos e va-

lores, políticas e diretrizes, cultura, estrutura formal, divisão hierárquica, divisão de trabalho, normas e procedimentos, tecnologia e tarefas, sistema gerencial etc., influenciam o desenvolvimento cognitivo dos indivíduos.
19. De que forma as organizações podem estimular o crescimento mental de seus membros?
20. Explique o que se quer dizer com *função da organização*.
21. Explique o processo de distorção da percepção do indivíduo na organização.
22. Identifique os fatores que, na organização, atuam como repressores externos sobre o processo perceptivo do indivíduo.
23. O que significa dizer que a organização exerce um controle sobre o indivíduo atuando no nível psicológico?
24. Explique por que e como a organização pode controlar o processo perceptivo do indivíduo.

❖ REFERÊNCIAS BIBLIOGRÁFICAS

ASCH, Salomon. Influências do grupo na modificação e deformação de julgamentos. In: CARTWRIGHT, Dorwin; ZANDER, Alvin. *Dinâmica de grupo*. São Paulo: EPU/Edusp, 1974.
CANTRIL, H. Perception and interpersonal relations. In: NORD, Walter. *Concepts and controversy in organizational behavior*. California: Goodyear, 1973.
CARTWRIGHT, Dorwin; ZANDER, Alvin. Pressões e padrões do grupo em dinâmica de grupo. In: CARTWRIGHT, Dorwin; ZANDER, Alvin. *Dinâmica de grupo*. São Paulo: EPU/Edusp, 1974.
COMBS, Arthur W.; RICHARDS, Fred. *Perceptual psychology*. New York: Harper & Row, 1976.
CNBB. *Pronunciamentos do Papa no Brasil*. São Paulo: Loyola, 1980.
DEMBER, William N. *Psychology of perception*. New York: Holt. Rinehart and Winston, 1964.
FLAVELL, John H. *A psicologia do desenvolvimento de Jean Piaget*. São Paulo: Biblioteca Pioneira de Ciências Sociais, 1975.
GILMER, B. Von Haller. *Psychology*. New York: Harper & Row, 1973.
HASTORF, Albert H.; SCHINEIDER, David J.; POLEFKA, H. *Percepção de pessoa*. São Paulo: Edusp, 1973.
KATZ, Daniel; KAHN, Robert L. *Psicologia social das organizações*. São Paulo: Atlas, 1976.
LA PLANCHE, J. *Vocabulário da psicanálise*. São Paulo: Martins Fontes, 1986.
LEVANWAY, Russell W. *Advanced general psychology*. Philadelphia: F. A. Davis Company, 1972.
MCKEACHIE, Wilbert J.; DOYLE, C. *Psychology*. New York: Addison-Wesley, 1972.
NEWCOMB, Theodore M.; TURNER, Ralph; CONVERSE, Philips. *Social psychology*. New York: Holt, Rinehart and Winston, 1965.

NORD, Walter. Perception. In: NORD, Walter. *Concepts and controversy in organizational behavior*. California: Goodyear, 1972.
PAGÉS, Max. *O poder das organizações*. São Paulo: Atlas, 1987.
PIAGET, Jean. *Psicologia da inteligência*. Rio de Janeiro: Zahar, 1977.
POSNER, Michael I. *Cognition:* an introduction. California: Scott and Foresnlan, 1973.
ROUANET, Sérgio Paulo. *Razão cativa*. São Paulo: Brasiliense, 1987.
RUCH, Floid L.; ZINBARDO, Philip C. *Psychology and life*. Illinois: Scott, Foresman and Company, 1971.
TAGIURI, Renato; PETRULLO, Luigi (Org.). *Person perception and interpersonal behavior*. California: Stanford University Press, 1965.
TORT, Michael. *Le quotient intellectuel*. Paris: Maspero, 1977.
TRAGTENBERG, Mauricio. *Administração, poder e ideologia*. São Paulo: Moraes Ed., 1980.

12
Motivação e a Organização

Ao terminar a leitura deste capítulo, você deverá ser capaz de compreender:
1. a ideologia que fundamenta as diferentes teorias motivacionais e suas conseqüências sociopolíticas;
2. o processo motivacional;
3. a relação entre motivação e desempenho no trabalho.

Ao estudar a motivação humana, especialmente a motivação no trabalho, não se pode deixar de expor o problema do trabalho e de sua função na vida do indivíduo e na sociedade.

Diferentes posicionamentos podem ser observados tanto em relação ao conceito de trabalho, quanto em relação à função, quer no nível do indivíduo, quer no nível da sociedade.

O capitalismo enfatiza o trabalho como um meio de acumulação de capital. Não há acumulação de capital sem trabalho. Produzir mais significa possibilitar maior acumulação de capital. Portanto, o controle do conjunto de processos de trabalho é, para o capitalismo, um elemento fundamental de seu processo de desenvolvimento que, ao desenvolver a ideologia do trabalho, o identificou com a atividade humana, criando ao mesmo tempo a *religião do trabalho*.

No socialismo industrial, o trabalho é a mola fundamental da sociedade e da felicidade humana. Saint-Simon considera o socialismo *sociedade trabalhadora*. Proudhon afirma que o trabalho é a base da nova sociedade.

É o criador do homem e da sociedade, gerador da economia e promotor da justiça. É por meio do trabalho que a riqueza e a sociedade são desenvolvidas.

O humanismo e a religião do trabalho são fatores fundamentais para o socialismo industrial.

Marx toma o trabalho como um processo humano de transformação de matéria em produto. O ser humano é tomado como *coisa* que possui força de trabalho, força essa despendida no processo de transformação da matéria em produto de uso, em que há dispêndio produtivo dos cérebros, músculos etc.

Como gerador de valor de uso, afirma ele, o trabalho é indispensável à existência do homem. É necessidade natural e externa de efetivar o intercâmbio entre o homem e a natureza, portanto, de manter a vida humana. O trabalho é o setor essencial da realização do homem e da formação da sociedade. Para Marx, o homem não só é um produto do trabalho, mas também produz a sociedade em seu ato de trabalhar. O trabalhador é a força de trabalho em ação.

A partir da natureza do trabalho humano, Marx define a alienação e a exploração. Para Marx, no capitalismo, o trabalho perde sua função criadora e libertadora porque não permite que o trabalhador controle os instrumentos de produção, o produto e o processo de trabalho.

Na concepção marxista do trabalho, é mantida a confusão entre atividade humana e trabalho. O ser humano só se realiza no trabalho. O ser humano é um possuidor de força de trabalho e sua realização só se concretiza no próprio ato de trabalhar. A justiça e a igualdade, segundo a visão marxista, são fundamentadas no trabalho.

Tanto a ideologia socialista quanto a ideologia burguesa do trabalho propõem uma sociedade construída sobre o trabalho. Para ambas, a realização do ser humano está centrada no trabalho (é certo que de formas diferentes). As questões, entretanto, que vêm sendo colocadas são: Até que ponto a atividade humana poderá ser reduzida somente ao ato de trabalhar? até que ponto a realização do ser humano se dá exclusivamente no ato de trabalhar? Essas questões não negam que o trabalho, seu conteúdo e seu ambiente influenciam cada vez mais a vida do ser humano, mas questionam o trabalho como fim último.

Voltando ao ponto inicial, isto é, ao fenômeno da motivação humana no trabalho, é necessário ressaltar que, para compreender esse fenômeno e a forma pela qual as teorias motivacionais o abordam, é fundamental o conhecimento do conceito de natureza humana, da definição de trabalho e de função, quer no nível do indivíduo, quer da sociedade mais ampla, adotados por cada uma delas. A compreensão das teorias motivacionais exige a análise de seus pressupostos valorativos e de suas propostas fundamentais. É importante ressaltar que as teorias estudadas são limitadas por esses fatores e que sua contribuição deve ser avaliada considerando-se tais limitações.

A motivação como problema individual

É muito comum ouvir de executivos e chefes que a maior parte de seus subordinados não se motiva, que há problemas de integração, que as pessoas têm problemas emocionais e que não foram atingidas a produtividade e a contribuição que deles se esperava. Nessas queixas, os termos *motivação*, *integração* e *problemas emocionais* são usados para designar problemas do indivíduo isolado. Está implícito nessa abordagem que as causas da motivação, do ajustamento ou desajustamento, da baixa ou alta produtividade estão nos indivíduos, em suas características de personalidade. A motivação no trabalho é uma tarefa cuja responsabilidade única e total pesa sobre o próprio indivíduo. A organização espera que seus membros se motivem. Por outro lado, essa abordagem do processo motivacional na organização sugere que as pessoas respondam a recompensas e punições. Esse posicionamento predomina nas organizações e fundamenta as políticas organizacionais no que se refere à seleção, avaliação, promoção e demissão de seus funcionários.

No entanto, o fenômeno motivacional como processo psicológico não é tão simples assim. Sua compreensão e abordagem dependerão da concepção que se tem da complexidade da natureza humana e das condições que a influenciam. Para compreender a motivação no trabalho, é necessário responder a algumas questões básicas que têm sido objeto de estudo por parte dos psicólogos. A primeira grande questão refere-se às causas pelas quais o organismo é ativado, ou seja, àquilo que leva os indivíduos a agir. Ao tentar responder a essa questão, procura-se identificar as condições que determinam a duração ou a persistência da ação do indivíduo, assim como as condições que o levam a interromper sua atividade ou ação. Outra questão fundamental para a compreensão da motivação refere-se à forma da ação e à sua direção. Para responder a essa questão, é necessário identificar as condições que determinam a forma das atividades. É preciso saber por que o indivíduo escolherá determinada forma de agir, ou por que se move em determinada direção e não em outra.

Comportamento motivado, comportamento não-motivado

Alguns psicólogos, ao tentarem estudar o problema da motivação, estabelecem uma distinção entre o comportamento que não está sob o controle voluntário, portanto não-motivado, e aquele sob controle voluntário, ou comportamento motivado. Quando se aceita que a maioria dos comportamentos, especialmente no trabalho, é voluntária, aceita-se também que o principal problema da motivação será explicar as escolhas que os indivíduos fazem entre diferentes respostas voluntárias possíveis.

Motivação e hedonismo

Entre as abordagens da motivação, algumas fundamentam-se no princípio do hedonismo. Esse princípio postula que os indivíduos buscam o prazer e afastam-se do sofrimento. Segundo esse princípio, em cada situação com que as pessoas se deparam, elas selecionam alternativas de ação que podem maximizar o prazer e minimizar o sofrimento. Portanto, pressupõe-se que as pessoas se comportam de forma a maximizar certos tipos de resultados de suas ações, como, por exemplo, recompensas de diferentes formas, satisfações, reforços positivos, e a minimizar resultados como punições, insatisfações etc. Por outro lado, o estudo da motivação tem sido objeto de pesquisas de diversos grupos de psicólogos que, por sua vez, se orientam conforme diferentes abordagens teóricas. Essas orientações podem ser identificadas, de uma forma ampla, como behaviorista e cognitivista.

Os behavioristas e a motivação

Os behavioristas dão ênfase à aprendizagem. Para eles, sempre existem relações entre o comportamento de um indivíduo em determinado momento e os acontecimentos ocorridos em momentos anteriores. Isso significa que a resposta dada pelo indivíduo no presente é uma conseqüência dos efeitos das respostas emitidas por ele no passado. Os behavioristas postulam um determinismo do passado. Sua abordagem é, portanto, histórica, porque o que motiva o comportamento são as conseqüências dos efeitos produzidos pelo comportamento passado do indivíduo, ou seja, a recompensa ou punição recebidas.

Os cognitivistas e a motivação

Os cognitivistas, por outro lado, pressupõem que os indivíduos possuam valores, opiniões e expectativas em relação ao mundo que os rodeia e, portanto, possuam representações internalizadas de seu ambiente. Para eles, essas são as forças que impelem os indivíduos para a ação. Os indivíduos possuem objetivos e lutam para atingi-los, sejam objetos, sejam acontecimentos. Na medida em que objetos e acontecimentos são atrativos para o indivíduo, ele se empenhará em atingi-los, e, da mesma forma, tentará afastar-se quando forem negativos.

Kurt Lewin

Dentre os cognitivistas, Kurt Lewin é um dos que trouxeram maior contribuição ao estudo da motivação. Sua abordagem teórica difere da abordagem behaviorista não só em sua posição cognitivista, mas também quanto ao efeito do passado sobre o comportamento presente. Para ele, a escolha feita por uma pessoa em determinada situação é ocasionada pelos motivos e cognições próprios do momento em que faz essa escolha. O comportamento é visto como dependente de eventos que existem para o indivíduo no momento em que o comportamento ocorre.

A abordagem de Freud

Freud aborda a motivação de forma dinâmica, pressupondo forças internas que direcionam o comportamento. Segundo Freud, as forças internas motivam o comportamento humano e são representadas pelos instintos, que fornecem uma fonte contínua e fixa de estimulação (*id*). Os instintos visam objetivos próprios, mas que podem ser modificados. Para ele, os seres humanos podem derivar diferentes motivações de um motivo original. A energia do instinto deve ser liberada e os indivíduos podem aprender a atingir certos objetivos que possibilitam a liberação dessa energia. Ao colocar nos instintos (libido) a fonte de estimulação humana, Freud explicita o determinismo biológico, isto é, para ele, os instintos, que são herdados, determinam o comportamento humano. Ao analisar a abordagem freudiana da motivação, Bolles (1975) mostra que a teoria freudiana pode ser considerada a teoria dos objetivos do comportamento humano, pois, em sua essência, lida com a identificação desses objetivos e com a forma pela qual eles se tornaram objetivos.

Freud e o inconsciente

Freud, entretanto, não acredita que as motivações das ações humanas sejam todas conscientes. Ao relacionar a motivação do comportamento humano com os instintos, ele mostra que nem sempre as pessoas estão conscientes das motivações de suas ações, muitas vezes comandadas pela necessidade de satisfação dos instintos.

Teoria Psicanalítica e Determinismo Biológico

Por outro lado, ao abordar a motivação do comportamento humano, Freud dá grande ênfase à dependência que o comportamento adulto mantém em relação às experiências da infância. A ênfase no passado do indivíduo e nos instintos como forças motivadoras realmente caracteriza a abordagem histórica e o determinismo biológico da teoria psicanalítica.

Comportamento como forma de liberação de tensões

Lewin, por outro lado, afirma também que as ações humanas devem ser explicadas como uma forma de liberação de tensões. Os indivíduos percebem formas e meios de liberar certas tensões. As atividades percebidas como capazes de liberar as tensões do indivíduo o atraem. A essa atração Lewin denomina valência positiva. A força interna que o indivíduo experimenta e que o move para a ação é causada pela valência positiva. Já as valências negativas geram forças repulsivas e afastam o indivíduo de certas atividades. Para Kurt Lewin, todo comportamento intencional é motivado: é impulsionado por tensões, movido por forças, dirigido por valências (que explicitam os valores dos indivíduos) e encaminhado para objetivos. O comportamento é, para Lewin, sujeito às influências das percepções, sentimentos e pensamentos do indivíduo. As tensões originam-se nas intenções voluntárias do indivíduo de realizar determinadas ações. A tensão só desaparece à medida que a ação é realizada.

Os behavioristas consideram dois tipos de estimuladores do organismo: os *drives*, ou impulsos não direcionados, e os motivos que direcionam o comportamento. Os motivos são adquiridos por meio da aprendizagem, que se dá pela aplicação de reforço positivo ou negativo.

Comportamento direcionado

Ao analisar as abordagens teóricas da motivação, pode-se concluir que tanto os cognitivistas como os behavioristas concordam em que o comportamento é direcionado: os cognitivistas postulam forças internas intencionais (valores); os behavioristas indicam os estímulos externos ou reforços como força diretiva do comportamento e Freud fala em instintos (forças internas hereditárias). Para os cognitivistas, a motivação do comportamento humano é um processo psicológico complexo em que estão envolvidos outros processos psicológicos, tais como a percepção, o pensamento etc. Para os behavioristas, os indivíduos respondem a condicionamentos positivos e negativos. Tais abordagens traçam uma linha divisória entre aqueles que abordam o ser humano como prisioneiro de sua hereditariedade e de seu passado e/ou de seu meio, de um lado, e aqueles que o respeitam como um ser atuante, que busca sua autodeterminação e sua autoexpressão, de outro. Para Freud, a motivação humana é a busca da satisfação dos instintos inatos.

Teoria da Motivação Humana de Maslow

Abraham Maslow trouxe sua experiência como psicólogo clínico para as organizações, ao desenvolver a Teoria da Hierarquia das Necessidades. Foi da observação de clientes de vários níveis de sanidade mental que Maslow desenvolveu as bases de sua teoria. A simplicidade de compreensão e de aplicação é fator que pode explicar sua aceitação nas organizações e nos cursos de administração.

Não oferece suporte científico e tentativas de sua validação foram mal-sucedidas. Todavia, apesar da sua fragilidade teórica-científica, é, ainda, em cursos de administração, ensinada e adotada como instrumento gerencial.

Hierarquia das necessidades humanas

A hipótese central da teoria de Maslow é a existência de uma hierarquia das necessidades humanas, constituída pelas necessidades biológicas, psicológicas e sociais. Somente à medida que as necessidades inferiores da hierarquia são satisfeitas, pelo menos em parte, é que surgirão as necessidades superiores da hierarquia. As necessidades humanas foram divididas em necessidades fisiológicas, de segurança, de afiliação e de amor, de auto-estima, de auto-realização e estéticas.

Predominância das necessidades fisiológicas

As necessidades fisiológicas são consideradas as necessidades básicas do ser humano e as mais preponderantes de todas as necessidades humanas, assim como os comportamentos consumatórios que envolvem servem de canais para as demais necessidades. Isso significa que, quando a pessoa está carente de tudo na vida, em uma situação extrema, é muito mais comum que as necessidades fisiológicas sejam sua motivação principal. Uma pessoa, afirma ele, que está sem comida, sem segurança, sem amor e auto-estima provavelmente procurará alimento mais do que qualquer outra coisa. Quando todas as necessidades estão insatisfeitas, o organismo é dominado pelas necessidades fisiológicas. Quando um indivíduo está com fome, todas as suas capacidades são empregadas a serviço da satisfação da fome; a organização dessas capacidades é quase que totalmente determinada pelo objetivo de satisfazer a fome. Nessas circunstâncias, os receptores e efetores, a inteligência, a memória e os hábitos podem ser definidos simplesmente como instrumentos de gratificação da fome. As capacidades que não são úteis para esse objetivo permanecem inativas e todos os desejos e interesses são esquecidos ou colocados em plano secundário.

Necessidades de segurança

As necessidades de segurança surgem à medida que o indivíduo tem suas necessidades fisiológicas relativamente satisfeitas. As necessidades de segurança envolvem a estabilidade, a proteção, a ausência de medos e de ameaças e a ausência de ansiedade. Quando essas são as necessidades não satisfeitas (de nível mais baixo), elas dominam o indivíduo, cujas capacidades se voltam para sua satisfação. O indivíduo passa a procurar a segurança, colocando-a como o objetivo principal de sua vida. Quando as pessoas se sentem ameaçadas de alguma forma em sua segurança, regridem dos níveis superiores de necessidade e concentram-se nas necessidades de segurança. Algumas pessoas sentem-se particularmente perturbadas pelas ameaças de autoridade, de legalidade e por representantes da lei. Essas pessoas geralmente centram suas motivações nas necessidades de segurança.

Necessidades de afiliação e amor

As necessidades de relacionamento, de pertencer, de intimidade, de amor e de afeição são de grande importância para os seres humanos e podem, em determinado momento, ser preponderantes, impedindo a emergência de outras necessidades. A supermobilidade forçada pela industrialização dificulta a satisfação dessas necessidades.

A solidão, o ostracismo, a rejeição e a ausência de raízes comuns com grupos sociais são situações que evidenciam a não-satisfação dessas necessidades. Maslow considera que a não-satisfação dessas necessidades provoca um sofrimento que pode ter a mesma intensidade do sofrimento físico de uma pessoa faminta.

Necessidade de estima

A necessidade de estima é integrada por necessidades cuja satisfação está diretamente relacionada à própria pessoa e também por necessidades cuja satisfação exige fundamentalmente uma ação externa. No primeiro caso, encontram-se as necessidades de realização, de adequação, de capacidade e de competência, de confiança em enfrentar o mundo, de liberdade e de independência. No segundo caso, encontram-se as necessidades de reputação ou prestígio, de *status*, de dominação ou poder de reconhecimento, de atenção, de importância e de dignidade ou apreciação. A necessidade ou o desejo de uma avaliação de si próprio, de auto-respeito, de auto-estima e de estima dos outros é, segundo Maslow, uma necessidade fundamental de todos os seres humanos. A satisfação das necessidades de auto-estima leva a sentimentos de auto-confiança, de força, de adequação e de ser útil e necessário no mundo. A ausência de satisfação dessas necessidades gera sentimentos de inferioridade, de fraqueza e de desencorajamento.

Necessidade de auto-atualização

Essa necessidade somente surge à medida que as demais são relativamente satisfeitas. Ela se refere ao desejo que as pessoas têm de desenvolver seu potencial. Essa necessidade está relacionada à curiosidade humana e envolve, de certo modo, as necessidades de auto-realização e de segurança, englobando o desejo de compreender, de sistematizar, de organizar, de analisar e de procurar relações e significados, assim como de construir um sistema de valores.

Maslow indica as necessidades estéticas, ou seja, a busca pelo belo, como aquelas que completam a pirâmide das necessidades humanas.

Apesar de propor uma hierarquia de necessidades, onde as necessidades superiores emergem à medida que as inferiores são satisfeiras, Maslow não supõe que as necessidades básicas sejam totalmente satisfeitas de modo a permitir a emergência das necessidades superiores. O que existe é um relativa satisfação das necessidades básicas.

Necessidades estéticas

Maslow indica as necessidades estéticas, ou seja, a busca do belo, como aquelas que completam a pirâmide das necessidades humanas.

Apesar de propor uma hierarquia de necessidades, onde as necessidades superiores emergem à medida que as inferiores são satisfeitas, Maslow não supõe que as necessidades básicas sejam totalmente satisfeitas de modo a permitir a emergência das necessidades superiores. O que existe é uma relativa satisfação das necessidades básicas.

Figura 12.1 – *Hierarquia das mecessidades humanas.* (Adaptado de A. H. Maslow, in *Motivation and Personality*, Harper and Row, 1970, p. 35-58.)

Falácias da abordagem da Teoria das Necessidades Humanas de Maslow

Maslow parte da diversidade de fatores que constituem o ser humano: biológicos, sociais, psicológicos. Separa-os, isolando uns dos outros, e não considera a interação desses fatores e a conseqüência de uns sobre os outros, o que explica a lógica da hierarquia de necessidades por ele estabelecida. E, a partir desse pressuposto, Maslow define as necessidades de acordo com sua natureza. Assim, necessidades fisiológicas são de natureza biológica, estando, entre elas, as necessidades sexuais.

Necessidades de segurança se situam na esfera social e têm a ver com a aquisição de objetos e relações que protejam seu possuidor contra ameaças futuras, especialmente aquelas que possam impedir a realização de necessidades fisiológicas.

Necessidades de amor se situam no nível social, no mundo das relações e de pertencimento. É a preferência pelo amor dos outros. Maslow reconhece a existência dos sentimentos e das emoçõe; todavia, ao se referir às necessidades de amor, limita-as ao sentimento de ser aceito pelo outro. É a necessidade de amigos, família e colegas.

No topo da pirâmide, Maslow coloca as necessidades de auto-realização, consideradas necessidades psicológicas. Essas necessidades não são claramente definidas por ele. Entende *ser uma espécie de desejo da pessoa ser cada vez mais como é e a possibilidade de vir a ser tudo o que é capaz de ser* (Maslow, 1943).

Como se pode perceber, é uma conceituação vaga, imprecisa, que não contribui para a compreensão do que Maslow denomina necessidades de auto-realização.

Nas necessidades de estima, estão agrupados dois tipos de necessidades: a necessidade social, que envolve o reconhecimento, o respeito e a consideração dos outros, e a auto-estima, que traduz o grau de aceitação e respeito da pessoa por si própria.

A Teoria da Hierarquia das Necessidades Humanas, proposta por Maslow, representa uma tentativa de entender a motivação humana. Todavia, ao trazer a questão das necessidades como explicação da motivação humana, parte de pressupostos questionáveis.

1) Para Maslow, as necessidades humanas são geneticamente adquiridas, ou seja, são inatas. Ignora a influência da cultura.
2) São isoladas umas das outras, não havendo interação entre os fatores biopsicossocial. Portanto, o ser humano continua sendo visto como um ser unidimensional, ou seja, dividido em partes isoladas umas das outras.

3) Maslow hierarquiza e separa as necessidades como fatores de natureza diversa, independentes.
4) Não consegue diferenciar desejos de necessidades. Estas últimas são temporárias, terminam quando satisfeitas.
5) Não há relatos de pesquisas que tenham confirmado a Teoria das Necessidades humanas de Maslow.
6) É uma teoria fundamentada no paradigma do pensamento simples e postula a redução do ser humano a fatores isolados.
7) Reduz a motivação humana a um conjunto limitado de necessidades. Tem dificuldade de defini-las com clareza, na realidade. Explicar e entender o ser humano vai exigir uma abordagem da sua complexidade e uma compreensão do processo de interação dos fatores biopsicossociais, o que Maslow não faz.
8) Desconhece as diferenças individuais e as influências culturais, o que quebraria a hierarquia das necessidades.

Necessidade de realização (*N-achievement*, Mcclelland)

A Teoria da Necessidade de Realização (*N-achievement*) tenta relacionar essa necessidade com o desenvolvimento econômico. Segundo Mcclelland, a necessidade de realização tem suas origens na ética protestante, que enfatiza o esforço do indivíduo e a importância e o compromisso com os resultados de seu próprio trabalho. O indivíduo realiza-se naquilo que faz e não pelas possíveis recompensas ou efeitos decorrentes do trabalho realizado. A necessidade de realização parte da hipótese de que os indivíduos estabelecem para si um padrão de excelência de seu desempenho e tentam alcançá-lo por diferentes meios. Eles procuram o nível de excelência e são persistentes em sua busca. É, portanto, uma teoria que justifica o individualismo e o egoísmo. Tudo se justifica à medida que o indivíduo *se realiza*.

Mcclelland e seus colaboradores desenvolveram pesquisas com grupos de adolescentes e com grupos de executivos em diferentes culturas, inclusive no Brasil. Os resultados desses estudos indicam que os indivíduos têm necessidade de realização, de poder e de afiliação em graus diferentes. A necessidade predominante, entretanto, é a que influencia mais diretamente seu comportamento. Os indivíduos com necessidade de realização são mais capazes de apresentar maior rendimento em determinadas situações. Situações de rotina ou situações em que são oferecidas recompensas ou outro tipo de satisfação não promovem satisfação de realização e, portanto, não criam condições para o *realizador* (indivíduo com necessidade de realização) apresentar um bom desempenho e um bom ajustamento no trabalho. Para indivíduos com necessidade de realização, o importante é uma realização cada vez melhor, de forma diferente e específica, o que lhes possibilitará satisfação na realização do que estão fazendo. Portanto, enquanto para outros indivíduos o importante é fazer dinheiro, conseguir *status* e poder, para o indivíduo com necessidade de realização, o motivo fundamental é o padrão de excelência por ele definido e buscado à sua maneira. Os indivíduos com alto grau de necessidade para realização buscam de maneira persistente seu próprio aperfeiçoamento.

Os indivíduos com alto grau de necessidade de poder orientam-se para a satisfação dessa necessidade. Estabelecem como metas e objetivos pessoais o alcance do poder e a obtenção de *status*. Seus padrões de realização no trabalho são geralmente baixos e pouco importantes para eles.

Constelações de necessidades psicológicas

Foram encontradas, também, certas constelações de necessidades que se integram com o objetivo de permitir a realização da necessidade predominante. Os indivíduos com preponderância da *necessidade de realização* (*achievement*) apresentam geralmente alto grau de *necessidade de poder* e grau moderado de necessidade de afiliação. O *poder*, nessa situação, é tomado como um pré-requisito ou uma condição para a *realização*.

O *poder*, quando surge como necessidade preponderante, poder pelo poder, com o objetivo de dominação ou de imposição de uma ideologia específica, geralmente se encontra associado com a necessidade de *afiliação*, que permite o estabelecimento das relações sociais, a integração, a aceitação pelos diferentes grupos e/ou indivíduos, necessárias, até certo ponto, à própria manutenção do poder.

Necessidade psicológica predominante e integração na organização

A predominância de determinada necessidade favorecerá ou dificultará a integração dos indivíduos na organização. Os indivíduos cuja necessidade dominante é a de realização desajustar-se-ão mais facilmente nas organizações burocráticas, pois dificilmente conseguirão atingir, nessas organizações, um nível de excelência de realização criativa. Ao contrário, os indivíduos cuja necessidade predominante é de poder são os que mais facilmente se ajustam e se integram às organizações burocráticas. Da mesma forma, observou-se que os indivíduos com fortes necessidades de afiliação limitarão seus padrões de realização em benefício de sua aceitação por grupos ou indivíduos.

FATORES HIGIÊNICOS: FATORES MOTIVACIONAIS (HERZBERG)

A Teoria da Motivação no Trabalho, de Herzberg, faz a distinção entre satisfação no trabalho e motivação no trabalho. Os fatores que levam à satisfação no trabalho são denominados fatores higiênicos. Esses fatores estão relacionados com as condições em que o trabalho é realizado. Os fatores motivacionais são aqueles que estão diretamente relacionados com a tarefa ou o trabalho e influenciam diretamente a produtividade dos membros da organização.

Herzberg define como fatores higiênicos a supervisão, as relações interpessoais, as condições físicas no trabalho, o salário, a política organizacional, os processos administrativos, o sistema gerencial e benefícios, e a segurança no trabalho. Como fatores motivacionais são indicadas a liberdade, a responsabilidade, a criatividade e a inovação no trabalho. Os fatores higiênicos são necessários, mas não suficientes para promover a motivação e a produtividade dos membros da organização. Quando houver deterioração de qualquer dos fatores higiênicos abaixo do nível aceitável pelo membro da organização, surgirá a insatisfação no trabalho, levando à formação de atitudes negativas. A melhoria dos fatores higiênicos servirá para remover os empecilhos à formação de atitudes positivas. Herzberg, entretanto, enfatiza que mesmo o contexto organizacional caracterizável como ótimo (salários, segurança, benefícios, políticas e normas administrativas adequados e aceitos) não leva necessariamente a atitudes positivas em relação ao trabalho.

Auto-realização e motivação

Os fatores (Herzberg) que realmente levam à formação de atitudes positivas no trabalho, ou seja, os fatores que motivam os indivíduos, são aqueles que possibilitam a satisfação de sua necessidade de auto-realização no trabalho. Herzberg relaciona os fatores higiênicos da organização com a necessidade que os indivíduos têm de se afastar de situações desagradáveis.

Salários adequados, salubridade das condições físicas de trabalho, políticas organizacionais e procedimentos administrativos coerentes e aceitos possibilitam um sentimento de bem-estar aos membros da organização, enquanto a deterioração de qualquer um desses fatores levará ao desprazer e ao mal-estar. Por outro lado, Herzberg relaciona os fatores do trabalho propriamente dito com as necessidades de desenvolvimento do potencial humano e com a realização das aspirações individuais. É na realização da tarefa, afirma ele, que o indivíduo deverá encontrar a forma e os meios de desenvolver sua criatividade, de assumir a responsabilidade de ser independente e livre. É na tarefa, portanto, que o indivíduo será motivado.

Condições higiênicas e satisfação no trabalho

Ao relacionar as condições higiênicas do trabalho com a satisfação, e a realização da tarefa ou do trabalho com a motivação humana, Herzberg mostra que os dois fatores atendem a necessidades diferentes dos membros da organização e não podem ser confundidos. O principal problema, segundo ele, é a dificuldade de distinguir fatores higiênicos e fatores motivacionais. Para Herzberg, quando se trabalha com fatores higiênicos, manipulam-se salários, promoções, normas administrativas, políticas organizacionais e segurança do trabalho. Ao lidar com esses fatores, a organização possibilita melhores condições de trabalho. As conseqüências serão, portanto, o aumento da satisfação dos membros para com a organização, uma maior aceitação da organização e de seus líderes, a diminuição da rotatividade e a manutenção de um padrão de produtividade estável, embora relativamente baixo. Os incentivos organizacionais baseados nos fatores higiênicos não resultarão automaticamente em aumento da motivação e, portanto, da produtividade dos membros da organização, mas criarão condições necessárias para que as pessoas venham a ser motivadas.

Motivação e produtividade

Segundo Herzberg, os fatores motivadores do trabalho são aqueles que se referem à tarefa e à sua execução, mostrando uma relação direta e uma dependência entre produtividade e motivação. Para ele, os fatores motivadores dos membros da organização são aqueles ligados à forma de realização de sua tarefa. Fatores como a liberdade de criar, de inovar, de procurar formas próprias e únicas de atingir os resultados de uma tarefa constituem basicamente os fatores motivadores na organização. Como conseqüência, a organização, ao criar condições motivadoras, estará basicamente fundamentando-se na capacidade técnico-profissional de seus membros e em sua responsabilidade diante da tarefa e de seus resultados. O controle do comportamento deixa de ser função do chefe ou da organização. É assumido pelo próprio indivíduo. O resultado da tarefa, isto é, a produtividade, é a medida avaliativa do membro da organização.

Produtividade *versus* integração

Os estudos de Herzberg mostram que tanto a produtividade como a motivação são objeto de interpretações diversas. Confunde-se produtividade com grau de integração dos indivíduos às normas e procedimentos da organização, e motivação com sua capacidade de integração a essas políticas, normas e procedimentos administrativos. Em outras palavras, toma-se como fatores motivacionais a aceitação das condições de controle na organização. A produtividade de seus membros passa a ter como referência ou parâmetro seu grau de aceitação e de acomodação ao sistema organizacional, confundida, portanto, com seu comportamento e suas características de personalidade que, na maioria das vezes, não estão diretamente relacionadas com a tarefa, nem exercem influência sobre seus resultados. Nessa perspectiva, a organização, ao avaliar a produtividade de seus membros, toma por produtividade o grau de *acomodação* organizacional desses membros e não a capacidade técnico-profissional, a responsabilidade e o compromisso com a qualidade dos resultados da tarefa, o que envolveria liberdade, criatividade, inovação, responsabilidade e compromisso com a própria realização técnico-profissional. No entanto, dificilmente os membros de uma organização poderão apresentar contribuição técnico-profissional e serem produtivos sem que a organização lhes possibilite as condições básicas necessárias para ter não somente satisfação na organização, mas também condições motivadoras do trabalho. A própria avaliação dos membros da organização torna-se complexa, desde que envolve a capacidade das chefias de organizar e planejar o trabalho de seus subordinados, de forma a dar-lhes as condições necessárias para sua realização, bem como o espaço organizacional para realizá-lo de forma única e criativa, ou seja, a capacidade de criar condições motivadoras na organização e a segurança pessoal para assumir a capacidade técnico-profissional de seus subordinados. Diante desse contexto, as organizações costumam fazer uma inversão de seus objetivos, que passam a ser predominantemente sua autoperpetuação e a manutenção de um sistema de poder estabelecido. Conseqüentemente, as chefias mudam o objeto de seu controle, que passa a ser o comportamento de seus subordinados, ou seja, sua capacidade de aceitar e adotar normas e procedimentos estabelecidos pela organização e pelas chefias, independentemente de sua capacidade técnico-profissional.

Conformismo *versus* produtividade

O comportamento conformista, cauteloso, pouco criativo, geralmente manipulador, é tomado como comportamento integrador e maduro. Esses indivíduos são reforçados. Os indivíduos *integrados* são os que mais recompensas recebem na organização, seja mediante promoções, reconhecimento, *status,* seja mediante outras vantagens. Adota-se uma avaliação dos membros da organização baseada em suas características de personalidade. Já o membro da organização cujo comportamento é independente, inovador e criativo é punido, e muitas vezes considerado gerador de conflitos e causador de desintegração da organização.

Sua necessidade de auto-realização é confundida com contestação à autoridade e tentativa de usurpar o poder da chefia.

Avaliação do grau de integração ou adesão ao sistema versus produtividade

Em função dos critérios estabelecidos pelas chefias, os membros da organização são avaliados no que se refere à sua integração na organização, sua capacidade de se relacionar com os demais membros e sua capacidade de aceitação das políticas e procedimentos administrativos. A aceitação das formas de execução das tarefas (definidas e determinadas por seus superiores) é outro fator positivo na avaliação dos membros da organização. Estes são avaliados por sua capacidade de adesão às normas e à autoridade superior. Herzberg observa que esse tipo de avaliação de desempenho não se dirige na realidade ao desempenho técnico-profissional do indivíduo, nem leva em consideração sua capacidade. Os fatores psicológicos tomados como base para tal avaliação têm pouca ou nenhuma relação com a realização da tarefa propriamente dita e com a produtividade do indivíduo.

Sistemas de incentivos e manipulação de comportamento na organização

A organização passa a manipular o comportamento de seus membros diretamente, por meio de recompensas e de punições (reforço positivo e negativo): salários, promoções, reconhecimento etc. Ao utilizar os incentivos salariais, a organização não está, na maioria das vezes, trabalhando no nível das motivações humanas ou da produtividade organizacional. Na realidade, busca o controle e a padronização do comportamento de seus membros, condicionando e reforçando respostas por ela definidas como adequadas.

Dessa forma, as organizações levam seus membros a aprender a viver num mundo no qual os meios passam a ser fins, no qual os fatores higiênicos — salários, promoções, segurança etc., que seriam meios, passam a ser fins para a existência — um mundo no qual o indivíduo nega o direito de tornar-se o que ele seria por sua própria natureza biopsicossocial, ao mesmo tempo que limita sua contribuição à sociedade mais ampla.

Interação indivíduo–organização

Motivação e produtividade, portanto, dependem da organização e dos indivíduos. Ao estabelecer uma política motivacional centrada na capacidade técnico-profissional de seus membros, a organização deve criar condições para a expressão dessa capacidade. Produtividade e motivação, portanto, só podem ser compreendidas dentro de um contexto dinâmico, em que os fatores organizacionais e a capacidade individual de seus membros estão em contínua interação.

Motivação e problemas emocionais

O problema dos desajustamentos emocionais nas organizações passou a ser observado à medida que elas começaram a exercer um papel mais preponderante na vida dos indivíduos, como fator de sua manutenção financeira e de sua auto-realização e auto-expressão. O trabalho exerce, hoje, uma função mais ampla na vida das pessoas, na medida em que passou a integrá-la como uma forma de desenvolvimento de seu potencial humano. Isso ocorreu quando as pessoas passaram a dedicar mais tempo e a despender grande parte de suas vidas nas organizações de trabalho — nos escritórios, nas empresas, nas fábricas, nas instituições públicas etc.

Problemas emocionais e autocracia

As organizações não se modificam de forma a atender às demandas de auto-realização e auto-expressão de seus membros; mantêm-se, em geral, dentro de padrões autocráticos, em que o direito de pensar, de criar e de assumir responsabilidades está centralizado na direção superior e nas chefias. Esse grupo *pensante* estabelece normas e procedimentos e exerce o controle sobre os membros da organização por meio de manuais, de regulamentos ou de normas. Pune ou recompensa (salários, promoções, demissões, suspensões etc.) pelo comportamento considerado adequado ou não à organização.

Dentro deste contexto, os indivíduos terão uma única alternativa, a saber: aprender a responder corretamente ao sistema de punições e recompensas, restringindo-se à satisfação de suas necessidades de segurança, em detrimento de suas necessidades de auto-expressão e auto-realização.

Graus diferentes das necessidades básicas

Ao analisar seus estudos de *N-achievement* (necessidade de realização, necessidade de poder e necessidade de afiliação), Mcclelland mostra que os indivíduos têm necessidades básicas em graus diferentes. A predominância de uma necessidade em relação a outra caracteriza a maior ou menor adequação de um indivíduo em situações diferentes. Pessoas, por exemplo, com alto grau de necessidade de realização estabelecem para si próprias um padrão de excelência e lutam para alcançá-lo em sua vida profissional. O objetivo que predomina na vida dessas pessoas é a excelência e a competência profissional. Essas pessoas são as que mais facilmente se desajustam nas empresas burocráticas. Ao contrário, os indivíduos cujas necessidades predominantes são o poder ou a afiliação encontram-se mais facilmente nas condições organizacionais burocráticas, têm suas necessidades predominantes mais facilmente satisfeitas, integram-se mais no contexto organizacional e são, conseqüentemente, mais recompensados e beneficiados pelo sistema organizacional.

Diferença entre doença mental e problemas emocionais

Herzberg, por outro lado, ao analisar os resultados de pesquisas por ele realizadas, faz uma distinção entre doença mental e problemas emocionais.

Indica que grande porcentagem de casos encontrados nas organizações estudadas é de problemas emocionais que, em sua maioria, tinham como causa as condições de trabalho. Os fatores apontados como desajustadores foram: restrita ou nenhuma liberdade na execução da tarefa; discussão de idéias ou apresentação de alternativas de ação consideradas contestação da autoridade da chefia; uso de punições, tais como ostracismo dos indivíduos *contestadores*, vedando-lhes a contribuição ou a atuação; congelamento salarial e demissões.

O problema de saúde mental nas organizações, segundo Herzberg, não será resolvido somente com a melhoria das condições higiênicas, ou seja, segurança no trabalho, salários justos, carga horária adequada, salubridade do local de trabalho etc., mas deverá incluir a reformulação das organizações no que se refere à maior participação de seus membros nas decisões e à liberdade na realização de tarefas, possibilitando, assim, a auto-realização e a auto-expressão.

Motivação e chefia — o papel do chefe

A centralização do poder, a utilização cada vez maior de instrumentos e mecanismos de controle de sentimentos, de valores e do próprio conhecimento, como a mudança cultural compulsória, os modelos participativos de administração e a filosofia japonesa de administração, entre outros, exemplificam as novas formas de barrar a realização de desejos individuais. Nesses processos, a distorção da percepção do indivíduo, a internalização de objetivos da organização como seus próprios desejos geram a incapacidade de ele ter consciência de sua realidade interna e da realidade externa. Fecha-se o ciclo da falsificação da consciência e se estabelece o processo da mentira para si mesmo e para o outro.

A organização passa a ter um poder sobre o indivíduo, na medida em que passa a ser sua razão de ser, de realizar-se, de ser feliz.

Teoria dos Fatores Higiênicos de Herzberg — pressupostos ideológicos e limitações

A Teoria dos Fatores Higiênicos de Herzberg aborda o trabalho como uma forma de acumulação de capital e a pessoa humana como seu instrumento.

As necessidades humanas devem ser atendidas à medida que favoreçam o aumento da produtividade e os resultados da empresa. Motivar os membros de uma organização significa criar condições para que os indivíduos trabalhem mais e melhor em benefício da organização. Ao limitar a motivação à liberdade, à criatividade e à responsabilidade na realização de tarefas, delimita o âmbito de influência e de ação dos membros da organização: seu espaço de liberdade limita-se exclusivamente ao âmbito da tarefa. A realização humana em sua plenitude concretiza-se, para Herzberg, na liberdade de criar e inovar na tarefa.

A proposta de Herzberg deixa intacto o sistema capitalista e a organização burocrática. A democracia proposta por Herzberg limita-se, assim, a uma liberdade confinada a um âmbito restrito da organização: a tarefa. Na realidade, é uma proposta conservadora e manipuladora, que tenta minimizar os efeitos negativos de um sistema injusto, sem que sejam efetuadas mudanças profundas nesse sistema. Herzberg jamais questiona o sistema mais amplo ou propõe o retorno do aumento da produtividade para aqueles que o geraram.

Todas as proposições são feitas no sentido de beneficiar o capital e a sua concentração.

Reflexões e considerações

Ao se analisarem as teorias de Maslow, Herzberg e Mcclelland, encontra-se um ponto comum entre elas, que é a confusão entre desejos e necessidades. Desejos são indestrutíveis, estão sempre presentes. O desejo está em função da ausência e encontra-se geralmente no nível do inconsciente, da fantasia. Já a necessidade se relaciona com o objeto concreto. Termina quando satisfeita.

Maslow simplifica o conceito de motivação, ao propor a hierarquia de necessidades humanas. Não distingue desejos de necessidades e toma por necessidades os desejos. Não há como explicar a hierarquia estabelecida por ele. Na realidade, as necessidades básicas, fisiológicas, consideradas por ele, são condições essenciais para a sobrevivência do indivíduo.

Mcclelland tem como pressuposto de sua teoria da necessidade de realização a ética protestante, que postula a realização no trabalho, o sucesso profissional e econômico como bênçãos divinas. Entretanto, Mcclelland se aproxima da motivação como resultante de pulsões internas e determina o meio social, no caso as organizações, como o contexto no qual o indivíduo poderá encontrar, ou não, as possibilidades de satisfação de seus desejos. Trabalho com os desejos mais universais, como poder, auto-realização, ser amado.

Herzberg, entretanto, toma o meio social, a organização, como a fonte motivadora do indivíduo. Toma o indivíduo como meio e transforma seus desejos na necessidade da organização. Por meio dos fatores motivacionais, a organização manipula o indivíduo, *motiva-o*. Reduz a auto-realização à realização da tarefa. O indivíduo se motiva no trabalho pelos fatores que se relacionam diretamente com o trabalho. Fundamenta-se na razão instrumental e transforma o indivíduo num meio para se atingirem os fins de eficácia. (Vide Capítulos 1, 4, 5 e 7.)

As conseqüências da não-realização das necessidades se aproxima dos mecanismos de defesa, a hierarquia proposta enrijece o psiquismo humano, trata-o quase que mecanicamente, cataloga necessidades que, na realidade, são desejos. Para Maslow, existe um mecanismo não explicado de hierarquização que, por não ser explicado, anula a própria hierarquia de necessidades propostas por ele.

❖ RESUMO

O termo *motivação* é usado comumente para designar um problema do indivíduo isolado. No entanto, para compreender a motivação no trabalho, é necessário conhecer as causas pelas quais é ativada, bem como a forma de ação e a direção da motivação.

Diferentes abordagens da motivação fundamentam-se no princípio do hedonismo. Entretanto, diferentes grupos de psicólogos adotam diferentes abordagens teóricas para explicar a motivação. Para os behavioristas, o que motiva o comportamento são as recompensas e punições decorrentes do comportamento passado do indivíduo. Os cognitivistas pensam que os indivíduos se empenham em atingir coisas atrativas e tentam afastar-se das coisas negativas. Segundo Freud, são os instintos que fornecem uma fonte contínua e fixa de estimulação: os indivíduos podem aprender a atingir certos objetivos que possibilitem a liberação de tensões, mas nem sempre têm consciência de suas motivações reais. Lewin também afirma que as ações humanas devem ser explicadas como uma forma de liberação de tensões. As tensões originam-se das intenções voluntárias de realizar determinadas ações e só desaparecem com a realização da ação. Maslow adota como hipótese central uma hierarquia das necessidades humanas, pela qual as necessidades superiores somente surgiriam depois de satisfeitas as necessidades inferiores. Herzberg distingue a satisfação da motivação no trabalho. A satisfação dependeria das condições de trabalho (fatores higiênicos), enquanto a motivação estaria relacionada com o próprio trabalho e influenciaria diretamente a produtividade.

A motivação é resultante de pulsões internas, de desejos e de necessidades individuais que cada pessoa, como ser único, busca concretizar. O meio externo, as organizações, não são a origem da motivação humana. A organização, enquanto meio social, poderá facilitar ou barrar a realização dos desejos e a satisfação das necessidades. Na realidade, as frustrações constantes podem levar o indivíduo à apatia, ao descontentamento, à desmotivação. Ele não encontra, no meio social, as condições para sua realização. Há, portanto, uma influência do meio externo no indivíduo.

❖ TERMOS E CONCEITOS IMPORTANTES

Drives: impulsos não direcionados, considerados pelos behavioristas como um dos tipos de estimuladores do organismo.

Fatores higiênicos: tais fatores seriam a supervisão, as relações interpessoais, as condições físicas no trabalho, o salário, a política organizacional, os processos administrativos, o sistema gerencial e os benefícios no trabalho. São esses fatores que levam à satisfação do indivíduo no trabalho.

Hierarquia das necessidades: considerada como a hipótese central da teoria de Maslow; refere-se às necessidades biológicas, psicológicas e sociais.

Motivação (behaviorismo): por essa abordagem teórica, a motivação de um indivíduo está relacionada com as conseqüências dos efeitos produzidos pelo seu comportamento passado, ou seja, a recompensa ou a punição recebida.

Motivação (cognitivismo): os indivíduos possuem valores, opiniões e expectativas em relação ao mundo que os rodeia; portanto, possuem representações internalizadas do seu ambiente; o que motiva o comportamento do indivíduo são os objetos e os acontecimentos atrativos para ele.

Necessidades fisiológicas: são as necessidades básicas do ser humano e as mais preponderantes de todas as necessidades humanas.

Necessidades de realização (*N-achievement*): os indivíduos estabelecem para si um padrão de excelência de seu desempenho e tentam alcançá-lo por diferentes meios. Procuram o nível de excelência e são consistentes em sua busca; realizam-se naquilo que fazem e não pelas possíveis recompensas ou efeitos decorrentes do trabalho realizado.

Valência negativa: forças repulsivas que afastam o indivíduo de certas atividades.

Valência positiva: força interna que o indivíduo experimenta e que o move para a ação.

❖ QUESTÕES

1. A partir dos padrões organizacionais de motivação:
   a) identifique a que estágios de moralidade Kohlberg e Piaget (Capítulo 1) se referem;
   b) analise as conseqüências do uso desses padrões organizacionais de motivação no processo de formação da consciência moral do indivíduo;
   c) identifique as conseqüências na auto-realização do indivíduo;
   d) analise as conseqüências na melhoria da qualidade e na produtividade da empresa.
2. Analise a questão ética apresentada pelo uso dos padrões motivacionais (Ação comunicativa e Ética Discursiva – Capítulo 1).
3. Compare esses padrões motivacionais com o trabalho em nível psicológico do indivíduo (Distorção de percepção, falsificação de consciência — Capítulo 8).
4. Quando um superior alega que seus subordinados não se integram, não se motivam e apresentam problemas emocionais, de que forma ele está analisando o processo motivacional?
5. Qual a diferença entre a abordagem behaviorista e a abordagem cognitivista da motivação?
6. Qual é o pressuposto teórico central da teoria de Maslow?
7. Segundo Maslow, quais são as principais necessidades humanas?
8. Quais são as conseqüências da teoria de Maslow para a organização?
9. Qual o pressuposto básico da Teoria da Realização de Mcclelland?
10. Quais as conseqüências da aplicação dessa teoria na vida da organização?
11. Qual a hipótese básica da Teoria da Motivação no trabalho, de Herzberg?
12. Quais são os fatores que, segundo Herzberg, aumentam a produtividade na organização?
13. Qual o papel da chefia no processo de motivação de seus subordinados?
14. Quais são os fatores organizacionais que mais diretamente provocam problemas emocionais nos membros da organização?

❖ APLICAÇÃO

I — Pesquisa

1. Visite três empresas de diferentes setores industriais.

    1.1. Identifique os sistemas de incentivos adotados em cada uma delas.

    1.2. Identifique as condições de trabalho em cada uma.

    1.3. Analise as diferenças encontradas no sistema de incentivos da empresa e a fundamentação dessas diferenças.

2. Levante em três empresas seus planos de incentivos.

2.1. Pesquise as conseqüências desses planos no comportamento dos membros dessas organizações.

2.2. Identifique os pressupostos teóricos que fundamentaram esses planos de incentivo.

3. Pesquise em, no mínimo, três empresas os sistemas de avaliação de desempenho adotados por elas.

    3.1. Analise os critérios adotados em cada sistema de avaliação encontrado.

    3.2. Critique os sistemas de avaliação analisados, fundamentando-se nos conceitos e teorias discutidos no capítulo.

    3.3. Analise as conseqüências dos sistemas de avaliação de desempenho pesquisados no comportamento dos membros da organização e na organização como um todo.

Proponha soluções alternativas.

II — Trabalho Prático

1. Montmollin (1972), psicólogo organizacional francês, faz severas críticas aos sistemas de avaliação de desempenho. Suas críticas vão desde os princípios em que se fundamentam até a forma e critérios adotados em sua utilização. Segundo ele, os complicados formulários de avaliação de desempenho são meros instrumentos de exercício de controle do comportamento dos subordinados pelos superiores; retratam impressões subjetivas e poderiam ser simplificados da seguinte forma:

Ficha de Avaliação

Nome: ....
Função: ....
É um ótimo indivíduo ....
É um indivíduo mais ou menos ....
Não o tolero..
Data ....   Assinatura do Superior ....

    1.1. Analise os sistemas de avaliação encontrados nas empresas pesquisadas. Compare os dados levantados às críticas de Montmollin. Analise os fundamentos de suas críticas.
2. Elaboração do plano de incentivos motivacionais.
    2.1. Elabore um plano de incentivos com base nas teorias motivacionais discutidas neste capítulo.
    2.2. Justifique a fundamentação de seu plano.
    2.3. Analise as dificuldades de sua implantação e as mudanças necessárias na organização para seu funcionamento.

III — Estudo de caso n. 1

Uma grande companhia de seguros estabeleceu, dentro de seu plano de incentivos, um prêmio de excelência para seus gerentes. Esse prêmio era constituído por uma quantia em dinheiro equivalente a um terço do salário mensal. A distribuição do prêmio era feita com base na avaliação realizada pelos superiores quanto à adequação do gerente à companhia, ou seja, a seus padrões de comportamento e normas e também quanto à sua produtividade. A ênfase, entretanto, era dada à adequação aos padrões de comportamento. O prêmio de excelência foi implantado durante um ano, sendo observadas as seguintes conseqüências na companhia: alto grau de tensão e ansiedade entre os gerentes, tanto naqueles que receberam quanto naqueles que não receberam o prêmio de excelência. Entre os gerentes beneficiados com o prêmio de excelência, não se observou aumento de produtividade relevante e alguns deles abandonaram a companhia. Entre os que permaneceram, observou-se uma reação muito crítica à política de incentivos adotada e à própria companhia.

a) Explique e justifique as causas das conseqüências observadas, fundamentando-se nas teorias já estudadas.
b) Sugira soluções e alternativas para esse plano de incentivos.

Katz e Kahn consideram os padrões organizacionais de motivação como fatores de direcionamentos e de envolvimento do indivíduo com a organização. Eles partem do pressuposto de que a motivação do indivíduo tem como fonte geradora fatores externos:

1. padrão (A) — "Submissão legal: garante a aceitação das prescrições do papel e do controle organizacional à base de sua legitimidade. As regras são obedecidas porque são reconhecidas como vindas de fontes legítimas de autoridades e porque o seu cumprimento pode ser forçado por meio de sanções." As fontes motivacionais desse padrão são a força externa, que pode ser mobilizada para a completa obediência e a aceitação por meio de sanções legais;
2. padrão (B) ou o uso de recompensas ou satisfações instrumentais para introduzir os comportamentos desejados, esperando-se que, à medida que as recompensas aumentem, as motivações também aumentem. A característica desse padrão é a transformação das ações em instrumentos para o alcance de recompensas específicas;
3. padrão (C) ou padrão internalizado de autodeterminação e de autoexpressão. As satisfações nesse padrão decorrem da realização e da expressão de habilidade e talentos. Auto-expressão e autodeterminação são as bases para a identificação com o trabalho, porque as satisfações derivam diretamente da execução do papel;
4. padrão (D) ou internalização de valores da organização. É aquele que leva à incorporação dos objetivos e subjetivos do sistema e, conseqüentemente, à ativação de comportamentos não prescritos no papel. Fatores que facilitam a internalização de valores da organização: participação em decisões na organização, contribuição para o desempenho da organização e participação em recompensas.

❖ REFERÊNCIAS BIBLIGRÁFICAS

Agence Nationale pour l'Amélioration des Conditions de Travail — ANACT.
Organisation et Conditions de Travail en Italie. Paris, 1978.
Organisation et Conditions de Travail en RFA. Paris, 1978.
ATKINSON, John W. *An introduction to motivation*. Princeton: D. Van Nostrand Company, 1965.
_____. *Motives in fantasy, action and society*. Princeton: D. Van Nostrand Company, 1968.
BOLLES, Robert C. *Theory of motivation*. New York: Harper and Row, 1975.
_____. *Aujourd'hui*. Paris, n. 11, jan./fév., 1975.
_____. *Aujourd'hui*. Paris, n. 16 (especial), nov./dec., 1975.
_____. *Aujourd'hui*. Paris, n. 21, sept./out., 1976.
CONDITIONS de travail. Le taylorisme en question. *Revue Sociologie du Travail*, n. 4, oct./dec., 1974.
HERZBERG, Frederick; MAUSNER, Bemard; SNYDERMAN, Barba Bloch. *The motivation to work*. New York: John Wiley & Sons, 1959.
KAHN, R. L. Productivity and job satisfaction. *Personnel Psychology*, n. 13, p. 275-278, 1960.
KAHN, R. L.; KATZ, D. Leadership practices in relation to productivity and morale. In: CARTWRIGHT, D.; ZANDER, A. *Groups dynamics*. 2. ed. Evanston, Ill.: Row, Peterson, 1960. p. 554-570.
KATZ, D.; KAHN, Robert. *Psicologia social das organizações*. São Paulo: Atlas, 1966.
La Negociación Colectiva en América Latina. ISBN 92-2-301935-4. Genebra: ILO Publication, 1978.
La Participation des Travailleurs aux Décisions dans l'Entreprise. ISBN 92-2-201988-1. Genebra: ILO Publications, 1978.
Las Normas Internacionales de Trabajo. ISBN 92-2-301861. Genebra: ILO Publication, 1978.
LAWLER IFI, Edward E. *Motivation in work organizations*. California: Brooks/Cole Publishing Company, 1973.
Les nouvelles formes d'organisation du travail. *Revue Sociologie du Travail*, n. 1, jan./mars, 1976.
LIKERT, R. Effective supervision: an adaptive and relative process. *Personnel Psychology*, v. 2, p. 317-332, 1958.
Motivational approach to management development. *Harvard Business Review*, n. 37, p. 75-82, 1959.
MARX, Karl. *O capital*. Rio de Janeiro: Civilização Brasileira. v. I, cap. 5.
MASLOW, Abraham H. *Motivation and personality*. New York: Harper and Row, 1970.
MONTMOLLIN, Maurice. *A psicotécnica na berlinda*. Rio de Janeiro: Agir, 1974.
MCCLELLAND, David C. *The achieving society*. New York: The Free Press, 1967.
NOVARA, Francisco. La transformation du travail chez olivetti, *Connedons*. Paris, Ed. EPI, n. 26, 1978.
Tendances nouvelles en organisation du travail, *Revue d'Economie et Humanisme*, nº 227, jan./fév., 1967.
VROOM, Victor H. *Work and motivation*. New York: John Wiley, 1974.

13

Liderança: Processos Grupais e o Comportamento Organizacional

Ao terminar a leitura deste capítulo, você deverá ser capaz de:
1. identificar a importância da abordagem psicossociológica dos grupos na organização;
2. compreender as diferentes teorias da liderança e seus pressupostos filosóficos;
3. Compreender a diferença entre líder e ocupante de posição de direção;
4. identificar as funções de liderança no grupo;
5. compreender os efeitos dos diferentes estilos de liderança no comportamento do grupo e de seus membros;
6. compreender a influência da liderança no desempenho do grupo.

Processos grupais e a organização

Quando se observa uma organização, é fácil verificar a existência de diferentes grupos. A alta direção tem objetivos específicos (valores), normas e padrões de comportamento estabelecidos, além de uma forma própria de interação entre seus membros. Outros grupos têm igualmente seus objetivos, valores e normas comuns, bem como uma forma própria de interação entre seus membros. Tais características podem ser identificadas nos diferentes níveis e áreas de qualquer organização.

A importância e a influência dos grupos na organização e no comportamento de seus membros têm sido uma preocupação constante de psicólogos sociais. Estes têm realizado muitos estudos sobre os fenômenos grupais, especificamente sobre a maneira como se formam os grupos, a natureza de suas forças psicossociológicas, a influência das diferentes estruturas grupais e dos canais de comunicação, o poder de influência e de mudança nos pequenos grupos, a caracterização de um líder, as funções de liderança e seu papel no desempenho e no comportamento dos membros dos grupos.

Dinâmica de Grupo

O grupo, entendido como uma entidade psicossociológica, sujeito a fenômenos específicos, tais como coesão, estrutura, liderança etc., foi incorporado à psicologia social e tornou-se objeto de estudos e pesquisas, gerando uma contribuição científica para a melhor compreensão do comportamento humano. Essa área da psicologia social tornou-se objeto de estudos científicos, entre os quais tem especial importância a contribuição de Kurt Lewin. Denominada Dinâmica de Grupo, essa área não se confunde com simples técnicas de trabalho em grupo. A Dinâmica de Grupo é uma área de estudo científico que tem por objeto os grupos como entidades psicossociológicas, a natureza de suas forças, os fenômenos e os processos grupais. Cartwright e Zander (1959) enfatizam que uma das suposições básicas da Dinâmica de Grupo é a possibilidade de descobrir leis gerais referentes à vida do grupo e válidas para grupos aparentemente diferentes. Os métodos de pesquisa adotados incluem desde a observação natural até práticas de laboratório com experiência controlada.

Orientações teóricas

Aqueles que estudam os fenômenos grupais adotam diferentes orientações teóricas. Entre elas encontra-se a Teoria de Campo, segundo a qual o comportamento é uma conseqüência de um campo de componentes interdependentes (espaço vital ou campo psicológico). Os principais representantes dessa orientação são Kurt Lewin, Cartwright, Zander, Deutsch e outros.

A Teoria de Interação, cujos principais representantes são Bales, Homans e White, aborda o grupo como um sistema de indivíduos em interação. A abordagem do grupo como um sistema é encontrada de formas diferentes na orientação de outros psicólogos sociais, como Theodore Newcomb, Miller, Stogdill e outros.

A abordagem do grupo por meio da Teoria Psicanalítica é representada pelos trabalhos de Freud, Bion, Redl, Stock, Thelen e outros, que desenvolvem os conceitos de identificação, de regressão, os mecanismos de defesa e inconsciente no estudo dos grupos. A Teoria Cognitivista, especialmente representada pelos trabalhos de Salomon Asch, Festinger, Heider Krech e Crutchfield, ao estudar os grupos, enfatiza a importância de compreender como os indivíduos recebem e integram as informações sobre o mundo social e como essa informação influi em seu comportamento.

Encontra-se ainda entre os estudiosos de orientação dinamicista a abordagem empírico-estatística, que postula o uso da estatística como meio para identificação dos conceitos e leis gerais dos grupos. Estes usam a análise fatorial e os processos desenvolvidos no campo dos testes de personalidade. Encontram-se entre esses psicólogos: Cattell, Borgotta, Cottrell, Meyer e Hamphil. O estudo do grupo, finalmente, foi abordado por meio de modelos formais com base na matemática. Entre os psicólogos dessa orientação encontram-se: Simon, French, Hays e Busch e Harary, entre outros.

Cartwright e Zander (1968), ao analisarem as diferentes orientações teóricas e os métodos empregados no estudo dos grupos, enfatizam a contribuição que essa diversidade teórica e experimental empresta ao desenvolvimento científico dos fenômenos grupais.

A distinção entre uma coleção de indivíduos ou um agregado, de um lado, e um grupo, de outro, tem sido feita pelos psicólogos sociais, mas para muitos deles não existe uma linha divisória rígida entre aquele e este. A mesma dificuldade tem sido apontada quando se tenta distinguir um pequeno grupo de um grande grupo. Entretanto, algumas características têm sido apontadas como indicadoras da existência de pequenos grupos (Sherif, 1948):

1. os membros compartilham de um ou mais objetivos que determinam a direção em que o grupo se locomoverá;
2. os membros desenvolvem um conjunto de normas que estabelecem os limites dentro dos quais as relações interpessoais devem ser estabelecidas, e a atividade desenvolvida;
3. se a interação continua, um conjunto de papéis se torna estabilizado e o novo grupo diferencia-se de outros;
4. uma rede de atração interpessoal desenvolve-se nas bases do gostar ou não dos membros do grupo.

Em síntese, Sherif propõe as seguintes características que diferenciam um grupo de um agregado ou coleção de pessoas: interação entre os membros, objetivo e conjunto de normas comuns, conjunto de papéis e uma rede de atração interpessoal.

Kurt Lewin, ao definir o grupo, enfatiza a interdependência de seus membros para caracterizá-los, critério aliás válido para caracterizar qualquer todo unitário. Cattell, por outro lado, dá uma ênfase maior aos objetivos do grupo e o define como um agregado de organismos em que a existência de todos é utilizada para a satisfação de algumas necessidades de cada membro.

O termo *grupo*, entretanto, é tomado para designar dois ou mais indivíduos que compartilham de um conjunto de normas, crenças e valores e que, implícita ou explicitamente, mantêm relações definidas de tal forma que o comportamento de cada um traz conseqüências para os demais. As propriedades do grupo, ou seja, o conjunto de normas, crenças e valores comuns e a definição das relações entre os membros emergem da interação entre eles e, ao mesmo tempo, trazem conseqüências para a interação dos membros do grupo, comprometidos com um objetivo comum (Proshansky e Seidenberg, 1965). Esse conceito de grupo enfatiza:

a) a necessidade de um objetivo comum;
b) a capacidade de o objetivo satisfazer às necessidades dos membros do grupo;
c) a interação entre os membros do grupo como fator fundamental da definição de grupo;
d) a impossibilidade de conceber um grupo sem interação e interdepedência entre seus membros.

Processos grupais: liderança

Quando se fala em grupo, imediatamente se pensa em seu líder, e a maior parte das vezes relaciona-se a liderança com o desempenho e a produtividade do grupo.

Para compreender as relações existentes entre lideranças e desempenho do grupo, é importante, antes de mais nada, tornar claros os conceitos de líder e de liderança. Gibb (1968), ao analisar os diferentes conceitos de liderança, mostra que diante da pergunta "quem é o líder?", a resposta mais comumente dada é "o ocupante de um cargo de direção". O líder é confundido com o chefe ou com qualquer pessoa que ocupa formalmente uma posição de direção. Essa definição engloba fatores de natureza diversa e não distingue a influência unilateral (comando) da influência voluntariamente aceita. Outro conceito de líder (Redl) é encontrado na tradição psicanalítica, que define o líder caracterizando a relação afetiva entre os membros de um grupo e a *pessoa central*. Essa relação afetiva entre os membros e a *pessoa central* leva à incorporação de sua personalidade no ego de seus seguidores (o desejo de serem como ele). Essa definição de líder sofre as limitações da Teoria Psicanalítica e restringe a própria definição de líder ao processo de identificação. A definição de um líder em função das escolhas sociométricas (Moreno, Jennings e Bales, 1950-1953) mostrou que nem sempre aqueles que na percepção do grupo contribuem com as melhores idéias são os mais aceitos. Os estudos de Bales mostram que, à medida que o membro do grupo está participando mais, exigindo mais realização do grupo, está também perdendo sua aceitação pelo grupo, provocando reações contrárias. Segundo Bales, os membros que mais contribuem com idéias e realizações são mais ou menos aceitos pelo grupo, dependendo dos diferentes momentos que o grupo esteja vivendo. Os conceitos de líder de tarefa e de líder emocional foram posteriormente estudados, e os resultados dos estudos indicam que o predomínio de um ou de outro tipo de liderança depende da importância atribuída pelo grupo à tarefa ou ao processo grupal em dado momento (Marcus, 1960; Turk, 1961). Fiedler (1958) considera a liderança como um processo compartilhado, mas somente considera líder aquele membro que: a) foi designado como líder do grupo pela organização da qual o grupo é parte; b) foi eleito pelo grupo; c) é um indivíduo que pode ser identificado como mais influente nas questões relevantes à tarefa por meio da escolha sociométrica.

De acordo com outro conceito, líder é aquele que exerce influência sobre outros. Essa definição implica a idéia de que poucos indivíduos influenciam os demais membros do grupo. A liderança seria, então, a capacidade de tomar iniciativa em situações sociais de planejar, de organizar a ação e de suscitar colaboração (*The OSS Assessment Staff*).

Aceitação da liderança

Além da capacidade de influenciar os demais membros do grupo, a liderança envolve a aceitação voluntária dessa influência. A influência que caracteriza o líder é aquela aceita voluntariamente e que, assim, ajuda o grupo a caminhar em direção a seus objetivos. A relação entre empregado e patrão e a relação entre diretor e subordinado são relações caracterizadas por uma influência unilateral, em que uma das partes possui poder para se fazer obedecer por meio de punições ou coações. O líder não usa a autoridade para influenciar os demais membros de um grupo; sua influência não emana de sua posição na hierarquia. O ocupante de uma posição de direção comanda seus subordinados e estes aceitam sua dominação porque esta é legitimada pelas normas da organização e porque sua rejeição implicaria punições e até desligamento como membro do grupo organizacional. O fato de um indivíduo ocupar uma posição de direção não o impede de exercer uma influência voluntariamente aceita. Mas é importante esclarecer que o simples fato de ocupar formalmente uma posição de chefia não lhe confere as características de líder. Ao contrário, os ocupantes de cargos de direção geralmente manipulam seus subordinados, fazem-se seguidos e obedecidos pelo uso dos poderes de punir e de recompensar.

O conceito de líder envolve, portanto, a aceitação voluntária de sua autoridade pelos demais membros, assim como o reconhecimento de sua contribuição para o progresso do grupo. A autoridade do líder deriva da contribuição que dá ao grupo para atingir seus objetivos. Cattell (1951) sugere que a existência de um líder pode ser identificada por dois aspectos: 1º) pelo exame das relações internas do grupo (estrutura); 2º) pela eficácia de seu desempenho. Gibb (1969) destaca que os estudos mais recentes sobre liderança e dominação apontam as seguintes diferenças principais:

1. a dominação ou direção é mantida por meio de um sistema organizado e não pelo reconhecimento espontâneo, por parte dos membros do grupo, da con-

tribuição do indivíduo para a locomoção do grupo (movimento em direção a seus objetivos);
2. o objetivo do grupo é escolhido pelo chefe de acordo com seus interesses e não é internamente determinado pelos membros do grupo.
3. na dominação ou direção há pouco ou quase nenhum sentimento comum ou ação compartilhada na busca de dado objetivo;
4. na relação de dominação existe uma grande distância entre os membros do grupo e a direção, que luta para manter a distância social como um meio de coação do grupo;
5. as duas formas de influência diferem basicamente no que diz respeito à fonte da autoridade exercida. A autoridade do líder é espontaneamente conferida pelos membros do grupo. A autoridade do chefe origina-se do poder superior do grupo, cujos membros não podem ser denominados seus liderados. Em vez de segui-lo, eles aceitam sua formação em função das punições.

Entretanto, à medida que os ocupantes de cargo de direção são capazes de exercer uma influência e fazê-la ser aceita voluntariamente, passam a ser reconhecidos pelos subordinados como uma fonte de contribuição positiva para o progresso do grupo, assumem a posição de líderes e são capazes de incentivar o desejo espontâneo de colaboração.

As distinções feitas entre líder e chefe são muito significativas e mostram as conseqüências da predominância de um ou de outro na organização. O termo *liderança* é também objeto de controvérsia e permite o desenvolvimento de duas abordagens antagônicas:

1. a liderança como característica de um indivíduo;
2. a liderança como propriedade de um grupo.

A liderança como característica de um indivíduo

Fundamenta-se na identificação dos traços individuais, físicos, intelectuais e de personalidade que caracterizam os líderes (liderança inata). De acordo com a teoria, todos os líderes, em qualquer situação e cultura, revelam os mesmos traços psicológicos. Entretanto, os estudos de liderança não confirmam tal hipótese. Dentro da mesma linha, afirma-se que a capacidade de liderança é uma conseqüência de um conjunto de traços psicológicos que variam em situações diferentes. Essa teoria postula um padrão básico de personalidade para os líderes.

Muitas tentativas foram feitas para desenvolver testes que possibilitassem a identificação dos traços de liderança, tendo sido desenvolvidas pesquisas e estudos que procuraram definir esses traços. A grande dificuldade encontrada foi sua mensuração. A subjetividade dos testes, a dificuldade de sua validação e a própria complexidade da personalidade criam barreiras quase intransponíveis para um estudo científico nos termos pretendidos, e os resultados das pesquisas não trouxeram a confirmação de suas hipóteses. Bird e Stogdill destacam que os estudos dos traços revelam resultados conflitantes: além de indicarem grande número de traços entre os líderes, apresentam um baixo percentual dos traços de liderança comuns encontrados nos diferentes estudos.

Cartwright e Zander (1968), ao analisarem os resultados das pesquisas dos traços de liderança, mostram que os pesquisadores dessa área indicam que, embora algumas capacidades mínimas sejam comuns a todos os líderes, elas estão amplamente presentes nos não-líderes. E, em dada situação, os traços de um líder são totalmente diversos dos traços de outro líder em situação diferente.

A liderança como propriedade de um grupo

É postulada pela Teoria da Interação. De acordo com essa teoria, a liderança é um fenômeno que surge à medida que o grupo se forma e se desenvolve. O papel que um indivíduo assume dentro de um grupo é determinado pelas necessidades do grupo, como também pelos atributos de personalidade, capacidades e habilidades que caracterizam aquele indivíduo e que são percebidos pelos demais membros. Essa definição enfatiza a realização de funções necessárias ao grupo e a adaptabilidade a novas situações. Dependendo da necessidade, desaparece o *líder atual* e surgem diferentes líderes em diferentes situações e momentos da vida do grupo. Dentro dessa abordagem situacional, os grupos, para serem produtivos, devem ser suficientemente flexíveis e seus diversos membros devem exercer atos de liderança.

Esses atos de liderança caracterizam-se pela contribuição na definição dos objetivos do grupo, pela locomoção do grupo em direção a seus objetivos, pela melhoria da qualidade da interação entre os membros do grupo, pelo aumento da coesão e pela colocação de recursos à sua disposição (Cartwright e Zander, 1968). De acordo com a abordagem da liderança como propriedade do grupo, a natureza da liderança e os traços dos líderes serão diferentes de grupo para grupo e nos diferentes momentos da vida de um mesmo grupo. Resultados de pesquisas indicam que os aspectos situacionais, tais como natureza dos objetivos, estrutura do grupo, atitudes ou necessidades de seus membros e expectativas do meio externo em relação ao grupo, interagem e influenciam a determinação das funções que o grupo deverá exercer em certo momento, assim como a seleção de seus membros para exercê-las.

A liderança como função do grupo tem sido adotada por diversos psicólogos sociais, entre eles, Barnard, Cattell, French, Gibb, Likert, Lippitt, Redl, Stodgill, Cartwright, Zander e Kurt Lewin. Embora os psicólogos sociais concordem em que a liderança seja caracterizada pela influência exercida pelo líder sobre o grupo e sobre suas atividades, permanece entre eles a questão do tipo de influência que seria específica da liderança.

Essa divergência é caracterizada por duas posições, representadas por uma abordagem mais ampla das funções de liderança, abrangendo todas aquelas funções que levam o grupo a se locomover, e por uma abordagem que se aproxima mais das funções tradicionalmente consideradas próprias do líder de um grupo. Essa abordagem restringe as funções de liderança no grupo a um número de funções específicas. A característica de funcionalidade, que é a essência do conceito de liderança, mantém-se, no entanto, em ambas as abordagens.

Cattell (1951) afirma que todo membro de um grupo exerce liderança à medida que as propriedades do grupo são modificadas por sua presença. Assim se ampliam as funções de liderança, que passam a abranger todas as ações dos membros do grupo capazes de ajudá-lo a atingir seus estados desejados, os quais envolvem as realizações das tarefas e a manutenção do próprio grupo enquanto tal em seus diferentes estágios. Ao identificar as funções de liderança, Cattell enfatiza o relacionamento da liderança com a realização ou desempenho do grupo. Mostra que a produtividade depende das ações de liderança realizadas pelos membros de um grupo. Ao mesmo tempo, indica uma nova abordagem para a identificação das funções de liderança, que, segundo ele, deve iniciar-se pela determinação dos estados valorizados pelo grupo em determinado momento. Somente depois da caracterização desses estados é que se poderão identificar as funções mais adequadas para atingi-los, bem como os membros do grupo que estão contribuindo para a realização dessas funções.

Krech e Crutchfield (1961) considera algumas funções como específicas da liderança. Ressaltam que, embora os grupos sejam de natureza diferente (autocráticos ou democráticos), essas funções, com maior ou menor ênfase, são exercidas em todos eles, e algumas delas são também comuns às organizações. As funções de liderança consideradas por eles são as seguintes:

1. o líder como o *alto executivo* ou como o coordenador das atividades do grupo. Esta função independe da forma pela qual as políticas e os objetivos do grupo tenham sido definidos, ou seja, mediante imposição ou participação de seus membros. Os problemas apontados como geralmente presentes no exercício dessa função consistem na absorção das atividades pela pessoa no papel de líder e em sua incapacidade de delegar autoridade e responsabili-

dade. Essa centralização do membro do grupo na função de coordenador impede o desenvolvimento da responsabilidade na execução das tarefas pelos membros do grupo e o próprio envolvimento no trabalho;
2. o líder como planejador. O líder geralmente assume o papel de planejador. Decide os caminhos e os meios para atingir os objetivos do grupo. Esse planejamento poderá envolver tanto as atividades a curto prazo quanto a longo prazo. Krech e Crutchfield apontam como o principal problema encontrado no exercício dessa função o isolamento do membro no papel de líder, que se torna o único dono do plano. Somente ele tem o conhecimento geral do plano. Os demais membros são transformados em meros seguidores ou executores de tarefas, apresentadas de forma desintegrada, portanto, sem possibilitar a visão de conjunto e sua ligação ao plano global pelos membros do grupo;
3. o líder como um definidor de políticas. O estabelecimento de políticas e objetivos é uma das principais funções de lideranças. As definições podem ser feitas:
   a) pelas autoridades superiores, ou seja, de cima para baixo;
   b) com a participação dos membros do grupo, ou seja, de baixo para cima;
   c) pelo líder, quando tem autonomia para fazê-lo;
4. o líder como um especialista. O líder é caracterizado por sua capacidade de fornecer informações e habilidades. À medida que os membros do grupo dependem dos conhecimentos técnicos de um deles, haverá uma polarização de poder em torno dele;
5. o líder como um representante externo do grupo. É aquele membro que se comunica com outros grupos; é o que recebe e envia comunicações;
6. o líder como controlador das relações internas. O líder controla detalhes específicos da estrutura do grupo e, ao fazê-lo, controla as relações internas;
7. o líder como o depositário de recompensa e punições. O líder tem o poder de aplicar recompensas ou punições aos demais membros do grupo. Em alguns casos, as punições podem ser a própria morte do membro do grupo. As recompensas são de natureza diversa, desde bens materiais até posições mais importantes na hierarquia do grupo;
8. o líder como exemplo do grupo. Em alguns grupos, o líder passa a ser o modelo do que se deve ser e de como se comportar;
9. o líder como um símbolo para o grupo. A unidade do grupo se constitui, muitas vezes, em função da figura do líder;
10. o líder como um substituto da responsabilidade individual. Muitas vezes o líder é investido pelo grupo para assumir responsabilidades que os demais membros não desejam assumir;

11. o líder como o que define a ideologia para o grupo. O líder é, em muitos grupos, aquele que define sua ideologia. É a fonte de crenças, valores e normas dos membros do grupo;
12. o líder como a figura paterna. O líder serve como um perfeito *focus* para os sentimentos emocionais positivos. É objeto de identificação e de transferência, e os membros se submetem a ele;
13. o líder como o bode expiatório (*scapegoat*). Da mesma forma que serve para a identificação, é objeto da agressividade dos membros do grupo, que canalizam para ele as frustrações e desilusões.

Em ambas as abordagens das funções de liderança, a primeira representada por Cattell e a segunda por Krech e Crutchfield, a natureza situacional e interacional de liderança é defendida como componente essencial do conceito de liderança. Portanto, a liderança não é privilégio de um membro do grupo. Diferentes membros do grupo podem realizar atos de liderança em diferentes momentos da vida do grupo, dependendo da situação e dos objetivos do grupo, das características de seus membros e do contexto em que está inserido. Por outro lado, essas abordagens identificam duas naturezas diferentes nas funções do grupo. A primeira está voltada para a tarefa ou para a realização de ações que o levam a atingir seus objetivos — volta-se, portanto, para a produtividade do grupo. A segunda dirige-se para a manutenção do grupo. Nesse caso, as ações são dirigidas para a sobrevivência do grupo como grupo, para a integração de seus membros, para a solução de conflitos internos, para a maior coesão grupal e para a criação de um clima interno que satisfaça as necessidades emocionais de cada um de seus membros.

Poder social

Não se pode falar em exercício das funções de liderança no grupo sem se falar em poder social. O poder social é a capacidade potencial do indivíduo de influenciar uma ou mais pessoas para agir em determinada direção ou para mudar a direção da ação. Poder social é, portanto, a capacidade de exercer influência interpessoal. Lewin, Lasswel e Kaplan (1950), Dahl (1955), Cartwright (1965), French e Raven (1959) desenvolveram estudos das fontes do poder social. French e Raven (1959) consideram como base do poder:

a) o poder de recompensa: a capacidade de recompensar;
b) o poder de coação: a capacidade de um indivíduo aplicar punições;
c) o poder legítimo: o poder que emana de valores internalizados, de acordo com os quais um indivíduo tem o direito de mandar, sendo que os demais

têm de obedecê-lo (para French e Raven, as bases do poder legítimo são os valores culturais, a aceitação da estrutura social, especialmente da hierarquia de autoridade, e a nomeação por uma autoridade legítima);
d) o poder de referência: tem suas bases na identificação de um indivíduo com outro; desejo de ser semelhante ou igual ao outro;
e) o poder de especialista: fundamenta-se nos conhecimentos do indivíduo e na percepção desses conhecimentos pelos demais. Não basta o indivíduo possuir conhecimentos especializados, é necessário que os demais os percebam.

Ao relacionar, entretanto, exercício de influência com a realização das funções de liderança, é fundamental distinguir a influência que emana da autoridade (poder adquirido legalmente) e que se exerce mediante a utilização de instrumentos coercitivos, da influência livremente aceita, que caracteriza a liderança e a distingue das funções de direção ou de chefia. O diretor, o chefe, o coordenador, o supervisor têm autoridade e por isso têm poder social. O líder exerce influência sem a chancela da autoridade legal; sua influência é livremente aceita pelos demais membros do grupo. No entanto, o líder só consegue exercer influência sobre os demais membros do grupo quando seu poder de influência é percebido. Um diretor que tenha reconhecidamente pouca influência sobre o presidente da organização não terá condições de exercer liderança em seu grupo de trabalho. Da mesma forma, quando um especialista não tem o reconhecimento do grupo como fonte de conhecimentos especializados, ele não terá nenhuma condição de exercer influência nessa área, ou de levar o grupo a se locomover em determinada direção.

A liderança de determinados membros do grupo pode ser impedida de várias formas pelos ocupantes de posições formais de direção. Pelo uso da autoridade, por exemplo, é possível mudar as funções dos indivíduos, limitar suas atividades, restringir seu espaço organizacional e tomar outras medidas a fim de retirar de um líder as condições de exercer influências sobre os demais membros. Certos mecanismos *psicológicos* são também utilizados para anular o poder de influência dos indivíduos no grupo: entre os mais observados está a desmoralização do indivíduo no grupo, quer quanto à sua capacidade profissional, quer quanto às suas características individuais. Por outro lado, assim como os ocupantes de posições de direção podem impedir a realização das funções de liderança, também podem incentivá-la.

Efeitos de liderança

"Espero que os membros desta empresa, especialmente seu corpo técnico, compreendam minha decisão de centralizar as decisões e usar os instrumentos legais necessários para garantir seu cumprimento. Estamos na fase de implantação de nossa empresa, temos pouco tempo e uma grande tarefa a realizar. Se não se institucionalizar esta organização, ela não sobreviverá ao impacto da primeira mudança na política governamental."

Em nossa cultura, por mais paradoxal que pareça, a liderança autocrática é considerada fator negativo. Os ocupantes de posições de direção nas organizações que centralizam o poder adotando um comportamento gerencial autocrático sentem-se forçados a se justificar a seus subordinados e à sociedade mais ampla. As justificativas mais freqüentes são os objetivos mais amplos e o interesse comum do grupo ou da nação. Entretanto, deve-se perguntar: Será a autocracia realmente um fator negativo? Quais as vantagens e desvantagens de uma liderança autocrática na organização? Para responder, é necessário, antes de mais nada, compreender o que é liderança autocrática e o que é liderança democrática. White e Lippitt (1960) foram os primeiros psicólogos sociais que tentaram responder cientificamente a essas questões. Seus experimentos marcaram o fim de discussões teóricas em torno de um tema controvertido, especialmente por envolver pressupostos filosóficos, e iniciaram uma série de investigações científicas sobre os efeitos dos estilos de liderança. As investigações de White e Lippitt foram uma tentativa de examinar os efeitos de três atmosferas sociais, denominadas autocrática, democrática e *laissez-faire*, sobre o comportamento dos indivíduos e do grupo. As três atmosferas grupais eram caracterizadas pelo grau de controle do grupo, conforme mostra o Quadro 13.1.

Experimentos

Com base nessa classificação, realizou-se um experimento inicial em que tentaram desenvolver técnicas especiais para criar e descrever a atmosfera social de clubes de crianças, assim como registrar quantitativamente os efeitos das diferentes atmosferas sociais na vida do grupo e nos comportamentos das crianças.

O segundo experimento foi realizado com quatro grupos de meninos de dez anos de idade. Cada grupo era constituído por cinco meninos que se encontravam após as aulas para desenvolver atividades. Esses grupos eram aproximadamente semelhantes em padrões de relações interpessoais, em características físicas, intelectuais, de personalidade e em *status* socioeconômico. Os líderes adultos, em número de quatro, foram treinados para exercer os três estilos de liderança. Os líderes mudavam de grupo e de estilo de liderança ao fim de cada seis semanas, de modo que cada grupo experimentasse os diferentes estilos de liderança exercidos pelos diferentes líderes. Todos os grupos se encontravam

AUTORITÁRIA	DEMOCRÁTICA	LAISSEZ-FAIRE
A fixação das diretrizes cabe unicamente ao líder.	Todas as diretrizes são objeto de debate e decisão do grupo, estimulado e assistido pelo líder.	Liberdade completa para as decisões grupais ou individuais, com participação mínima do líder.
As técnicas e as providências para o serviço são determinadas pela autoridade, uma por vez, de maneira que em grande parte as medidas por vir são sempre imprevisíveis.	A atividade ganha novas perspectivas durante o período de debates. Esboçam-se providências gerais para atingir o alvo do grupo e, quando há necessidade de aconselhamento técnico, o líder sugere duas ou mais alternativas para o grupo escolher.	A única participação do líder no debate sobre o trabalho é apresentar ao grupo materiais variados e deixar claro que poderá fornecer informações, quando solicitadas.
Habitualmente, o líder determina qual é a tarefa a ser executada por cada membro e o companheiro que lhe cabe.	Os membros têm a liberdade de trabalhar com quem quiserem e a divisão das tarefas é deixada ao grupo.	Absoluta falta de participação do líder.
O líder inclina-se a ser "pessoal" nos elogios e críticas ao trabalho de cada membro; ele só não fica fora da participação ativa do grupo quando faz demonstrações.	O líder é "objetivo" e limita-se aos "fatos" em suas críticas e elogios; procura ser um membro normal do grupo, em espírito, sem encarregar-se de muito serviço.	Comentários espontâneos e irregulares do líder sobre as atividades dos membros, a não ser quando perguntado, e nenhuma tentativa de avaliar ou regular o curso dos acontecimentos.

Quadro 13.1 – As três atmosferas sociais. (Adaptado de Ralph White e Ronald Lippitt, *Autocracy and Democracy*. harper & Row Publishers Inc., 1960, pp. 26-27.)

no mesmo local e desenvolviam atividades similares com material semelhante. White e Lippitt (1960) relatam que a análise das observações registradas nos diferentes grupos, sob diferentes estilos de liderança, tendem a indicar que:

1. *Laissez-faire* não é o mesmo que democracia; dentro dessas situações:
   a) havia menos trabalho realizado e de forma mais deficiente;
   b) os membros do grupo envolviam-se mais com o brinquedo e menos com o trabalho;
   c) os meninos expressaram preferência pelos líderes democráticos.
2. A democracia pode ser eficiente:
   a) apesar de o trabalho realizado na autocracia ser quantitativamente um pouco maior que na democracia;
   b) a motivação é maior na democracia, mesmo quando o líder deixa a sala;
   c) a originalidade e a criatividade foram maiores na democracia.
3. A autocracia pode gerar maior hostilidade e agressão, inclusive agressão contra os bodes expiatórios (*scapegoats*).
4. A autocracia pode criar descontentamento não demonstrado abertamente, mas que, mesmo quando a reação é de submissão, manifesta-se de várias formas, inclusive:
   a) pelo abandono do grupo;
   b) pela preferência pelo líder democrático.
5. Havia mais dependência e menos individualidade na autocracia:
   a) mais comportamento dependente e submisso;
   b) conversa menos variada e mais limitada às situações imediatas;
   c) desaparecimento das diferenças individuais entre os membros do grupo pela reação de submissão;
   d) perda da individualidade, segundo a impressão dos observadores.

Diferenças entre as várias formas de liderança

Os estudos de White e Lippitt mostraram que os estilos de liderança autocrática, democrática e *laissez-faire* são formas diferentes de exercer influência no grupo. A liderança autocrática não se fundamenta exclusivamente no controle do grupo pela força física ou ameaça de punição. O líder autocrático satisfaz as necessidades psicológicas dos membros do grupo da mesma forma que o líder democrático. Ambos controlam psicologicamente o grupo. A grande diferença encontra-se na natureza das necessidades psicológicas satisfeitas. O líder autocrático explora e estimula a dependência mediante a satisfação dessas necessidades, enquanto o líder democrático desenvolve a autodeterminação, a responsabilidade e a criatividade dos membros do grupo. Cattell (1951), ao analisar as conseqüências da liderança autocrática, mostra que ela gera necessidades que originariamente não se manifestavam no grupo e explora o medo, a insegurança e a frustração, bem como as necessidades inconscientes, primitivas e de regressão, tais como a dependência paterna, a identificação e a projeção do superego em vez da consciência individual. A liderança autocrática não ajuda o grupo a crescer. Cattell mostra a similaridade entre o líder autocrático e o chefe autocrático: ambos permanecem como centro da atenção do grupo e enfatizam a obediência de seus subordinados às suas ordens.

Krech e Crutchfield (1962), por seu lado, apontam como uma das características da liderança autocrática a manutenção da segregação dentro do grupo. A comunicação no grupo é mínima e só se faz por meio do líder, centralizada nele. O líder autocrático é o centro de toda atividade do grupo e sem ele o grupo não funciona.

As principais conseqüências da liderança autocrática apontadas pelos diferentes experimentos são as seguintes:

- torna o grupo dependente de seu líder. A saída do líder precipita o caos e a dissolução do grupo;
- reduz a comunicação interpessoal dentro do grupo. Reduz o moral do grupo e o torna mais vulnerável aos ataques e pressões externas.

A liderança democrática é a antítese da liderança autoritária. Krech, Crutchfield e Balachey (1962) indicam as seguintes características da liderança democrática:

- envolvimento e participação de cada membro nas atividades do grupo e na definição de seus objetivos;
- distribuição da responsabilidade entre os membros do grupo. A concentração de responsabilidade é evitada;
- incentivo aos contatos pessoais entre os membros do grupo e reforço das relações intergrupais por meio da estrutura do grupo, o que a torna mais forte;
- busca de redução das tensões e conflitos intragrupais;
- tentativa de evitar a predominância de privilégios e diferenças de *status* na estrutura hierárquica do grupo.

Gibb (1968), ao estudar o padrão de papéis do líder democrático, acentua a diferença entre os papéis do líder democrático e os exercidos pelo líder autocrático. Segundo ele, o líder democrático cria condições para que as satisfações dentro do grupo sejam compartilhadas num clima de respeito mútuo entre o líder e os liderados. Por outro lado, ele tem a difícil tarefa de possibilitar aos membros do grupo a satisfação de outras necessidades, uma vez que a autonomia individual, necessidade básica de todo ser humano, é de certo modo frustrada na vida grupal. O líder democrático deve, portanto, conciliar o interesse individual e o coletivo, proporcionando a cada membro do grupo a satisfação do indivíduo como indivíduo e, ao mesmo tempo, protegendo o grupo como grupo.

Os efeitos dos diferentes estilos de liderança têm sido também objeto de pesquisa do Instituto de Pesquisa Social na Universidade de Michigan desde 1947. Os resultados das investigações de Likert (1961), um de seus pesquisadores de maior proeminência, foram desenvolvidos em indústrias. Em seus estudos, Likert encontrou a influência do estilo democrático no aumento da produtividade dos membros da organização. Suas investigações mostraram que os supervisores que centralizavam o poder eram menos produtivos que os supervisores que trabalhavam de forma descentralizada, apoiando-se nos membros do grupo. Os supervisores mais participantes, que trabalhavam de forma descentralizada e centrada nos membros do grupo, demonstravam maior interesse por seus subordinados e pelo próprio trabalho. Conseguiam criar condições mais produtivas e de maior satisfação no trabalho.

Por outro lado, os estudos de Iowa, ao comparar os efeitos observados no comportamento de grupos sob liderança autocrática com aqueles observados em outros grupos sob liderança democrática, apontam que nos grupos liderados autocraticamente há maior quantidade de trabalho realizado, mas menor motivação, maior grau de agressividade, especialmente contra o líder e contra os demais membros do grupo, maior descontentamento, comportamento mais submisso e dependente, menor grau de amizade entre os membros do grupo e menor sentimento de grupo.

Os estudos desenvolvidos por Fiedler sobre a influência da liderança ou do comportamento do líder no desempenho dos grupos na organização procuravam identificar que traços de personalidade ou atributos individuais seriam indicadores e previsores de uma liderança eficiente, ou seja, da capacidade do líder de exercer influência e poder sobre os membros do grupo de forma a levá-lo a um bom desempenho. Fiedler toma como característica de personalidade a forma pela qual o líder percebe os membros de seu grupo. Essa forma de perceber leva-o a reagir ou a comportar-se de um modo específico em relação a cada membro do grupo. Um líder se comportará de maneira bastante diferente em relação a um membro do grupo quando percebê-lo competitivo e pouco amigo ou hostil.

As percepções que o líder tem dos diferentes membros do grupo refletem suas atitudes em relação a cada um deles. O comportamento do líder em relação a cada membro do grupo influenciará, por sua vez, o comportamento dos membros do grupo e sua produtividade. Fiedler e seus colaboradores desenvolveram instrumentos de medida de percepção dos líderes na forma de escalas em que eles eram solicitados a descrever as características das pessoas com quem mais gostavam de trabalhar e as características daquelas com quem não gostavam de trabalhar. O denominado ASO (Medida da Similaridade Assumida) era obtido pela comparação dos escores obtidos nas duas escalas, podendo verificar-se até que ponto ou em que grau o líder fazia distinção entre a pessoa que considerava mais agradável e a menos agradável para trabalhar. Uma pessoa que percebe as pessoas mais e menos agradável de forma semelhante tem um alto ASO, enquanto as pessoas que percebem grande diferença entre o mais preferido e o menos preferido para trabalhar têm um baixo ASO e, portanto, uma discrepância maior. Por outro lado, as pessoas que percebem o indivíduo menos preferido para trabalhar de uma forma relativamente favorável apresentam um alto LPC (Potencial de Liderança). Um líder com alto LPC é capaz de julgar uma pessoa como inteligente, competente e responsável, apesar de não ser uma pessoa com quem gostaria de trabalhar. Por outro lado, um líder com baixo LPC julga de forma muito desfavorável as pessoas com quem não gostaria de trabalhar.

As pesquisas realizadas por Fiedler com diferentes grupos organizacionais e em laboratório mostraram que ASO e LPC, ou seja, as medidas de características de personalidade, isoladamente, não eram previsores de eficiência de liderança, mas que, quando outros fatores situacionais eram considerados, previsões do bom desempenho do líder poderiam ser feitas. Em outras palavras, os resultados dos estudos mostraram que não é a característica da personalidade do líder que determina sua capacidade de liderança, mas a interação de fatores de personalidade com fatores situacionais. ASO e LPC eram previsores de capacidade de liderança à medida que outros fatores situacionais eram considerados. Os fatores situacionais considerados por Fiedler como mais relevantes e que interagem com as características de personalidade do líder são: a relação do líder com os membros do grupo, a natureza da tarefa do grupo, o poder inerente da posição do líder na organização, a capacidade técnico-profissional do líder, a situação ou o contexto no qual o grupo atua e o grau de *stress* provocado por esse ambiente, a motivação dos membros do grupo e sua capacidade técnico-profissional. Fiedler mostra, que esses fatores interagem, são interdependentes e se influenciam mutuamente.

Os estudos realizados com diferentes grupos apresentaram resultados significativos. Os grupos de execução (linha) realizavam de forma mais eficiente seu trabalho e apresentavam melhor desempenho sob a liderança de um líder com ASO baixo (que percebe de forma desfavorável aqueles com quem não gostaria de trabalhar), mas com aceitação do grupo. Os grupos de tomadas de decisão e de formulação de políticas apresentaram, por sua vez, melhor desempenho quando liderados por indivíduos aceitos pelo grupo, mais permissivos e menos diretivos, que tinham maior consideração pelo grupo e alto ASO. Nas tarefas criativas, os experimentos indicaram que os líderes mais permissivos, menos diretivos, com maior aceitação pelo grupo e com alto LPC conseguiram maior eficiência de seus grupos quando a situação organizacional, comparada com outras situações, era de menor *stress*. Os líderes controladores e pouco permissivos, com baixo LPC, conseguiram melhor desempenho do grupo quando as situações de trabalho eram menos agradáveis, de maior tensão e de maior *stress* organizacional.

Fiedler, ao considerar as relações do líder com os membros de seu grupo (especialmente com os *membros-chave* do grupo) como um dos fatores situacionais mais importantes, mostra que a aceitação do líder pelo grupo lhe garante suporte, além daquele a ser obtido por meio do uso das sanções e punições que poderá aplicar em função do poder de sua posição formal na organização. Os estudos de Fiedler indicam, entretanto, uma diferença entre bom relacionamento com os membros do grupo e envolvimento emocional do líder com os membros de seu grupo. O líder deve ser capaz de manter uma distância psicológica entre ele e os membros do grupo. É esta distância psicológica que lhe permite separar suas emoções e seus sentimentos da avaliação que faz dos membros do seu grupo; isto lhe possibilita basear-se em critérios fundamentados no trabalho e na tarefa que o grupo executa, quando avalia seus membros. Os líderes que conseguiram maior desempenho de seus grupos foram aqueles que mantiveram uma distância psicológica adequada entre eles e os membros de seu grupo de trabalho.

Fiedler, ao tomar a aceitação do líder pelo grupo como uma das variáveis situacionais de maior relevância para uma adequada liderança e conseqüente desempenho eficiente do grupo, ressalta que a aceitação do líder pelo grupo em si não afeta a eficiência do grupo, mas indica que um canal de comunicação existe entre eles; é por esse canal que o líder pode transmitir suas atitudes e exercer sua influência. Um líder não aceito pelo grupo não conseguirá exercer influência, a não ser que use seu poder das sanções e punições que a sua posição formal na organização lhe garante. O líder que se sente aceito pelo grupo, e na realidade o é, torna-se mais capaz de agir decisivamente e com maior segurança do que aquele líder não aceito por seu grupo.

A clareza ou ambigüidade ou seu grau de estruturação (mais ou menos definida) é outro fator que exerce um papel importante na determinação do comportamento adequado do líder. Tarefas mais estruturadas, mais definidas, tornam o trabalho do líder mais fácil. Tarefas pouco estruturadas tornam o trabalho do líder mais complexo e difícil, mesmo quando o líder possui considerável poder formal. O poder da posição que o líder ocupa, ou o poder inerente à posição de liderança na organização, é outro fator situacional que exerce influência em seu comportamento ou no estilo de liderança. O uso de sanções e recompensas, a autoridade sobre os membros de seu grupo e o grau de autoridade que a organização lhe confere influenciam seu comportamento, à medida que usa esse poder para influenciar ou exigir a aceitação dos membros de seu grupo.

A percepção pelos membros de seu grupo do poder inerente à posição ocupada pelo líder é, por si só, um fator que influencia tanto seu comportamento quanto o do grupo. A capacidade técnico-profissional do líder, por sua vez, influencia seu comportamento e seu estilo de liderança: um líder técnica e profissionalmente seguro usa menos o poder formal porque sua influência se faz sentir no grupo por sua capacidade individual de envolver as pessoas. Sua aceitação se dá pelo reconhecimento de sua contribuição à tarefa do grupo e não pelos instrumentos coercitivos que poderá usar. Fiedler mostra, por outro lado, que a motivação dos membros do grupo influencia o comportamento do líder, mas é, em grande parte, conseqüência do comportamento desse líder. A motivação dos membros depende em grande parte das condições que o líder proporciona aos membros de seu grupo.

Estilo de liderança na organização

Como se pode observar, os resultados das pesquisas sobre os efeitos do estilo de liderança democrática e do estilo de liderança autocrática sobre o comportamento dos indivíduos e do grupo não nos permitem responder qual dos dois estilos é o *melhor* na organização sem que se façam algumas considerações em torno do termo *melhor*. Antes de mais nada, não se pode falar em *melhor* estilo de liderança, mas no estilo de liderança mais *adequado* aos objetivos do líder ou da organização. O que o líder pretende alcançar irá definir o estilo de liderança a ser adotado. De fato, a liderança não é um fim em si mesma, mas uma forma de exercer influência que gera certas conseqüências. A utilização de um estilo, quer autocrático, quer democrático, irá depender dos objetivos de quem exerce a liderança e das conseqüências desejadas por ele. Os líderes organizacionais cujo objetivo principal é a manutenção do poder próprio ou de um grupo do qual são representantes adotarão a liderança autocrática como mais adequada a seus objetivos. Esse estilo de liderança favorece a centralização do poder, enfraquece as iniciativas individuais e promove o comportamento dependente e submisso dos membros do grupo. A qualidade do trabalho realizado é inferior, mas os resultados quantitativos podem ser superiores aos atingidos nos grupos liderados democraticamente.

Por seu lado, a liderança democrática será mais adequada quando o líder tiver por objetivo a autodeterminação do grupo, o desenvolvimento das habilidades e capacidades de seus membros, a qualidade do desempenho e a integração dos indivíduos no grupo. O grande problema do estilo de liderança democrática nas organizações é a transferência de poder e de influência para outros membros do grupo. O chefe, o que legalmente possui autoridade sobre seus subordinados, transfere poder de influência e abre espaço organizacional para que seus subordinados exerçam influência sobre os demais membros do grupo, sobre seus objetivos e atividades. Essa equalização de poder é ameaçadora, especialmente para aqueles técnica ou profissionalmente inseguros e/ou cuja competência profissional é inferior à de seus subordinados. A liderança democrática exige daqueles que dirigem segurança técnico-profissional e um compromisso maior com os direitos humanos dos membros da organização e com a qualidade das realizações do que com seu *status* e poder na organização.

A discussão sobre estilo democrático ou estilo autocrático de liderança torna-se questionável quando se aborda a liderança como uma propriedade do grupo. A situação que o grupo vive, o contexto em que está inserido, os objetivos do grupo e as características de seus membros são fatores que devem determinar não somente qual dos membros do grupo exercerá liderança, mas também que estilo de liderança será adotado. Esse conjunto de fatores, contudo, não é estático. Existe uma dinâmica não só na interação dos fatores como também em sua própria natureza, que se modifica no processo de desenvolvimento das atividades do grupo. Estabelecer um estilo específico para a liderança na organização é esquecer a dinâmica, a flexibilidade e a organicidade da vida organizacional. Tannenbaum e Warren (1958) sugerem um contínuo de comportamento de liderança em que existam diferentes padrões de liderança gerencial, com maior ou menor grau de participação dos membros da organização, dependendo dos objetivos, da situação e dos componentes do grupo a cada momento. O contínuo de liderança, apesar de ser aparentemente o mais adequado à organização, é o que traz mais dificuldades para ser adotado. Os ocupantes da posição de direção nas organizações nem sempre são suficientemente dinâmicos e sensíveis para captar a necessidade de flexibilidade e o estilo adequado de liderança para as diferentes situações. Além disso, muitas vezes a flexibilidade é confundida com instabilidade por aqueles que dirigem. Mais ainda, a ausência de parâmetros para identificar o espaço organizacional e o grau de liberdade de participação concedido pela chefia poderá ser um fator altamente destrutivo na vida de um

LIDERANÇA CENTRALIZADA NO CHEFE			LIDERANÇA CENTRALIZADA NO SUBORDINADO	
Emprego de autoridade pelo dirigente			Área de liberdade para os subordinados	
O dirigente toma a decisão e a anuncia			O dirigente "vende" a decisão	
O dirigente apresenta idéias e solicita perguntas	o dirigente apresenta uma decisão experimental sujeita a alterações	O diretor apresente o problema, recebe sugestões e toma a decisão	O dirigente define os limites e solicita ao grupo que tome a decisão	O dirigente permite que os subordinados operem dentro de limites fixados pelo superior
menor		*Graus de liberdade para os subordinados*		*maior*

Figura 13.1 – *Série contínua do comportamento de liderança.* (Robert Tannenbaum e Warren H. Schmidt, "How to Choose a Leadership Pattern". *Harvard Bussiness Review*, março-abril de 1958, p. 96.)

grupo organizacional. Por outro lado, os próprios subordinados sentem-se mais seguros quando um estilo único de liderança é adotado pelos superiores. Selvin (1960), nos estudos em indústrias, verificou que o mesmo estilo de liderança adotado nos níveis superiores da organização era adotado nos demais níveis organizacionais. O mesmo fenômeno foi observado nas pesquisas realizadas por Aguiar (1970), desenvolvidas em organizações privadas brasileiras. O que parece existir é a predominância de um estilo de liderança único, específico, que se incorpora à cultura da organização.

Não é demais lembrar mais uma vez que é freqüente a confusão entre autoridade e poder de influenciar ou capacidade de liderança. A autoridade é formal, legalmente conferida a um membro da organização. A liderança ou o poder de influenciar o grupo em seus objetivos, em suas atividades, em seu comportamento e no comportamento de seus membros não são conferidos formalmente ou impostos ao grupo. A liderança não se rouba, não se perde, nem se impõe. Os indivíduos são ou não capazes de exercer liderança sobre determinados grupos, em determinadas situações. A liderança é exercida à medida que um dos membros do grupo é capaz de levá-lo a locomover-se em direção a seus objetivos. A incapacidade de perceber a diferença entre autoridade e liderança, entre a natureza situacional e temporária da liderança como propriedade do grupo e a natureza permanente da autoridade do chefe tem levado muitos ocupantes de posições de direção a bloquear e impedir a contribuição de seus subordinados, a quem acusam de tentativas de apropriação do seu poder.

A liderança na organização

Se observarmos o que acontece nas organizações, não será surpreendente constatar a predominância do conceito de liderança como propriedade do indivíduo. A liderança como propriedade do grupo dificilmente é aceita nas organizações. O comportamento dos dirigentes explicita a crença nos dons ou faculdades especiais que eles próprios ou determinados indivíduos possuem. As razões para a predominância do conceito de *grande homem*, do líder que nasceu líder, do líder por suas características de personalidade, são de diferente natureza. A tradição científica, em que predominam o pensamento aristotélico, a influência das ciências biológicas e o determinismo darwiniano, é uma delas. O comportamento humano é explicado como sendo determinado por um fator específico, cuja natureza, também identificada, é a hereditariedade biológica. Os fatores biológicos determinam, segundo essa abordagem tradicional da liderança, o destino do indivíduo. Por outro lado, a tradição psicanalítica que enfatiza a influência predominante da infância na determinação das características de personalidade sugere que os indivíduos *são feitos* nessa fase de sua existência e se comportarão de uma forma única em conseqüência de seus traços de personalidade formados e estruturados. O pressuposto de que os indivíduos *são* e de que dificilmente se modificam contribui para a aceitação da liderança como característica de personalidade. Entretanto, se tentarmos uma análise mais profunda das razões pelas quais a liderança é tomada como uma característica de personalidade, iremos encontrar outros fatores que possivelmente estarão mais diretamente relacionados com a rejeição da liderança como propriedade do grupo. A liderança como característica de personalidade sustenta a teoria das *elites pensantes, dos cérebros* da organização. Enfatiza o privilégio de poucos comandarem o destino de muitos. Enfatiza a importância de os controles externos e de as grandes maiorias se tornarem simples seguidoras, tendo seu comportamento planejado e controlado por seus superiores. Garante e justifica a detenção do poder pelos *líderes*, ou seja, por aqueles dotados das características de personalidade próprias de um líder. A liderança como propriedade do grupo, por outra parte, enfatiza atos de liderança e não o *líder*. Diferentes grupos necessitam de diferentes estilos de liderança, e diferentes membros do grupo podem exercer a liderança em momentos e situações diferentes no mesmo grupo. O poder e a capacidade de influenciar o grupo e o comportamento de seus membros não é privilégio de um *líder*, mas de qualquer um dos membros do grupo que seja capaz de levar o grupo em direção a seus objetivos. O exercício da liderança ou o exercício de influência no grupo, de forma a levá-lo a um desempenho adequado e ao alcance de seus objetivos, não se apóia exclusivamente nas características de personalidade do líder. A interação indivíduo–meio é uma constante. A liderança é uma conseqüência dessa interação. Por outro lado, a liderança como propriedade do grupo dificulta o controle de tipo tradicional na organização, à medida que possibilita e integra a contribuição e, conseqüentemente, a influência de diferentes membros da organização. Os controles organizacionais passam a ser fundamentados e exercidos com base nos resultados ou no desempenho que o grupo apresenta. A liderança como propriedade do grupo, ou liderança contingencial, mostra o dinamismo e a organicidade da organização, ao mesmo tempo que oferece meios para que o líder identifique qual estilo de liderança é mais adequado nas diferentes situações grupais.

Definir liderança

Os estudos da influência do estilo de liderança no desempenho dos grupos organizacionais, desenvolvidos durante os últimos 30 anos em diferentes contextos organizacionais, trouxeram uma valiosa contribuição para a compreensão da natureza e da importância dos estilos de liderança no desempenho do grupo. Os resultados desses estudos comprovam a teoria contingencial da liderança. Situações diferentes exigem comportamentos diferentes do líder: liderança não é definida pelas características de personalidade do líder isoladamente, mas depende de fatores de personalidade e de fatores situacionais que interagem.

Ao identificar os fatores de personalidade do líder, os fatores situacionais que influenciam seu comportamento e o desempenho do grupo, Fiedler (1967) mostra a possibilidade de mudança do estilo de liderança, ou comportamento do líder, por meio de seu treinamento, desde que se entenda que pelo treinamento adquira a capacidade de diagnosticar a realidade de seu grupo e sua capacidade de mudar fatores ou condições, comportando-se ou reagindo de forma mais adequada ao bom desempenho do grupo.

A mudança da percepção que o líder possui dos membros de seu grupo é um dos fatores fundamentais para a melhoria do desempenho do grupo, apesar de ser um dos processos mais difíceis de serem alcançados. A percepção é subjetiva, já que envolve valores, sentimentos, emoções e experiências passadas. Torná-la mais objetiva é uma tarefa muito difícil, mas sumamente importante para aqueles que pretendem levar o grupo que lideram a um bom desempenho.

As variáveis situacionais, quando diagnosticadas, indicam que tipo de comportamento o líder deverá adotar, a fim de levar o grupo a um melhor desempenho. Esse comportamento poderá melhorar suas relações com o grupo, clarificar a tarefa, dar maior liberdade de ação ou orientar mais o trabalho do grupo, possibilitando inclusive que outros membros do grupo exerçam a *liderança* em diferentes momentos da vida do grupo etc.

❖ RESUMO

O grupo, compreendido como entidade psicossociológica própria, foi incorporado à psicologia social. Como objeto de estudos científicos, ganhou especial importância com a contribuição de Kurt Lewin e a Dinâmica de Grupo, área de estudo científico que tem por objeto os grupos.

O grupo é visto de formas diferentes pelas várias teorias que de algum modo o abordam, mas de maneira geral o termo é tomado para designar dois ou mais indivíduos que compartilham um conjunto de normas, crenças e valores e que mantêm relações definidas, de tal forma que o comportamento de cada um tem conseqüências sobre os demais.

No grupo, o líder é entendido comumente como aquele que ocupa o cargo de direção. Na tradição psicanalítica, a relação líder-liderado caracteriza a relação afetiva entre os membros do grupo e a *pessoa central*. A definição do líder em função das escolhas sociométricas mostrou que nem sempre os que na percepção do grupo contribuem com as melhores idéias são os mais aceitos. De acordo com outro conceito, líder é aquele que exerce influência sobre outros. A liderança envolve também a aceitação dessa influência. À medida que isso ocorre, os líderes passam a ser reconhecidos como uma fonte de contribuição positiva para o progresso dos grupos.

A liderança como característica de um indivíduo fundamenta-se na identificação de traços físicos, intelectuais e de personalidade que caracterizam os líderes. A Teoria da Interação, porém, apresenta a liderança como propriedade de grupo: a liderança surgiria à medida que o grupo se forma e se desenvolve. Diversos psicólogos sociais têm adotado a liderança como função do grupo.

O exercício das funções de liderança no grupo está estreitamente relacionado com o poder social, com a capacidade do indivíduo de influenciar uma ou mais pessoas para agir em determinada direção ou para mudar a direção da ação. A forma de exercer a liderança permanece assunto controverso. White e Lippit investigaram os efeitos de três atmosferas sociais, denominadas autocrática, democrática e *laissez-faire*, sobre o comportamento dos indivíduos e do grupo. Com base nessa classificação, realizaram-se experimentos com o objetivo de registrar quantitativamente os efeitos das diferentes atmosferas sociais na vida do grupo. Krech e Crutchfield, por sua vez, apontam como uma das características da liderança autocrática a manutenção da segregação dentro do grupo. De acordo com experimentos realizados, a liderança autocrática torna o grupo dependente do líder, reduz a comunicação interpessoal dentro do grupo, reduz o moral do grupo e o torna mais vulnerável. Já a liderança democrática contribui para o envolvimento e a participação dos membros no grupo, para a distribuição da responsabilidade entre eles, para o incentivo aos contatos pessoais entre eles, fortalecendo a estrutura do grupo, e para a redução dos conflitos, assim como para evitar a predominância de privilégios.

Não se pode falar em estilo de liderança melhor ou pior, mas em estilo de liderança mais ou menos adequado. A liderança autocrática é mais adequada para a manutenção do poder; a liderança democrática é mais adequada para a autodeterminação do grupo e o desenvolvimento das habilidades e capacidades de seus membros. Tannenbaum e Warren sugerem um contínuo de comportamento da liderança, no qual existem diferentes padrões de liderança gerencial, com maior ou menor grau de participação dos membros da organização, dependendo dos objetivos, da situação e dos componentes do grupo a cada momento. Na prática, porém, o contínuo de liderança exige uma flexibilidade difícil de conseguir.

Nas organizações, constata-se a predominância do conceito de liderança como propriedade do indivíduo. A teoria contingencial da liderança (Fiedler) propõe estilos diversos de liderança como conseqüência da interação dos fatores situacionais, individuais e grupais.

❖ TERMOS E CONCEITOS IMPORTANTES

Dinâmica de Grupo: área de estudo científico que tem por objeto os grupos como entidades psicossociológicas, a natureza de suas forças, os fenômenos e os processos grupais.

Estilo de liderança: autocrática, democrática e *laissez-faire*: são formas diferentes de exercer influência no grupo.

Liderança: capacidade de tomar iniciativas em situações sociais de planejar, de organizar a ação e de suscitar colaboração.

Liderança como característica do indivíduo: fundamenta-se na identificação dos traços individuais, físicos, intelectuais e de personalidade que caracterizam os líderes (liderança inata). Os líderes, em qualquer situação e cultura, revelam os mesmos traços psicológicos. Teoria não comprovada por estudos e pesquisas científicas.

Liderança como uma propriedade de grupo: postulada pela Teoria da Interação, a liderança é um fenômeno que surge à medida que o grupo se forma e se desenvolve. O papel que um indivíduo assume dentro de um grupo é determinado pelas necessidades do grupo, como também pelos atributos de personalidade, pelas capacidades e habilidades que caracterizam aquele indivíduo e que são percebidos pelos demais membros. Comprovada por pesquisas e estudos científicos.

Liderança e chefia: a chefia tem autoridade, daí seu poder social; sua influência emana da autoridade, exerce-se mediante a utilização de instrumentos coercitivos. O líder exerce influência sem a chancela da autoridade legal; sua influência é livremente aceita pelos demais membros do grupo, desde que seu poder de influência seja percebido.

Liderança situacional: depende de fatores de personalidade e de fatores ambientais que se influenciam. Um membro do grupo se torna líder à medida que suas características individuais (conhecimentos, experiência, inteligência etc.) são adequadas a determinada situação e contribuem para que o grupo atinja seus objetivos.

❖ QUESTÕES

1. Qual é a importância do estudo dos grupos como entidades psicossociológicas para se compreender o comportamento organizacional?
2. O que significa processo grupal?
3. Quais são as principais características que indicam a diferença entre grupo e um agregado de indivíduos?
4. Quais são as principais abordagens teóricas e qual sua influência no estudo dos processos grupais?
5. Qual é a diferença entre os conceitos de líder e de liderança?
6. Quais são as características da liderança?
7. Quais são as diferenças entre liderança e chefia ou comando?
8. Em que pressupostos teóricos se fundamenta a teoria da liderança como característica de personalidade?
9. Em que pressupostos teóricos se fundamenta a teoria contingencial da liderança?
10. Quais são as conseqüências, na seleção e no treinamento de pessoal, da abordagem da liderança como uma característica de personalidade e da abordagem da liderança como uma propriedade do grupo, ou teoria contingencial?
11. Qual é a influência da conduta do líder ou de seu estilo de liderança no comportamento do grupo e em seu desempenho?
12. É possível dizer que existe um melhor estilo de liderança? Por quê?
13. É possível treinar líderes? Justifique sua resposta.

❖ APLICAÇÃO

Estudo de caso

A Empresa de Engenharia foi fundada em 1989 por um grupo de engenheiros e arquitetos e, desde essa época, vem atuando no mercado nacional e internacional de construção civil. Suas atividades expandiram-se e a empresa, nos últimos anos, desenvolveu projetos como planejamento e construção de rodovias e pontes, usando tecnologia das mais modernas, assim como outras obras, tanto na área privada quanto pública. A expansão da Empresa de Engenharia ocorreu também em outras áreas do mercado, transformando-a em um grupo integrado também por uma empresa de computação de dados, por uma imobiliária, por uma empresa de importação e exportação de equipamentos e materiais de construção civil, por uma indústria de artefatos e ferragens para construção e por uma indústria de vidros para construção.

O dr. Paulo, engenheiro civil, assumiu a presidência do Grupo de Engenharia há quatro anos e todo o processo e expansão da empresa se deu durante os dois primeiros anos de sua gestão. O Grupo, entretanto, vinha passando por sérias dificuldades nos últimos dois anos. Os contratos tornavam-se cada vez menores, os projetos não estavam sendo terminados nos prazos previstos, as empresas apresentavam déficits e havia uma grande desmotivação entre os funcionários, especialmente no grupo especializado de engenheiros e arquitetos. A rotatividade de pessoal nos últimos dois anos vinha crescendo de forma assustadora. Coincidentemente, algumas sérias modificações estavam sendo verificadas no mercado: a crise de mão-de-obra na construção civil, a reformulação da política governamental no setor de construção civil e a implantação, pelo Banco Nacional de Habitação, de nova política que estabelecia grandes restrições no setor habitacional do país. Essas restrições levaram algumas empresas da construção civil a um processo de fusão, numa tentativa de soma de esforços, mas, ao mesmo tempo, criaram um novo tipo de mercado, com concorrentes mais poderosos e em menor número.

A crise internacional de combustível levou o governo a atuar em outros setores, especialmente nos de exportação e importação, o que afetou diretamente uma das empresas do Grupo de Engenharia. Os projetos no exterior tornaram-se também mais difíceis em conseqüência da crise internacional de combustível. Diante dessa situação, o presidente do Grupo de Engenharia decidiu solicitar ao Banco Nacional de Desenvolvimento Econômico um financiamento que possibilitaria vencer as dificuldades mais prementes.

O Banco Nacional de Desenvolvimento Econômico, depois de um estudo da situação, negou o financiamento. No parecer encaminhado ao presidente do Grupo, os técnicos do BNDE informavam-no de que a decisão negativa tinha sido dada pela falta de estrutura do Grupo de Engenharia. Diante desse parecer, o presidente do Grupo de Engenharia contratou uma empresa de consultoria organizacional numa tentativa de atender às exigências do BNDE, ou seja, dar uma estrutura organizacional adequada ao Grupo.

A consultoria deparou-se com a seguinte situação organizacional: os diretores e gerentes apontavam como um dos problemas mais graves do Grupo a *personalidade* do presidente, pessoa muito inteligente, dinâmica, com grande conhecimento e experiência no setor de construção civil, mas sumamente autocrática e centralizadora. O presidente era considerado quase por unanimidade como um inibidor de lideranças. A participação de seus subordinados era impedida por ele e a maioria dos diretores e gerentes sentiam-se como simples executores de suas ordens. A colaboração inteligente raramente era permitida.

As decisões eram lentas porque, com o crescimento do Grupo, não tinha havido uma descentralização adequada. O presidente comportava-se como se o Grupo fosse ainda aquela pequena empresa de engenharia que ele encontrara dois anos antes. Tudo tinha de passar por ele, desde a contratação de uma secretária até o fechamento de um contrato que envolvesse alguns milhões de reais. Muitas decisões importantes e imediatas eram retardadas, com conseqüente prejuízo para o Grupo e vantagens para os concorrentes. A interferência do presidente nas atividades técnicas, especialmente nos projetos de engenharia e arquitetura, criava constantes conflitos e mal-estar. Os engenheiros tecnicamente mais capazes e com maior experiência gerencial não permaneciam por muito tempo no Grupo. Houve situações em que alguns deles abandonaram os projetos antes de seu término, em conseqüência da intervenção do presidente nos aspectos técnicos e gerenciais. Dessa forma, os projetos atrasavam e a qualidade dos trabalhos se tornava questionável.

Outros problemas que consideravam da alçada do presidente, como contatos com a área governamental, com bancos e com o mercado, não estavam sendo solucionados. Os diretores alegavam também que não se sentiam seguros para tomar decisões, por mais simples que estas fossem, devido, entre outros fatores, à constante interferência do presidente na área das diferentes diretorias, o que criava situações sumamente embaraçosas, pois era comum os diretores serem surpreendidos com decisões referentes a suas áreas. Isso fazia com que agissem com maior cautela e se assessorassem mais freqüentemente com o presidente. Outra razão pela qual sentiam dificuldade de tomar decisões era a falta de políticas e metas para o Grupo. Não sabiam onde e como atuar.

Por outro lado, o presidente percebia a situação da seguinte maneira: o rápido crescimento e a expansão do Grupo exigiam lideranças mais dinâmicas e eficientes. Os diretores eram de sua inteira confiança, mas faltava-lhes a capacidade de liderança necessária e adequada para suas funções. Por essa razão, ele vinha assumindo cada vez mais as decisões e a gerência geral do Grupo. Isso estava se tornando sumamente difícil, pois estava trabalhando 18 horas diárias, inclusive em fins de semana e feriados, e o Grupo ia mal. Vinha pensando seriamente em modificar o quadro de diretores, pois já havia tentado delegar poderes e, quando o fez, os diretores não souberam como agir e voltaram, pedindo-lhe que tomasse decisões.

Diante desses dados, a consultoria reuniu-se com o presidente para a apresentação e a discussão da percepção do problema do ponto de vista dos diretores e gerentes, procurando evitar a identificação das opiniões particulares. O presidente inicialmente mostrou-se muito irritado, tentando justificar-se aos consultores. Segundo ele, os diretores eram os responsáveis por seu comportamento. A diretoria o forçava a agir daquela forma. Quando delegava, não assumiam. Procurou-se mostrar ao presidente que não há uma única forma de perceber uma situação; as pessoas percebem problemas e fatos de formas diferentes. O importante para a produtividade da empresa naquele momento seria analisar as duas percepções do problema cuidadosamente e procurar identificar quais os fatores mais relevantes indicados nas duas percepções e quais atitudes poderiam ser tomadas para levar os membros do Grupo a um desempenho mais adequado às demandas do momento.

Não havia erros nem culpa, mas diferentes modos de perceber o problema e, conseqüentemente, diferentes atitudes e formas de reagir a ele. Voltou-se a discutir o problema e foram analisados alguns pontos considerados de maior importância, entre eles a definição de metas e políticas para o Grupo. Uma semana após a discussão do problema com a consultoria, o presidente encaminhou a todos os diretores e gerentes do Grupo o relatório do diagnóstico fornecido pela consultoria, no qual se apresentava a percepção da situação do ponto de vista dos diretores e gerentes, solicitando a cada diretor que se reunisse em sua área, com suas equipes, para análise dos problemas e apresentação de soluções alternativas. Foi marcada, ao mesmo tempo, uma reunião com a presidência para dentro de oito dias.

A primeira reunião foi realizada, tendo-se discutido a situação do Grupo e as possíveis soluções para os diferentes problemas. O diretor de projetos no exterior sugeriu contatos com outras empresas nacionais que atuavam no exterior e o desenvolvimento de projetos conjuntos, ao mesmo tempo que propôs um trabalho mais integrado entre essa diretoria e a indústria de materiais de construção, que poderia orientar-se mais em função das necessidades do mercado exterior. A diretoria da imobiliária sentia a necessidade de um estudo de mercado e de uma análise mais profunda das novas políticas governamentais do setor para planejar sua atuação. A diretoria de processamento de dados via a possibilidade de expandir seus serviços, mas necessitava aumentar sua equipe de analistas de sistemas e de vendedores. O presidente autorizou a cada diretoria que elaborasse os planos de ação sugeridos e, nas reuniões seguintes, foram discutidos e aprovados. Os diretores passaram a atuar rapidamente, tendo sido possível, num tempo recorde, traçar as principais metas do Grupo e suas políticas. Uma nova estrutura organizacional foi emergindo dessas reuniões e um novo estilo de liderança ficou estabelecido no Grupo. Sua produtividade aumentou de forma surpreendente e, como conseqüência, os lucros e a motivação dos membros da organização.

Questões pertinentes ao caso
1. Identifique os fatores que determinam o estilo de liderança do presidente nos primeiros dois anos de sua gestão.
2. Diagnostique as dificuldades que o presidente estava tendo para identificar o melhor estilo de liderança a partir do segundo ano de sua gestão. Que fatores estavam influenciando sua percepção dos membros do Grupo? Explique a relação entre o comportamento do presidente e o comportamento dos diretores.
3. Identifique o processo de mudança de estilo de liderança do presidente. Que fatores ocasionaram ou provocaram essa mudança?
   De que forma o processo de mudança foi realizado?

Trabalho de Campo

Identifique, em pelo menos três empresas que atuem em áreas diferentes, o seguinte:
1. Qual é o processo de seleção dos líderes dos grupos de trabalho?
2. De que forma descrevem um líder?
3. Como avaliam a eficiência do líder?
4. Desenvolvem treinamento para líderes? De que tipo e de que forma?
5. Quais são os conceitos de liderança encontrados? Que conseqüências você pode observar para o grupo e para a organização?

Trabalho em grupo

Discuta a seguinte situação:

O sr. X é administrador de empresas e trabalha na assessoria da presidência no setor de recursos humanos de uma empresa de projetos de engenharia. Foi designado pelo presidente da empresa para ser coordenador de um grupo de trabalho que deveria planejar a seleção e o treinamento dos líderes de projetos.

No grupo constituído, surgiram duas orientações quanto ao conceito de liderança: liderança como característica de personalidade e liderança como propriedade do grupo.

a) Discuta os argumentos da liderança como característica de personalidade, apresentando suas inadequações e conseqüências para a organização.
b) Identifique as diferenças de planos de seleção e treinamento de líderes fundamentados na liderança como característica de personalidade e como propriedade do grupo.
c) Elabore um plano de seleção e treinamento de líderes, fundamentando-o nos conceitos de liderança contingencial. Discuta.

❖ TRABALHO DE PESQUISA

1. Pesquise os novos conceitos de liderança divulgados nos últimos cinco anos (Internet, seminários, publicações científicas *best sellers*, livros recentes de administração e de psicologia).
2. Faça a distinção entre teorias de liderança e tipos de liderança.
3. Identifique em que teorias os conceitos pesquisados foram desenvolvidos. Analise a fundamentação científica dessas teorias e desses conceitos.

❖ REFERÊNCIAS BIBLIOGRÁFICAS

BALES, R. F. *The equilibrium problem in small groups*, T. Parsons R. F., 1953.
BAVELAS, Alex. Leadership, man and function. In: LEAVIT, Harold J.; PONDY, Louis R. *Readings in managerial psychology*. 2. ed. Chicago: The University of Chicago Press, 1973.
CATTELL, R. B. New concepts for measuring leadership in terms of group syntality. *Human Relations*, v. 4, p. 161-184, 1951.
CARTWRIGHT, D.; ZANDER, A. *Group dinamics*. 2. ed. New York: Row, Peterson. p. 301-317.
_____. Origins of group dinamics. In: CARTWRIGHT, D.; ZANDER, A. *Group dinamics*. 2. ed. New York: Row, Peterson, 1968. p. 3-20.
_____. Influence, leadership, control. In: MARCH, J. G. (Ed.) *Handbook of organizations*. Chicago: Rand McNally, 1965. p. 1-47.
_____. A field theoretical conception of power. In: CARTWRIGHT, D. (Org.). *Studies in social power*. Michigan: Institute for Social Research, 1959.
_____. Groups and groups membership. In: CARTWRIGHT, D.; ZANDER, A. (Org.). *Group dinamics*. New York, Harper and Row, 1968.
_____. Pressures to uniformity in groups: introduction. In: CARTWRIGHT, D.; ZANDER, A. (Org.). *Group dinamics*. New York: Harper and Row, 1968.
_____. Power and influence in groups: introduction. In: CARTWRIGHT, D.; ZANDER, A. (Org.). *Group dinamics*. New York: Harper and Row, 1968.
_____. Leadership and performance of group functions: introduction. In: CARTWRIGHT, D.; ZANDER, A. (Org.). *Group dinamics*. New York: Harper and Row, 1968.
_____. Motivational process in groups: introduction. In: CARTWRIGHT, D.; ZANDER, A. (Org.). *Group dinamics*. New York: Harper and Row, 1968.
DAHL, R. A. The concept of power. *Behavioral Science*, v. 2, p. 201-215, 1957.
HARTLEY, E. L. (Org.). *Readings in social psychology*. New York: Holt, p. 330-344.
FRENCH, J. R. P. Jr.; SNYDER, R. Leadership and interpersonal power. In: CARTWRIGHT, D. (Org.). *Studies in social power*. Michigan: Institute for Social Research, 1959.
FRENCH, J. R. P.; RAVEN, B. H. The bases of social power. In: CARTWRIGHT, D. (Org.). *Studies in social power*. Univ. of Michigan Press, 1958, p. l18-149.

FIEDLER, Fred E. *A theory of leadership effectiveness*. New York: McGraw-Hill, 1967.

_____. Personality and situational determinants of leadership effectiveness. In: CARTWRIGHT; ZANDER, *Group dynamics*. New York: Harper and Row, 1968, p. 362.

GIBB, C. A. Leadership. In: LINDSON e ARONSON. *Handbook of social psychology*, 2. ed. New York: Addison-Wesley, 1969, p. 205-273.

HARE, A. P.; BORGOTTA, E. F.; BALES, R. F. (Org.). *Small groups studies*. In: *Social interation*. New York: Alfred A. Knopf, 1966.

HARE, A. P. *Handbook of small group research*. New York: The Free Press, 1966.

KRECH, D.; CRUTCHFIELD, R. S.; BALLACHEY, E. L. *Individual in society*. 2. ed. New York: McGraw-Hill, 1962.

LASSWELL, H. D.; KAPLAN, A. *Power and society*. New Haven, Conn: Yale Univ. Press, 1950.

LEWIN, Kurt. Field theory and experiment. In: *Social Psychology*, v. 44, p. 868- 896, 1939.

LIKERT, R. *New Patterns of management*. New York: McGraw-Hill, 1961.

MARCUS, P. M. Expressive and instrumental groups: toward a theory of group structure, *American Journal of Sociology*, v. 66, p. 54-59, 1960.

MILGRAM, Stamey. Some conditions of obedience and disobedience to authority. In: LEAVITT, Harold J.; PONDY, Louis R. *Readings in managerial psychology*. 2. ed. Chicago: The University of Chicago Press, 1973.

MORSE, John J.; LORSCH, Jay W. Beyond theory Y. In LEAVIT, Harold J.; PONDY, Louis R. *Readings in managerial psychology*. 2. ed. Chicago: The University of Chicago Press, 1973.

PROSHANSKY, H.; SEINDENBERG, B. *Basic studies in social psychology*. New York: Holt, Rinehart and Winston, 1965.

SCHOPLER, J. Social power. In: BERKOWITZ (Org.). *Advances in experimental social psychology*. New York: Academic Press, 1965. v. 2.

SELVIN, H. C. *The eflects of Leadership*. New York: The Free Press, 1960.

SHERIF, M. *An outline of social psychology*. New York: Harper and Row, 1948.

TANNENBAUM, R.; WARREN, H. S. How to choose a leadership pattern. In: *Harvard Business Review*, 1958, p. 96, mar./apr. 1958.

TURK, H. Instrumental and expressive ratings reconsidered. *Sociometrym*, v. 24, p. 76-81, 1961.

VROOM, Victor H.; YETTON, Philip. A normative model of leadership style. In: LEAVITT, Harold J.; POND, Louis R. *Readings in managerial psychology*. 2. ed. Chicago: The University of Chicago Press, 1973.

WHITE, R.; LIPPITT, R. Leader behavior and member reaction. In: *Three social climates, in Autocracy and Democracy*. New York: Harper and Row, 1960.

ZALEZNIK, Abraham. Power and politics in organizational life. In: LEAVITT, Harold J.; PONDY, Louis R. *Readings in managerial psychology*. 2. ed. Chicago: The University of Chicago Press, 1973.

Índice remissivo

A

ação comunitária, 51, 100
    linguagem, 51-52
    mundo vivido e, 52-53
    teoria da, 51-52
achievement, 362
acientíficos, 151
acomodação, 284, 365
action-research, 248
administração, 121-122, 127-128
adoção de perspectiva
    auto-reflexiva na segunda pessoa e recíproca, 81
    da terceira pessoa e mútua, 81-82
    diferenciada e subjetiva, 80-81
afiliação, 362
alma, 135
alto executivo, 388
ambiente
    objetivo, 236
    psicológico, 236, 245, 254
aprendizagem, 254
    nível de, 246
    tipos de, 245-246
argumento, 101
ASO – Medida de Similaridade Assumida, 397
assimilação, 284
atenção, 317-319
atividade mental, 284
autonomia, 101
    e sujeito, 32
    humana, 31
auto-realização, 363
autoritária, 393
aversão, 243

B

backgroud, 293
bagagem cromossômica, 272
barreiras, 247
    interpessoais, 295, 305
    intrapessoais, 295-296, 305
    ou fontes de frustração, 305
    situacionais, 295, 305
behavior, 190
Behaviorismo, 143, 372
    a personalidade segundo o, 208
    e a motivação, 204
    e o comportamento humano na organização, 209-210
    origens do, 190-192
    princípios, 192
    radical, 199-200

best-sellers, 7
bigbang, 30
border line, 166

C

campo
    de força, 243, 255
    de poder, 244, 255
    psicológico, 240, 254
capacidade, 31
    de perceber, 315
    de ter liberdade, 31-32
capital intelectual, 29
características individuais
    cultura, 271
    desenvolvimento de, 271
carga psíquica, 170
categoria, 315-316, 341
CCQ – Círculo de Controle de Qualidade, 262
CCQ – Círculos de Controle de Qualidade, 117
ciência, 138, 144
    da mente, 135
ciências ocultas, 135
classes sociais, 268-270
CNBB – Conferência Nacional dos Bispos do Brasil, 26
cognare, 326
cognição, 326
cognitivismo, 73-75, 143, 372
colaboração, 117
complexidade, 34-35
    desafio da, 41
    e suas formas, 35-36
    etapas da, 38
    princípios que ajudam a pensar a, 36-38
    sistema e, 38-39
complexus, 34
complicado, 35
comportamento, 190
    como função
        da situação total, 233
        do campo presente, 238

conceito, 230-231, 232
    direcionado, 356
    humano, 134, 135, 141, 143, 189, 331-332
    manipulação de, 366
    motivado, 353
    não-motivado, 353
    nas organizações, 205-206
    observação científica, 232
    operante, 193, 219
    respondente, 192-193, 219
conceito prático, 263
conceitos
    dinâmicos, 242-245
    estruturais, 241-242
condensação, 181
condicionamento
condições
    ambientais, 267
    higiênicas, 364
conflito
    psíquico, 161
    situações de, 244
conformismo *versus* produtividade, 365-366
confronto no ringue, 298
consciência
    falsificação da, 336-337
    percepção da, 336-337
consciente, 156-157, 181
conscientização, 112, 116
    organizacional, 117
consenso, 113, 117
constância, 320, 341
    e distorção visual, 320
constructos, 229, 254, 341
contradições, 276-277
CPI – *California Psychological Inventory*, 300
credo, 117
crenças, 285
criatividade, 285, 330-331
CTQ – Controle Total de Qualidade, 117
cultura, 271-272, 285

D

decodificação, 321, 341

democrática, 393
dependência humana, 31-32
descentramento, 99
desejos, 159-160, 182
desenvolvimento
  cognitivo, 262, 284, 328-329
  e condições econômicas, 338
  do pensamento simbólico, 264
  mental, 333
deslocamento em nível psicológico, 337
desordem, 46
determinismo
  biológico, 355
  hereditário, 271
dever, 101
diferenças
  inatas, 275-276
  individuais, 268-270
dificuldades, 276-277
dinâmica, 235
  de grupo, 248, 255, 381-382, 407
dinâmico, 180
discurso, 53-55, 99, 135
  prático, 53
  razão comunicativa, 53-55
dispositivos experimentais, 197
drives, 356, 372
Durkheim, 66
  e a moralidade, 66-69

E
ecologia psicológica, 255
econômico, 180
elite, 112
  pensante, 402
emoções, 206
empresa-mãe, 120
energia, 182
entrevistas psicológicas, 300
epistemofilia, 172
epistemologia, 126
espaço vital, 233, 235, 240, 254
  dimensão do, 237
esquema, 263, 284

estímulo, 202
  físico, 240
  generalização e discriminação, 203-204, 219, 220
  manejo do, 210-211
  percebido, 314-315
estratégias defensivas, 169
estrutura, 228
  cognitiva, 284, 341
ética
  discursiva, 55, 99
  como processo de aprendizagem, 59-61
  condições para a, 57
  de Jürgen Habermas, 55, 96-97
  descentramento, 57-58
  e integridade do indivíduo, 56-57
  e natureza humana, 59
  e pressupostos essenciais, 55-56
  fundamentos psicológicos, 73
  neutralidade em Kant e Durkheim, 58-59
  universal e dialógica, 61-62
  universalização e comunicação, 56
  conduta, 165
  comprometida, 75
eu adulto, 172
eu-sujeito, 14
experiência passada, 316
experimentos, 392-394
  de Palov, 194
extinção, 199, 220

F
faculdades da razão, 102
falsa consciência, 121
fatores
  extrapessoais, 341
  higiênicos, 363, 372
  individuais, 330
  intrapessoais, 341
  motivacionais, 363
fenômeno psicológico, 231, 254
figura-fundo, 227-228, 254, 341
focus, 390
força, 255

impulsionadora, 244, 255
restritiva, 244, 255
resultante, 243, 255
force field, 243, 244
formação do caráter, 182
formalismo, 73-75
Freud
    a abordagem de, 355
    e o inconsciente, 355
    e o método científico, 151-152

G

Gestalt, 226
globalidade, 18
globalismo, 18
globalização, 3, 18
    conhecimento científico, 7
    exclusão social, 8
    reflexidade social intensiva, 7-8
    conseqüências do processo de, 8-9
    conflitos sociais, 9
    riscos e incertezas, 8-9
    dimensão
        ecológica, 4
        econômica, 3-4
        técnica, 4
    reflexidade intensiva e
    ação inconsciente, 6-7
    tecnologia da informação, 6
    tecnologia e
        conceito de espaço, 5-6
    controvérsias, 4-5
grande homem, 402
group dinamics, 248
Gulag, 33
    Arquipélago, 33

H

hereditariedade, 266, 276, 285
    e diferenças nos seres humanos, 268
    e meio ambiente, 272-273
    transmissão da, 266-267
Herzberg, 363
heteronomia, 101

hierarquia das necessidades, 372
hodologia, 242-245
homem
    acabado, 120
    organizacional, 118
    humanista, 136
    radical, 113, 127

I

IC – idade cronológica, 274
identificação, 162
    com o agressor, 162
ideologia, 120-121, 126, 143
defensiva da profissão, 169
ilusões, 342
IM – idade mental, 274, 285
imagens mentais, 342
imperativo, 101
    categórico, 101
    hipotético, 102
inclusão, 342
inconsciente, 157-158, 182
indivíduos, 31, 234
    com a organização do trabalho, 167
    como sistema, 235
    conseqüência para o, 335-336
interação com meio ambiente, 233
informação
    ambígua, 342
    redundante, 342
inner, 241
insight, 154, 226, 228, 248, 254
instintos, 159, 182, 267-268
integração, 352
    avaliação do grau de, 366
integrados, 365
inteligência, 274, 285
    normal, 331
interação
indivíduo-organização, 366-367
    social, 342
irracionalidade, 182
Ishikawa seqüencial, 262
isoformismo, 227, 254

J

Jean Piaget, 69
    julgamentos morais, 69-73
Jerkes, 268

K

Kant, 62-66
    a moral em, 98, 101
kibutz, 269
Klineberg, 268
Kohlberg, 75
    estágios morais, 75-79
    ordem
        convencional, 76-77
        pós-convencional, 77-79
        pré-convencional, 75
    perspectivas sociais, 79-80
    seqüência cognitiva, 89-90
Kurt Lewin, 354-355

L

laboratório, 200-202
laissez-faire, 392, 393, 394
learning organization, 140
legislação e razão prática, 102
lei
    da boa comunicação, 228
    da clausura, 228
    da igualdade, 228
    da Pregnância, 227
    da proximidade, 228
    da similaridade, 228
    do caráter de participação, 228
    do fechamento, 228
LER – Lesão por Esforço Repetitivo, 169
Lewin e a psicologia social, 247-248
liberdade, 101
libido, 180
líder, 402
    atual, 387
liderança, 384, 386, 404, 407
    aceitação da, 385-386
    centralizada no chefe, 401
    subordinado, 401
    como
        característica do indivíduo, 386-387, 407
        propriedade de um grupo, 387-390, 407
    definição, 403-404
    diferença entre várias formas de, 394-399
    e chefia, 407
    efeitos de, 391-392
    estilo de, 398-402
    na organização, 402-403
    situacional, 407
life space, 233, 235
limiar de percepção, 342
limite de atenção, 342
locomoção, 255
logos, 135
LPC – Potencial de Liderança, 397

M

Margaret Mead, 268
massacre psicológico, 278
massificação, 117
maturação, 267
maturidade psíquica, 333
máxima, 101
mecanismo
    de defesa, 182, 296
    de facilitação, 337-338
    de repressão, 335
meio
    ambiente, 266
    cultural, 285
    intercelular, 285
    pré-natal, 286
    psicológico, 270, 286
    social
        a organização como, 273
        tipos de influencia como, 273
membership character, 228
memória, 342
    a curto prazo, 342
    a longo prazo, 342
    ativa, 342
mental set, 330

mentalísticos, 151
mente, 135
metafísicos, 151
método científico, 138-139, 143
MMPI – *Minnesota Multiphasic Personality Inventory*, 300
modernização
    retomando a, 12
    a segunda modernidade, 12
    política
    de vida, 13
    gerativa, 13
    processo de destradicionalização, 12
    reflexões e considerações, 13
    responsabilidade e interdependência, 14
    ser inteligente, 13-14
    solidariedade, 15
    autonomia e interdependência, 16
    e exclusão social, 15-16
    econômica, 15
    simples, 9, 10, 18
    reflexiva, 9, 10, 19
    teoria, 11
    sociedade de risco, 9-10
moralidade, 102
motivação, 320-321, 352, 363, 372
    e chefia, 368-369
    e hedonismo, 353-354
    e os behavioristas, 354
    e os cognitivistas, 354
    e problemas emocionais, 367
    e produtividade, 364
    problema individual, 352-353
mudanças induzidas socialmente, 246-247
mundo, 140, 315
    vivido, 99

N

N-achievement, 361, 367
não saber, 37
natureza humana, 115-120, 127
    co-responsabilidade e autodeterminação, 118-120
    determinismo sociológico, 116
homem organizacional, 117-118
necessidades, 160, 183
    básicas, 367-368
    de afiliação e amor, 358, 362
    de auto-realização, 359
    de estima, 358
    de poder, 362
    de realização, 361-362
    de segurança, 357-358
    estéticas, 359
    fisiológicas, 357
    hierarquia das, 357
    psicológicas, 362
need, 159, 236, 246
negociação consenso, 99
nível
    operatório
    concreto, 264, 285
    formal, 265-266, 285
    realidade-irrealidade, 237

O

O.R.T. – Organização Racional do Trabalho, 189
Ong – organização não-governamental, 15
ontologia, 126
operação mental, 265, 284, 328, 342
ordem, 46
organização(ões)
    avaliação psicológica na, 301-302
    características, 335
    como contexto social, 261
    como meio social, 273, 334-335
    conseqüências para a, 336
    da personalidade, 168
    do conhecimento, 33
    do trabalho, 168
    e a motivação, 351-370
    e autoprodução, 32
    e processos grupais, 381
    e sua função, 334-335
    missão da, 127
    necessidade psicológica na, 362
    reforço nas, 203

reprodução dos tipos de sociedade na, 114-115
sistema de recompensa nas, 212
tipos de, 169
orientações teóricas, 382-384

P
padronização, 117
paradigma, 24
da era moderna, 25
de pensamento, 41
e a forma de pensar, 24-25
passo distinguido, 255
pensamento, 327-328, 343
pensante, 367
percepção, 207-208, 271-272, 332, 343
e características individuais, 332-333
e contraste, 316
e divisão do trabalho, 332
falsificação da, 338
hipóteses sobre a, 313-314
limiar de, 314
presente, 316
projeção no processo de, 316
social, 322, 343
fatores intra e extrapessoais, 323-325
período
pré-operatório, 264, 285
sensório-motor, 262, 284
características, 263
personalidade, 293-294, 305
avaliação da, 299-300
características da, 294, 305
desenvolvimento e ajustamento, 294-296
e organização, 297-299
ego, 152, 153-155, 181, 337
estrutura, 305
id, 152, 153, 154, 156, 181, 337
inventário de, 300-301
superego, 152, 155-156, 337
tipos ou dimensões de, 296-297
perspectiva
auto-reflexiva na segunda pessoa e recíproca, 82-83

da terceira pessoa e mútua, 83-84
diferenciada e subjetiva, 82
pesquisa-ação, 144, 248
pessoa, 236
central, 384
pessoas inteligentes, 8
poder, 362
social, 390-391
posição psicológica, 255
power field, 244, 246, 247, 255
pré-consciente, 157
presente psicológico, 238, 254
pressões grupais, 332
princípio
da contemporaneidade, 238
da realidade, 158
do prazer, 158
universal, 100
princípios, 74
problemas emocionais, 353
diferença entre doença mental e, 368
e autocracia, 367
processo
argumentativo, 101
cognitivo, 331-332
de cognição, 284, 326-327, 343
mental, 182
primário, 158-159
secundário, 158-159
processos grupais, 384-385
produtividade *versus* integração, 364-365
proximidade, 343
psicodinâmica do trabalho, 172
psicologia, 144
aplicada à administração, 90
e a Ética Discursiva, 90-92
como ciência, 135, 141
e demais ciências, 137-138
e ideologia, 142
e provérbios, 133-134
idéias e opiniões de pensadores, 134
objeto da, 230, 254
organizacional, 84-92
concepções morais universais e

desenvolvimento psicológico, 88-89
motivação e o processo de indução do indivíduo, 85-88
razão instrumental, 84
tempo em, 239-241
psicopatologia do trabalho, 168-169
psyche, 135
pulsão, 180
pulsões de
   morte, 161
   vida, 161
punição, 199

Q
QI – quociente de inteligência, 274-276, 286
qualidades mentais, 156-158

R
raciocínio, 327-328, 343
racionalidade, 39-40, 41
racionalização, 40, 41
razão, 39, 99
   a dúvida e a, 41
   comunicativa, 100
   prática, 62-64, 102
   teórica, 102
realidade
   consensual, 343
   psicológica, 231
realização, 362
recalque, 160
recuperação espontânea, 199
reflexos, 267-268
reforço
   definição e tipos, 196
   e privação, 196-197
   manejo do, 210-211
região, 241-242, 255
   de fronteira, 240
relação, 77
religião do trabalho, 351
repressão, 161, 182
   pulsorial, 169
ressonância simbólica, 172

condição de, 173
reversibilidade, 264-265, 284

S
satisfação no trabalho, 364
saúde
   física, 169
   mental, 168, 174-175
scapegoat, 390
SD – estímulo discriminativo, 205
seleção de pessoal, 277-278
semiótica, 284
sentimentos, 206
ser
   bom, 76
   plural, 100
   racional, 100
sujeito, 13, 14, 15
simbólico, 180
similaridade, 343
sistema de
   fins, 64-66
   dignidade, 64
   preço, 64
   memória, 343
   representação mental, 23-24
   conjunção do uno e do múltiplo, 28-29
   contexto e nossos esquemas pessoais, 25-26
   objetivos e intenções, 26
   pensamento simples, 26-27
   características, 29-30
   contradições do, 30-31
   inteligência cega, 27-28
   redução, 29
sistema em tensão, 255
sistemas de incentivos, 366
social
   interação, 322
   percepção, 322, 323
sociedade, 111-114, 271, 286
   de acordo, 127
   tipos de, 123-126
   trabalhadora, 351

sofrimento
    alienação como fator de, 171-172
    criativo, 175
    defesas contra o, 170
    e motivação, 174
    humano
    e responsabilidade, 177
    nas organizações, 176
    mental e conseqüências, 170
    patogênico, 175-176
    trabalho e sociedade, 177
solução de problemas, 329-330
status, 7, 165, 365, 392
    quo, 112, 113
stress, 28, 296, 305, 330
sublimação, 160-161, 173, 182
SVIB – *Strong Vocational Interest Blank*, 300

T
TAT – Teste de Apercepção Temática, 301
team-building, 335
teatro psíquico, 178
Teoria
    Clássica da Gestalt, 225-226
    da ação comunicativa, 93-96
    da Motivação Humana de Maslow, 356-357
    das Necessidades Humanas de Maslow, 360-361
    de Campo, 225-226, 229, 235
    e comportamento organizacional, 249-251
    gestáltica, 228, 254
    psicanalítica, 151-152, 162-165, 166-167, 172, 355

deslocamento, 152
energia, 152
libido, 152
pulsão, 152-153
teorias psicológicas, 139-140
teste, 286
    validade do, 286
testes psicológicos
    contradições e dilemas, 278-279
    pressupostos dos, 277-278
tomada de decisões, 208-209
tópico, 180
treinamento, 118

U
unidades, 34
universalismo, 73-75

V
valência
    negativa, 243, 255
    positiva, 243, 255
valores, 102, 244, 255, 286
vida psíquica, 169
vigilância e defesa, 343
vontade, 101

W
WAIS, 275, 286
WISC, 275, 286
workshops, 115

Z
zona de fronteira, 240, 255